Langenscheidt
Vocabulário básico e avançado

Inglês

Langenscheidt

martins fontes
selo martins

© 2019 Martins Editora Livraria Ltda., São Paulo, para a presente edição.
© 2015 Langenscheidt GmbH & Co. KG, Munich.
Esta obra foi originalmente publicada em alemão sob o título
Langenscheidt Grund- und Aufbauwortschatz – Englisch por Langenscheidt.

Publisher	*Evandro Mendonça Martins Fontes*
Coordenação editorial	*Vanessa Faleck*
Produção editorial	*Carolina Cordeiro Lopes*
Capa e diagramação	*Renata Milan*
Tradução	*Saulo Krieger*
Preparação	*Lucas Torrisi*
Revisão	*Renata Sangeon*
	Amanda Zampieri
	Bárbara Parente
	Júlia Ciasca
Revisão técnica	*Maria do Carmo Zanini*

Dados Internacionais de Catalogação na Publicação (CIP)
Angelica Ilacqua CRB-8/7057

Langenscheidt : vocabulário básico e avançado : inglês / tradução de Saulo Krieger. – São Paulo : Martins Fontes – selo Martins, 2019.
504 p.

ISBN: 978-85-8063-362-7
Título original: Langenscheidt Grund- und Aufbauwortschatz Englisch

1. Alemão – Estudo e ensino 2. Alemão – Gramática – 3. Alemão – Vocabulários, glossários – Português I. Título.

19-0625   CDD-428.24

Índice para catálogo sistemático:
1. Língua inglesa – Vocabulário

Todos os direitos desta edição reservados à
Martins Editora Livraria Ltda.
Av. Doutor Arnaldo, 2076
01255-000 São Paulo/SP Brasil
Tel: (11) 3116 0000
info@emartinsfontes.com.br
www.emartinsfontes.com.br

Prefácio

O Vocabulário básico e avançado – Inglês destina-se tanto a iniciantes quanto a estudantes avançados. As palavras e expressões contidas aqui são contempladas pelos níveis A1 a B2. Para saber se um termo pertence ao vocabulário básico ou ao avançado deve-se atentar para a coloração do fundo da página, que pode se manter branca ou assumir um tom azul.

O vocabulário é selecionado segundo frequência e atualidade. É apresentado por temas ao longo dos 21 capítulos. No interior de um capítulo, as palavras são agrupadas segundo campos temáticos, de modo que conceitos com o mesmo radical possam ser aprendidos em conjunto.

Para cada palavra-chave você encontrará como exemplo ao menos um enunciado ilustrando seu uso correto. Em caso de significados diferentes de um mesmo termo, são apresentados mais exemplos, com exceção de palavras cujo significado possa ser nitidamente depreendido na tradução, como no caso de alimentos, animais ou plantas. Esses conceitos são mostrados em listas temáticas de palavras.

Na seção Dicas, uma série de dicas informa sobre o uso e a diferença entre palavras facilmente confundíveis ou sobre importantes detalhes culturais. Além disso, você poderá encontrar notas para a formação de palavras.

Um registro para cada direção linguística faz que uma palavra possa ser encontrada rapidamente.

4 Prefácio

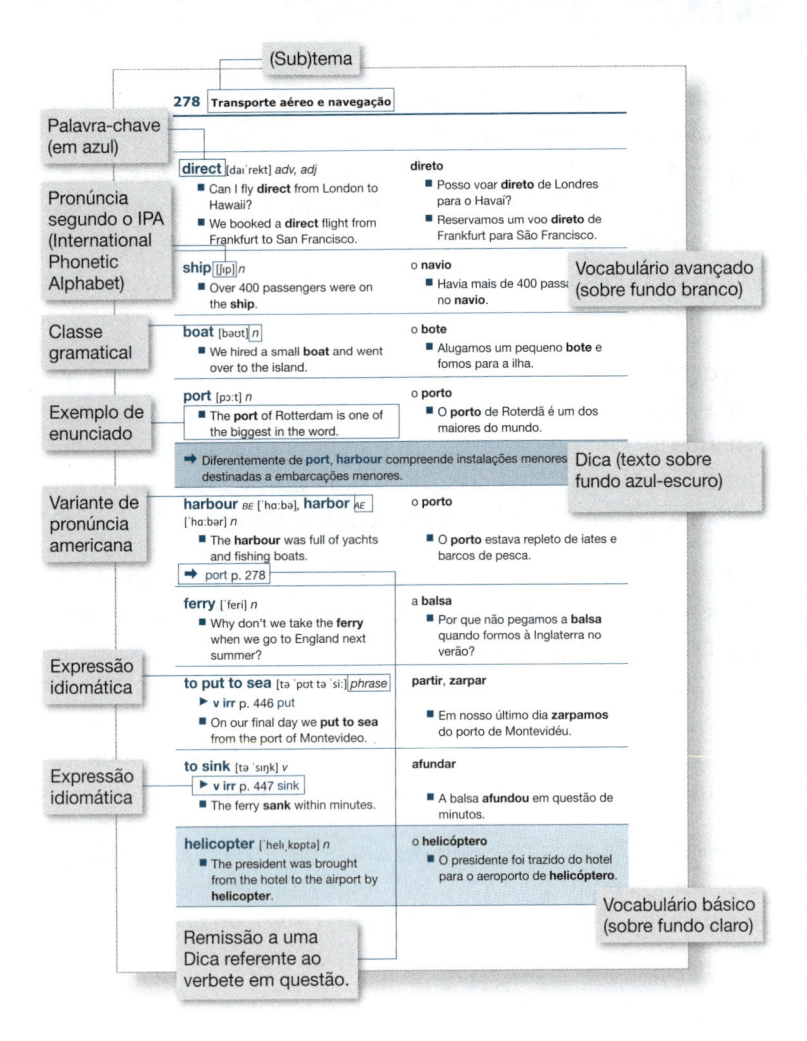

Funciona de modo muito simples:

(Sub)tema

278 Transporte aéreo e navegação

Palavra-chave (em azul)

Pronúncia segundo o IPA (International Phonetic Alphabet)

Classe gramatical

Exemplo de enunciado

Variante de pronúncia americana

Expressão idiomática

Expressão idiomática

Remissão a uma Dica referente ao verbete em questão.

---

direct [daɪˈrekt] *adv, adj* — direto
- Can I fly **direct** from London to Hawaii? — Posso voar **direto** de Londres para o Havaí?
- We booked a **direct** flight from Frankfurt to San Francisco. — Reservamos um voo **direto** de Frankfurt para São Francisco.

ship [ʃɪp] *n* — o navio
- Over 400 passengers were on the **ship**. — Havia mais de 400 passageiros no **navio**.

Vocabulário avançado (sobre fundo branco)

boat [baʊt] *n* — o bote
- We hired a small **boat** and went over to the island. — Alugamos um pequeno **bote** e fomos para a ilha.

port [pɔːt] *n* — o porto
- The **port** of Rotterdam is one of the biggest in the word. — O **porto** de Roterdã é um dos maiores do mundo.

➡ Diferentemente de **port**, **harbour** compreende instalações menores destinadas a embarcações menores.

Dica (texto sobre fundo azul-escuro)

harbour BE [ˈhɑːbə], **harbor** AE [ˈhɑːbər] *n* — o porto
- The **harbour** was full of yachts and fishing boats. — O **porto** estava repleto de iates e barcos de pesca.
➡ port p. 278

ferry [ˈferi] *n* — a balsa
- Why don't we take the **ferry** when we go to England next summer? — Por que não pegamos a **balsa** quando formos à Inglaterra no verão?

to put to sea [tə ˈpʊt tə ˈsiː] *phrase* — partir, zarpar
▶ v irr p. 446 put
- On our final day we **put to sea** from the port of Montevideo. — Em nosso último dia **zarpamos** do porto de Montevidéu.

to sink [tə ˈsɪŋk] *v* — afundar
▶ v irr p. 447 sink
- The ferry **sank** within minutes. — A balsa **afundou** em questão de minutos.

helicopter [ˈhelɪˌkɒptə] *n* — o helicóptero
- The president was brought from the hotel to the airport by **helicopter**. — O presidente foi trazido do hotel para o aeroporto de **helicóptero**.

Vocabulário básico (sobre fundo claro)

Sumário

Indicações de pronúncia e fonética ... 10

Personalidade ... 13
Informações pessoais ... 13
Traços de personalidade ... 16
Aparência ... 21
- Características físicas ... 21
- Vestuário e calçados ... 26
- Acessórios e maquiagem ... 32

Vínculos sociais ... 34
- Família ... 34
- Parceria e casamento ... 38
- Amizade e outros contatos sociais ... 42

Ciclo da vida ... 46

Percepções, comunicação e atividades ... 50
Pensar e sentir ... 50
- Pensamentos ... 50
- Sentimentos ... 53
- Impressões dos sentidos ... 61

Situações da fala ... 63
- Conversas ... 63
- Perguntar, pedir e responder ... 66
- Ordens e proibições ... 69
- Discussão e acordo ... 71
- Resolver conflitos ... 75
- Saudações e despedidas ... 78
- Expressões frequentes ... 79

Ações e comportamentos ... 81
- Atividades gerais ... 81
- Esforços e intenções ... 88
- Auxílios, obrigações e confiança ... 90
- Posses, dar e receber ... 92

Saúde e cuidados corporais ... 95
Partes e órgãos do corpo ... 95
Doenças e comprometimentos físicos ... 97
Exames médicos e hospital ... 106
Pedidos de socorro ... 109
Cuidados corporais ... 112

Formação — 116
- Aprendizado — 116
- Linguagem — 125
- Escola, universidade e formação — 129
- Disciplinas escolares e universitárias — 137

Profissão — 139
- Vida profissional — 139
- Profissões — 145
- Cotidiano e material de escritório — 149
- Candidatura à vaga de emprego, colocação e demissão — 153
- Condições de trabalho — 157

Interesses culturais — 162
- Leitura — 162
- Música — 165
- Arte — 169
- Teatro e cinema — 172

Lazer e tempo livre — 175
- Festas — 175
- Feriados — 178
- Saídas e diversão — 180
- Esportes — 182
- Hobbies — 191
- Fazer compras — 199
  - Escolher e pagar — 199
  - Lojas — 206

Alimentação — 208
- Conceitos gerais — 208
- Pães, doces e cereais — 215
- Frutas e verduras — 216
- Carne, peixe e derivados do leite — 218
- Temperos, ervas e outros ingredientes — 219
- Doces, salgados e guloseimas — 220
- Bebidas — 221

Restaurantes e cafés — 223
- Estabelecimentos — 223
- Pratos e aperitivos — 224
- Servir-se, fazer um pedido e pagar — 237

Sumário

Moradia — 231
Casas e habitações — 231
Quartos e cômodos — 235
Instalações — 239
   Mobiliário — 239
   Assuntos do lar — 243

Turismo e transporte — 253
Viagens — 253
Pernoites — 259
Atrações turísticas — 262
Locais — 266
Meios de transporte público — 271
   Transporte público de curta distância — 271
   Transporte ferroviário — 273
   Transporte aéreo e navegação — 277
Transporte individual — 280

Natureza e meio ambiente — 289
Animais e plantas — 289
Paisagens — 291
Pontos cardeais — 296
Universo — 297
Meio ambiente, tempo e clima — 299

Meios de comunicação e mídia — 306
Correio — 306
Mídia impressa e radiodifusão — 308
Telefone, celular e internet — 313
Computador e multimídia — 322

Economia, técnica e pesquisa — 331
Indústria, comércio e prestação de serviços — 331
Dinheiro, bancos e mercados financeiros — 335
Agricultura — 342
Técnica, energia e pesquisa — 345
Recursos naturais e matérias-primas — 351

Sociedade e Estado — 355
História — 355
Sociedade — 359
Religião e moral — 363
Política — 367
Defesa e segurança — 372

Instituições e administração de Estado _____ 377
Direito e jurisprudência _____ 379

Tempo _____ 386
Transcurso do ano _____ 386
Meses do ano _____ 387
Dias da semana _____ 387
Períodos do dia _____ 388
Horas do dia _____ 390
Outros conceitos de tempo _____ 391
    Passado, presente e futuro _____ 391
    Duração e frequência _____ 393
    Antes e depois _____ 395
    Transcurso do tempo _____ 397

Espaço _____ 399
Conceitos espaciais _____ 399
Movimento, velocidade e repouso _____ 404
Ir e vir _____ 406

Cores e formas _____ 408
Cores _____ 408
Formas _____ 408

Números e unidades de medidas _____ 410
Números inteiros _____ 410
Números ordinais _____ 413
Pesos e medidas _____ 415
Conceitos de quantidade _____ 417
Conceitos de ordem _____ 421

Classificação – conceitos gerais _____ 422
Diferença e divisão _____ 422
Causa e efeito _____ 425
Modo _____ 426

Termos estruturais _____ 429
Artigo _____ 429
Pronomes _____ 429
    Pronomes pessoais _____ 429
    Pronomes possessivos _____ 432
    Pronomes reflexivos _____ 433
    Pronomes demonstrativos _____ 434
    Pronomes interrogativos _____ 434
    Pronomes relativos _____ 434

Preposições	435
Conjunções	437
Verbos auxiliares e modais	438
Anexo	**442**
Verbos irregulares	442
Países, línguas e povos	450
Índice remissivo	456

Abreviações gramaticais

adj	adjetivo
adv	advérbio
art	artigo
conj	conjunção
f	feminino
interj	interjeição
inv	invariável
irr	irregular
m	masculino
m/f	masculino e feminino
n	substantivo
neut	neutro
num	número
part	particípio
phrase	loc
pl	plural
prep	prep
pron	pronome
sg	singular
v	verbo

Outras abreviações

abrev.	abreviação
col.	coloquial
fig.	sentido figurado, metafórico
i. e.	isto é
p. e.	por exemplo
refl.	reflexivo
rec.	recíproco
sb.	*somebody*
sth.	*something*

Indicações de pronúncia e fonética

Fonética

A transcrição fonética é apresentada entre colchetes imediatamente após a palavra-chave, de acordo com a pronúncia inglesa: woman [ˈwumən]. Havendo variantes de pronúncia americana para o termo em questão, serão dadas na sequência: advantage [ədˈvɑːntidʒ].

As indicações de transcrição fonética a seguir são apresentadas a título de demonstração:

Vogais e ditongos

Sinal	Exemplo	Fonética	Pronúncia
[æ]	hat, bad	[hæt], [bæd]	entre o **á** de **má** e o **é** de **pé**
[ʌ]	sun, other	[sʌn], [ˈʌðə]	semelhante ao **a** de f**a**ma
[e]	letter, end	[ˈletə], [end]	p**ê**ssego
[ə]	address, sister	[əˈdres], [ˈsistə]	semelhante ao **a** de mes**a**
[i]	visit, busy	[ˈvizit], [ˈbizi]	semelhante ao som de **i** em tapet**e**
[ɒ]	clock, shop	[klɒk], [ʃɒp]	entre o **a** de m**a**to e o **ó** de p**ó**
[ʊ]	book, push	[bʊk], [pʊʃ]	semelhante ao som de **u** em t**u**do
[ɑː]	father, arm	[ˈfɑːðə], [ɑːrm]	entre o **a** de m**a**to e o **o** de ad**o**rno
[iː]	teach, knee	[tiːtʃ], [niː]	como o **i** de aqu**i**, mas prolongado
[ɔː]	call, port	[kɔːl], [pɔːrt]	como o **ó** de p**ó**, mas prolongado

Informações pessoais

widow ['wɪdəʊ] *n*
- After the death of her husband she founded an Internet forum for **widows**.

a **viúva**
- Depois da morte de seu marido, ela fundou na internet um fórum para **viúvas**.

widowed ['wɪdəʊd] *adj*
- He has been **widowed** for many years.

enviuvada
- Ela está **enviuvada** há muitos anos.

to come from [tə ˈkʌm frəm] *phrase*
- ▶ *v irr* p. 443 come
- Where **do** you **come from**?

vir de
- **De** onde você **vem**?

to be from [tə biː frəm] *phrase;*
- ▶ *v irr* p. 439 be
- She's **from** Toronto, Canada.

ser de
- Ela **é de** Toronto, Canadá.

(place of) residence [(ˈpleɪs əv) ˈrezɪdəns] *n*
- What's your permanent **place of residence**?

(lugar de) residência
- Qual é o seu **lugar** permanente **de residência**?

address [əˈdres] *n*
- What's your **address**?

o **endereço**
- Qual o seu **endereço**?

street [striːt] *n*
- She lives at 735 Willard **Street**.

a **rua**
- Ela mora na **rua** Willard, 735.

house number [ˈhaʊs ˌnʌmbə] *n*
- No, the **house number** is 24, not 34.

o **número da casa**
- Não, o **número da casa** é 24, não 34.

→ Nos endereços ingleses e americanos, o número da casa é inserido antes do nome da rua.

telephone number [ˈtelɪfəʊn ˌnʌmbə] *n*
- His office has a new **telephone number**: it's 894-7866.

o **número de telefone**
- Seu escritório tem um novo **número de telefone**: é 894-7866.

person [ˈpɜːsn] *n m/f; pl people*
- Tickets for the game are $ 24 per **person**.

a **pessoa**
- Os ingressos para o jogo estão a $ 24 por **pessoa**.

marital status [ˌmærɪtl ˈsteɪtəs] *n*
- Why did they ask for your **marital status**?

o **estado civil**
- Por que eles perguntam seu **estado civil**?

gender ['dʒendə] *n*
- Nobody should be discriminated against because of their **gender**.

o **sexo**, o **gênero**
- Ninguém deveria ser discriminado por causa de seu **sexo**.

nationality [næʃəˈnæliti] *n*
- In London you can see people of many different **nationalities**.

a **nacionalidade**
- Em Londres você pode ver pessoas de muitas **nacionalidades** diferentes.

citizen ['sitizn] *n m/f*
- All people born in the US can become American **citizens**.

o **cidadão**
- Todas as pessoas nascidas nos Estados Unidos podem tornar-se **cidadãos** americanos.

of age [ˌəv ˈeidʒ] *phrase*
- I look younger but I am **of age**.

maior de idade
- Pareço mais jovem, mas sou **maior de idade**.

→ A depender do país e do estado americano, a maioridade pode ser atingida ao se completar 18, 19 ou 21 anos. Diz-se com frequência que se deve ser **over 18** para expressar que se é maior de idade, e **under 18** para quando ainda não se chegou à maioridade.

under age [ˈʌndər ˈeidʒ] *phrase*
- They didn't let her in. She's still **under age**.
→ of age ▶ p. 16

menor de idade
- Eles não a deixaram entrar. Ela ainda é **menor de idade**.

nickname ['nikneim] *n*
- My **nickname** is Speedy.

o **apelido**
- Meu **apelido** é Speedy.

Traços de personalidade

good [gʊd] *adj*
- Greg is a really **good** cook.
- Be a **good** boy and play outside in the garden.

bom
- Greg é realmente um **bom** cozinheiro.
- Seja um **bom** menino e brinque lá fora, no jardim.

kind [kaind] *adj*
- It was very **kind** of you to help me.

gentil
- Foi muito **gentil** de sua parte ajudar-me.

friendly ['frendli] *adj*
- Amanda greeted us with a **friendly** smile.

amistoso
- Amanda nos saudou com um sorriso **amistoso**.

Traços de personalidade

unfriendly [ʌnˈfrendli] *adj*
- The receptionist was quite **unfriendly**.

hostil, não amistoso
- A recepcionista foi bastante **hostil**.

patience [ˈpeiʃns] *adj*
- And then he lost his **patience** and became angry.

paciência
- E então ele perdeu a **paciência** e ficou furioso.

patient [ˈpeiʃənt] *adj*
- You should be more **patient** with your children.

paciente
- Você deveria ser mais **paciente** com seus filhos.

impatient [imˈpeiʃnt] *adj*
- I get **impatient** when people don't listen to me.

impaciente
- Fico **impaciente** quando as pessoas não me ouvem!

careful [ˈkeəfl] *adj*
- Be **careful** crossing the street.

cuidadoso
- Seja **cuidadoso** ao atravessar a rua.

carefully [ˈkeəfli] *adv*
- Mum always reads the recipe **carefully** before starting to cook.

cuidadosamente
- Mamãe sempre lê a receita **cuidadosamente** antes de começar a cozinhar.

careless [ˈkeələs] *adj*
- It was very **careless** of you to leave the bag on the table.

descuidado
- Foi muito **descuidado** de sua parte deixar a bolsa na mesa.

serious [ˈsiəriəs] *adj*
- Mrs Rawlson doesn't laugh much, she's a very **serious** person.

sério
- A Sra. Rawlson não ri muito, ela é uma pessoa muito **séria**.

polite [pəˈlait] *adj*
- It wasn't very **polite** of Tony to keep us waiting so long.

polido, educado
- Não foi muito **educado** da parte de Tony deixar-nos esperando por tanto tempo.

impolite [impoˈlait] *adj*
- Would it be very **impolite** to leave now?

descortês
- Seria muito **descortês** ir embora agora?

rough [rʌf] *adj*
- Jodi's boyfriend can be quite **rough**.

ríspido
- O namorado de Jodi pode ser bastante **ríspido**.

18 Traços de personalidade

pleasant [ˈpleznt] *adj*
- Her boss seems a very **pleasant** woman.

agradável
- A chefe dela parece ser uma mulher muito **agradável**.

unpleasant [ʌnˈpleznt] *adj*
- He sounded somewhat **unpleasant** on the phone.

desagradável
- Ele pareceu um tanto **desagradável** ao telefone.

lazy [ˈleizi] *adj*
- You wouldn't believe how **lazy** I can be.

preguiçoso
- Você não acreditaria em quão **preguiçoso** eu posso ser.

cheerful [ˈtʃiəfl] *adj*
- I'm always **cheerful** in the mornings.

alegre
- Sempre estou **alegre** pela manhã.

funny [ˈfʌni] *adj*
- My new boyfriend is so **funny**. He knows hundreds of jokes.

engraçado
- Meu novo namorado é muito **engraçado**. Conhece centenas de piadas.

entertaining [ˌentərˈteiniŋ] *adj*
- His perfomance as Harry Potter was really **entertaining**.

divertido
- Seu desempenho como Harry Potter foi realmente **divertido**.

calm [kɑːm] *adj*
- Even though Jack hadn't passed the test, his father stayed **calm**.

calmo
- Muito embora Jack não tivesse passado no teste, seu pai se manteve **calmo**.

clever [ˈklevə] *adj*
- What a **clever** girl you are.

inteligente
- Que garota **inteligente** você é.

stupidity [stjuːˈpidəti] *n*
- His **stupidity** is incredible: today he asked me if chickens lay eggs.

a estupidez
- A **estupidez** dele é inacreditável: hoje ele me perguntou se galinhas botam ovos.

stupid [ˈstjuːpid] *adj*
- There are no **stupid** questions, only **stupid** answers.

estúpido
- Não existem perguntas **estúpidas**, só respostas **estúpidas**.

courage [ˈkʌridʒ] *n*
- Don't lose **courage**!

a coragem
- Não perca a **coragem**!

brave [breiv] *adj*
- It was **brave** of Kyle to jump into the ice-cold water to save the little girl.

corajoso
- Foi **corajoso** da parte de Kyle pular na água gelada para salvar a garotinha.

[ɜː]	bird, world, earn	[bɜːrd], [wɜːrld], [ɜːrn]	entre o **e** de t**e**rça e o **o** de ad**o**rno
[uː]	news, boom	[njuːz], [buːm]	**u**va
[iː]	find, idea	[faind], [aiˈdiːə]	pa**i**
[ei]	place, able	[pleis], [ˈeibl]	l**ei**
[ɔi]	voice, enjoy	[vɔis], [enˈdʒɔi]	her**ói**
[aʊ]	town, out	[taʊn], [aʊt]	semelhante a m**au**
[oʊ]	road, open	[roʊd], [ˈoʊpən]	semelhante a s**ou**
[eə]	bear, air, where	[beə], [eə], [weə]	semelhante a Andr**éa**
[iə]	year, ear, here	[jiə], [iə], [hiə]	semelhante a t**ia**
[ʊə]	Europe, tourism	[ˈjʊərəp], [ˈtʊərizəm]	semelhante a r**ua**

Consoantes

Sinal	Exemplo	Fonética	Pronúncia
[p]	point, pot	[pɔint], [pɒt]	**p**ato
[b]	begin, hobby	[biˈgin], [ˈhɒbi]	**b**ote
[f]	feel, wife	[fiːl], [waif]	**f**ila
[v]	van, live	[væn], [liv]	**v**ento
[w]	word, forward	[wɜːrd], [ˈfɔːrwərd]	a**u**tomático
[t]	talk, butter	[tɔːk], [ˈbʌtə]	**t**anto
[d]	do, red	[duː], [red]	**d**ano
[s]	save, fast	[seiv], [fɑːst]	**s**elva, fe**s**ta
[z]	zero, news	[ˈziərou], [njuːz]	**z**ebra
[θ]	thank, breath	[θæŋk], [breθ]	semelhante ao **s** de **s**apo, com a ponta da língua nos dentes superiores
[ð]	the, breathe	[ðə], [briːð]	semelhante ao **z** de **z**ero, com a ponta da língua nos dentes superiores

[ʃ]	shop, dish	[ʃɒp], [diʃ]	chaleira
[ʒ]	vision, garage	[ˈviʒn], [ˈgærɑːʒ]	jeito
[tʃ]	child, match	[tʃaild], [mætʃ]	tchau
[dʒ]	jeans, fudge	[dʒiːnz], [fʌdʒ]	adjunto
[l]	land, ball	[lænd], [bɔːl]	luneta
[g]	given, dog	[ˈgivn], [dɒg]	gato, gordura
[k]	car, lake	[kɑːr], [leik]	cano, corda
[m]	man, room	[mæn], [ruːm]	mato
[n]	note, run	[nout], [rʌn]	nota
[ŋ]	king, singer	[kiŋ], [ˈsiŋə(r)]	semelhante a ângulo
[r]	ring, lorry	[riŋ], [ˈlɒri]	como o **r** caipira em porta ou terça
[h]	hotel, downhill	[hoʊˈtel], [daʊnˈhil]	semelhante ao som aspirado do **r** em carro
[j]	year, beyond	[jiə], [biˈjɒnd]	europeia

Sílaba tônica

Em inglês, geralmente a sílaba tônica é a primeira sílaba da palavra. Em palavras com mais de uma sílaba, na transcrição fonética, a sílaba tônica é precedida pelo símbolo [ˈ]. Uma sílaba subtônica é indicada pelo sinal [ˌ].

O símbolo [ː] indica que a vogal imediatamente precedente é pronunciada de forma prolongada.

Personalidade

Informações pessoais

Mr [ˈmɪstər] *n* — o **senhor**, o **Sr.**
- This is my boss, **Mr** Paul Brown.
- Este é meu chefe, **Sr.** Paul Brown.

man [mæn] *n* — o **homem**
- He's a good-looking **man**.
- Ele é um **homem** atraente.

Mrs [ˈmɪsɪz] *n* — a **senhora**, **sra.**
- Is there a **Mrs** Bolton living in this house?
- Tem alguma **Sra.** Bolton morando nesta casa?

woman [ˈwʊmən] *n* — a **mulher**
- The novel is called "A **Woman** of Thirty".
- O romance chama-se "Uma **mulher** de trinta anos".

Ms [mɪz] *n* — a **senhora**, a **Sra.**
- Do you need any help, **Ms** Carlton?
- Precisa de ajuda, **Sra.** Carlton?

➡ **Ms** é a designação hoje corrente para mulheres, independentemente do estado civil; contudo, o antigo tratamento **Miss (senhorita)** ainda é empregado pelas gerações mais antigas para se referir a moças não casadas e para expressões como "Miss Alemanha".

baby [ˈbeɪbi] *n m/f* — o **bebê**
- Peter is seven years old, Anne is still a **baby**.
- Peter tem 7 anos, Anne é ainda um **bebê**.

child [tʃaɪld] *n m/f; pl* **children** — o **filho**, a **criança**
- We're expecting our third **child** in June.
- Estamos esperando nosso terceiro **filho** para junho.

boy [bɔɪ] *n* — o **menino**, o **garoto**
- There are only three **boys** in our class.
- Há apenas três **garotos** em nossa classe.

girl [gɜːrl] *n* — a **menina**, a **garota**
- Both my **girls** play in the same baseball team.
- Minhas duas **garotas** jogam no mesmo time de beisebol.

Informações pessoais

to call [tə ˈkɔːl] v
- His name is Robert, but we **call** him Rob.

chamar
- Seu nome é Robert, mas o **chamamos** de Rob.

to be called [tə biː ˈkɔːld] phrase
▶ v irr p. 442 **be**
- He's **called** Mario.

chamar-se
- Ele **se chama** Mario.

name [neim] n
- Could you spell your **name**, please?

o **nome**
- Você poderia soletrar seu **nome**, por favor?

surname [ˈsəːrneim] n
- What's your mother's **surname**?

o **sobrenome**
- Qual o **sobrenome** de sua mãe?

last name [BE: lɑːst ˈneim AE: læːst ˈneim] n
- What's your mother's **last name**?

o **último nome**
- Qual o **último nome** de sua mãe?

first name [fɜːrst ˈneim] n
- My **first name** is Swedish.

o **primeiro nome**
- Meu **primeiro nome** é sueco.

single [ˈsiŋgl] adj
- I'm not **single**. My husband lives in Mexico.

solteiro
- Eu não sou **solteira**. Meu marido mora no México.

singles [ˈsiŋglz] n pl
- I was at a party with lots of **singles**.

os **solteiros**
- Eu estava em uma festa com vários **solteiros**.

married [ˈmærid] adj
- Since when have you been **married**?

casado
- Desde quando vocês estão **casados**?

divorced [diˈvɔːst] adj
- James and Carol were married, but now they're **divorced**.

divorciado
- James e Carol eram casados, mas agora estão **divorciados**.

separated [ˈsepəreitid] adj
- Their parents aren't **separated**. They just live in different flats.

separado
- Seus pais não estão **separados**. Apenas vivem em apartamentos separados.

widower [ˈwidʊər] n
- Peter's wife died very young, and he's been a **widower** for most of his live.

o **viúvo**
- A esposa de Peter morreu muito jovem, e ele tem estado **viúvo** a maior parte da vida.

cowardly [ˈkaʊədli] *adj*
- That was a **cowardly** lie.

covarde
- Foi uma mentira **covarde**.

to be used to [tə biː ˈjuːsd tə] *phrase*
▶ v irr p. 442 be
- I'm **used to** getting up early.

estar acostumado a

- Eu **estou acostumado a** levantar cedo.

➡ **To be used to doing sth.** – **estar acostumado a fazer alguma coisa** é empregado para dizer que se faz algo com regularidade; pode-se empregar a frase em todos os tempos verbais. A expressão semelhante **used to do sth.** significa que algo era feito com frequência no passado, mas hoje não mais. Costuma ser traduzida por **eu costumava**.

personality [ˌpɜːsəˈnæliti] *n*
- You need a strong **personality** to work for this company.

a **personalidade**
- Você precisa ter uma **personalidade** forte para trabalhar para esta empresa.

character [ˈkærɪktə] *n*
- He's a man of **character**.

o **caráter**
- Ele é um homem de **caráter**.

honesty [ˈɒnəsti] *n*
- Tyler's **honesty** is not in question.

a **honestidade**
- A **honestidade** de Tyler não está em questão.

honest [ˈɒnɪstɪ] *adj*
- I'm glad she was **honest** with me.

honesto
- Estou feliz por ela ter sido **honesta** comigo.

sincerely [sɪnˈsɪəli] *adv*
- I **sincerely** hope he's not ill again.

sinceramente
- Espero **sinceramente** que ele não esteja doente novamente.

open [ˈoʊpən] *adj*
- The new manager is **open** and friendly.

aberto
- O novo gerente é **aberto** e amistoso.

generous [ˈdʒenəs] *adj*
- It was very **generous** of Matthew to pay for the dinner.

generoso
- Foi muito **generoso** da parte de Matthew pagar o jantar.

stingy [ˈstɪndʒi] *adj*
- Some people are so **stingy** that they rather prefer to freeze in winter than turn on the heating.

avarento
- Algumas pessoas são tão **avarentas** que preferem congelar no inverno a ligar o aquecedor.

Traços de personalidade

sense of humour BE [ˌsens əv ˈhjuːmə], **sense of humor** AE [ˌsens əv ˈhjuːmər] n
- Angela has a wonderful **sense of humour**. You should meet her.

o **senso de humor**
- Angela tem um maravilhoso **senso de humor**. Você deveria conhecê-la.

mood [muːd] n
- Don't talk to Sam, he's in a bad **mood**.

o **humor**
- Não fale com Sam, ele está de mau **humor**.

curiosity [ˌkjʊəriˈɒsəti] n
- Danny read the letter out of **curiosity**.

a **curiosidade**
- Danny leu a carta por **curiosidade**.

curious [ˈkjʊəriəs] adj
- I'm **curious** to know what he did.

curioso
- Estou **curioso** em saber o que ele fez.

ambitious [æmˈbɪʃəs] adj
- Annabel is an **ambitious** young woman with clear career objectives.

ambicioso
- Annabel é uma jovem mulher **ambiciosa** com claros objetivos de carreira.

passion [ˈpæʃn] n
- My brother has a **passion** for good food.

a **paixão**
- Meu irmão tem **paixão** por boa comida.

passionate [ˈpæʃnət] adj
- They had a short but **passionate** affair.

apaixonado
- Eles tiveram um caso breve, porém **apaixonado**.

naughty [] adj
- Her children are so **naughty** at times.

malcriado
- Seus filhos por vezes são tão **malcriados**.

sensitive [ˈsensitiv] adj
- He should stop making fun of Katie. He knows she's very **sensitive**.

sensível
- Ele deveria parar de fazer gracinhas com Katie. Sabe que ela é muito **sensível**.

➔ **Sensível** é a tradução de *sensitive*; *sensible* é traduzível por **sensato**.

nervous [ˈnɜːvəs] adj
- Go away! You're making me **nervous**.

nervoso
- Vá embora! Você me está deixando **nervoso**.

shy [ʃai] *adj*
- I'd love to go out with Jenny but I'm too **shy** to ask her.

tímido
- Eu gostaria de sair com Jenny, mas sou **tímido** demais para convidá-la.

modest [ˈmɒdist] *adj*
- Although he is very successful he's always remained **modest**.

modesto
- Embora ele seja bem-sucedido, sempre se manteve **modesto**.

mad [mæd] *adj*
- Hannah must be **mad** to spend so much money on CDs.
- Margret is **mad** because I lost her necklace.

louco
- Hannah deve ser **louca** por gastar tanto dinheiro em CDs.
- Margret está **louca** por eu ter perdido o colar dela.

ridiculous [riˈdikjələs] *adj*
- Don't be **ridiculous**!

ridículo
- Não seja **ridículo**!

reason [ˈriːzn] *n*
- **Reason** is the ability to think in an intelligent way.

a razão
- **Razão** é a capacidade de pensar de modo inteligente.

reasonable [ˈriːznəbl] *adj*
- Be **reasonable**! It's too expensive.

razoável
- Seja **razoável**! É caro demais.

pride [praid] *n*
- Rachel hurt my **pride** when she said I was ugly.

o orgulho
- Rachel feriu meu **orgulho** quando disse que eu era feio.

proud [praʊd] *adj*
- The little girl was so **proud of** her new doll.

orgulho
- A garotinha estava toda **orgulhosa** de sua boneca nova.

Aparência

Características físicas

face [feis] *n*
- Albert had a big smile on his **face** when he saw me.

o **rosto**
- Albert tinha um grande sorriso no **rosto** quando me viu.

hair [heə] *n*
- Susanna's got long black **hair**.

o **cabelo**
- Susanna tem um longo **cabelo** negro.

Características físicas

> ➡ **Hair** (no singular) designa cabelos ou fios de modo geral; **a hair** é um único fio de cabelo; **hairs** são cabelos individuais.

look [lʊk] *n*
- We want to give the room a new **look**.

a **aparência**, o **visual**
- Queremos dar ao quarto uma nova **cara**.

to look [tə 'lʊk] *v*
- My neighbour is over 50 but he **looks** at least ten years younger.

parecer
- Meu vizinho tem mais de 50, mas ele **parece** pelo menos dez anos mais jovem.

pretty ['prɪti] *adj*
- Do you really think she's **pretty**?

bonito
- Você realmente a acha **bonita**?

beauty ['bju:ti] *n*
- Everybody admires her **beauty**.

a **beleza**
- Todo mundo admira a **beleza** dela.

beautiful ['bju:təfl] *adj*
- Mr MacDonald has got two **beautiful** children.

belo, lindo
- O Sr. MacDonald tem dois filhos **lindos**.

to be beautiful [tə bi: 'bju:təfl] *phrase*
- Her new dress **is** really **beautiful**.

ser lindo
- Seu novo vestido **é** realmente **lindo**.

attractive [ə'træktɪv] *adj*
- Megan's the most **attractive** girl in our class.

atraente
- Megan é a garota mais **atraente** de nossa classe.

good-looking [ɡʊd'lʊkɪŋ] *adj*
- The new head teacher is a **good-looking** and very attractive man.

de boa aparência, bonito
- O novo diretor é um homem **de boa aparência** e muito atraente.

bad-looking [bæd'lʊkɪŋ] *adj*
- She's not a **bad-looking** woman.

feio
- Ela não é uma mulher **feia**.

ugly ['ʌgli] *adj*
- Some people say Tony's **ugly** but he's got a wonderful personality.

feio
- Algumas pessoas dizem que Tony é **feio**, mas ele tem uma personalidade maravilhosa.

figure ['fɪɡə] *n*
- No sugar for me, I have to watch my **figure**.

a **forma**, a **boa forma**
- Sem açúcar para mim, tenho de manter a **forma**.

Características físicas

tall [tɔːl] *adj*
- Monica is quite **tall** for her age.

alto
- Monica é bastante **alta** para sua idade.

→ **Tall** (contrário: **short**) se refere unicamente à altura de uma pessoa.

big [big] *adj*
- A couple of really **big** guys were standing next to the owner of the nightclub.

grande
- Alguns caras bem **grandes** estavam perto do dono da boate.

→ **Big** (contrário: **small/short**) é uma pessoa que pode ser grande, pesada, forte ou também poderosa.

strong [strɒŋ] *adj*
- I'm moving next Saturday, so I need a few **strong** guys to help me.

forte
- Vou me mudar no próximo sábado, então preciso de uns caras realmente **fortes** para me ajudar.

fat [fæt] *adj*
- Sam never gets **fat** no matter how much chocolate he eats.

gordo
- Sam nunca fica **gordo**, não importa quanto chocolate ele coma.

→ Para pessoas não se usa **thick**, e sim **fat**. **Thick** significa menos do que **gordo**, sendo mais precisamente **espesso**. Na linguagem corrente, significa também **burro, de pouca inteligência**.

short [ʃɔːrt] *adj*
- The **short**, fat man behind the bar didn't look very friendly
→ tall p. 23

baixo
- O homem **baixo** e gordo atrás do balcão não parecia muito amistoso.

small [smɔːl] *adj*
- When I was a teenager I was rather **small** for my age.
→ big p. 23

pequeno
- Quando eu era adolescente, eu era um tanto **pequeno** para a minha idade.

thin [θin] *adj*
- The doctor told me I was too **thin** and should put on some weight.

magro
- O médico me disse que eu estava **magro** demais e que deveria ganhar peso.

slim [slim] *adj*
- Andy doesn't eat much because he wants to stay **slim**.

elegante
- Andy não come muito porque quer se manter **elegante**.

24 Características físicas

like [laik] prep
- Carrie's a bit taller but she looks exactly **like** her mother.

com
- Carrie é um pouco mais alta, mas se parece exatamente **com** a mãe dela.

to be alike [tə biː əˈlaik] phrase
▶ v irr p. 442 be
- Father and son **are** very much **alike**.

ser parecido
- Pai e filho **são** muito **parecidos**.

to look like [tə ˈlʊk ˈlaik] phrase
- Pamela **looks** very much **like** her brother.

parecer-se
- Pamela **se parece** muito com seu irmão.

haircut [ˈhækʌt] n
- You need a new **haircut**.

o corte de cabelo
- Você precisa de um novo **corte de cabelo**.

to do sb.'s hair [tə ˌduː ... ˈhæ] phrase
▶ v irr p. 443 do
- I like the way you look. Who **did your hair**?

cortar o cabelo, fazer o cabelo

- Gosto do seu visual. Quem **cortou seu cabelo**?

fair [fæ] adj
- Although Carlos is from Spain he's got **fair** hair.

louro
- Embora Carlos seja da Espanha, ele tem cabelos **louros**.

brown [braʊn] adj
- Hannah's hair used to be **brown**.

castanho
- Hannah costumava ter cabelo **castanho**.

dark [dɑːk] adj
- The manager was wearing a **dark** suit and yellow tie.

escuro
- O gerente estava usando terno **escuro** e gravata amarela.

dark-haired [ˈdɑːkˈheəd] adj
- Are all Japanese **dark-haired**?

de cabelo preto
- Todos os japoneses têm **cabelo preto**?

grey-haired BE [ˌgreiˈheəd], **gray-haired** AE [ˌgreiˈherd] adj
- The **grey-haired** woman over there is my grandmother.

de cabelos grisalhos

- A mulher **de cabelos grisalhos** ali é minha avó.

red-haired [ˌredˈheəd] adj
- I just love **red-haired** men.

ruivo
- Eu simplesmente adoro homens **ruivos**.

Características físicas 25

to put on weight [tə ˌpʊt ɒn ˈweɪt] *phrase*
▶ v irr p. 446 put
- My sister has **put on** a lot of **weight** recently.

ganhar peso
- Minha irmã **ganhou** muito **peso** recentemente.

to lose weight [tə ˌluːz ɒn ˈweɪt] *phrase*
▶ v irr p. 446 lose
- Did you **lose weight** after the operation?

perder peso
- Você **perdeu peso** após a operação?

bald head [ˌbɔːld ˈhed] *n*
- Our new physics teacher has a **bald head**.

a careca
- Nosso novo professor de física tem uma **careca**.

bald [bɔːld] *adj*
- Although he was **bald** he was handsome.

careca, calvo
- Mesmo **careca**, ele era bonito.

to go bald [tə ɡəʊ bɔːld] *phrase*
- He started **going bald** in his early thirties.

ficar careca, ficar calvo
- Ele começou a **ficar careca** aos trinta e poucos anos.

expression [ɪksˈpreʃn] *n*
- Catherine had a strange **expression** on her face.

a expressão
- Catherine tinha uma **expressão** estranha no rosto.

complexion [kəmˈplekʃn] *n*
- She's got a darker **complexion** than her brother.

a pele, a tez, a cor
- Ela tem uma **pele** mais morena do que seu irmão.

dark-skinned [ˌdɑːkˈskɪnd] *adj*
- He's **dark-skinned** but he's got blue eyes.

pele escura
- Ele tem **pele escura**, mas olhos azuis.

light-skinned [ˌlaɪtˈskɪnd] *adj*
- Sonia should put on some suntan lotion. She is very **light-skinned**.

pele clara
- Sonia deveria passar filtro solar. Ela tem a **pele** muito **clara**.

neat [niːt] *adj*
- Though Danny's hair is quite long it's always **neat**.

bem cuidado, asseado
- Embora o cabelo de Danny seja comprido, está sempre **bem cuidado**.

untidy [ʌnˈtaɪdi] *adj*
- His hair and clothes were **untidy**.

desarrumado
- Seu cabelo e suas roupas estavam **desarrumados**.

beard [biəd] n
- Mr Chambers has grown a **beard**.

a **barba**
- O Sr. Chambers deixou crescer a **barba**.

Vestuário e calçados

clothes [kloʊðz] n pl
- They sell jeans, sweaters, jackets and other **clothes**.

as **roupas**
- Eles vendem jeans, blusões, jaquetas e outras **roupas**.

men's clothing [ˌmenzˈkloʊðɪŋ] n
- Is there a **men's clothing** store around here?

as **roupas masculinas**
- Existe aqui perto uma loja de **roupas masculinas**?

women's clothing [ˌwɪmɪnzˈkloʊðɪŋ] n
- **Women's clothing** is on the 2nd floor.

roupas femininas
- A loja de **roupas femininas** fica no segundo andar.

fashion [ˈfæʃn] n
- Are you interested in Italian **fashion**?

moda
- Você se interessa por **moda** italiana?

elegant [ˈelɪgənt] adj
- Lisa looks extremely **elegant** in that dress.

elegante
- Lisa está extremamente **elegante** naquele vestido.

to put on [tə ˌpʊt ˈɑn] phrase
▶ v irr p. 446 put
- **Put your** coat **on**. It's getting cold.

vestir
- **Vista** seu casaco! Está ficando frio.

to dress [təˈdres] v
- I normally **dress** before breakfast.

vestir-se
- Normalmente eu **me visto** antes do café da manhã.

to take off [tə ˌteɪk ˈɒf] phrase
▶ v irr p. 448 take
- Do you mind if I **take off** my jacket? It's hot in here.

tirar, despir
- Você se importa se eu **tirar** a jaqueta? Está calor aqui.

to take off one's clothes [tə ˌteɪk ˈɒf wʌnz kloʊðz] phrase
▶ v irr p. 448 take
- David brushed his teeth, **took off his clothes** and went to bed.

despir-se, tirar a roupa
- David escovou os dentes, **despiu-se** e foi para a cama.

Vestuário e calçados 27

to wear [tə ˈweə] *v*
▶ *v irr* p. 449 wear
- You should **wear** a hat and sunglasses on the beach.

vestir, usar
- Você deve **usar** um chapéu e óculos escuros na praia.

to try on [tə traɪ ˈɑn] *phrase*
- Can I **try** these trousers **on**?

provar
- Posso **provar** estas calças?

to change [tə tʃeɪndʒ] *v*
- Where can I **change**?

trocar-se
- Onde posso **me trocar**?

to suit sb. [tə ˈsuːt] *v*
- Dark colours **suit** you best.

ficar bem (em alguém)
- Cores escuras **ficam melhor** em você.

to fit [tə ˈfɪt] *v*
▶ *v irr* p. 444 fit
- This dress doesn't **fit** at all.

servir
- Esse vestido não **serve** de jeito nenhum.

to go well [tə ˌgəʊ ˈwel] *phrase*
▶ *v irr* p. 444 go
- This tie **goes** really **well** with your shirt.

combinar
- Essa gravata **combina** muito bem com sua camisa.

coat [kəʊt] *n*
- I want to try this **coat** on.

o casaco
- Quero experimentar este **casaco**.

jacket [ˈdʒækɪt] *n*
- For cool evenings you should take a **jacket** or light sweater.
- Why don't you wear your dark blue **jacket**?

a jaqueta
- Para noites frias você deve levar uma **jaqueta** ou uma blusa leve.
- Por que você não veste a sua **jaqueta** azul-escura?

rain jacket [ˈreɪn ˌdʒækɪt] *n*
- I need a waterproof **rain jacket** for the hike.

a capa de chuva
- Preciso de uma **capa de chuva** impermeável para a caminhada.

(pair of) trousers *BE* [(ˌpeər ɒf) ˈtraʊzəz], **(pair of) pants** *AE* [(ˌpeər ɒf) ˈpænts] *n*
- The dog attacked me and tore my **trousers**.
- Mom, could you iron my **pants**, please.

as calças
- O cachorro me atacou e rasgou minhas **calças**.
- Mãe, você poderia passar minhas **calças**, por favor?

(pair of) jeans [(ˌpeər ɒf) ˈdʒiːnz] *n*
- I bought a nice **pair of jeans** yesterday.

o jeans
- Comprei um belo **jeans** ontem.

Vestuário e calçados

T-shirt [ˈtiː·ʃɜːt] *n*
- Kevin got a **T-shirt** for his 29th birthday saying "still under 30".

a **camiseta**
- Kevin ganhou uma **camiseta** em seu 29º aniversário, com os dizeres "ainda abaixo de 30".

pullover [ˈpʊlˌoʊ·vər] *n*
- You don't need to put on your **pullover** today. It's quite warm outside.

o **pulôver**, o **blusão**
- Você não precisa vestir o **pulôver** hoje. Está quente lá fora.

sweater [ˈswetə] *n*
- My daughter doesn't like the **sweater** that I gave her for her birthday.

o **blusão**, a **blusa**
- Minha filha não gosta da **blusa** que eu lhe dei de aniversário.

jumper [ˈdʒʌmpə] *n*
- Put on a **jumper**. It's getting colder outside.

o **blusão**
- Vista um **blusão**. Está ficando frio lá fora.

dress [dres] *n*
- The woman in the grey **dress** is my sister.

o **vestido**
- A mulher de **vestido** cinza é minha irmã.

suit [suːt] *n*
- Mr Johnson always wears a **suit** and a tie at the office.
- Our secretaries are supposed to wear a dress or a **suit**.

o **terno**, o *tailleur*
- O Sr. Johnson sempre usa **terno** e gravata no escritório.
- Nossas secretárias devem usar vestido ou *tailleur*.

➡ Tanto para se referir ao traje feminino como ao masculino usa-se a mesma palavra: **suit**.

skirt [skɜːt] *n*
- A lady's suit consists of a jacket and a matching **skirt**.

a **saia**
- Um *tailleur* consiste em um blaser e uma **saia** combinando.

(pair of) shorts [(ˌpeər ɒf) ˈʃɔːts] *n*
- Almost everybody was wearing **shorts** on the beach.

os *shorts*
- Quase todo mundo usava *shorts* na praia.

blouse [blaʊz] *n*
- Holly got a sleeveless **blouse** from her sister.

a **blusa**
- Holly ganhou uma **blusa** sem mangas de sua irmã.

shirt [ʃɜːt] *n*
- A banker usually wears a dark suit, a white **shirt** and a tie.

a **camisa**
- Um banqueiro geralmente usa terno preto, **camisa** branca e uma gravata.

Vestuário e calçados 29

---

sock [sɒk] *n*
- I put on shorts, **socks** and jogging shoes.

a **meia**
- Eu vesti *shorts*, **meias** e tênis de corrida.

---

shoe [ʃuː] *n*
- Caroline was wearing her new red **shoes**.

o **sapato**
- Caroline está usando seus novos **sapatos** vermelhos.

---

size [saɪz] *n*
- This coat is too big. I need a smaller **size**.
- What **size** do you take?

o **tamanho**
- Este casaco é grande demais. Preciso de um **tamanho** menor.
- Qual **tamanho** você usa?

(pair of) pyjamas *BE* [(ˌpeər ɒf) pɪˈdʒɑːməz], **(pair of) pajamas** *AE* [(ˌpeər ɒf) pɪˈdʒæməz] *n*
- Fiona was still in her **pair of pyjamas** when I called.

o **pijama**
- Fiona ainda estava de **pijama** quando eu a chamei.

---

nightdress [ˈnaɪtdres] *n*
- She put on her **nightdress** and went to bed.

a **camisola**
- Ela vestiu sua **camisola** e foi para a cama.

→ Com **nightdress** (ou **nightie**, na linguagem coloquial), designa-se sobretudo uma camisola feminina; quando se trata de uma roupa para ambos os sexos, diz-se **nightshirt**.

(pair of) briefs [(ˌpeər ɒf) ˈbriːfs] *n*
- I like the red **pair of briefs** you bought.

a **cueca**
- Gosto da **cueca** vermelha que você comprou.

---

swimsuit [ˈswɪmsuːt] *n*
- Our women's swim team wore dark green **swimsuits**.

o **maiô**
- Nossa equipe de nadadoras veste **maiô** verde-escuro.

---

swimming trunks [ˈswɪmɪŋ ˌtrʌŋks] *n*
- Have you left your **swimming trunks** at the pool again?

a **sunga**, o **calção de banho**
- Você esqueceu de novo a **sunga** na piscina?

---

bikini [bɪˈkiːni] *n*
- Victoria wore her **bikini** on the beach.

o **biquíni**
- Victoria vestiu seu **biquíni** na praia.

---

tight [taɪt] *adj*
- This skirt is too **tight**.

apertado
- Esta camiseta é **apertada** demais.

Vestuário e calçados

wide [waɪd] *adj*
- This jacket is too **wide** for me.

grande
- Esta jaqueta é **grande** demais para mim.

loose [luːs] *adj*
- I love wearing **loose** shirts and trousers.

largo
- Gosto de usar camisas e calças **largas**.

short [ʃɔːt] *adj*
- Karen would never wear a **short** skirt.

curto
- Karen jamais usaria uma saia **curta**.

long [lɒŋ] *adj*
- Sophie went out in a **long** red dress.

longo
- Sophie apareceu num **longo** vestido vermelho.

bra [brɑː] *n*
- Briony put on her **bra**.

o **sutiã**
- Briony vestiu seu **sutiã**.

vest BE [vest], **undershirt** AE [ˈʌndəʃɜːt] *n*
- Charlie was only wearing a **vest** and briefs.
- I washed your **undershirt** because it was dirty.

a **camiseta**
- Charlie estava vestindo apenas **camiseta** e cueca.
- Lavei sua **camiseta** porque estava suja.

(pair of) tights BE [(ˌpeər ɒf) ˈtaɪts], **pantyhose** AE [ˈpæntihəʊz] *n*
- Why don't you wear your new **pair of tights** under your skirt?
- I don't like wearing **pantyhose** even in winter.

a **meia-calça**
- Por que você não veste sua nova **meia-calça** debaixo da saia?
- Não gosto de usar **meia-calça** nem mesmo no inverno.

trainer BE [ˈtreɪnə], **sneaker** AE [ˈsniːkər] *n*
- All members of the rock band were wearing white **trainers** with black suits.
- I left my **sneakers** at the gym again.

o **tênis**
- Todos os membros da banda de rock estavam usando **tênis** brancos e ternos pretos.
- De novo esqueci meus **tênis** brancos na academia.

boot [buːt] *n*
- Where can I find men's **boots**, please?

a **bota**
- Onde posso encontrar **botas** masculinas, por favor?

sandal [ˈsændl] *n*
- Connor bought some new **sandals** for the summer.

a **sandália**
- Connor comprou **sandálias** novas para o verão.

fashionable [ˈfæʃənəbl] *adj*
- I wish I had more **fashionable** clothes.

na moda
- Queria ter tido roupas mais **na moda**.

old-fashioned [ˌəʊldˈfæʃnd] *adj*
- This hat looks **old-fashioned**.

fora de moda
- Esse chapéu parece **fora de moda**.

collar [ˈkɒlə] *n*
- The **collar** of this shirt is too tight.

a gola
- A **gola** dessa camiseta é estreita demais.

sleeve [sliːv] *n*
- There's a stain on the right **sleeve** of your shirt

a manga
- Tem uma mancha na **manga** direita de sua camisa.

button [ˈbʌtn] *n*
- Why don't you undo the top **button** of your shirt?

o botão
- Por que você não desabotoa o **botão** de cima da sua camisa?

hole [həʊl] *n*
- There's a **hole** in my right sock.

o furo
- Tem um **furo** na minha meia direita.

trouser pocket BE [ˈtraʊzə ˌpɒk·ɪt], **pants pocket** AE [ˈpænts ˌpɒk·ɪt] *n*
- I've lost my car key because there's a hole in my **trouser pocket**.
- I found a few coins in the **pants pockets** of my old jeans.

o bolso da calça

- Perdi minha chave do carro porque tem um furo no **bolso da** minha **calça**.
- Encontrei algumas moedas nos **bolsos da calça** dos meus jeans velhos.

zip BE [zɪp], **zipper** AE [ˈzɪp·ər] *n*
- Jeans with buttons instead of **zips** are popular again.
- I like jeans with **zippers** better than jeans with buttons.

o zíper
- Jeans com botões em vez de **zíperes** são populares novamente.
- Gosto mais de jeans com **zíperes** do que jeans com botões.

pattern [ˈpætn] *n*
- I don't mind the **pattern**, but the colours are too loud.

o padrão
- O **padrão** não me incomoda, mas as cores são muito berrantes.

plain [pleɪn] *adj*
- James was wearing a **plain** red scarf.

inteiro, de uma cor só
- James estava usando um cachecol **inteiro** vermelho.

striped [straɪpt] *adj* ■ I got a red and white **striped** blouse for Christmas.	**listrada** ■ Ganhei uma blusa **listrada** de vermelho e branco no Natal.
checked [tʃekt] *adj* ■ My friend Jane is very proud of her **checked** skirt. She wears it every day.	**quadriculada, xadrez** ■ Minha amiga Jane está muito orgulhosa de sua saia **xadrez**. Ela a usa todo dia.
spotted [ˈspɒtɪd] *adj* ■ We gave our boss a **spotted** tie for his anniversary.	**de bolinhas** ■ Demos para nosso chefe uma gravata **de bolinhas** em seu aniversário.
naked [ˈneɪkɪd] *adj* ■ Gavin stood **naked** in front of the mirror and looked at himself.	**nu** ■ Gavin ficou **nu** diante do espelho e se olhou.
dressed [drest] *adj* ■ I didn't open the door when the bell rang because I wasn't **dressed**.	**vestido** ■ Não abri a porta quando a campainha tocou porque não estava **vestido**.
to dry-clean [BE: tə ˌdraɪˈklin, AE: tə ˌdraɪˈkliːn] *v* ■ You mustn't wash these trousers. They must be **dry-cleaned**.	**lavar a seco** ■ Você não deve lavar essas calças. Elas devem **ser lavadas a seco**.

Acessórios e maquiagem

purse BE [pɜːs] *n*	o **porta-moedas**
purse AE [pɜːs] *n*	a **bolsa de mão**
hat [hæt] *n*	o **chapéu de mão**
cap [kæp] *n*	o **gorro**
glove [glʌv] *n*	a **luva**
umbrella [ʌmˈbrelə] *n*	o **guarda-chuva**
ring [rɪŋ] *n*	o **anel**
(wrist)watch [(ˈrɪst)wɒtʃ] *n*	o **relógio de pulso**

Acessórios e maquiagem 33

glasses [BE: glɑːsiz, AE: glæsiz] *n*	os **óculos**
sunglasses [BE: ˈsʌnglɑːsɪz, AE: ˈsʌnglæsɪz] *n*	os **óculos de sol**
earring [ˈɪərɪŋ] *n*	o **brinco**
necklace [ˈnekləs] *n*	o **colar**
bracelet [ˈbreɪslət] *n*	o **bracelete**
bag [bæg] *n*	a **bolsa**, a **maleta**
stick [stɪk] *n*	a **bengala**
wallet [ˈwɒlɪt] *n*	a **carteira**
tie [taɪ] *n*	a **gravata**
scarf [skɑːf] *n*	o **xale**, o **cachecol**
headscarf [ˈhedskɑːf] *n; pl* **headscarves**	o **lenço de cabeça**
belt [belt] *n*	o **cinto**
jewellery *BE*, **jewelry** *AE* [ˈdʒuːəlri] *n*	a **joia**
costume jewellery *BE*, **costume jewelry** *AE* [ˈkɒstjuːm ˈdʒuː·əl·ri] *n*	a **bijuteria**
contact lens [ˈkɒntækt ˌlenz] *n*	as **lentes de contato**
hair slide *BE* [ˈheə ˌslaɪd], **barrette** *AE* [bəˈret] *n*	o **prendedor de cabelo**

Vínculos sociais

Família

family [ˈfæmli] *n*
- The whole **family** are coming to visit us at Christmas.
- No, he's not a **family** member.

a **família**
- A **família** toda está vindo nos visitar no Natal.
- Não, ele não é membro da **família**.

familiar [fəˈmɪliə] *adj*
- The wedding was held in the **familiar** atmosphere of a small country guesthouse.

familiar
- O casamento aconteceu na atmosfera **familiar** de uma pequena pensão.

parents [ˈpeərənts] *n m/f*
- My **parents** have been divorced for three years.

os **pais**
- Meus **pais** estão divorciados há três anos.

parent [ˈpeərənt] *n pl*
- Children under twelve must be accompanied by a **parent**.

o **genitor**
- Crianças menores de 12 anos devem estar acompanhadas de um **genitor**.

mother [ˈmʌðə] *n*
- Carol's father is an actor and her **mother** an opera singer.

a **mãe**
- O pai de Carol é ator, e sua **mãe**, uma cantora de ópera.

father [ˈfɑːðə] *n*
- Uncle Tim's **father** died at the age of 96.

o **pai**
- O **pai** do tio Tim morreu aos 96 anos.

mum *BE* [mʌm] *n*
- My **mum** lives in Birmingham.

a **mamãe**
- **Mamãe** mora em Birmingham.

mom *AE* [mɒm] *n*
- My **mom** has moved to Chicago.

a **mamãe**
- **Mamãe** se mudou para Chicago.

dad [dæd] *n*
- My **dad** is an engineer.

o **papai**
- **Papai** é engenheiro.

son [sʌn] *n*
- His oldest **son** is working for a large bank.

o **filho**
- O **filho** mais velho dele trabalha em um banco grande.

Família 35

---

daughter [ˈdɔːtə] n
- Joe and Sarah have two children: a son and a **daughter**.

a **filha**
- Joe e Sarah têm dois filhos: um filho e uma **filha**.

---

brother [ˈbrʌðə] n
- My **brother** is six years older than me.

o **irmão**
- Meu **irmão** é seis anos mais velho do que eu.

---

sister [ˈsɪstə] n
- I share a room with my **sister**.

a **irmã**
- Divido o quarto com minha **irmã**.

---

uncle [ˈʌŋkl] n
- Maria's **uncle** is married to an Australian woman.

o **tio**
- O **tio** de Maria é casado com uma australiana.

---

aunt [BE: ɑːnt, AE: ænt] n
- Christopher's **aunt** died of cancer when he was 13.

a **tia**
- A **tia** de Christopher morreu de câncer quando ele tinha 13 anos.

---

cousin [ˈkʌzn] n m/f
- I have three **cousins**, none of whom is married yet.

o **primo**
- Tenho três **primos**, nenhum deles está casado ainda.

---

grandparents [ˈgrændˌpeərənt] n pl
- **Grandparents** often spoil their grandchildren.

os **avós**
- Os **avós** muitas vezes mimam seus netos.

---

grandfather [ˈgrændˌfɑːðə] n
- My **grandfather** served more than 20 years in the Navy.

o **avô**
- Meu **avô** serviu por mais de vinte anos na Marinha.

---

grandpa [ˈgrændpɑː] n
- There's a man on the phone who wants to speak to **grandpa**.

o **vovô**
- Tem um homem ao telefone que quer falar com o **vovô**.

---

grandmother [ˈgrændˌmʌðə] n
- Mark's **grandmother** was a feminist in the sixties.

a **avó**
- A **avó** de Mark era feminista nos anos 1960.

---

grandma [ˈgrændmɑː] n
- **Grandma** makes the most wonderful apple pie.

a **vovó**
- **Vovó** faz a torta de maçã mais maravilhosa do mundo.

---

brothers and sisters [ˈbrʌðəz ənd ˈsɪstəz] n pl
- I've got three **brothers and sisters**.

os **irmãos e irmãs**

- Tenho três **irmãos e irmãs**.

siblings [ˈsɪb·lɪŋz] *n pl*
- Do you have any **siblings**?

os **irmãos**
- Você tem **irmãos**?

offspring [ˈɒfsprɪŋ] *n*
- Look, here comes Mrs Weasley with all her **offspring**.

a **prole**
- Veja, aí vem a Sra. Weasley com toda a sua **prole**.

➔ **Offspring** pode ser empregado para pessoas e animais; ao se referir a pessoas, geralmente é empregado em sentido cômico.

to live together [tə ˌlɪv təˈgeðə] *phrase*
- They all **live together** under one roof.

viver juntos
- Eles **vivem** todos **juntos** sob o mesmo teto.

to care about [tə ˈkeə əˈbaʊt] *phrase*
- Nobody **cares about** the old man next door because he has no family.

preocupar-se com
- Ninguém **se preocupa com** o homem velho que vive ao lado porque ele não tem família.

nephew [ˈnefjuː] *n*
- My **nephew** Robert is the son of my oldest sister.

o **sobrinho**
- Meu **sobrinho** Robert é filho de minha irmã mais velha.

niece [niːs] *n*
- Linda's **niece** is the daughter of her sister.

a **sobrinha**
- A **sobrinha** de Linda é filha de sua irmã.

grandchild [ˈgrændtʃaɪld] *n m/f ; pl* **grandchildren**
- They've got no **grandchildren** yet to look after.

o **neto**, os **netos**
- Eles ainda não têm **netos** para tomar conta.

grandson [ˈgrændsʌn] *n*
- Their **grandson** is a Broadway dancer.

o **neto**
- O **neto** deles é dançarino da Broadway.

granddaughter [ˈgrændˌdɔːtə] *n*
- Her **granddaughter** won the first prize.

a **neta**
- A **neta** dela ganhou o primeiro prêmio.

parents-in-law [ˈpeərəntsɪnˌlɔː] *n*
- Jonathan moved in with his **parents-in-law**.

os **sogros**
- Jonathan se mudou com os **sogros**.

in-laws [ˈɪnlɔː] *n pl (coll.)*
- They're going to live with the **in-laws** until they've found a flat of their own.

os **sogros**
- Eles vão morar com os **sogros** até encontrarem apartamento próprio.

father-in-law [ˈfɑːðərɪnlɔː] *n*
- Matt's **father-in-law** is a well-known painter.

o **sogro**
- O **sogro** de Matt é um pintor famoso.

mother-in-law [ˈmʌðərɪnˌlɔː] *n*
- His **mother-in-law** phones every day.

a **sogra**
- A **sogra** dele telefona todos os dias.

brother-in-law [ˈbrʌðərɪnlɔː] *n*
- My **brother-in-law** is such a snob.

o **cunhado**
- Meu **cunhado** é um grande esnobe.

sister-in-law [ˈsɪstərɪnlɔː] *n*
- We're going to spend Christmas with my **sister-in-law**.

a **cunhada**
- Vamos passar o Natal com minha **cunhada**.

son-in-law [ˈsʌnɪnlɔː] *n*
- My **son-in-law** takes care of the children.

o **genro**
- Meu **genro** toma conta dos filhos.

daughter-in-law [ˈdɔːtərɪnlɔː] *n*
- My **daughter-in-law** is studying chemistry at Oxford University.

a **nora**
- Minha **nora** estuda química na Universidade de Oxford.

relative [ˈrelətɪv] *n m/f*
- Is he a **relative** of yours?

o **parente**
- Ele é seu **parente**?

related [rɪˈleɪtɪd] *adj*
- Amy looks like your younger sister. Are you **related**?

parente
- Amy se parece com a sua irmã mais nova. Vocês são **parentes**?

to bring up [tə ˌbrɪŋ ˈʌp] *phrase*
▶ *v irr* p. 442 bring
- The kids were **brought up** by their aunt.

Criar
- As crianças foram **criadas** pela tia.

large family [lɑːdʒ ˈfæmli] *n*
- My mother grew up in a **large family**. I have eight uncles and aunts.

a **família grande**
- Minha mãe cresceu em uma **família grande**. Tenho oito tios e tias.

twin [twɪn] *n m/f*
- We don't look alike but we're actually **twins**.

o **gêmeo**
- Não nos parecemos muito, mas na verdade somos **gêmeos**.

ancestor [ˈænsestə] n m/f ■ Louise's **ancestors** are from Bulgaria.	o **ancestral** ■ Os **ancestrais** de Louise são da Bulgária.
adopted child [əˈdɒptɪd ˈtʃaɪld] n m/f ■ I didn't know Harold was an **adopted child**. He looks a lot like his father.	o **filho adotivo** ■ Eu não sabia que Harold era **filho adotivo**. Ele se parece muito com seu pai.
to adopt [tə əˈdɒpt] v ■ Did they **adopt** all their children?	**adotar** ■ Eles **adotaram** todos os filhos?

Parceria e casamento

love [lʌv] n ■ Do you believe in true **love**?	o **amor** ■ Você acredita em **amor** verdadeiro?
to love [tə ˈlʌv] v ■ I've **loved** her from the moment I met her.	**amar** ■ Eu a **amei** desde o momento em que a vi.
to love each other [tə ˈlʌv iːtʃˈʌðə] phrase ■ After 30 years of marriage they still **love each other** very much.	**amar-se** ■ Após 30 anos de casamento eles ainda **se amam** muito.
to fall in love [tə ˌfɔːl ɪn ˈlʌv] phrase ▶ v irr p. 443 fall ■ I've never **fallen in love** with one of my teachers.	**apaixonar-se** ■ Nunca **me apaixonei** por nenhum dos meus professores.
to be in love [tə biː ɪn ˈlʌv] phrase ▶ v irr p. 442 be ■ Stewart and Ella **are** hopelessly **in love**.	**estar apaixonado** ■ Stewart e Ella **estão** perdidamente **apaixonados**.
to like [tə ˈlaɪk] v ■ What I really **like** about him is his sense of humour.	**gostar** ■ O que eu realmente **gosto** nele é o senso de humor.
hatred [ˈheɪtrɪd] n ■ I don't understand her **hatred** of men.	o **ódio** ■ Não entendo o **ódio** dela pelos homens.

Parceria e casamento 39

to hate [tə ˈheɪt] v
- I **hate** it when he's going out with his secretary.

odiar
- **Odeio** quando ele sai com a secretária.

kiss [kɪs] n
- Rachel gave the children a **kiss** and closed the bedroom door.

o **beijo**
- Rachel deu um **beijo** nos filhos e fechou a porta do quarto.

to kiss [tə ˈkɪs] v
- I **kissed** her only once on the cheek.

beijar
- **Beijei**-a somente uma vez, no rosto.

hug [hʌg] n
- A **hug** is an affectionate greeting.

o **abraço**
- Um **abraço** é uma saudação cordial.

to hug [tə ˈhʌg] v
- And then we **hugged** and kissed.

abraçar
- E então nós nos **abraçamos** e nos beijamos.

wedding [ˈwed·ɪŋ] n
- Nicole's going to wear a white dress for her **wedding**.

o **casamento**
- Nicole vai usar um vestido branco em seu **casamento**.

marriage [ˈmærɪdʒ] n
- It's Jennifer's second **marriage**.

o **casamento**
- Esse é o segundo **casamento** de Jennifer.

to get married [tə ˌget ˈmærɪd] phrase
▶ v irr p. 444 get
- My parents **got married** in London 13 years ago.

casar-se

- Meus pais **se casaram** em Londres 13 anos atrás.

husband [ˈhʌzbənd] n
- Josh would make an ideal **husband** for her.

o **marido**
- Josh seria um **marido** ideal para ela.

wife [waɪf] n
- Tom is a teacher and his **wife** is a successful architect.

a **esposa**
- Tom é professor e sua **esposa** é uma arquiteta bem-sucedida.

spouse [spaʊs] n m/f
- You're welcome to bring your **spouse**.

o **cônjuge**
- Fique à vontade para trazer seu **cônjuge**.

Parceria e casamento

couple [ˈkʌpl] *n*
- In the US lots of newly wed **couples** go to Las Vegas for their honeymoon.

o **casal**
- Nos Estados Unidos, muitos **casais** recém-casados vão a Las Vegas para a lua de mel.

honeymoon [ˈhʌnimuːn] *n*
- They spent their **honeymoon** in Hawaii.

a **lua de mel**
- Eles passaram a **lua de mel** no Havaí.

newly wed [ˈnjuːli wed] *adj*
- The **newly wed** couples threw a huge party at a hotel.

recém-casados
- Os casais **recém-casados** deram uma festa grande em um hotel.

faithful [ˈfeɪθfl] *adj*
- Do you think Hayley's always been **faithful** to you?

fiel
- Você acha que Hayley lhe foi sempre **fiel**?

unfaithful [ʌnˈfeɪθfl] *adj*
- I've never been **unfaithful** to my wife.

infiel
- Nunca fui **infiel** à minha esposa.

engagement [ɪnˈgeɪdʒmənt] *n*
- Mary has broken off her **engagement**.

o **noivado**
- Mary desmanchou o **noivado**.

to be engaged [tə biː ənˈgeɪdʒd] *phrase*
▶ v irr p. 442 be
- Look, my new ring! Frank and I **are engaged** now.

estar noivo

- Olhe meu anel novo! Eu e Frank **estamos noivos**!

separation [ˌsepərˈeɪʃn] *n*
- After the **separation** Lauren began to feel better.

a **separação**
- Depois da **separação**, Lauren começou a se sentir melhor.

to separate [tə ˈsepəreɪt] *v*
- They have **separated** and are getting divorced.

separar-se
- Eles **se separaram** e estão se divorciando.

groom [gruːm] *n*
- The wedding ring is put on the bride's finger by the **groom**.

o **noivo**
- A aliança de casamento é posta no dedo da noiva pelo **noivo**.

bride [braɪd] *n*
- The **bride** was so excited, she could hardly breathe.

a **noiva**
- A **noiva** estava tão entusiasmada que mal conseguia respirar.

jealous [ˈdʒeləs] *n* ■ Oscar was quite **jealous** of me.	o **ciúme** ■ Oscar tinha muito **ciúme** de mim.
sex [seks] *n* ■ You should never have unprotected **sex**.	o **sexo** ■ Você nunca deveria fazer **sexo** desprotegido.
to have sex [tə ˌhæv ˈseks] *phrase* ▶ v irr p. 445 have ■ We never **had sex** when we were together.	**fazer sexo com** ■ Nunca **fizemos sexo** quando estávamos juntos.
tender [tendə] *adj* ■ Lilly gave him a **tender** kiss.	**terno, carinhoso** ■ Lilly deu um beijo **carinhoso** nele.
homosexual [ˌhəʊməˈsekʃʊəl] *adj* ■ In some countries **homosexual** relationships are still illegal.	**homossexual** ■ Em alguns países, relações **homossexuais** ainda são ilegais.
lesbian [ˈlezbiən] *adj* ■ Britain introduced registered partnerships for gay and **lesbian** couples many years ago.	**lésbica** ■ A Grã-Bretanha reconheceu a parceria civil para casais de gays e **lésbicas** há muitos anos.
boyfriend [ˈbɔɪfrend] *n* ■ On Friday night I'm going out with my **boyfriend**.	o **namorado** ■ Sexta-feira à noite vou sair com meu **namorado**.
girlfriend [ˈgɜːlfrend] *n* ■ Jessica was my **girlfriend** at school and now she's my wife.	a **namorada** ■ Jéssica era minha **namorada** na escola e hoje é minha esposa.
affection [əˈfekʃn] *n* ■ She had a deep **affection** for her adopted child.	a **afeição** ■ Ela tinha uma profunda **afeição** por seu filho adotivo.
partner [ˈpɑːtnə] *n m/f* ■ After the divorce Trisha soon found a new **partner**.	**parceiro** ■ Após o divórcio, Trisha logo encontrou um novo **parceiro**.
relationship [rɪˈleɪʃənʃɪp] *n* ■ My last **relationship** lasted for only half a year.	a **relação** ■ Minha última **relação** durou apenas meio ano.
divorce [dɪˈvɔːs] *n* ■ And then she told me she wanted a **divorce**.	o **divórcio** ■ Então ela me disse que queria o **divórcio**.

42 Amizade e outros contatos sociais

to get divorced [tə ˌget dɪˈvɔːst] *phrase* ▶ v irr p. 444 get ■ Ben and Camilla **got divorced** after ten years of marriage.	divorciar-se ■ Ben e Camilla **se divorciaram** após dez anos de casamento.
single parent [ˌsɪŋ.gl ˈpeərnt] *n m/f* ■ She joined a club for **single parents**.	o **pai solteiro**, a **mãe solteira** ■ Ela entrou para um clube para **pais solteiros**.

Amizade e outros contatos sociais

friend [frend] *n m/f*
- At first we didn't like each other but now Gareth's my best **friend**.

o **amigo**, a **amiga**
- No início, não nos gostávamos, mas hoje Gareth é meu melhor **amigo**.

---

friends [frendz] *n pl*
- Anton has a lot of **friends**.

os **amigos**
- Anton tem uma porção **de amigos**.

---

friendship [ˈfrendʃɪp] *n*
- There is no real **friendship** without trust.

a **amizade**
- Não existe **amizade** verdadeira sem confiança.

---

friendly [ˈfrendli] *adj*
- As a doctor he shouldn't get too **friendly** with his patients.

amistoso, amigável, amigo
- Como médico, ele não deveria ser tão **amistoso** com seus pacientes.

---

to be friends with [tə biː ˈfrendz wɪð] *phrase*
▶ v irr p. 442 be
- I only want to **be friends with** her.

ser amigo

- Eu queria apenas **ser amigo** dela.

---

personal [ˈpɜːsnəl] *adj*
- Father's accident was a **personal** tragedy for our whole family.

pessoal
- O acidente de meu pai foi uma tragédia **pessoal** para toda a nossa família.

---

people [ˈpiːpl] *n*
- I love having young **people** around me, that's why I became a teacher.
- There are only 200 **people** living on the island.

as **pessoas**
- Adoro ter **pessoas** jovens à minha volta, por isso me tornei professor.
- Há apenas duzentas **pessoas** morando na ilha.

people [ˈpiːpl] *n*
- **People** say that children who play outside all day are more intelligent than those who watch a lot of TV.

as **pessoas**
- As **pessoas** dizem que crianças que brincam fora de casa o dia todo são mais inteligentes do que as que assistem muita televisão.

in common [ˈkɒmən] *adj*
- Do you have anything **in common**?

em **comum**
- Vocês têm algo **em comum**?

neighbour *BE* [ˈneɪbə], **neighbor** *AE* [ˈneɪbər] *n m/f*
- I've never had any trouble with my next-door **neighbour**.

o **vizinho**
- Nunca tive nenhum problema com o **vizinho** ao lado.

guy [gaɪ] *n*
- Simon looks like a nice **guy**.

o **cara**
- Simon parece ser um **cara** legal.

meeting [ˈmiːtɪŋ] *n*
- Greg has a **meeting** with his clients next week.
- The **meeting** took place in our school hall.

a **reunião**
- Greg tem uma **reunião** com seus clientes na semana que vem.
- A **reunião** foi realizada no salão de nossa escola.

to meet [tə ˈmiːt] *v*
▶ *v irr* p. 446 meet
- I **met** an old friend I hadn't seen for ten years.
- You can **meet** a lot of interesting people at parties.

encontrar
- **Encontrei** um velho amigo que eu não via há dez anos.
- Você pode **encontrar** uma porção de pessoas interessantes nas festas.

gathering [ˈgæðərɪŋ] *n*
- Next year our **gathering** will be held in March.

o **encontro**
- Ano que vem, nosso **encontro** será em março.

date [deɪt] *n*
- Were you very nervous on your first **date**?

o **encontro**
- Vocês ficaram muito nervosos em seu primeiro **encontro**?

to go out [tə gəʊ ˈaʊt] *phrase*
▶ *v irr* p. 44 go
- I'm **going out** with my boyfriend tonight.

sair
- Vou **sair** com meu namorado hoje à noite.

to participate [tə pɑːˈtɪsɪpeɪt] *v*
- Paul wants to **participate** in the run.

participar
- Paul quer **participar** da corrida.

Amizade e outros contatos sociais

to invite [tʊ ɪnˈvaɪt] *v*
- They **invited** all their friends to the engagement party.

convidar
- Eles **convidaram** todos os amigos para a festa de noivado.

to visit [tə ˈvɪzɪt] *v*
- We **visit** her in hospital every other day.

visitar
- Nós a **visitamos** no hospital a cada dois dias.

guest [gest] *n*
- We use it as an extra bedroom when we have **guests**.

o hóspede
- Nós o usamos como quarto extra quando temos **hóspedes**.

to drop by sb. [tə drɒp ˈbaɪ] *phrase*
- Can I just **drop by** for a cup of tea some time?

aparecer
- Posso **aparecer** para uma xícara de chá algum dia?

to pop in [tə ˌpɒp ˈɪn] *phrase (coll.)*
- Susie just **popped in** for a coffee.

passar
- Susie **passou** para tomar um café.

acquaintance [əˈkweɪntəns] *n m/f*
- Mr Broad is just an **acquaintance** of mine.
- I'm really looking forward to making her **acquaintance**.

o conhecido
- O Sr. Broad é apenas um **conhecido** meu.
- Estou ansioso para **conhecê-la**.

contact [ˈkɒntækt] *n*
- We used to be good friends but we've lost **contact**.

o contato
- Costumávamos ser muito amigos, mas perdemos **contato**.

connection [kəˈnekʃn] *n*
- They say she has **connections** with the Mafia.

a conexão
- Dizem que ela tem **conexões** com a máfia.

to get in touch [tə ˌget ɪnˈtʌtʃ] *phrase*
▶ *v irr* p. 444 get
- She didn't give me her phone number so I don't know how to **get in touch** with her.

entrar em contato
- Ela não me deu o número de telefone, então não sei como **entrar em contato** com ela.

to join [tə ˈdʒɔɪn] *v*
- Can I **join** you?

juntar-se, acompanhar
- Posso **me juntar** a você?

club [klʌb] *n*
- You do like playing chess. Have you ever thought about joining a **club**?

clube
- Você realmente gosta de jogar xadrez. Já pensou em fazer parte de um **clube**?

Amizade e outros contatos sociais 45

member [ˈmembə] *n m/f* ■ He's a **member** of the local tennis club.	**membro** ■ Ele é **membro** do clube de tênis local.
to accompany [tʊ əˈkʌmpəni] *v* ■ The gentlemen **accompanied** the ladies to their seats.	**acompanhar** ■ Os cavalheiros **acompanharam** as damas até seus lugares.
to get along with sb. [tə ˌget əˈlɒŋ wɪð] *phrase* ▶ **v irr** p 444 get ■ Gail never **got along with** her boss.	**entender-se com alguém** ■ Gail nunca **se entendeu com** seu chefe.
to take advantage of [BE: tə ˌteɪk ədˈvɑːntɪdʒ əv, AE: tə ˌteɪk ədˈvæn.tɪdʒ əv] *phrase* ▶ **v irr** p. 447 take ■ The bosses **took advantage** of the situation.	**tirar vantagem, aproveitar-se** ■ Os chefes **tiraram vantagem** da situação.
to like [tə ˈlaɪk] *v* ■ I **like** you a lot.	**gostar** ■ **Gosto** muito de você.
attitude [ˈætɪtʃuːd] *n* ■ Robert's problem is that he has the wrong **attitude** towards women.	**atitude** ■ O problema de Robert é que ele tem uma **atitude** errada com as mulheres.
communal [ˈkɒmjənəl] *n* ■ And we have a **communal** garden behind the house.	**comum** ■ E temos um jardim **comunitário** atrás da casa.
environment [ɪnˈvaɪrənmənt] *n* ■ That was the **environment** I grew up in.	**ambiente** ■ Esse é o **ambiente** em que eu cresci.
to socialize [tə ˈsəʊʃəlaɪz] *v* ■ I didn't **socialize** much when I was at college.	**socializar** ■ Eu não **socializava** muito quando estava na faculdade.
companion [kəmˈpænjən] *n m/f* ■ He's always been the president's most faithful **companion**.	o **companheiro** ■ Ele sempre foi o **companheiro** mais fiel do presidente.

to shake hands [tə ˌʃeɪk ˈhændz] *phrase*
▸ **v irr** p. 447 shake
- When you meet somebody for the first time it is considered impolite if you don't **shake hands**.

apertar a mão
- Quando você encontra alguém pela primeira vez, é considerado falta de cortesia não **apertar a mão**.

Ciclo da vida

man [mæn] *n; pl* men
- All **men** are created equal.

o **homem**, o **ser humano**
- Todos os **homens** são criados iguais.

human [ˈhjuːmən] *n, adj*
- Modern **humans** originate in east Africa.
- The disaster was caused by **human** error.

o **humano**
- Os **humanos** modernos se originaram no leste da África.
- O desastre foi causado por falha **humana**.

life [laɪf] *n*
- Is there **life** on Mars?

a **vida**
- Existe **vida** em Marte?

alive [əˈlaɪv] *adv*
- The poster said, "Wanted! Dead or **Alive**".
- After swimming he felt **alive** and full of energy.

vivo
- O cartaz dizia "Procurado! **Vivo** ou morto!".
- Depois de nadar, ele se sentiu **vivo** e cheio de energia.

to live [tə ˈlaɪv] *v*
- Neil was born in New Zealand but has been **living** in England for nearly 15 years.

viver
- Neil nasceu na Nova Zelândia, mas **vive** na Inglaterra há quase quinze anos.

birth [bɜːθ] *n*
- We all celebrated the **birth** of her third child.

nascimento
- Nós todos celebramos o **nascimento** de seu terceiro filho.

to be born [tə bi ˈbɔːn] *phrase*
▸ **v irr** p. 442 be
- Margaret **was born** in 1877 and died 67 years later.

nascer
- Margaret **nasceu** em 1877 e faleceu 67 anos depois.

Ciclo da vida 47

young [jʌŋ] *adj*
- Are you sure he's our new teacher? He looks too **young**.

jovem
- Tem certeza de que ele é o nosso novo professor? Parece **jovem** demais.

juvenile [ˈdʒuːvənaɪl] *adj*
- **Juvenile** offenders cause a lot of trouble for the police.

juvenil
- Delinquentes **juvenis** causam muitos problemas para a polícia.

old [əʊld] *adj*
- I saw a lot of **old** people playing with small children in the park.

velho, idoso
- Vi uma porção de pessoas **idosas** brincando com crianças pequenas no parque.

adult [ˈædʌlt] *n m/f*
- All children must be accompanied by a paying **adult**.

adulto
- Todas as crianças têm de ser acompanhadas por um **adulto** pagante.

grown-up [ˌɡrəʊnʌp] *adj*
- Jackie has a **grown-up** sister.

crescido
- Jackie tem uma irmã **adulta**.

age [eɪdʒ] *n*
- He doesn't behave his **age**.

a idade
- Ele não se comporta de acordo com sua **idade**.

➡ O substantivo que indica idade e idade avançada é o mesmo: **age**.

childhood [ˈtʃaɪldhʊd] *n*
- Did you have a happy **childhood**?

a infância
- Você teve uma **infância** feliz?

youth [juːθ] *n*
- Mel spent his childhood and **youth** in India.

a juventude
- Mel passou sua infância e **juventude** na Índia.

to be ... years old [tə biː ... ˈjɪəz əʊld] *phrase*
▶ v irr p. 442 **be**
- Virginia **was** only twelve **years old** when she moved to Canada.

ter ... anos de idade

- Virginia **tinha** apenas 12 **anos de idade** quando se mudou para o Canadá.

to grow [tə ˈɡrəʊ] *v*
▶ v irr p. 444 grow
- I've **grown** an inch since we last met.

crescer

- **Cresci** 2,5 cm desde que nos vimos pela última vez.

to grow up [tə ˈgrəʊ ˌʌp] *phrase*
▶ **v irr** p. 444 grow
- Douglas **grew up** in a small town outside of Sheffield.

crescer
- Douglas **cresceu** em uma pequena cidade nos arredores de Sheffield.

---

death [deθ] *n*
- I'm not scared of **death**.

a morte
- Não tenho medo da **morte**.

---

dead [ded] *adj*
- I think this plant is **dead**, George. Did you ever water it?

morto
- Acho que esta planta está **morta**, George. Você a regou alguma vez?

---

deadly [ˈdedli] *adj*
- A bee sting can be **deadly** if you're allergic to it.

mortal
- Uma picada de abelha pode ser **mortal** se você for alérgico a ela.

---

to die [tə ˈdaɪ] *v*
- He **died** of a heart attack at the age of 42.

morrer
- Ele **morreu** de ataque do coração aos 42 anos.

---

to lose one's life [tə ˌluːz wʌnz ˈlaɪf] *phrase*
▶ **v irr** p. 446 lose
- He **lost his life** in a plane crash.

perder a vida

- Ele **perdeu a vida** num acidente de avião.

---

funeral [ˈfjuːnərəl] *n*
- Many of Jack's friends were at the **funeral**.

funeral
- Muitos dos amigos de Jack estavam no **funeral**.

---

grave [greɪv] *n*
- At the end of the funeral the coffin was lowered into the **grave**.

túmulo
- Ao final do funeral, o caixão desceu ao **túmulo**.

---

to bury [tə ˈberi] *v*
- Shakespeare **was buried** in Stratford.

sepultar, enterrar
- Shakespeare **foi enterrado** em Stratford.

---

to cremate [tə krɪˈmeɪt] *v*
- Gary told her he wanted **to be cremated** after his death.

cremar
- Gary contou a ela que queria **ser cremado** após a morte.

---

grief [griːf] *n*
- She felt unbearable **grief** after the death of her husband.

dor
- Ela sentiu uma dor **insuportável** após a morte do marido.

mourning [ˈmɔːnɪŋ] *n* ■ Patrick was in deep **mourning** for over a year.	luto ■ Patrick ficou em **luto** profundo por mais de um ano.
generation [ˌdʒenəˈreɪʃn] *n* ■ People today are in better health than previous **generations**.	geração ■ As pessoas hoje estão com melhor saúde do que nas **gerações** anteriores.
pregnancy [ˈpregnənsi] *n* ■ It's already my fourth **pregnancy**.	gravidez ■ Já é a minha quarta **gravidez**.
to get pregnant [tə ˌget ˈpregnənt] *phrase* On the news they said that thousands of underage girls **got pregnant** last year.	engravidar ■ No noticiário, disseram que milhares de jovens menores de idade **engravidaram** no ano passado.
puberty [ˈpjuːbəti] *n* ■ Be patient! She's going through **puberty**.	puberdade ■ Seja paciente! Ela está passando pela **puberdade**.
midlife crisis [ˈmɪdlaɪf ˌkraɪsɪs] *n* ■ Sandra's husband is having a **midlife crisis**.	crise de meia-idade ■ O marido de Sandra está tendo uma **crise de meia-idade**.
senior citizen [ˌsiːniə ˈsɪtɪzn] *n* ■ Eastbourne is a paradise for **senior citizens**.	o idoso ■ Eastbourne é um paraíso para os **idosos**.
condolence [kənˈdəʊləns] *n* ■ They offered their **condolences** in a letter.	condolências, pêsames ■ Eles enviaram suas **condolências** por carta.
dead body [ˌded ˈbɒdi] *n* ■ The police found a **dead body** buried in the garden.	cadáver ■ A polícia encontrou um **cadáver** enterrado no jardim.
to inherit [tə ɪnˈherɪt] *v* ■ As their only son James **inherited** the entire state.	herdar ■ Como filho único, James **herdou** toda a propriedade.
will [wɪl] *n* ■ Her grandfather had changed his **will** only three days before he died.	testamento ■ Seu avô mudou o **testamento** apenas três dias antes de morrer.

Percepções, comunicação e atividades

Pensar e sentir

Pensamentos

thought [θɔːt] *n*
- That's what I wanted to say. Can you read my **thoughts**?

o **pensamento**
- É o que eu queria dizer. Você consegue ler meus **pensamentos**?

---

to think [tə 'θɪŋk] *v*
▶ v irr p. 448 think
- What do you **think** of when you see a red rose?
- I'm not sure but I **think** they've already left.
- We must **think** hard before coming to a conclusion.

pensar, achar
- No que você **pensa** quando vê uma rosa vermelha?
- Não tenho certeza, mas **acho** que eles já saíram.
- Temos de **pensar** muito antes de chegar a uma conclusão.

---

to think of [tə 'θɪŋk əv] *phrase*
▶ v irr p. 448 think
- What do you **think of** Ryan? Isn't he cute?

achar de
- O que você **acha de** Ryan? Ele não é adorável?

---

memory ['meməri] *n*
- Dale has pleasant **memories** of his childhood.

memória
- Dale tem **memórias** agradáveis de sua infância.

---

to remember [tə rɪ'membə] *v*
- I can't **remember** her name.
- Please **remember** to lock the front door.

lembrar(-se)
- Não consigo me **lembrar** do nome dela.
- Por favor, **lembre-se** de trancar a porta da frente.

---

to forget [tə fə'get] *v*
▶ v irr p. 444 forget
- Molly is angry because her husband **forgot** their wedding anniversary.

esquecer(-se)
- Molly está com raiva porque seu marido **se esqueceu** do aniversário de casamento deles.

to seem [tə ˈsiːm] v
- Sophie is not as calm as she **seems**.

parecer
- Sophie não é tão calma quanto **parece**.

to believe [tə bɪˈliːv]
- Be careful! Don't **believe** every word he says.

acreditar
- Tenha cuidado! Não **acredite** em tudo que ele diz.

hope [həʊp] n
- Is there any **hope** that the dog will recover?

esperança
- Existe alguma **esperança** de que o cachorro vá se recuperar?

to hope [tə ˈhəʊp] v
- I **hope** Tony can come to the party.

esperar
- **Espero** que Tony possa vir à festa.

to suppose [tə səˈpəʊz] v
- Since Rob's not here, I **suppose** he must be ill.

supor
- Como Rob não veio, **suponho** que esteja doente.

likely [ˈlaɪkli] adj
- It's very **likely** that they'll win the game.

provável
- É muito **provável** que ganhem o jogo.

probably [ˈprɒbəbli] adv
- I'm not sure yet, but we'll **probably** leave on Friday.

provavelmente
- Ainda não tenho certeza, mas nós **provavelmente** partiremos na sexta.

possible [ˈpɒsəbl] adj
- Further showers are **possible** but unlikely.

possível
- Mais chuvas são **possíveis**, mas improváveis.

by any chance [BE: baɪ ˈeni tʃɑːns, AE: baɪ ˈeni tʃæns] phrase
- Have you seen my green T-shirt **by any chance**?

por acaso
- **Por acaso** você viu minha camiseta vermelha?

maybe [ˈmeɪ] adv
- **Maybe** Kathryn will help us. Let's ask her.

talvez
- **Talvez** Kathryn nos ajude. Vamos perguntar a ela.

perhaps [pəˈhæps] adv
- I haven't seen Carol today; **perhaps** she's taken a day off.

talvez
- Não vi Carol hoje, **talvez** ela tenha tirado o dia de folga.

impossible [ɪmˈpɒsəbl] *adj* ■ It's **impossible** to fly faster than the speed of light.	**impossível** ■ É **impossível** voar mais rápido do que a velocidade da luz.
impression [ɪmˈpreʃən] *n* ■ My first **impression** of New York was fantastic.	**impressão** ■ Minha primeira **impressão** de Nova York foi fantástica.
to wonder [tə ˈwʌndə] *v* ■ I **wonder** what they'll do next.	**perguntar-se** ■ Eu **me pergunto** o que eles vão fazer em seguida.
to notice [tə ˈnəʊtɪs] *v* ■ David didn't **notice** that she smiled at him.	**notar, perceber** ■ David não **notou** que ela sorriu para ele.
to expect [tə ɪkˈspekt] *v* ■ Our visitors arrived much earlier than we had **expected**. ■ I hadn't **expected** you at all.	**esperar** ■ Nossos visitantes chegaram muito mais cedo do que **esperávamos**. ■ De modo algum eu **esperava** você.
to realize [tə ˈrɪəlaɪz] *v* ■ Sam **realized** that he had made a big mistake.	**perceber** ■ Sam **percebeu** que cometera um grande erro.
to recognize [tə ˈrekəgnaɪz] *v* ■ You won't **recognize** Alan; he's changed a lot.	**reconhecer** ■ Você não vai **reconhecer** Alan; ele mudou muito.
appearance [əˈpɪərəns] *n* ■ **Appearances** can be deceptive. Dan's much younger than he looks.	**as aparências** ■ As **aparências** enganam. Dan é muito mais novo do que parece.
to think sb. is [tə ˈθɪŋk ... ɪz] *phrase* ▶ *v irr* p. 448 think ■ Kevin always **thought he was** American.	**pensar que alguém é** ■ Kevin sempre **pensou que ele fosse** americano.
imagination [ɪˌmædʒɪˈneɪʃn] *n* ■ Picasso had a vivid **imagination**.	**a imaginação** ■ Picasso tinha uma **imaginação** fértil.
to imagine [tə ɪˌmædʒɪn] *v* ■ I can't **imagine** living here.	**imaginar** ■ Não consigo me **imaginar** morando aqui.

to consider [tə kənˈsɪdər] v ■ My parents are **considering** buying a house. ■ They told him they would **consider** his request.	**considerar, pensar em algo** ■ Meus pais estão **pensando em** comprar uma casa. ■ Eles disseram a ele que **considerariam** seu pedido.
thoughtless [ˈθɔːtləs] adj ■ I'm sorry about what I said. It was very **thoughtless**.	**irrefletido** ■ Sinto muito pelo que eu falei. Foi muito **irrefletido**.
to be surprised [tə biː səˈpraɪzd] phrase ▶v irr p. 442 be ■ Tina **was** not in the least **surprised** that Brian passed his driving test.	**estar surpreso, surpreender-se** ■ Tina não **se surpreendeu** nem um pouco que Brian tenha passado no teste de direção.
awareness [əˈweənəs] n ■ We are trying to raise **awareness** of the situation.	**consciência, atenção** ■ Estamos tentando aumentar a **consciência** sobre a situação.
aware [əˈweə] adj ■ I wasn't **aware** of the fact that he's in love with her.	**consciente, ciente** ■ Eu não estava **ciente** de que ele está apaixonado por ela.
to anticipate [tə ænˈtɪsɪpeɪt] v ■ We hadn't **anticipated** that the film would be so great.	**prever, imaginar** ■ Não **imaginávamos** que o filme seria tão bom.
sense [sens] n ■ What does that mean? It doesn't make any **sense**.	**o sentido** ■ O que significa isso? Não faz nenhum **sentido**.
nonsense [ˈnɒnsəns] n ■ Don't listen to him. He's just talking **nonsense**.	**coisas sem sentido** ■ Não dê ouvidos a ele. Está apenas falando **coisas sem sentido**.

Sentimentos

feeling [ˈfiːlɪŋ] n ■ I have the **feeling** we are being watched.	a **sensação** ■ Tenho a sensação de que estamos sendo observados.

Sentimentos

pleasure [ˈpleʒə] *n*
- I get a lot of **pleasure** out of playing with children.
- Gary doesn't get any **pleasure** out of sunbathing.

prazer
- Sinto muito **prazer** em brincar com crianças.
- Gary não tem nenhum **prazer** em tomar banho de sol.

pleased [pliːzd] *adj*
- **Pleased** to meet you!

encantado
- **Encantado** em conhecê-lo!

pleasant [ˈpleznt] *adj*
- These roses have a very **pleasant** smell.

agradável
- Estas rosas têm um cheiro muito **agradável**.

unpleasant [ʌnˈpleznt] *adj*
- There was an **unpleasant** smell in the room.

desagradável
- Havia um cheiro **desagradável** na sala.

to be pleased [tə biː ˈpliːzd] *phrase*
▶ v irr p. 442 be
- Amanda **was** very **pleased** with her presents.

estar satisfeito

- Amanda **estava** muito **satisfeita** com seus presentes.

luck [lʌk] *n*
- With a little bit of **luck** you'll pass the test.

sorte
- Com um pouco de **sorte** você passa no teste.

happy [ˈhæpi] *adj*
- We wish you a long and **happy** life.

feliz
- Desejamos a você uma vida longa e **feliz**.

unhappy [ʌnˈhæpi] *adj*
- The children were very **unhappy** when our dog died.

infeliz, triste
- As crianças ficaram muito **tristes** quando nosso cachorro morreu.

cheerfulness [ˈtʃɪəflnəs] *n*
- Robin seems to have an inborn **cheerfulness**.

alegria
- Robin parece ter uma **alegria** inata.

glad [glæd] *n*
- I'm **glad** to hear that you've found a new job.

feliz, satisfeito
- Estou **feliz** em saber que você encontrou um emprego novo.

smile [smaɪl] *n*
- The landlady welcomed us with a friendly **smile**.

o sorriso
- A proprietária nos recebeu com um **sorriso** amistoso.

Sentimentos

to smile [tə ˈsmaɪl] v
- Gloria **smiled** at the baby and it smiled back.

sorrir
- Gloria **sorriu** para o bebê e ele sorriu de volta.

laughter [BE: ˈlɑːf.tə, AE: ˈlæf.tər] n
- The clowns were hilarious. We roared with **laughter**.

o riso
- Os palhaços eram hilários. Nós urrávamos de tanto **riso**.

to laugh [BE: tə ˈlɑːf, AE: tə ˈlæf] v
- It was so funny that we had **to laugh**.

rir, gargalhar
- Foi tão engraçado que tivemos de **rir**.

to like [tə ˈlaɪk] v
- Callum **likes** driving around in his car listening to loud music

gostar
- Callum **gosta** de passear de carro ouvindo música alta.

to like doing sth. [tə ˌlaɪk ˈduːɪŋ] phrase
- Callum **likes driving around** in his car listening to loud music.

gostar de fazer alguma coisa
- Callum **gosta de sair** com seu carro ouvindo música alta.

favourite BE [ˈfeɪvərɪt], favorite AE [ˈfeɪvərət] adj
- What's your **favourite** pop group?

favorito
- Qual o seu grupo de pop **favorito**?

can't stand [BE: ˌkænt stænd, AE: ˌkɑnt stænd] phrase
- I **can't stand** it when people are arrogant.

não poder suportar
- **Não suporto** pessoas arrogantes.

surprise [səˈpraɪz] n
- To my **surprise** my best friend had organized a birthday party for me.

a surpresa
- Para a minha **surpresa**, meu melhor amigo organizou uma festa de aniversário para mim.

surprised [səˈpraɪzd] adj
- Simon was **surprised** to learn that he had won the tombola.

surpreso
- Simon ficou **surpreso** ao saber que havia vencido na tômbola.

satisfied [səˈpraɪzd] adj
- Mr Jenkins owns half the town but he still isn't **satisfied**.

satisfeito
- O Sr. Jenkins é dono de meia cidade e ainda não está **satisfeito**.

dissatisfied [ˌdɪsˈsætɪsfaɪd] adj
- Dad's been very **dissatisfied** with the poor performance of his team.

insatisfeito
- Papai tem estado bem **insatisfeito** com o fraco desempenho de seu time.

Sentimentos

fear [fɪə] *n* ■ Amy has a **fear** of insects of all kinds.	**o medo** ■ Amy tem **medo** de insetos de todos os tipos.
to be afraid [tə biː əˈfreɪd] *phrase* ▶**v irr** p. 442 be ■ There's no need **to be afraid** of spiders in this old house.	**ter medo** ■ Não há motivo para **ter medo** de aranhas nesta casa velha.
worried [BE: ˈwʌrid, AE: ˈwɜːrid] *adj* ■ Everyone was **worried** when they heard about the accident. ■ A lot of people are **worried** about their jobs these days.	**preocupado** ■ Todos ficaram **preocupados** quando ouviram sobre o acidente. ■ Muitas pessoas se **preocupam** com seus empregos nos dias de hoje.
to worry [tə ˈwʌr] *v* ■ Don't **worry**! Everything will be all right.	**preocupar-se** ■ Não **se preocupe**! Tudo vai ficar bem.
sadness [ˈsædnəs] *n* ■ Debra experienced great **sadness** after the death of her husband.	**a tristeza** ■ Debra passou por uma grande **tristeza** com a morte do marido.
sad [sæd] *adj* ■ Watching *Titanic* made us all a bit **sad**.	**triste** ■ Assistir ao *Titanic* nos deixou um pouco **tristes**.
lonely [ˈləʊnli] *adj* ■ Miriam's been very **lonely** since her children left home.	**sozinha** ■ Miriam tem estado muito **sozinha** desde que seus filhos saíram de casa.
alone [əˈləʊn] *adj* ■ Suddenly Sarah was all **alone** in that huge castle.	**só** ■ De repente, Sarah estava completamente **só** naquele castelo imenso.
terrible [ˈterəbl] *adj* ■ After playing in the rain the children looked **terrible**.	**horrível, péssimo** ■ Depois de brincar na chuva, as crianças ficaram com aparência **terrível**.
without doubt [wɪˈðaʊt ˈdaʊt] *phrase* ■ Caroline is **without doubt** a very smart student.	**sem dúvida** ■ Caroline é, **sem dúvida**, uma aluna muito inteligente.

admiration [ˌædmɪˈreɪʃn] *n* ■ His work has always filled me with **admiration**.	a **admiração** ■ Seu trabalho sempre me encheu de **admiração**.
to admire [tə ədˈmaɪə] *v* ■ Many people **admire** her for her courage.	**admirar** ■ Muitas pessoas a **admiram** por sua coragem.
enthusiasm [ɪnˈθjuːziæzm] *n* ■ The suggestion to have a party was met with great **enthusiasm**.	**entusiasmo** ■ A sugestão da festa foi recebida com grande **entusiasmo**.
enthusiastic [ɪnˌθjuːziˈæstɪk] *adj* ■ Sam was very **enthusiastic** when I suggested going out tonight.	**entusiasmado** ■ Sam ficou muito **entusiasmado** quando sugeri que saíssemos à noite.
excited [ɪkˈsaɪtɪd] *adj* ■ When the film started the children were all very **excited**.	**empolgado** ■ Quando o filme começou, as crianças ficaram muito **empolgadas**.
exciting [ɪkˈsaɪtɪŋ] *adj* ■ Watching the first man walk on the moon was an **exciting** moment.	**impressionante** ■ Assistir ao primeiro homem pisar na lua foi um momento muito **impressionante**.
aggressive [əˈgresɪv] *adj* ■ Some people get **aggressive** when they are stressed.	**agressivo** ■ Algumas pessoas ficam **agressivas** quando estão estressadas.
boredom [ˈbɔːdəm] *n* ■ There's nothing to do. I'm dying of **boredom**.	o **tédio** ■ Não tem nada para fazer. Estou morrendo de **tédio**.
boring [ˈbɔːrɪŋ] *adj* ■ Nothing much happens in this town, it's so **boring**.	**tedioso** ■ Nada acontece nesta cidade, é tão **tedioso**.
to be bored [tə biː ˈbɔːd] *phrase* ▶*v irr* p. 442 be ■ I had to spend Sunday afternoon with my parents. I **was bored** stiff.	**estar entediado** ■ Tive de passar a tarde de domingo com meus pais. **Fiquei** terrivelmente **entediado**.
dull [dʌl] *adj* ■ Linda watched a really **dull** film on TV last night.	**chato** ■ Linda assistiu a um filme realmente **chato** na televisão ontem à noite.

Sentimentos

disappointment [ˌdɪsəˈpɔɪntmənt] *n*
- You could see the **disappointment** in her face.

a decepção, o desapontamento
- Era possível ver a **decepção** no rosto dela.

disappointed [ˌdɪsəˈpɔɪntɪd] *adj*
- We were somewhat **disappointed** to learn that he had only come second.

desapontado
- Ficamos um pouco **desapontados** em saber que ele chegou em segundo lugar.

grateful [ˈgreɪtfl] *adj*
- I'd be **grateful** if you could send me your catalogue.

grato
- Eu ficaria **grato** se você pudesse me enviar o seu catálogo.

to be astonished [tə biː əˈstɒn·ɪʃt] *phrase*
▶ v irr p. 444 be
- Jake **was astonished** to hear that she had got married.

ficar espantado

- Jake **ficou espantado** quando soube que ela se casou.

surprising [səˈpraɪzɪŋ] *adj*
- It's **surprising** what you can buy with ten dollars.

surpreendente
- É **surpreendente** o que você pode comprar com dez dólares.

fright [fraɪt] *n*
- It took me several minutes to recover from the **fright**.

o susto
- Levei muitos minutos para me recuperar do **susto**.

to frighten [tə ˈfraɪtn] *v*
- Dominic **frightened** me to death when he stepped out from behind the door.

amedrontar, assustar, dar um susto
- Dominic quase me **matou de susto** quando saiu de trás da porta.

➡ Se **to frighten** for empregado na voz ativa, significa assustar ou amedrontar alguém (**He frightened me**); no sentido passivo, significa sentir medo (**I was frightened of him**) ou ser amedrontado (**I was frightened by him**).

to be frightened [tə biː ˈfraɪtnd] *phrase*
- Jenny **is frightened** of snakes.
- I **was frightened** by the loud noise.
➡ to frighten p. 58

ter medo, estar assustado

- Jenny **tem medo** de cobras.
- Eu **estava assustado** com o barulho alto.

pity [ˈpɪti] *n*
- She felt **pity** for the hard-working children.

a pena
- Ela sentiu **pena** das crianças trabalhadoras.

Sentimentos 59

to feel sorry [tə ˌfiːl ˈsɒri] *phrase*
▶v irr p. 444 feel
- I **felt sorry** for John when I learned that he had broken his leg.

sentir pena
- **Senti pena** de John quando soube que ele quebrou a perna.

to regret [tə rɪˈgret] *v*
- We **regret** to inform you that we are going to have to raise your rent.

lamentar
- **Lamentamos** informá-lo de que vamos ter de aumentar o aluguel.

I'm afraid [aɪm əˈfreɪd] *phrase*
▶v irr p. 442 be
- **I'm afraid** I won't be able to attend the meeting.

recear
- **Receio** não poder comparecer à reunião.

strange [streɪndʒ] *adj*
- I can't explain Ben's **strange** behaviour; he's never done that before.

estranho
- Não consigo explicar o **estranho** comportamento de Ben, ele nunca fez isso antes.

shame [ʃeɪm] *n*
- Martin blushed with **shame** when his father caught him lying.

a vergonha
- Martin corou de **vergonha** quando o pai o pegou mentindo.

to be ashamed [tə biː əˈʃeɪmd] *phrase*
▶v irr p. 442 be
- How rude! You ought **to be ashamed**.

sentir vergonha
- Que rude! Você deveria **sentir vergonha**.

doubt [daʊt] *n*
- Everybody says he'll win but I have my **doubts**.

a dúvida
- Todo mundo diz que ele vai vencer, mas tenho minhas **dúvidas**.

to doubt [tə ˈdaʊt] *v*
- Tess may get the job but I **doubt** it.
- Suzanne still **doubts** his loyalty.

duvidar
- Tess pode conseguir o trabalho, mas eu **duvido**.
- Suzanne ainda **duvida** de sua lealdade.

longing [ˈlɒŋɪŋ] *n*
- After she left me my **longing** for her became almost unbearable.

a saudade, o desejo
- Depois que me deixou, meu **desejo** por ela se tornou quase insuportável.

to miss [tə ˈmɪs] *v*
- My daughter has gone to Canada and I **miss** her very much.

sentir falta
- Minha filha foi para o Canadá, e estou **sentindo** muito a **falta** dela.

Sentimentos

to feel homesick [tə ˌfiːl ˈhəʊmsɪk] *phrase*
- After a few days the children felt **homesick**.

sentir saudade de casa
- Depois de alguns dias, as crianças **sentiram saudade de casa**.

to move [tə ˈmuːv] *v*
- I was very **moved** by what I saw in that documentary.

emocionar
- Fiquei muito **emocionado** com o que vi naquele documentário.

to touch [tə ˈtʌtʃ] *v*
- Joe's kindness **touched** me deeply.

tocar
- A delicadeza de Joe me **tocou** profundamente.

pain [peɪn]
- Since he became a member of this gang my youngest son has caused me a lot of **pain**.

a dor, a aflição
- Desde que se tornou membro dessa gangue, meu filho mais novo tem me causado muita **aflição**.

to cry [tə ˈkraɪ] *v*
- Davina **cried** when her favourite film star died.

chorar
- Davina **chorou** quando seu astro de cinema favorito morreu.

tear [teə] *n*
- There were **tears** in their eyes when they said goodbye.

a lágrima
- Havia **lágrimas** em seus olhos quando eles disseram adeus.

desperate [ˈdespərət] *adj*
- Although we were in a **desperate** situation we never lost hope.

desesperado, desesperador
- Muito embora estivéssemos em uma situação **desesperadora**, jamais perdemos a esperança.

hopeless [ˈhəʊpləs] *adj*
- The situation was **hopeless**, there seemed to be no way out.

desesperada
- A situação era **desesperadora**, parecia que não havia saída.

destiny [ˈdestɪni] *n*
- Is it my **destiny** to be unhappy?

o destino
- É meu **destino** ser infeliz?

disgust [dɪsˈɡʌst] *v*
- Nina turned away in **disgust** when he started eating spinach.

o nojo, o asco
- Nina se virou com **nojo** quando ele começou a comer espinafre.

to envy [tə ˈenvi] *v*
- Carol **envies** her for her good looks.

invejar
- Carol tem **inveja** dela, porque ela é bonita.

scary [ˈskeəri] *adj* ■ Walking home at night through a dark park can be **scary**.	**assustador** ■ Voltar caminhando para casa à noite por um parque escuro pode ser **assustador**.

Impressões dos sentidos

to see [tə ˈsiː] *v* ▶ **v irr** p. 446 see ■ It was so dark that we couldn't **see** anything.	**ver** ■ Estava tão escuro que não conseguíamos **ver** nada.
look [lʊk] *n* ■ She gave me an angry **look** when I kissed Steve.	**o olhar** ■ Ela me lançou um **olhar** furioso quando beijei Steve.
to look [tə ˈlʊk] *v* ■ We didn't want to buy anything. We were just **looking**.	**olhar** ■ Nós não queríamos comprar nada. Estávamos apenas **olhando**.
to look at [tə ˈlʊk ət] *phrase* ■ We went to the newsstand **to look at** some magazines.	**dar uma olhada em** ■ Fomos até a banca de jornal para **dar uma olhada** em algumas revistas.
to have a look [tə ˌhæv ə ˈlʊk] *phrase* ▶ **v irr** p. 445 have ■ Could I **have a look** at your map, please?	**consultar** ■ Eu poderia **consultar** seu mapa, por favor?
to go and check [tə ˈɡəʊ ənd ˈtʃek] *phrase* ▶ **v irr** p. 444 go ■ I'm not sure if I turned off the cooker. Could you **go and check**?	**ir verificar, checar** ■ Não tenho certeza se desliguei o fogão. Você poderia **ir checar**?
to hear [tə ˈhɪə] *v* ▶ **v irr** p. 445 hear ■ There was so much noise that Mike couldn't **hear** anything.	**ouvir** ■ Havia tanto barulho que Mike não conseguia **ouvir** nada.

Impressões dos sentidos

> → **To hear** significa ouvir no sentido de **apreender, entender** ou também **ficar sabendo**; **to listen** é empregado mais com o sentido intencional de escutar, de ouvir prestando atenção.

to listen [tə ˈlɪsn] *v*
- I always **listen** to the radio when I'm having breakfast.
→ to hear p. 61.

ouvir
- Sempre **ouço** o rádio quando estou tomando o café da manhã.

sound [saʊnd] *n*
- Gavin heard a **sound** in the room but he didn't see anything.

o barulho, o ruído
- Gavin ouviu um **ruído** na cozinha, mas não viu nada.

noise [nɔɪz] *n*
- I can't sleep with all that **noise** coming from the street.

o barulho, o ruído
- Não consigo dormir com todo esse **barulho** vindo da rua.

feeling [ˈfiːlɪŋ] *n*
- Can you express the **feelings** you have for him?

os sentimentos
- Você consegue expressar os **sentimentos** que tem por ele?

to feel [tə ˈfiːl] *v*
▶ v irr p. 444 feel
- How are you **feeling**?

sentir(-se)
- Como está **se sentindo**?

to touch [tə ˈtʌtʃ] *v*
- Do not **touch** anything before the police arrive.

tocar
- Não **toque** em nada até a polícia chegar.

smell [smel] *n*
- Some kinds of roses have a very pleasant **smell**.

o cheiro
- Alguns tipos de rosas têm um **cheiro** muito agradável.

to smell [tə ˈsmel] *v*
- When fish **smells** bad, it's no longer fresh.

cheirar
- Quando o peixe está **cheirando** mal, ele já não é fresco.

to stink [tə ˈstɪŋk] *v*
▶ v irr p. 448 stink
- After the party the whole flat **stank** of cigarettes.

feder
- Após a festa, o apartamento inteiro **fedia** a cigarro.

sense [sens] *n*
- She always knows what I'm thinking; she must have a sixth **sense**.

o sentido
- Ela sempre sabe o que estou pensando; deve ter um sexto **sentido**.

to observe [tə əbˈzɜːv] *v* ■ Diana **observed** the monkeys in their cage for almost 15 minutes.	**observar** ■ Diana **observou** os macacos na gaiola por quase 15 minutos.

Situações da fala

Conversas

conversation [ˌkɒnvəˈseɪʃn] *n* ■ The conference should allow enough time for private **conversations**.	a **conversa** ■ A conferência deveria admitir tempo suficiente para **conversas** particulares.
speech [spiːtʃ] *n* ■ The new president gave an impressive **speech** last night.	o **discurso**, a **fala** ■ O novo presidente pronunciou um impressionante **discurso** ontem à noite.
to speak [tə ˈspiːk] *v* ▶ v irr p. 447 speak ■ I'd like **to speak** to the manager, please.	**falar** ■ Por gentileza, eu gostaria de **falar** com o gerente.
to talk [tə ˈtɔːk] *v* ■ Gordon's always **talking** about paying me back but he never does.	falar, conversar ■ Gordon está sempre **falando** em pagar o que me deve, mas nunca faz isso.
to say [tə ˈseɪ] *v* ▶ v irr p. 446 say ■ Did he really **say** that?	**dizer, falar** ■ Ele realmente **disse** isso?
to tell [tə ˈtel] *v* ▶ v irr p. 448 tell ■ I can't **tell** you how glad I am to see you. ■ They never **told** me they were getting divorced. ■ Mandy always **tells** her children a story before they go to bed.	**contar, dizer** ■ Nem posso **dizer** quão feliz estou em ver você. ■ Eles nunca me **contaram** que estavam se divorciando. ■ Mandy sempre **conta** uma história aos filhos antes de irem para a cama.
to call [tə ˈkɔːl] *v* ■ Martin **called** his name but he didn't hear him.	**chamar** ■ Martin **chamou** seu nome, mas ele não o ouviu.

silence [ˈsaɪləns] *n*
- After the party I enjoyed the **silence** of my flat.
- I didn't dare break the **silence**.

o **silêncio**
- Depois da festa, desfrutei do **silêncio** de meu apartamento.
- Não ousei quebrar o **silêncio**.

to remain silent [tə rɪˈmeɪn ˈsaɪlnt] *phrase*
- You have the right **to remain silent**.

ficar em silêncio
- Você tem o direito de **ficar em silêncio**.

in peace [ɪn ˈpiːs] *phrase*
- Leave him **in peace**, he hasn't done anything to you.

em paz
- Deixe-o **em paz**, ele não fez nada a você.

quiet [kwaɪət] *adj*
- Be **quiet**! I'm trying to concentrate.

quieto
- Fique **quieto**! Estou tentando me concentrar.

explanation [ˌekspləˈneɪʃn] *n*
- The police know the murderer but have no **explanation** for his motives.

a **explicação**
- A polícia sabe quem é o assassino, mas não tem **explicação** para seus motivos.

to explain [tə ɪkˈspleɪn] *v*
- Can you **explain** to me what this word means?

explicar
- Você consegue me **explicar** o que essa palavra significa?

message [ˈmesɪdʒ] *n*
- I left a **message** on his answerphone.

a **mensagem**
- Deixei uma **mensagem** em sua secretária eletrônica.

to inform [tə ɪnˈfɔːm] *v*
- I'm glad **to inform** you that you've passed the test.

informar
- Tenho prazer em **informá**-lo de que você passou no teste.

to let sb. know [tə ˌlet ... ˈnəʊ] *phrase*
▶ v irr p. 445 let
- Please **let me know** if you're coming to my party.

avisar alguém

- Por favor, **avise-me** se você virá à minha festa.

to learn [tə ˈlɜːn] *v*
▶ v irr p. 445 learn
- Where did you **learn** about the good news?

aprender, ficar sabendo

- Onde você **ficou sabendo** das boas notícias?

remark [rɪˈmɑːk] *n*
- Tom can't stop making nasty **remarks**.

a **observação**, o **comentário**
- Tom não consegue parar de fazer **comentários** sujos.

to mention [tə ˈmenʃn] *v*
- Sue got married last week but didn't **mention** it to anybody.

contar, mencionar
- Sue se casou na semana passada, mas não **contou** a ninguém.

expression [ɪkˈspreʃn] *n*
- What does that **expression** mean?

a **expressão**
- O que quer dizer aquela **expressão**?

to express [tə ɪkˈspres] *v*
- Don't copy from the text. Try to **express** it in your own words.

expressar
- Não copie do texto. Tente **expressá-lo** com suas próprias palavras.

to express oneself [tə ɪkˈspres wʌnˈself] *phrase*
- Amir can't really **express himself** in English.

expressar-se
- Amir realmente não consegue **expressar-se** em inglês.

to emphasize [tə ˈemfəsaɪz] *v*
- The tour guide **emphasized** that we be punctual.

enfatizar
- O guia turístico **enfatizou** que deveríamos ser pontuais.

to talk [tə ˈtɔːk] *v*
- We **talked** for hours on our first date.

conversar
- **Conversamos** por horas em nosso primeiro encontro.

to chat [tə ˈtʃæt] *v*
- I love to **chat** with my friends on the phone.

conversar
- Adoro **conversar** com meus amigos ao telefone.

to whisper [tə ˈwɪspə] *v*
- Victoria **whispered** in my ear so the others couldn't hear her.

sussurrar
- Victoria **sussurrou** em meu ouvido para que outros não pudessem ouvi-la.

gossip [ˈɡɒsɪp] *n*
- The papers are full of **gossip** about the royal family.

a **fofoca**
- Os jornais estão cheios de **fofocas** sobre a família real.

Perguntar, pedir e responder

to ask [BE: tə ˈɑːsk, AE: tə ˈæsk] v
- Stewart **asked** me if I wanted to go for a walk after lunch.
- Liam **asked** him to return his CDs.

perguntar, pedir
- Stewart me **perguntou** se eu queria fazer uma caminhada após o almoço.
- Liam **pediu** a ele que devolvesse seus CDs.

question [ˈkwestʃn] n
- I asked him but he didn't answer my **question**.

a questão, a pergunta
- Perguntei a ele, mas ele não respondeu a minha **pergunta**.

answer [BE: ˈɑːnsə, AE: ˈænsər] n
- If you're asking me, the **answer** is yes.

a resposta
- Se você está me perguntando, a **resposta** é sim.

to answer [BE: tʊ ˈɑːnsə, AE: tʊ ˈænsər] v
- Did you **answer** all the questions on the form?
- The policeman asked him twice but he didn't **answer**.

responder
- Você **respondeu** a todas as perguntas do formulário?
- O policial perguntou duas vezes, mas ele não **respondeu**.

reply [rɪˈplaɪ] n
- James wrote to the school and got a **reply** from the head teacher herself.

a resposta
- James escreveu para a escola e recebeu uma **resposta** da própria diretora.

to reply [tə rɪˈplaɪ] v
- Donald sent them a fax and they **replied** immediately.

responder
- Donald enviou-lhes um fax, e eles **responderam** imediatamente.

yes [jes] adv
- Are you Australian? – **Yes**, I am.
- I'm sure she's not 80 years old. – Oh **yes**, she is.

sim
- Você é australiano? – **Sim**, eu sou.
- Eu tenho certeza de que ela não tem 80 anos. – **Sim**, ela tem.

→ É descortês responder a perguntas com yes ou no, apenas. Quando se oferece algo, o melhor é responder com **yes, please** ou **no, thank you**; para outras perguntas, é conveniente responder com respostas curtas, por exemplo: **Are you enjoying your visit? – Yes, we are.**

no [nəʊ] adv
- Do you live here? – **No**, I don't.
→ yes p. 66

não
- Você mora aqui? – **Não**, eu não moro.

Perguntar, pedir e responder 67

not [nɒt] *adv* ■ You are **not** old enough to drive a car.	**não** ■ Você **não** tem idade suficiente para guiar um carro.
Pardon? [ˈpɑːdn] *interj*	**Como, por favor? Perdão?**
Sorry? [ˈsɒri] *interj*	**Como disse? Desculpe?**
Here you are [ˈhɪə jʊ ˈɑː] *phrase* ▶ v irr p. 442 be	**Aqui está.**
please [pliːz] *interj* ■ Could you pass me the butter, **please**?	**por favor** ■ Você poderia me passar a manteiga, **por favor**?
Would you ..., please? [ˈwʊd jə pliːz] *phrase*	**Você poderia ..., por favor?**
to thank [tə ˈθæŋk] *v* ■ Richard **thanked** them for their hospitality.	**agradecer** ■ Richard **agradeceu**-lhes pela hospitalidade.
to say thank you [tə ˌseɪ ˈθæŋk jʊ] *phrase* ▶ v irr p. 446 say ■ I would like to **say thank you** for everything you've done for me.	**agradecer** ■ Eu gostaria de **agradecer** por tudo o que vocês têm feito por mim.
Thank you! [ˈθæŋk jʊ] *interj*	**Obrigado!**

➡ A thank you responde-se: You're welcome!

You're welcome! [jər ˈwelkəm] *interj* ▶ v irr p. 442 be	**De nada! Não há de quê!**
My pleasure! [maɪ ˈpleʒə] *interj*	**De nada! Não há de quê!**
promise [ˈprɒmɪs] *n* ■ I kept my **promise** although I fell ill.	**a promessa** ■ Eu mantive a minha **promessa**, ainda que estivesse doente.
to promise [tə ˈprɒm·ɪs] *v* ■ Her parents have **promised** her a car if she passes the exam.	**prometer** ■ Seus pais lhe **prometeram** um carro se ela passasse no exame.

to want [tə ˈwɒnt] v
- Graham **wanted** to leave but they asked him to stay.

querer
- Graham **quis** sair, mas pediram-lhe que ficasse.

to mean [tə ˈmiːn] v
▶ v irr p. 446 mean
- Sorry, I didn't **mean** to hurt you.

ter a intenção de
- Desculpe, eu não **tive a intenção de** magoá-lo.

will [wɪl] n
- Ruby has always had an iron **will**.

a **vontade**
- Ruby sempre teve uma **vontade** de ferro.

wish [wɪʃ] n
- She's only got one **wish**: to live a healthy and fulfilled life.

o **desejo**
- Ela tem apenas um **desejo**: viver uma vida saudável e plena.

to wish [tə ˈwɪʃ] v
- I **wish** you a pleasant journey.
- Sometimes Anthony **wishes** he were born rich.

desejar
- Eu lhe **desejo** uma viagem agradável.
- Às vezes Anthony **deseja** que tivesse nascido rico.

to realize [tə ˈrɪəlaɪz] v
- I'm sure I'll **realize** my dreams one day.

realizar
- Tenho certeza de que vou **realizar** meus sonhos algum dia.

feasible [ˈfiːzəbl, ˈfiːsəbl] adj
- We need a **feasible** alternative.

factível
- Precisamos de uma alternativa **factível**.

apology [əˈpɒlədʒi] n
- Please accept our **apologies**.

a **desculpa**
- Por favor, aceite nossas **desculpas**.

to apologize [tʊ əˈpɒlədʒaɪ] v
- Maria is still angry even though I **apologized** for my behaviour.

desculpar-se
- Maria ainda está com raiva, muito embora eu **tenha me desculpado** por meu comportamento.

to forgive [tə fəˈgɪv] v
▶ v irr p. 444 forgive
- Briony will never **forgive** you for your rude remarks.

perdoar
- Briony jamais o **perdoará** por seus comentários rudes.

excuse [ɪkˈskjuːz] n
- There's no **excuse** for hurting a child.

a **desculpa**, o **pretexto**, a **justificativa**
- Não há **justificativa** para machucar uma criança.

to excuse [tə ɪkˈskjuːz] v ■ Please **excuse** his inconsiderate behaviour.	desculpar, perdoar ■ Por favor, **perdoe** seu comportamento destemperado.
Excuse me. [ɪkˈskjuːz ˌmiː] interj	Desculpe-me. Perdoe-me.
Sorry! [ˈsɒr·i] interj	Desculpe!
I'm sorry. [aɪm ˈsɒr·i] phrase ▶ v irr p. 442 be	Eu sinto muito. Desculpe-me.
to do without [tə duː wɪˈðaʊt] phrase ▶ v irr p. 443 do ■ You'll have **to do without** the car today, I need it.	abrir mão ■ Você vai ter de **abrir mão** do carro hoje, preciso dele.
to assure [tə əˈʃɔː] v ■ The hotel manager **assured** me that the room had a balcony.	garantir ■ O gerente do hotel me **garantiu** que o quarto tinha varanda.
request [rɪˈkwest] n ■ The company sent me a catalogue at my **request**. ■ This is not a **request**, it's an order.	o pedido, a solicitação ■ A empresa me enviou um catálogo a meu **pedido**. ■ Não é um **pedido**, é uma ordem.

Ordens e proibições

instructions [ɪnˈstrʌkʃn] n pl ■ Read the **instructions** carefully before you use this device.	as **instruções** ■ Leia as **instruções** cuidadosamente antes de usar este aparelho.
order [ˈɔr·də] n ■ Ron is used to receiving **orders**.	a ordem ■ Ron está acostumado a receber **ordens**.
to order [tʊ ˈɔr·dər] v ■ The sergeant **ordered** his men to be more disciplined. ■ The police **ordered** an investigation.	ordenar, mandar ■ O sargento **ordenou** que seus homens fossem mais disciplinados. ■ A polícia **ordenou** uma investigação.
permit [ˈpɜː·mɪt] n ■ The official told us we'd need a **permit** to enter the park.	a **permissão** ■ O oficial nos disse que precisávamos de uma **permissão** para entrar no parque.

Ordens e proibições

to allow [tʊ əˈlaʊ] v ■ The landlord doesn't **allow** pets in the flat.	**permitir** ■ O proprietário não **permite** animais de estimação no apartamento.
to be allowed to [tə biː əˈlaʊd tə] *phrase* ▶ v irr p. 442 be ■ **You're not allowed** to smoke in here.	**ser permitido** ■ Não **é permitido** fumar aqui.
all right [ɔːl ˈraɪt] *phrase* ■ Everything is **all right**. We can go home now.	**tudo certo** ■ Está **tudo certo**. Agora podemos voltar para casa.
to prohibit [tə prəʊˈhɪbɪt] v ■ Dropping litter is strictly **prohibited** in this country.	**proibir** ■ Jogar lixo no chão é estritamente **proibido** neste país.
ban [bæn] n ■ Several activists demanded a total **ban** on the use of motor vehicles on the island.	**a proibição** ■ Vários ativistas exigiram a **proibição** total de uso de veículos automotivos na ilha.
to prevent [tə prɪˈvent] v ■ Due to the race riots we **were prevented** from continuing our journey.	**impedir** ■ Em razão dos conflitos raciais, **fomos impedidos** de continuar a viagem.
permission [pəˈmɪʃn] n ■ Before landing the pilot has to ask for **permission**.	**a permissão** ■ Antes de aterrissar, o piloto tem de pedir a **permissão**.
to authorize [tʊ ˈɔːθəraɪz] v ■ The police **authorized** him to lead the investigation.	**autorizar** ■ A polícia o **autorizou** a conduzir a investigação.
to insist on [tə ɪnˈsɪst ɒn] *phrase* ■ Jimmy thanked me for my help and **insisted on** paying for my dinner.	**insistir em** ■ Jimmy agradeceu-me pela ajuda e **insistiu em** pagar o jantar.
to instruct [tʊ ɪnˈstrʌkt] v ■ The director **instructed** him to write a report.	**instruir** ■ O diretor o **instruiu** a escrever um relatório.
to obey [tʊ əˈbeɪ] v ■ Soldiers have **to obey** the orders without question.	**obedecer** ■ Soldados têm de **obedecer a** ordens sem questionar.

to grant [BE: tə ˈgrɑːnt, AE: tə ˈgrænt] v ■ My parents have **granted** me my wish.	**conceder, atender** ■ Meus pais **atenderam** meu desejo.
to demand [BE: tə dɪˈmɑːnd, AE: tə dɪˈmænd] v ■ After the incident they **demanded** an explanation.	**demandar, exigir** ■ Após o incidente, eles **exigiram** uma explicação.
to force [tə ˈfɔːs] v ■ Bad weather **forced** us to interrupt the game.	**forçar, obrigar** ■ O mau tempo **obrigou**-nos a interromper o jogo.

Discussão e acordo

opinion [əˈpɪnjən] n ■ In my **opinion** her books are boring.	a **opinião** ■ Em minha **opinião**, os livros dela são chatos.
to mean [tə ˈmiːn] v ▶ v irr p. 446 mean ■ Do you **mean** me? – Yes, I **mean** you.	**querer dizer, sugerir, significar, referir** ■ Você está **se referindo** a mim? – Sim, estou **me referindo** a você.
advice [ədˈvaɪs] n ■ Let me give you a good piece of **advice**.	o **conselho** ■ Deixe-me dar-lhe um **conselho**.
to advise [tə ədˈvaɪz] v ■ The doctor **advised** me to see a specialist.	**aconselhar** ■ O médico **aconselhou**-me a consultar um especialista.
recommendation [ˌrekəmenˈdeɪʃn] n ■ Jack ignored my **recommendation** to stop smoking.	**recomendação** ■ Jack ignorou minha **recomendação** de parar de fumar.
to recommend [tə ˌrekəˈmend] v ■ Can you **recommend** a good dentist to me?	**recomendar** ■ Você poderia me **recomendar** um bom dentista?
suggestion [səˈdʒestʃn] n ■ Do you have any **suggestions**?	a **sugestão** ■ Você tem alguma **sugestão**?

Discussão e acordo

to suggest [tə sə'dʒest] v
- As it was sunny day, Tom **suggested** going to the beach.

sugerir
- Como estava um dia ensolarado, Tom **sugeriu** que fôssemos à praia.

agreement [ə'gri:mənt] n
- It's difficult to reach an **agreement** on protecting whales.
- The two sides were unable to reach an **agreement**.

o acordo
- É difícil chegar a um **acordo** quanto à proteção das baleias.
- Os dois lados são incapazes de chegar a um **acordo**.

to agree [tə ə'gri:] v
- You said the film was boring. I **agree**.
- My two children are like fire and water. They hardly ever **agree**.
- I **agree** with you that something must be done.

concordar
- Você disse que o filme era chato. Eu **concordo**.
- Meus dois filhos são como fogo e água. Eles raramente **concordam**.
- **Concordo** com você que algo deve ser feito.

convinced [kən'vɪnst] adj
- I'm not **convinced** that nuclear power is the only solution.

convencido
- Não estou **convencido** de que a energia nuclear seja a única solução.

to convince [tə kən'vɪns] v
- He didn't **convince** me that he was the right man to do it.

convencer
- Ele não me **convenceu** de que era o homem certo para fazê-lo.

to tolerate [tə 'tɒləreɪt] v
- I won't **tolerate** lying and cheating.

tolerar
- Não vou **tolerar** mentiras e trapaças.

to prefer [tə prɪ'fɜ:] v
- I'm not a vegetarian, but I **prefer** eating fruit and vegetables.

preferir
- Não sou vegetariano, mas **prefiro** comer frutas e verduras.

to accept [tə ək'sept] v
- I told Gavin we**'d accept** his proposal.

aceitar
- Eu disse a Gavin que **aceitaríamos** sua proposta.

to be right [tə bi: 'raɪt] phrase
▶ v irr p. 442 be
- Peter's such a know-all. He always has to **be right**.
- That**'s right**! He lost the election.

ter razão, estar certo
- Peter é o tipo do cara que acha que sabe tudo. Sempre tem de **ter razão**.
- **Está certo**! Ele perdeu a eleição.

Discussão e acordo

to be wrong [tə biː ˈrɒŋ] *phrase*
▸ v irr p. 442 be
- I think this time you're **wrong**. Marlowe is older than Shakespeare.

estar errado
- Acho que desta vez você **está errado**. Marlowe é mais velho do que Shakespeare.

Okay! [əʊˈkeɪ] *interj*

Ok! Tudo bem!

clear [klɪə] *adj*
- One thing is **clear**: he did not die as the result of a fight.

claro
- Uma coisa está **clara**: ele não morreu em decorrência de uma briga.

obvious [ˈɒbvɪəs] *adj*
- It's **obvious** that they are in love with each other.

óbvio
- É **óbvio** que eles estão apaixonados.

exact [ɪɡˈzækt] *adj*
- The boy led the police to the **exact** spot where he had found the money.

exato
- O garoto levou a polícia ao local **exato** em que eles encontraram o dinheiro.

importance [ɪmˈpɔːtns] *n*
- It was of the greatest **importance** to the little boy to sleep with his teddy bear.

importância
- Era da maior **importância** para o garotinho dormir com seu urso de pelúcia.

important [ɪmˈpɔːtnt] *adj*
- A good diet is **important** if you want to stay healthy.

importante
- Uma boa dieta é **importante** se você quer se manter saudável.

unimportant [ˌʌnɪmˈpɔːtnt] *adj*
- The opinions of children are often considered **unimportant**.

sem importância
- As opiniões das crianças muitas vezes são consideradas **sem importância**.

criticism [ˈkrɪtɪsɪzm] *n*
- A politician must be open to **criticism**.

crítica
- Um político tem de estar aberto a **críticas**.

to criticize [təˈkrɪtɪsaɪz] *v*
- In a democracy anybody has the right to **criticize** the government.

criticar
- Numa democracia, qualquer um tem o direito a **criticar** o governo.

well [wel] *interj*
- **Well**, let me put it this way.

bem
- **Bem**, deixe-me expressá-lo desta forma.

that is to say [ˈðæt ɪz tə ˌseɪ] *phrase*
- We need to save money. **That is to say**, we need to spend less.

isto é
- Precisamos economizar, **isto é**, gastar menos.

for example [BE: fər ɪgˈzɑːmpl, AE: fər ɪgˈzæmpl] *phrase*
- There are many strange animals living in Australia, **for example** the kangaroo.

por exemplo
- Existem muitos animais estranhos na Austrália, **por exemplo**, o canguru.

point-blank [ˌpɔɪntˈblæŋk] *adv*
- I told George **point-blank** that I was disappointed with him.

com todas as letras, preto no branco
- Eu disse a George **com todas as letras** que estava desapontado com ele.

against [əˈgenst] *prep*
- Kyle is **against** violence of any kind.

contra
- Kyle é **contra** qualquer tipo de violência.

discussion [dɪˈskʌʃn] *n*
- I watched an interesting **discussion** about new immigration laws.

a discussão, o debate
- Assisti a um interessante **debate** sobre novas leis de imigração.

to discuss [tə dɪˈskʌs] *v*
- In tonight's talk show the guests will discuss the problems of drug addiction.

discutir
- No programa de entrevistas de hoje à noite, os convidados **discutirão** os problemas do vício em drogas.

to claim [tə ˈkleɪm] *v*
- Robert **claims** to know everything about the French Revolution.

afirmar, reclamar, reivindicar
- Robert **afirma** saber tudo sobre a Revolução Francesa.

to concern [tə kənˈsɜːn] *v*
- Environmental problems **concern** all of us.

preocupar
- Os problemas ambientais **preocupam** a todos nós.

point of view [ˌpɔɪnt əv ˈvjuː] *n*
- From her **point of view** the decision is very unfair.

o ponto de vista
- Do **ponto de vista** dela a decisão é muito injusta.

advantage [BE: ədˈvɑːntɪdʒ, AE: ədˈvæntɪdʒ] *n*
- Among the **advantages** of my job are flexible working hours.

a vantagem
- Entre as **vantagens** de meu trabalho está o horário flexível.

disadvantage [BE: ˌdɪsədˈvɑːntɪdʒ, AE: ˌdɪsədˈvæntɪdʒ] *n*
- The terms of the contract proved to be to my **disadvantage**.

desvantagem
- Os termos do contrato se revelaram uma **desvantagem** para mim.

to persuade [tə pəˈsweɪd] *v*
- Neil couldn't **persuade** her to go climbing. She was too afraid.

persuadir, convencer
- Neil não conseguiu **convencê**-la a escalar. Ela estava com muito medo.

concession [kənˈseʃn] *n*
- Dave's a strict vegetarian, he makes no **concessions**.

a **concessão**
- Dave é um vegetariano rigoroso, não faz **concessões**.

to concede [tə kənˈsiːd] *v*
- The company had to **concede** that some of their products were faulty.

admitir
- A empresa teve de **admitir** que alguns de seus produtos estavam com defeito.

exaggeration [ɪɡˌzædʒəˈreɪʃn] *n*
- It's no **exaggeration** to say that she is the best student in her class.

o **exagero**
- Não é **exagero** dizer que ela é a melhor aluna da classe.

to exaggerate [tə ɪɡˈzædʒəreɪt] *v*
- Believe only half of what Jane says. She always **exaggerates**.

exagerar
- Não acredite em tudo o que Jane diz. Ela sempre **exagera**.

Resolver conflitos

argument [ˈɑːɡjəmənt] *n*
- They got into an **argument** about his constantly two-timing her.

a **discussão**
- Eles começaram uma **discussão** sobre as constantes saídas dele.

to argue [tə ˈɑːɡjuː] *v*
- The kids are **arguing** over which TV programme they should watch.

discutir
- As crianças estão **discutindo** sobre qual programa de TV irão assistir.

trouble [ˈtrʌbl] *n*
- In winter I often have **trouble** with my car.

o **problema**
- No inverno, eu costumo ter **problemas** com meu carro.

rage [reɪdʒ] *n*
- My dad flew into a **rage** when he saw the broken window.

a **raiva**
- Meu pai ficou com **raiva** quando viu a janela quebrada.

wrath [rɒθ] *n*
- He feared the **wrath** of his brother.

a **ira**
- Ele temia a **ira** do irmão.

upset [ʌpˈset] *adj*
- Gina was really **upset** about the decision of the jury.

transtornado, abalado, perturbado
- Gina ficou realmente **transtornada** com a decisão do júri.

to get upset [tə ˌget ʌpˈset] *phrase*
▶ **v irr** p. 444 get
- Paula **got** very **upset** when she heard the bad news.

ficar transtornado, ficar abalado, ficar perturbado
- Paula **ficou bem perturbada** quando ouviu as más notícias.

annoying [əˈnɔɪɪŋ] *adj*
- It's really **annoying** that you've lost your mobile again.

incômodo, irritante, chato
- É realmente **chato** que você tenha perdido seu celular de novo.

annoyed [əˈnɔɪd] *adj*
- We got really **annoyed** with him when he told us he had left the tickets at home.

incomodado, irritado, chateado
- Ficamos muito **irritados** com ele quando nos contou que deixara os ingressos em casa.

angry [ˈæŋgri] *adj*
- My driving instructor will be very **angry** if I'm late again.

bravo
- Meu instrutor de direção vai ficar muito **bravo** se eu me atrasar de novo.

to bother [tə ˈbɒðə] *v*
- It really **bothers** me that the neighbours always park their car in front of our house.

aborrecer, chatear
- Realmente me **aborrece** que os vizinhos estacionem o carro na frente de nossa casa.

to disturb [tə dɪˈstɜːb] *v*
- Don't **disturb** her when she's working.

incomodar
- Não a **incomode** quando estiver trabalhando.

to complain [tə kəmˈpleɪn] *v*
- Our neighbours are often very noisy but we don't **complain**.

reclamar
- Nossos vizinhos são frequentemente barulhentos, mas não **reclamamos**.

to hold sth. against sb. [tə ˌhəʊld ... əˈgenst] *phrase*
▶ **v irr** p. 445 hold
- I can't **hold it against him**. He's young and inexperienced.

levar alguém a mal

- Não posso **levá-lo a mal**. Ele é jovem e inexperiente.

taken aback [ˌteɪkən əˈbæk] *phrase*
- Simon was pretty **taken aback** when he heard the news of her death.

surpreendido, desconcertado
- Simon ficou bem **desconcertado** quando ouviu a notícia da morte dela.

shout [ʃaʊt] *n*
- We heard angry **shouts** from next door.

o grito
- Ouvimos **gritos** enraivecidos vindos da porta ao lado.

to shout [tə ˈʃaʊt] *v*
- There's no need to **shout**. I'm not deaf.

gritar
- Não há necessidade de **gritar**. Não sou surdo.

protest [ˈprəʊtest] *n*
- The students held a demonstration in **protest** at the government's decision.

o protesto
- Os alunos fizeram uma manifestação em **protesto** contra a decisão do governo.

to protest [tə ˈprəʊtest] *v*
- Students organized a demonstration to **protest** against a further increase in tuition fees.

protestar
- Os alunos organizaram uma manifestação para **protestar** contra mais um aumento nas mensalidades.

to complain about [tə kəmˈpleɪn əˈbaʊt] *phrase*
- Emma's always **complaining about** the weather.

reclamar de
- Emma está sempre **reclamando do** tempo.

refusal [rɪˈfjuːzl] *n*
- Dan's **refusal** to listen to her arguments annoyed her.

a recusa
- A **recusa** de Dan em ouvir seus argumentos a aborreceram.

to refuse [tə rɪˈfjuːz] *v*
- When the demonstrators **refused** to leave the place, the police carried them off.

recusar
- Quando os manifestantes se **recusaram** a deixar o lugar, a polícia os fez sair.

to reject [tə rɪˈdʒekt] *v*
- I told Joe that my car was available but he **rejected** my offer.

rejeitar
- Eu disse a Joe que meu carro estava disponível, mas ele **rejeitou** minha oferta.

secret [ˈsiːkrət] *n*
- The **secret** or our success is precision and perfect timing.

o segredo
- O **segredo** de nosso sucesso é precisão e sincronia.

lie [laɪ] *n* ■ Barbara said she was busy, but I knew it was a **lie**.	a **mentira** ■ Barbara disse que estava ocupada, mas eu sabia que era **mentira**.
to lie to sb. [tə ˈlaɪ tə] *phrase* ■ He **lied to** the police when he said he'd been at home all night.	**mentir a alguém** ■ Ele **mentiu à** polícia quando disse que tinha ficado em casa a noite inteira.
excuse [ɪkˈskjuːz] *n* ■ Anna stopped making **excuses** and started telling the truth.	as **desculpas** ■ Anna parou de dar **desculpas** e começou a contar a verdade.
to insult [tʊ ˈɪnsʌlt] *v* ■ Mr Cameron **was insulted** by your refusal to shake hands with him.	**insultar** ■ O Sr. Cameron **foi insultado** com sua recusa em apertar a mão dele.
mean [miːn] *adj* ■ It was **mean** of you to take the toy away from the little girl.	**ruim, mesquinho, maldoso** ■ Foi **maldoso** de sua parte tirar o brinquedo da menina.

Saudações e despedidas

Good afternoon! [ˌɡʊd ˌɑːftəˈnuːn] *interj*	Boa tarde!
Hello! [helˈəʊ] *interj*	Olá!
Hi! [haɪ] *interj*	Oi!
Good morning! [ˌɡʊd ˈmɔːnɪŋ] *interj*	Bom dia!
Good evening! [ˌɡʊd ˈiːvnɪŋ] *interj*	Boa noite!
Good night! [ˌɡʊd ˈnaɪt] *interj*	Boa noite!
Goodbye! [ɡʊdˈbaɪ] *interj*	Tchau!
Bye! [baɪ] *interj*	Tchau!
See you! [ˈsiː jə] *interj*	Até mais!
See you later! [ˈsiː jə ˈleɪtə] *interj*	Até mais tarde!

See you soon! [ˈsiː jə ˈsuːn] *interj*	**Até breve!**
Till tomorrow! [tɪl təˈmɒrəʊ] *interj*	**Até amanhã!**
Welcome! [ˈwelkəm] *interj*	**Bem-vindo!**
Nice to meet you. [ˌnaɪs tə ˈmiːt jʊ] *phrase*	**Prazer em conhecê-lo.**
Farewell [ˌfeəˈwel] *interj*	**Adeus!**
Have a nice day! [ˈhæv ə ˌnaɪs ˈdeɪ] *interj*	**Tenha um bom dia!**

Expressões frequentes

How are you? [haʊ ˈɑː jʊ, ˌhaʊ ˈə jʊ] *phrase*	**Como vai?**
How are you doing? *AE* [ˈhaʊ ˈɑː jə ˈduːɪŋ] *phrase*	**Como vai?**
Fine, thank you. [ˈfaɪn ˈθæŋk jʊ] *phrase*	**Bem, obrigado.**
Come in! [kʌm ˈɪn] *interj*	**Entre!**
Have a seat, please. [ˌhæv ə ˈsiːt pliːz] *interj*	**Por favor, sente-se.**
Would you like to ...? [ˌwʊd jə ˈlaɪk tə] *phrase* ■ **Would you like to** go to the concert this evening?	**Você gostaria de ...?** ■ **Você gostaria de** ir ao concerto esta noite?
Could you ...? [ˈkʊd jə] *phrase* ■ **Could you** show me this pair in size 10?	**Você poderia ...?** ■ **Você poderia** me mostrar este par de número 42?
Please, help yourself. [ˈpliːz help jɔːˈself] *phrase*	**Por favor, sirva-se.**
Yes, please. [ˈjes ˌpliːz] *phrase*	**Sim, por favor.**
I hope so. [aɪ ˈhəʊp səʊ] *phrase*	**Espero que sim.**

I hope not. [aɪ ˌhəʊpˈnɒt] *phrase*	Espero que não.
Hopefully! [ˈhəʊpfəli] *interj*	Assim espero! Assim esperamos!
What's the matter? [ˈwɑːts ðə ˌmætə] *phrase*	Qual é o problema?
All right. [ˌɔːl ˈraɪt] *phrase*	Tudo bem.
Finished! [ˈfɪnɪʃ] *interj*	Pronto!
That doesn't matter. [ˌðæt dʌznt ˈmætər] *phrase*	Não importa.
Don't worry! [*BE:* ˈdəʊnt ˈwʌri, *AE:* ˈdəʊnt ˈwɜːi] *phrase*	Não se preocupe!
Can I help you? [ˈkən aɪ help jʊ, ˌkən aɪ help jʊ] *phrase*	Posso ajudá-lo?
That's it. [ˌθæts ˈɪt] *phrase*	É isso.
That's done. [ˌθæts ˈdʌn] *phrase*	Conseguimos.
That's enough, thank you. [ˌθæts ɪˈnʌf ˈθæŋk jʊ] *phrase*	É suficiente, obrigado.
Lucky you! [ˌlʌki ˈjʊ] *interj*	Você tem sorte!
Even better. [ˌiːvn ˈbetə] *interj*	Melhor assim.
in case [ɪn ˈkeɪs] *phrase* ■ Take this first-aid kit with you – just **in case**.	para uma eventualidade. ■ Leve este kit de primeiros socorros – **para uma eventualidade**.
Never mind. [ˈnevə ˌmaɪnd] *phrase*	Não se preocupe.
What do you know! [ˈwɒt dʊ jə ˈnəʊ] *interj*	Não me diga! Não acredito!
Oh my God! [ˈəʊ maɪ ˈɡɒd] *interj*	Ah, meu Deus!
For heaven's sake! [fə ˈhevns ˈseɪk] *interj*	Pelo amor de Deus!
My goodness! [maɪ ˈɡʊdnəs] *interj*	Minha nossa!
What a pity! [ˈwɒt ə ˌpɪti] *interj*	Que pena!

Some hope! [sʌm ˈhəʊp] *interj*	Tomara!
You bet! [jʊ ˈbet] *interj*	Pode apostar!
Come on! [kʌm ˈɒn] *interj*	Vamos!
Leave me alone! [ˈliːv mi əˈləʊn] *phrase*	Deixe-me em paz!
Get out! [get ˈaʊt] *interj*	Saia! Vá embora!

Ações e comportamentos

Atividades gerais

activity [ækˈtɪvəti] *n*
- Many people in retirement homes are bored when they don't get any kind of **activity**.

atividade
- Muitas pessoas nas casas de repouso ficam entediadas quando não têm nenhuma **atividade**.

---

to act [tə ˈækt] *v*
- You're always **acting** so selfishly.

agir
- Você sempre **age** de modo tão egoísta.

---

action [ˈækʃn] *n*
- David's a man of **action**. He only needs a goal and he'll go for it.
- The **action** takes place in a run-down pub in the West End.

a ação
- David é um homem de **ação**. Ele só precisa de um objetivo para ir atrás.
- A **ação** ocorre em um pub decadente em West End.

---

to do [tə ˈduː] *v*
▶ *v irr* p. 443 do
- I've got a lot of things **to do** this morning.
- What are you **doing**? – I'm making breakfast.

fazer
- Tenho um monte de coisas para **fazer** agora de manhã.
- O que você está **fazendo**? – Estou fazendo o café da manhã.

→ Uma regra prática para saber quando se deve empregar **to do** ou **to make** é: **to make** está mais para o sentido de fabricar, preparar ou produzir; **to do** é empregado mais no sentido de resolver ou preparar, por exemplo, **to do one's homework – fazer os deveres** ou **to do the dishes/washing up – lavar a louça**.

to make [tə ˈmeɪk] v
- ▶ v irr p. 444 make
- ■ Did you **make** that dress yourself?
- ➜ to do p. 84

fazer
- ■ Foi você mesma que **fez** esse vestido?

to leave [tə ˈliːv] v
- ▶ v irr p. 446 leave
- ■ Jimmy often **leaves** his car in the garage and takes his bike.

deixar
- ■ Jimmy costuma **deixar** seu carro na garagem e vai de bicicleta.

➜ Emprega-se **to leave** para expressar o ato de **deixar algo em algum lugar** ou **deixar em certo estado**, enquanto **to let** é usado mais no sentido de **permitir**.

to let [tə ˈlet] v
- ▶ v irr p. 445 let
- ■ Don't **let** the dog out!
- ➜ to leave p. 82

deixar
- ■ Não **deixe** o cachorro sair!

matter [ˈmætə] n
- ■ Could you give me any advice on this **matter**?

o **assunto**, a **questão**
- ■ Você poderia me dar algum conselho sobre esse **assunto**?

object [ˈɒbdʒɪkt] n
- ■ Most of the **objects** that are missing are worthless.

o **objeto**
- ■ A maior parte dos **objetos** que estão faltando é de pouco valor.

thing [θɪŋ] n
- ■ Leah gathered up her **things** and left the room.
- ■ I went into the department store to buy a few **things** I needed.

a **coisa**
- ■ Leah juntou suas **coisas** e saiu da sala.
- ■ Fui à loja de departamento comprar algumas **coisas** de que estava precisando.

stuff [stʌf] n
- ■ Grandma has bought a lot of **stuff** at the flea market.

as **coisas**
- ■ Vovó comprou um monte de **coisas** no mercado de pulgas.

use [juːz] n
- ■ The **use** of any kind of electrical device is prohibited.

o **uso**
- ■ O **uso** de qualquer tipo de aparelho eletrônico é proibido.

usually [ˈjuːʒuəli] adv
- ■ We **usually** go to bed around midnight.

geralmente
- ■ **Geralmente** vamos dormir perto da meia-noite.

to use [tə 'juːz] v
- Katrina **uses** a computer for all her correspondence.

usar, empregar
- Katrina **usa** um computador para toda sua correspondência.

to be of use [tə biː əv 'juːz] phrase
▶ v irr p. 442 be
- This tool **is of** no **use** to me; I need a spanner.

ser útil

- Essa ferramenta não me **é útil**; eu preciso de uma chave de fenda.

to put [tə 'pʊt] v
▶ v irr p. 446 put
- **Put** the books back in the bookcase.
- Will **put** the scarf round his neck.

- **Put** it on the bill, please.

pôr

- **Ponha** os livros de volta na estante.
- Will **pôs** o cachecol em volta do pescoço.
- **Ponha** na conta, por favor.

to pull [tə 'pʊl] v
- The suitcase has wheels so you can **pull** it.

puxar
- A mala tem rodinhas, então você pode **puxá**-la.

to push [tə 'pʊʃ] v
- The car broke down and we had to get out and **push**.

empurrar
- O carro quebrou, e nós tivemos de descer e **empurrar**.

to carry [tə 'kær.i] v
- You have to **carry** your luggage yourself.

carregar, levar
- Você mesmo tem de **carregar** sua bagagem.

to hold [tə 'həʊld] v
▶ v irr p. 445 hold
- Could you **hold** my bag for a moment, please?

segurar, abraçar

- Por favor, você poderia **segurar** minha bolsa por um momento?

to press [tə 'pres] v
- You **press** the red button to stop it.
- In the wine-making process the grapes **are pressed** first.

pressionar, apertar, espremer
- Você **pressiona** o botão vermelho para pará-lo.
- No processo de fabricação do vinho, primeiro as uvas **são espremidas**.

to turn [tə 'tɜːn] v
- To lock the door securely, **turn** the key twice.

girar
- Para travar a porta com segurança, **gire** a chave duas vezes.

to need [tə 'niːd] v
- To paint the house you **need** paint, a brush and a ladder.

precisar
- Para pintar a casa, **precisamos** de tinta, um pincel e uma escada.

to look for [tə ˈlʊk fə] *phrase* ■ Kelly **looked for** a phone box but didn't find one.	**procurar** ■ Kelly **procurou** uma cabine telefônica, mas não encontrou nenhuma.
to find [tə ˈfaɪnd] *v* ▶ *v irr* p. 444 find ■ Someone **found** the watch you lost.	**encontrar** ■ Alguém **encontrou** o relógio que você perdeu.
to recover [tə ˈrɪˈkʌvə] *v* ■ Some of the paintings stolen from the museum have never been **recovered**.	**recuperar** ■ Algumas das pinturas roubadas do museu nunca foram recuperadas.
to remove [tə ˈrɪˈmuːv] *v* ■ It isn't easy to **remove** graffiti from the walls.	**remover** ■ Não é fácil **remover** grafite das paredes.
to separate [tə ˈsepəreɪt] *v* ■ The two country estates were only **separated** by a small hedge.	**separar** ■ As duas fazendas eram **separadas** apenas por uma pequena sebe.
to fill (up) [tə ˌfɪl (ˈʌp)] *phrase* ■ The waiter **filled** my glass after each sip.	**encher, preencher** ■ O garçom **enchia** meu copo a cada gole.
to get ready [tə ˌget ˈred.i] *phrase* ▶ *v irr* p. 444 get ■ We should **get ready**. The train is leaving in half an hour.	**ficar prontos** ■ Deveríamos **ficar prontos**. O trem vai partir em meia hora.
to sleep [tə ˈsliːp] *v* ▶ *v irr* p. 447 sleep ■ After a long day at work I only wanted to **sleep**.	**dormir** ■ Após um longo dia de trabalho tudo o que eu mais queria era **dormir**.
to go to sleep [tə ˌɡəʊ tə ˈsliːp] *phrase* ▶ *v irr* p. 444 go ■ What time did you **go to sleep** last night?	**ir dormir** ■ A que horas você **foi dormir** na noite passada?

to fall asleep [tə ˌfɔːl əˈsliːp] *phrase*
- ▶ v irr p. 443 fall
- I couldn't **fall asleep** after watching the film.

cair no sono, pegar no sono
- Eu não conseguia **pegar no sono** após assistir ao filme.

to go to bed [tə ˌgəʊ tə ˈbed] *phrase*
- ▶ v irr p. 444 go
- I think the little one should **go to bed** before eight.

ir para a cama
- Acho que o pequeno deveria **ir para a cama** antes das oito.

to wake [tə ˈweɪk] *v*
- ▶ v irr p 449 wake
- My dog **woke** me this morning because he was hungry.

acordar, despertar
- Meu cachorro me **acordou** esta manhã porque estava com fome.

to wake (up) [tə ˌweɪk (ˈʌp)] *phrase*
- ▶ v irr p. 449 wake
- I **woke up** in the middle of the night because I had heard a strange noise.

acordar
- **Acordei** no meio da noite porque tinha ouvido um barulho estranho.

to get up [tə ˌget ˈʌp] *phrase*
- ▶ v irr p. 444 get
- Even though she had a headache Mandy **got up** to go to work.

levantar
- Muito embora estivesse com dor de cabeça, Mandy **levantou-se** para ir trabalhar.

tired [taɪəd] *adj*
- If you let the kids play outside in the snow they're sure to be very **tired** in the evening.

cansado
- Se você deixar as crianças brincarem lá fora na neve, certamente estarão muito **cansadas** à noite.

to take a rest [tə ˌteɪk ə ˈrest] *phrase*
- ▶ v irr p. 448 take
- After she had put the kids to bed Naomi could finally **take a rest**.

descansar, repousar
- Depois que botou as crianças na cama, Naomi finalmente pôde **repousar**.

measure [ˈmeʒə] *n*
- We must take more drastic **measures** to reduce air pollution.

a medida
- Temos de tomar **medidas** mais drásticas para reduzir a poluição do ar.

to treat [tə ˈtriːt] *v*
- Val's nice but she **treats** us like children.

tratar
- Val é legal, mas ela nos **trata** como crianças.

ready [ˈredi] *adj*
- After the speech the workers were **ready** to fight for their interests.

pronto
- Após o discurso, os trabalhadores estavam **prontos** para lutar por seus interesses.

finished [ˈfɪnɪʃt] *adj*
- My essay on climate change is almost **finished**.

concluído, terminado
- Meu ensaio sobre as mudanças climáticas está quase **concluído**.

to finish [tə ˈfɪnɪʃ] *v*
- I **finished** my work an hour ago.

terminar
- **Terminei** meu trabalho uma hora atrás.

conclusion [kənˈkluːʒn] *n*
- The negotiations were finally brought to a satisfactory **conclusion**.

conclusão
- As negociações finalmente chegaram a uma **conclusão** satisfatória.

to conclude [tə kənˈkluːd] *v*
- He **concluded** his talk by looking optimistically to the future.

concluir
- Ele **concluiu** sua fala com um olhar otimista para o futuro.

situation [ˌsɪtʃuˈeɪʃn] *n*
- The company is in a difficult **situation** just now.

a situação
- A empresa encontra-se em uma **situação** difícil agora.

to handle [tə ˈhændl] *v*
- Please **handle** this box with care.

lidar, manusear
- Por favor, **manuseie** a caixa com cuidado.

to change [tə ˈtʃeɪndʒ] *v*
- Roger **hasn't changed** at all since I last saw him.

mudar
- Roger não **mudou** nada desde a última vez em que o vi.

to connect [tə kəˈnekt] *v*
- This cable **connects** the video to the TV set.

conectar
- Esse cabo **conecta** o vídeo ao aparelho de TV.

to fix [tə ˈfɪks] *v*
- I **fixed** the book shelf to the wall.

afixar, prender
- **Afixei** a estante na parede.

to knock [tə ˈnɒk] *v*
- Please **knock** before entering.

bater
- Por favor, **bata** antes de entrar.

to lift [tə ˈlɪft] *v*
- Can you help me **lift** this bag? It's quite heavy.

erguer, suspender
- Você pode me ajudar a **erguer** esta mala? Está bastante pesada.

to raise [tə ˈreɪz] v ■ I'm afraid the government has to **raise** taxes again. ■ Please **raise** your hand if you accept the proposal.	**aumentar, levantar** ■ Tenho medo de que o governo tenha de **aumentar** os impostos novamente. ■ Por favor, **levante** a mão se aceitar a proposta.
to lower [tə ˈləʊə] v ■ The big oil companies were forced to **lower** the price of oil. ■ Please **lower** the blinds to keep the sunlight out.	**baixar** ■ As grandes empresas petrolíferas foram forçadas a **baixar** o preço do petróleo. ■ Por favor, **baixe** a persiana para que a luz do sol não entre.
to pick up [tə ˌpɪk ˈʌp] phrase ■ Please **pick up** the litter you've dropped.	**juntar, pegar, apanhar** ■ Por favor, **junte** o lixo que você deixou cair!
to drop [tə ˈdrɒp] v ■ Careful! It will break if you **drop** it.	**deixar cair** ■ Cuidado! Vai quebrar se **deixar cair**.
to break [tə ˈbreɪk] v ▶ v irr p 442 break ■ Be careful! Don't drop the glass or it'll **break**.	**quebrar** ■ Tenha cuidado! Não deixe o copo cair, senão ele vai **quebrar**.
to tear up [tə ˌteə ˈʌp] phrase ▶ v irr p. 448 tear ■ The boy threw a fit and **tore up** the drawing.	**rasgar** ■ O garoto teve um acesso de raiva e **rasgou** o desenho.
to throw away [tə ˌθrəʊ əˈweɪ] phrase ▶ v irr p. 448 throw ■ Please don't **throw away** today's paper.	**jogar fora** ■ Por favor, não **jogue fora** o jornal de hoje.
to leave [tə ˈliːv] v ▶ v irr p. 445 leave ■ The train **left** the station 15 minutes ago.	**deixar, sair** ■ O trem **deixou** a estação faz 15 minutos.
to give up [tə ˌɡɪv ˈʌp] phrase ▶ v irr p. 444 give ■ They **gave up** all resistance when they saw that the situation was hopeless.	**desistir, abrir mão** ■ Eles **desistiram** de todo tipo de resistência quando viram que a situação era desesperadora.

dream [driːm] *n* ■ Fortunately it was just a bad **dream** and not real life.	**sonho** ■ Felizmente foi apenas um **sonho** ruim, e não a vida real.
to dream [tə ˈdriːm] *v* ▶ v irr p. 443 dream ■ Was it real or did I **dream** it?	**sonhar** ■ Foi real ou eu **sonhei**?
to relax [tə ˈrɪˈlæks] *v* ■ On Sundays I just **relax** and do nothing.	**relaxar** ■ Aos domingos, eu simplesmente **relaxo** e não faço nada.

Esforços e intenções

plan [plæn] *n* ■ I tried to talk Bernard out of his **plan**.	o **plano**, o **propósito** ■ Tentei dissuadir Bernard de seu **plano**.
to plan [tə ˈplæn] *v* ■ Lucas **plans** to spend his next holiday in Spain.	**planejar** ■ Lucas **planeja** passar suas próximas férias na Espanha.
attempt [əˈtempt] *n* ■ This is my last **attempt**. If it doesn't work I'll give up.	a **tentativa** ■ Esta é minha última **tentativa**. Se não funcionar, eu desisto.
to try [tə ˈtraɪ] *v* ■ I don't think you'll make it, but you can **try**.	**tentar** ■ Não acho que você vai conseguir, mas você pode **tentar**.
to try hard [tə ˌtraɪ ˈhɑːd] *phrase* ■ Jonas **tried** really **hard** to tidy up his room.	**esforçar-se** ■ Jonas realmente **se esforçou** para arrumar seu quarto.
preparation [ˌprepərˈeɪʃn] *n* ■ School should be a **preparation** for life.	a **preparação** ■ A escola deveria ser uma **preparação** para a vida.
to prepare [tə prɪˈpeə] *v* ■ Sarah is going to help him **prepare** the party.	**preparar** ■ Sarah o ajudará a **preparar** a festa.
effort [ˈefət] *n* ■ I'll make every **effort** to get you there on time.	o **esforço** ■ Farei todos os **esforços** para deixar você lá a tempo.

tiring [ˈtaɪərɪŋ] *adj*
- My job as a cashier in a department store can be very **tiring** at times.

cansativo
- Por vezes, meu trabalho como caixa de loja de departamentos pode ser bem **cansativo**.

decision [dɪˈsɪʒn] *n*
- Let's come to a **decision**.

a decisão
- Vamos tomar uma **decisão**.

to decide [tə dɪˈsaɪd] *v*
- A goal in the last minute **decided** the match.
- Helen **decided** to phone her mum.

decidir
- Um gol no último minuto **decidiu** o jogo.
- Helen **decidiu** ligar para sua mãe.

certainty [ˈsɜːtnti] *n*
- I can't tell you with absolute **certainty** what time they will arrive.

a certeza
- Não posso dizer a você com absoluta **certeza** a que horas eles vão chegar.

certain [ˈsɜːtn] *adj*
- I think they are open, but I'm not absolutely **certain**.

certo
- Acho que estão abertos, mas não **estou** absolutamente certo disso.

uncertain [ʌnˈsɜːtn] *adj*
- The whereabouts of the stolen jewels remains **uncertain**.

incerto
- O paradeiro das joias roubadas continua **incerto**.

opportunity [ˌɒpəˈtʃuːnəti] *n*
- You must seize this **opportunity**.

a oportunidade
- Você deve aproveitar essa **oportunidade**.

purpose [ˈpɜːpəs] *n*
- The **purpose** of this organization is to help elderly people.

a finalidade
- A **finalidade** desta organização é ajudar pessoas idosas.

on purpose [ɒn ˈpɜːpəs] *phrase*
- It wasn't an accident; he did it **on purpose**.

de propósito
- Não foi um acidente; fez isso de **propósito**.

to manage [tə ˈmænɪdʒ] *v*
- I wonder how he **managed** to become the managing director of this firm.

conseguir
- Eu me pergunto como ele **conseguiu** tornar-se diretor executivo desta empresa.

Auxílios, obrigações e confiança

help [help] *n*
- I need your **help** in this matter.

ajudar
- Preciso de sua **ajuda** nesta questão.

to help [tə 'help] *v*
- Some students **help** old people who live alone.

ajudar
- Alguns estudantes **ajudam** pessoas idosas que moram sozinhas.

to help sb. (to) do sth. [tə ˌhelp ... (tə) 'duː] *phrase*
- Can you **help** your sister put the rubbish out?

ajudar alguém a fazer alguma coisa
- Você poderia **ajudar** sua irmã a pôr o lixo para fora?

favour *BE* ['feɪvə], **favor** *AE* ['feɪvər] *n*
- Can I ask a **favour** of you?

favor
- Posso pedir um **favor** a você?

to do sb. a favour *BE* [tə ˌduː ... ə 'feɪvə], **to do sb. a favor** *AE* [tə ˌduː ... ə 'feɪvər] *phrase*
▶ *v irr* p. 443 do
- Would you **do me a favour** and lend me your bike?

fazer um favor a alguém

- Você **faria o favor** de me emprestar sua bicicleta?

to agree to do sth. [tə ə'griː tə ˌduː] *phrase*
- Abi's parents **agreed to** pay for her driving lessons.

concordar em fazer alguma coisa
- Os pais de Abi **concordaram em** pagar por suas aulas de direção.

support [sə'pɔːt] *n*
- This charity needs your financial **support**.

o apoio
- Essa instituição de caridade precisa de seu **apoio** financeiro.

to support [tə 'sə'pɔːt] *v*
- The newspaper openly **supported** one candidate's campaign.

apoiar
- O jornal **apoiou** abertamente a campanha de um dos candidatos.

duty ['dʒuːti] *n*
- I only did my **duty**.

o dever
- Eu apenas cumpri meu **dever**.

conscientious [ˌkɒnʃi'enʃəs] *adj*
- Monica's always been **conscientious**.

consciencioso
- Monica sempre tem sido **consciienciosa**.

Auxílios, obrigações e confiança

to neglect [tə ˈnɪˈglekt] v ■ Paul was away most of the time and **neglected** his wife and children.	**negligenciar** ■ Paul esteve fora a maior parte do tempo e **negligenciou** a mulher e os filhos.
to count on [tə ˈkaʊnt ɒn] phrase ■ You can **count on** me. I'll help you.	**contar com** ■ Pode **contar comigo**. Vou ajudá-lo.
trust [trʌst] n ■ His daughter would do anything he says. She has perfect **trust** in him.	**a confiança** ■ Sua filha faria qualquer coisa que ele pedisse. Ela tem plena **confiança** nele.
to trust [tə ˈtrʌst] v ■ I **trusted** my mother with my bank details.	**confiar** ■ **Confiei** à minha mãe detalhes de minha conta bancária.
mistrust [ˌmɪsˈtrʌst] n ■ I have a great **mistrust** of politicians.	**a desconfiança** ■ Tenho enorme **desconfiança** por políticos.
to encourage [tə ɪnˈkʌrɪdʒ] v ■ Cathy **encouraged** me to apply for the job.	**encorajar, incentivar** ■ Cathy me **incentivou** a me candidatar ao emprego.
to watch out for [tə ˈwɒtʃ ˌaʊt fə] phrase ■ The police **were watching out for** pickpockets.	**procurar, buscar** ■ A polícia **estava procurando** por batedores de carteiras.
helpful [ˈhelpfl] adj ■ The hints have been very **helpful**.	**útil** ■ As sugestões têm sido bastante **úteis**.
respect [rɪˈspekt] n ■ Isn't it about time that mankind showed more **respect** for nature?	**o respeito** ■ Já não é tempo de a humanidade mostrar mais **respeito** pela natureza?
respected [rɪˈspektɪd] adj ■ Mr Jones is highly **respected** as a doctor.	**respeitado** ■ O Sr. Jones é altamente **respeitado** como médico.
to respect [tə ˈrɪˈspekt] v ■ I always **respected** my teachers.	**respeitar** ■ Sempre **respeitei** meus professores.

guarantee [ˌgærənˈtiː] n ■ The company offers a 30-day money-back **guarantee**.	a **garantia** ■ A empresa oferece a **garantia** de devolução do dinheiro em 30 dias.
to guarantee [tə ˌgær.ənˈtiː] v ■ We **guarantee** that this product will last a lifetime.	**garantir** ■ Nós **garantimos** que este produto deve durar por toda a vida.
definitely [ˈdefɪnətli] adv ■ Simon will **definitely** come; he promised.	**com certeza** ■ Simon virá **com certeza**; ele prometeu.

Posses, dar e receber

to have [tə ˈhæv] v ▶ v irr p. 445 have ■ I always **have** hay fever in May.	**ter** ■ Eu sempre **tenho** rinite alérgica em maio.

➡ A frase **have got** é sinônima do verbo **to have** no sentido específico de **ter, possuir**. **To have** pode ser empregado em todos os tempos como verbo principal (perguntas e negações com **do/does** e **did**), mas **have got** só se usa no presente e a partícula **have** atua como verbo auxiliar (anterior ao sujeito nas perguntas e seguida de **not** nas negações).

have got [ˌhæv ˈgɒt] phrase ▶ v irr p. 445 have ■ Kevin's **got** lots of money but no manners. ➡ to have p. 92	**ter, possuir** ■ Kevin **tem** muito dinheiro, mas não tem modos.
own [əʊn] adj ■ My grandmother bakes her **own** bread.	**próprio** ■ Minha avó assa seu **próprio** pão.

➡ **Own** não pode ser empregado com artigo indefinido **a**. Se se quiser dizer que alguém tem algo próprio, deve-se dizer, por exemplo, **I have a room of my own**.

property [ˈprɒpəti] n ■ Jamie sold all her personal **property** and went to India.	**propriedade, bens** ■ Jamie vendeu todos os seus **bens** pessoais e foi para a Índia.

Posses, dar e receber

to own [tə 'əʊn] v
- They're fairly wealthy. They **own** three houses.

possuir
- Eles são bem ricos. **Possuem** três casas.

to keep [tə 'ki:p] v
▶ v irr p. 445 keep
- You can **keep** the book, I don't need it.

ficar
- Você pode **ficar** com o livro, não preciso dele.

to give [tə 'gɪv] v
▶ v irr p. 444 give
- I **gave** Conor five pounds for mowing the lawn.

dar
- **Dei** a Conor cinco libras para cortar a grama.

to bring [tə 'brɪŋ] v
▶ v irr p. 442 bring
- The postman **brought** this parcel today.
- Can I **bring** my boyfriend to the party?

trazer
- O carteiro **trouxe** esse pacote hoje.
- Posso **trazer** meu namorado à festa?

➡ **To bring** indica um movimento do ouvinte para o falante (**trazer**); **to take**, um movimento a partir do falante (**levar**).

to take [tə 'teɪk] v
▶ v irr p. 448 take
- We **took** a taxi to the airport.
- Who **took** my CDs? I left them on the table.
➡ to bring p. 93

levar, pegar, tomar
- **Tomamos** um táxi para o aeroporto.
- Quem **pegou** meus CDs? Deixei-os em cima da mesa.

to get [tə 'get] v
▶ v irr p. 444 get
- Could you **get** a bottle of water from the kitchen?
- Phil **got** 20 e-mails yesterday for his birthday

pegar, receber
- Você poderia **pegar** uma garrafa d'água na cozinha?
- Phil **recebeu** vinte e-mails ontem por seu aniversário.

to leave [tə 'li:v] v
▶ v irr p. 445 leave
- **Leave** the repair of your car to a professional mechanic.

deixar
- **Deixe** o conserto de seu carro para um mecânico profissional.

to pass [BE: tə 'pɑ:s, AE: tə 'pæs] v
- **Pass** me the sugar, please.

passar
- Por favor, **passe**-me o açúcar.

Posses, dar e receber

to lend [tə 'lend] v
▶ v irr p. 445 lend
- Can you **lend** me your bike till tomorrow?

emprestar
- Você poderia me **emprestar** sua bicicleta até amanhã?

→ **To lend** e **to borrow** significam **emprestar** e **pegar emprestado**, devendo-se atentar para o foco em quem empresta, **he lent me his bike**, e em quem toma emprestado: **I borrowed his bike**.

to borrow [tə 'bɒrəʊ] v
- Can I **borrow** your bike till tomorrow?
→ to lend ▶ p. 94

tomar emprestado
- Posso **pegar emprestada** sua bicicleta até amanhã?

to receive [tə 'riːsiːv] v
- I sent the letter on Monday and Martin **received** it on Wednesday.

receber
- Mandei a carta na segunda-feira e Martin a **recebeu** na quarta.

to accept [tə ək'sept] v
- I gladly **accept** your invitation.

aceitar
- **Aceito** seu convite com muita satisfação.

to return [tə 'rɪtɜːn] v
- I have to **return** these books to the library by Friday.

devolver
- Tenho de **devolver** estes livros à biblioteca até sexta-feira.

to hand over [tə ˌhænd 'əʊvə] phrase
- The minister **handed over** the secret file to his sucessor.

entregar
- O ministro **entregou** o arquivo secreto a seu sucessor.

to remove [tə rɪ'muːv] v
- You've got to **remove** the plastic top first.

remover
- Primeiro você deve **remover** a tampa de plástico.

to distribute [tə dɪ'strɪbjuːt] v
- The demonstrators **distributed** leaflets to the crowd.

distribuir
- Os manifestantes **distribuíram** folhetos à multidão.

Saúde e cuidados corporais

Partes e órgãos do corpo

body [ˈbɒdi] n	o **corpo**
head [hed] n	a **cabeça**
nose [nəʊz] n	o **nariz**
eye [aɪ] n	o **olho**
ear [ɪə] n	a **orelha**
mouth [maʊθ] n	a **boca**
tooth [tu:θ] n; pl teeth [ti:θ]	o **dente**
tongue [tʌŋ] n	a **língua**
neck [nek] n	o **pescoço**
throat [θrəʊt] n	a **garganta**
lip [lɪp] n	o **lábio**
forehead [ˈfɒrɪd] n	a **testa**
brain [breɪn] n	o **cérebro**
breast [brest] n	o **peito**, os **seios**
chest [tʃest] n	o **peito**
belly [ˈbeli] n	o **ventre**, a **barriga**
back [bæk] n	as **costas**
bottom [ˈbɒtm] n	as **nádegas**
buttocks [ˈbʌtəks] n	as **nádegas**
butt [bʌt] n (coll.)	o **traseiro**
shoulder [ˈʃəʊldə] n	o **ombro**

Partes e órgãos do corpo

bone [bəʊn] n	o **osso**
arm [ɑːm] n	o **braço**
hand [hænd] n	a **mão**
finger [ˈfɪŋgə] n	o **dedo**
fist [fɪst] n	o **punho**
leg [leg] n	a **perna**
knee [niː] n	o **joelho**
foot [fʊt] n; pl **feet**	o **pé**
blood [blʌd] n	o **sangue**
heart [hɑːt] n	o **coração**
sense of touch [ˌsens əv ˈtʌtʃ] n	o **sentido do toque**
sense of smell [ˌsens əv ˈsmel] n	o **sentido do olfato**
sense of taste [ˌsens əv ˈteɪst] n	o **sentido do paladar**
(eye)sight [(ˈaɪ) saɪt] n	a **visão**
hearing [ˈhɪərɪŋ] n	a **audição**
chin [tʃɪn] n	o **queixo**
cheek [tʃiːk] n	a **bochecha**, a **face**
elbow [ˈelbəʊ] n	o **cotovelo**
wrist [rɪst] n	o **pulso**
thumb [θʌm] n	o **polegar**
index finger [ˈɪndeks ˌfɪŋgə] n	o **dedo indicador**
middle finger [ˈmɪdl ˌfɪŋgə] n	o **dedo médio**
ring finger [ˈrɪŋ ˌfɪŋgə] n	o **dedo anular**
little finger [ˈlɪtl ˌfɪŋgə] n	o **dedo mínimo**
toe [təʊ] n	o **dedão do pé**

stomach [ˈstʌmək] n	o **estômago**
lungs [lʌŋ] n pl	os **pulmões**
muscle [ˈmʌsl] n	o **músculo**
skin [skɪn] n	a **pele**
(body)hair [(ˈbɒdi) ˌheə] n	os **pelos**
nerve [nɜːv] n	o **nervo**

Doenças e comprometimentos físicos

health [helθ] n
- My father is in good **health**.

a **saúde**
- Meu pai está com boa **saúde**.

healthy [ˈhelθi] adj
- The boss looks extremely **healthy** despite his age.

saudável
- O chefe parece extremamente **saudável** apesar da idade.

to be well [tə biː ˈwel] phrase
- ▶ v irr p. 442 be
- I'm not very **well** today.

estar bem

- Não **estou** muito **bem** hoje.

mental [ˈmentl] adj
- The old lady was no longer in possession of her **mental** faculties.
- Her health problems are **mental**, not physical.

mental
- A velha senhora já não estava em posse de suas faculdades **mentais**.
- Seus problemas de saúde são **mentais**, não físicos.

mentally [ˈmentli] adj
- He's been **mentally** ill since he was born.

mentalmente
- Ele é incapacitado **mentalmente** desde que nasceu.

psychiatric [saɪˈkaɪətri] adj
- The criminal was put in a **psychiatric** hospital.

psiquiátrico
- O criminoso foi colocado num hospital **psiquiátrico**.

physical [ˈfɪzɪkl] adj
- Both my mental and **physical** abilities were tested.

físico
- Tanto minhas capacidades mentais quanto **físicas** foram testadas.

to recover [tə rɪˈkʌvə] v
- Emma was ill yesterday, but she **recovered** very quickly.

recuperar
- Emma estava doente ontem, mas **recuperou**-se muito rapidamente.

to get better [tə ˌget ˈbetə] phrase
▶ v irr p. 444 get
- It took Hannah a long time **to get better** after her accident.

recuperar-se, melhorar
- Levou muito para que Hannah se **recuperasse** do acidente.

strength [strenθ] n
- Julia's been working on building up her **strength** for years.

a força
- Julia trabalha no aumento de sua **força** física há anos.

strong [strɒŋ] adj
- I'm not **strong** enough to lift this suitcase.

forte
- Não sou **forte** o suficiente para levantar esta mala.

weak [wiːk] adj
- I felt **weak** and tired when I came home after the hike.

fraco
- Eu me senti **fraco** e cansado quando vim para casa após a caminhada.

illness [ˈɪl.nəs] n
- My aunt died after a long **illness**.

a doença, a enfermidade
- Minha tia morreu após uma longa **enfermidade**.

ill [ɪl] adj
- I was **ill** and had to stay in bed for a couple of weeks.

doente
- Eu estava **doente** e tive de ficar de cama por algumas semanas.

to become ill [tə bɪˌkʌm ˈɪl] phrase
▶ v irr p. 442 become
- They **became ill** about a week after their trip to Uganda.

adoecer
- Eles **adoeceram** uma semana após sua viagem a Uganda.

to get ill [tə ˌget ˈɪl] phrase
▶ v irr p. 444 get
- I'm very healthy and hardly ever **get ill**.

ficar doente
- Sou muito saudável e raramente **fico doente**.

pain [peɪn] n
- Joe felt a sudden **pain** in his back when he lifted the heavy bag.

a dor
- Joe sentiu uma **dor** súbita nas costas ao erguer a mala pesada.

Doenças e comprometimentos físicos 99

to hurt [tə 'hɜːt] v — machucar(-se), ferir, doer

▶ v irr p. 445 hurt

- My back **hurts** from working in the garden all day.
  - Minhas costas **doem** de trabalhar no jardim o dia inteiro.
- Tom fell off the ladder and **hurt** his leg.
  - Tom caiu da escada e **machucou** a perna.

to suffer [tə 'sʌfə] v — sofrer

- Mike **suffers** from multiple sclerosis.
  - Mike **sofre** de esclerose múltipla.

to bleed [tə 'bliːd] v — sangrar

▶ v irr p. 442 bleed

- My finger **bled** heavily when I cut it.
  - Meu dedo **sangrou** intensamente quando o cortei.

cold [kəʊld] n — resfriado

- I've got a bad **cold**. My nose is running and I'm coughing a lot.
  - Tive um forte **resfriado**. Meu nariz está escorrendo e estou tossindo muito.

to catch a cold [tə ˌkætʃ əˈkəʊld] phrase — pegar um resfriado

▶ v irr p. 443 catch

- Stuart **caught a cold** standing in the cold rain for hours.
  - Stuart **pegou um resfriado** por ter ficado na chuva fria durante horas.

to have a cold [tə ˌhæv əˈkəʊld] phrase — estar resfriado

▶ v irr p. 445 have

- Jenny **has a cold** and is staying in bed today.
  - Jenny **está resfriada** e vai ficar de cama hoje.

cough [kɒf] n — a tosse

- If your **cough** doesn't get better you should see a doctor.
  - Se sua **tosse** não melhorar, você deve procurar um médico.

to cough [tə 'kɒf] v — tossir

- The exhaust fumes made me **cough**.
  - Os gases de escapamento me fazem **tossir**.

temperature [ˈtemprətʃə] n — a febre

- Kim only has a slight **temperature**, nothing to worry about.
  - Kim tem apenas uma **febre** leve, nada com que se preocupar.

Doenças e comprometimentos físicos

sickness [ˈsɪknəs] *n*
- The virus causes **sickness** and diarrhoea.

o **enjoo**
- O vírus causa **enjoo** e diarreia.

---

sick [sɪk] *adj*
- I feel **sick** after a while when I sit in the back of a car.

enjoado, nauseado
- Fico **enjoado** após algum tempo quando me sento no banco traseiro do carro.

---

headache [ˈhedeɪk] *n*
- I've had a **headache** since I woke up this morning.

a **dor de cabeça**
- Estou com **dor de cabeça** desde que acordei esta manhã.

---

sweat [swet] *n*
- I got into a **sweat** when I saw her in that tiny dress.

o **suor**
- O **suor** começou a escorrer quando a vi naquele vestido minúsculo.

---

to sweat [tə ˈswet] *v*
- We were all **sweating** a lot after the run.

suar
- Estávamos todos **suando** muito após a corrida.

---

disabled person [dɪˈseɪbld ˌpɜːsn] *n m/f*
- The toilet is designed to be used by a **disabled person**.

a **pessoa deficiente**
- O banheiro é projetado para ser usado por uma **pessoa deficiente**.

---

disabled [dɪˈseɪbld] *adj*
- Molly has been **disabled** since she was in a car accident ten years ago.

deficiente
- Molly ficou **deficiente** após um acidente de carro há dez anos.

---

wound [wuːnd] *n*
- It's only a small **wound**. No reason to panic.

o **ferimento**
- É apenas um pequeno **ferimento**. Não há razão para pânico.

---

to hurt oneself [tə ˈhɜːt wʌnˈself] *phrase*
▶ *v irr* p. 440 hurt
- Did you **hurt yourself** when you fell down the stairs?

machucar-se, ferir-se
- Você **se machucou** quando caiu da escada?

Doenças e comprometimentos físicos

to break [tə '] v
- ▶ v irr p. 442 break
- I **broke** my arm playing handball.

quebrar
- **Quebrei** o braço jogando handebol.

breath [breθ] n
- How long can you hold your **breath** under water?

a **respiração**
- Por quanto tempo você consegue segurar a **respiração** debaixo d'água?

to breathe [tə 'bri: ð] v
- The air was so full of smoke that I could hardly **breathe**.

respirar
- O ar estava tão cheio de fumaça que eu mal conseguia **respirar**.

unconscious [ʌn'kɒnʃəs] adj
- How long was Timothy **unconscious**?

inconsciente
- Por quanto tempo Timothy ficou **inconsciente**?

to faint [tə 'feɪnt] v
- Barbara **fainted** when they broke the news to her.

desmaiar
- Barbara **desmaiou** quando lhe deram a notícia.

shock [ʃɒk] n
- It was a **shock** to see him lying there.

o choque
- Foi um **choque** para mim vê-lo lá deitado.

to smoke [tə 'sməʊk] v
- Brandon stopped **smoking** two weeks ago.

fumar
- Brandon parou de **fumar** há duas semanas.

smoker ['sməʊkə] n m/f
- **Smokers** risk dying of lung cancer.

o fumante
- **Fumantes** correm o risco de morrer de câncer no pulmão.

non-smoker [ˌnɒn'sməʊkər] n m/f
- I've been a **non-smoker** all my life.

não fumante
- Sou **não fumante** desde sempre.

drunk [drʌŋk] adj
- ▶ v irr p. 443 drink
- Michael was very **drunk** when he came home last night.

embriagado, bêbado

- Michael estava muito **bêbado** quando chegou em casa na noite passada.

➡ Alguns substantivos regem a forma adjetiva drunk, como em **a drunk driver** – um motorista embriagado; outros, a forma drunken, como em **a drunken party** – uma festa em que se serve bebida.

to heal [tə ˈhiːl] *v* ■ The wound in my leg took a long time **to heal**.	**curar, sarar** ■ O ferimento em minha perna levou muito tempo para **sarar**.
to cure [tə ˈkjʊə] *v* ■ Nothing seems **to cure** me of my stage fright.	**curar** ■ Nada parece me **curar** do medo de palco.
to bear [tə ˈbeə] *v* ▶ v irr p. 442 bear ■ I can't **bear** the thought of having to write this article again.	**suportar** ■ Não posso **suportar** a ideia de ter de escrever este artigo novamente.
unbearable [ʌnˈbeərəbl] *adj* ■ The pain in my leg was **unbearable**.	**insuportável** ■ A dor na minha perna era **insuportável**.
blind [blaɪnd] *adj* ■ There is a **blind** old man sitting in the park playing the guitar.	**cego** ■ Há um homem **cego** sentado no parque tocando violão.
deaf [def] *adj* ■ Granpda only pretends to be **deaf**.	**surdo** ■ Vovô apenas finge estar **surdo**.
hard of hearing [ˌhɑːd əv ˈhɪərɪŋ] *phrase* ■ You'll have to shout. My father is **hard of hearing**.	**problema de audição** ■ Você vai ter de gritar. Meu pai está com **problema de audição**.
to tremble [tə ˈtrembl] *v* ■ Nicola **trembled** with excitement.	**tremer** ■ Nicola **tremia** de empolgação.
to shake [tə ˈʃeɪk] *v* ▶ v irr p. 447 shake ■ Andrea **shook** with rage.	**agitar(-se), tremer** ■ Andrea **tremia** de raiva.
to swell [tə ˈswel] *v* ▶ v irr p. 448 swell ■ My feet always **swell** when I have to stand for a long time.	**inchar** ■ Meus pés sempre **incham** quando tenho de ficar em pé por muito tempo.

Doenças e comprometimentos físicos

infection [ɪnˈfekʃn] *n* ■ The AIDS virus weakens the body's natural defences against **infection**.	a **infecção** ■ O vírus da AIDS enfraquece as defesas naturais do organismo contra **infecções**.
infectious [ɪnˈfekʃəs] *adj* ■ This disease is not **infectious**.	**infeccioso** ■ Essa doença não é **infecciosa**.
contagious [kənˈteɪdʒəs] *adj* ■ This disease is highly **contagious**.	**contagioso** ■ Essa doença é altamente **contagiosa**.
bacteria [kənˈteɪdʒəs] *n* ■ The infection was caused by **bacteria**.	a **bactéria** ■ A infecção foi causada por **bactéria**.
virus [ˈvaɪərəs] *n* ■ Can this **virus** be transmitted by cats?	o **vírus** ■ Esse **vírus** pode ser transmitido por gatos?
inflammation [ɪnˈfleɪmd] *n* ■ The **inflammation** is going down. My eyes are not so red and swollen.	a **inflamação** ■ A **inflamação** está passando. Meus olhos já não estão vermelhos e inchados.
to be sore [tə biː sɔː] *phrase* ■ The baby's eyes **were sore** when it woke up this morning. ■ My feet **were sore** from walking too much.	**estar irritado, estar dolorido** ■ Os olhos do bebê estavam **irritados** quando ele acordou esta manhã. ■ Meus pés **estavam doloridos** por andar demais.
flu [fluː] *n (abrev. influenza)* ■ The **flu** is an infectious disease like a cold.	a **gripe** ■ A **gripe** é uma doença infecciosa, como o resfriado.
cancer [ˈkænsə] *n* ■ Her mother died of **cancer** last year.	o **câncer** ■ A mãe dela morreu de **câncer** ano passado.
heart attack [ˈhɑːt əˌtæk] *n* ■ Mr Cairns suffered a massive **heart attack**.	o **ataque do coração** ■ O Sr. Cairns sofreu um **ataque cardíaco** fulminante.

Doenças e comprometimentos físicos

dizziness [ˈdɪzinəs] n
- This medicine may cause vomiting and **dizziness**.

a **tontura**
- Este remédio pode causar vômitos e **tontura**.

to feel dizzy [tə ˌfiːl ˈdɪzi] phrase
▶ v irr p. 444 feel
- Standing up too quickly makes me **feel dizzy**.

sentir-se tonto, **ficar tonto**
- Levantar rápido demais me faz **sentir tonto**.

diarrhoea BE, **diarrhea** AE [ˌdaɪəˈriə] n
- I'm going to ask at the chemist's for a remedy for a **diarrhoea**.

a **diarreia**
- Vou perguntar ao farmacêutico sobre um remédio para **diarreia**.

seizure [ˈsiːʒə] n
- Briony had a **seizure** after taking the wrong pill.

o **ataque**
- Briony sofreu um **ataque** após tomar o comprimido errado.

AIDS [eɪdz] n
- You should protect yourself against AIDS.

a AIDS
- Você deveria se proteger contra a AIDS.

allergy [ˈælədʒi] n
- I have an **allergy** to eggs.

a **alergia**
- Tenho **alergia** a ovo.

diabetes [ˌdaɪəˈbiːtiːz] n
- Jill's been suffering from **diabetes** since she was 20.

o **diabetes**
- Jill sofre de **diabetes** desde os 20 anos.

abortion [əˈbɔːt] n
- It must be hard for a woman to have an **abortion**.

o **aborto**
- Deve ser difícil para uma mulher ter um **aborto**.

caries [ˈkeəriːz] n
- The dentist said I had **caries**.

a **cárie**
- O dentista disse que eu tinha **cáries**.

tooth decay [ˈtuːθ dɪˈkeɪ] n
- If you don't brush your teeth regularly you'll get **tooth decay**.

a **cárie**
- Se você não escovar os dentes regularmente, ficará com **cáries**.

stress [stres] n
- I've been under a lot of **stress** lately.

o **estresse**
- Estou sob muito **estresse** ultimamente.

Doenças e comprometimentos físicos **105**

to get sunburn [tə ˌget ˈsʌnbɜːn] *phrase*

▶ **v irr** p. 444 get
- Would you **get sunburn** on Mars?

ter queimadura de sol

- Seria possível **ter queimadura de sol** em Marte?

to get used to [tə ˌget ˈjuːst tə] *phrase*

- I'm afraid you'll have **to get used to** these freezing temperatures – it's January and this is Canada.

acostumar-se a

- Receio ter de **me acostumar a** essas temperaturas congelantes – é janeiro, e estamos no Canadá.

alcoholic [ˌælkəˈhɒlɪk] *n m/f*

- His father was an **alcoholic** and died young.

o alcoólatra

- Seu pai era **alcoólatra** e morreu jovem.

drug [drʌg] *n*

- Heroin and cocaine are so-called hard **drugs**.

a droga

- Heroína e cocaína são as chamadas **drogas** pesadas.

to take drugs [tə ˌteɪk ˈdrʌgz] *phrase*

▶ **v irr** p. 448 take
- Karl used **to take drugs** but he's been clean since he was in rehab.

drogar-se

- Karl costumava **se drogar**, mas está limpo desde que iniciou a reabilitação.

(drug) addict [(drʌg) ˈædɪkt] *n m/f*

- Shona's brother was a **drug addict** and has been treated at a clinic.

viciado (em drogas)

- O irmão de Shona era **viciado em drogas** e está em tratamento em uma clínica.

addicted to drugs [əˈdɪk.tɪd tə ˈdrʌgz] *adj*

- Melanie died of an overdose; she has been **addicted to drugs** for years.

viciado em drogas

- Melanie morreu de overdose; era **viciada em drogas** havia anos.

Exames médicos e hospital

examination [ɪɡˌzæmɪˈneɪʃn] n
- I had to undergo a complete medical **examination**.

o **exame**
- Passei por uma bateria completa de **exames** clínicos.

to examine [tə ɪɡˈzæmɪn] n
- Jake was **examined** by a woman doctor.

examinar
- Jake **foi examinado** por uma médica.

treatment [ˈtriːtmənt] n
- I received **treatment** for my dizzy spells.

o **tratamento**
- Passei por **tratamento** para as minhas tonturas.

to treat [tə ˈtriːt] v
- Gail's symptoms were **treated** by a specialist.

tratar
- Os sintomas de Gail foram **tratados** por um especialista.

medicine [ˈmedɪsn] n
- Mum poured the **medicine** onto the spoon.

o **remédio**
- Mamãe serviu o **remédio** em uma colher.

medication [ˌmedɪˈkeɪʃn] n
- Jason felt ill because he'd forgotten to take his **medication**.

o **remédio**, a **medicação**
- Jason ficou doente porque se esqueceu de tomar o **remédio**.

medical [ˈmedɪkl] adj
- Pat can't drink alcohol for **medical** reasons.

médico
- Pat não pode beber álcool por razões **médicas**.

to be on medication [tə biː ɒn ˌmedɪˈkeɪʃn] phrase
▶ v irr p. 442 be
- I'm not going to drink any alcohol tonight, because I'**m on medication**.

estar sob medicação

- Não vou beber álcool hoje porque **estou sob medicação**.

surgery [ˈsɜːdʒri] n
- The **surgery** is closed on Friday afternoons.

a **cirurgia**, a **clínica**, o **consultório**
- O **consultório** fica fechado nas sextas-feiras à tarde.

doctor's office AE [ˌdɑktərz ˈɒfɪs] n
- Today I had to wait for two hours at the **doctor's office**.

o **consultório médico**
- Tive de esperar por duas horas no **consultório médico** hoje.

Exames médicos e hospital 107

surgery hours BE [ˈsɜːdʒri ˌaʊəz], **office hours** AE [ˈɒfɪs ˌaʊəz] n pl

o **horário de atendimento**

- **Surgery hours** are from 8 am to 1 pm.
- There are no **office hours** today because the doctor's ill.

- O **horário de atendimento** é das 8h às 13h.
- Não haverá **horário de atendimento** hoje porque o médico está doente.

prescription [prɪˈskrɪpʃn] n

a **receita (médica)**, a **prescrição**

- The doctor gave Barry a **prescription** for his cough.

- O médico passou a Barry uma **prescrição** para sua tosse.

to prescribe [tə prɪˈskraɪb] v

prescrever

- This drug was **prescribed** by her doctor.

- Esse medicamento **foi prescrito** por seu médico.

pill [pɪl] n

o **comprimido**

- I took a **pill** and I didn't get seasick.

- Tomei um **comprimido** e não tive enjoo.

hospital [ˈhɒspɪtl] n

o **hospital**

- Sue works as a nurse in a **hospital** on the outskirts of town.

- Sue trabalha como enfermeira num **hospital** nos arredores da cidade.

clinic [ˈklɪnɪk] n

a **clínica**

- The **clinic** is just around the corner.

- A **clínica** fica bem ali na esquina.

operation [ˌɒpərˈeɪʃn] n

a **operação**

- I had an **operation** on my leg.

- Passei por uma **operação** na perna.

to operate [tə ˈɒpəreɪt] v

operar

- I'm afraid we'll have to **operate** on your stomach.

- Receio que teremos de **operar** seu estômago.

patient [ˈpeɪʃnt] n m/f

o **paciente**, a **paciente**

- The next **patient** was brought into the operating theatre.

- O próximo **paciente** foi trazido à sala de operação.

to prevent [tə prɪˈvent] v

evitar

- What can I do to **prevent** colds?

- O que posso fazer para **evitar** resfriados?

Exames médicos e hospital

check-up [ˈtʃekʌp] n
- It's just a **check-up**.

o **check-up**
- É apenas um **check-up**.

to X-ray [tə ˈeksreɪ] v
- My elbow was **X-rayed**.

radiografar
- Meu cotovelo **foi radiografado**.

ointment [ˈɔɪntmənt] n
- He prescribed me an **ointment** for dry skin.

a **pomada**, o **unguento**
- Ele prescreveu uma **pomada** para minha pele seca.

shot [ʃɒt] n
- Have you had your **shot** yet?

a **injeção**, a **vacina**
- Você já tomou sua **vacina**?

injection [ɪnˈdʒekʃn] n
- The vet gave the dog a couple of **injections**.

a **injeção**
- O veterinário aplicou algumas **injeções** no cachorro.

plaster [BE: ˈplɑːstə, AE: ˈplæs.tə] n
- I need a **plaster** quick. My finger is bleeding.

o **esparadrapo**, o **curativo**
- Preciso de um **curativo** urgente. Meu dedo está sangrando.

Band-Aid® [ˈbændeɪd] n
- Could you get me a **Band-Aid**?

Band-Aid®
- Você poderia me arrumar um **Band-Aid®**?

bandage [ˈbændɪdʒ] n
- The nurse put a **bandage** on my burned hand.

o **curativo**
- A enfermeira pôs um **curativo** na minha mão queimada.

hygienic [haɪˈdʒiːnɪk] adj
- The toilets didn't look very **hygienic**.

higiênico
- Os banheiros não pareciam muito **higiênicos**.

wheelchair [ˈwiːltʃeə] n
- Gavin's been confined to a **wheelchair** since the accident.

a **cadeira de rodas**
- Gavin ficou confinado a uma **cadeira de rodas** desde o acidente.

contraceptive [ˌkɒntrəˈseptɪv] n
- They were giving out free **contraceptives** at the disco last night.

o **contraceptivo**
- Estavam distribuindo **contraceptivos** grátis na discoteca ontem à noite.

to be on the pill [tə ˌbiː ɒn ðə ˈpɪl] *phrase* ▶ v irr p. 440 be ■ Are you on the **pill**?	tomar pílula (anticoncepcional) ■ Você **toma pílula**?
package insert [ˈpækɪdʒ ɪnˈsɜːt] *n* ■ Please read the **package insert** carefully before using this product.	a **bula** ■ Por favor, leia atentamente a **bula** antes de usar este produto.
massage [*BE:* ˈmæsɑːʒ, *AE:* məˈsɑːʒ] *n* ■ Can you prescribe me a **massage** to ease the pain?	a **massagem** ■ Você poderia prescrever uma **massagem** para aliviar a minha dor?
waiting room [ˈweɪtɪŋ ˈruːm] *n* ■ Please have a seat in the **waiting room**.	a **sala de espera** ■ Por favor, aguarde na **sala de espera**.
health insurance [ˈhelθ ɪnˈʃɔːrns] *n* ■ Cosmetic surgery is not usually covered by **health insurance**.	o **plano de saúde** ■ Cirurgias plásticas não costumam ser cobertas pelo **plano de saúde**.
medical certificate [ˌmedɪkl səˈtɪfɪkət] *n* ■ We require a **medical certificate** from all students who want to work here.	o **atestado médico** ■ Exigimos **atestado médico** de todos os estudantes que queiram trabalhar aqui.

Pedidos de socorro

danger [ˈdeɪndʒər] *n* ■ During and after the earthquake they were in great **danger**.	o **perigo** ■ Eles correram grande **perigo** durante e após o terremoto.
accident [ˈæksɪdənt] *n* ■ Call an ambulance! There's been an **accident**.	o **acidente** ■ Chame uma ambulância! Aconteceu um **acidente**!
blaze [bleɪz] *n* ■ Several hundred houses were destroyed in the **blaze**.	o **incêndio** ■ Diversas centenas de casas foram destruídas pelo **incêndio**.

to burn [tə 'bɜːn] *v*
> ▶ v irr p. 443 burn
> ■ I almost **burned** my hand when I touched the hot plate.

queimar
■ Quase **queimei** minha mão quando toquei no prato quente.

collision [kə'lɪʒn] *n*
■ There was a **collision** between a commuter train and a freight train.

a colisão
■ Houve uma **colisão** entre um trem de passageiros e um trem de carga.

to collide [tə 'kə'laɪd] *v*
■ Two submarines **collided** in the North Atlantic.

colidir
■ Dois submarinos **colidiram** no Atlântico Norte.

crash [kræʃ] *n*
■ Luckily, nobody was injured in the **crash**.

o acidente
■ Felizmente, ninguém se feriu no **acidente**.

to crash [tə 'kræʃ] *v*
■ The engineer of the local train that **crashed** into the freight train did not survive.
■ The plane **crashed** right after take-off.

colidir, bater, cair
■ O engenheiro do trem local que **colidiu** com o trem cargueiro não sobreviveu.
■ O avião **caiu** logo após a decolagem.

dangerous ['deɪndʒərəs] *adj*
■ It's quite **dangerous** to jump off this cliff.

perigoso
■ É muito **perigoso** pular deste penhasco.

to save [tə 'seɪv] *v*
■ Everything imaginable should be done to **save** the mountain gorillas.

salvar
■ Tudo o que se possa imaginar deveria ser feito para **salvar** os gorilas-das-montanhas.

to rescue [tə 'reskjuː] *v*
■ The crew was **rescued** minutes before the ship sank.

resgatar
■ A tripulação **foi resgatada** minutos antes de o navio afundar.

to survive [tə sə'vaɪv] *v*
■ Only three sailors **survived** the collision.

sobreviver
■ Apenas três marinheiros **sobreviveram** à colisão.

fire brigade BE [ˈfaɪə brɪˈgeɪd], **fire department** AE [ˈfaɪər dɪˈpɑːtmənt] n

- Sam's been a member of the volunteer **fire brigade** for years.
- Call the **fire department**! Just dial 911!

a **brigada de incêndio**, os **bombeiros**

- Sam é membro voluntário da **brigada de incêndio** há anos.
- Chamem os **bombeiros**! Basta discar 193!

police [pəˈliːs] n pl

- The **police** have not been able to catch he burglar.

a **polícia**

- A **polícia** não foi capaz de pegar o ladrão.

ambulance [ˈæmbjələns] n

- Mrs Benson was taken to hospital in an **ambulance**.

a **ambulância**

- A Sra. Benson foi levada ao hospital em uma **ambulância**.

rescue service [ˈreskjuː ˌsɜːvɪs] n

- Only a few more minutes, the **rescue service** is on its way.

o **serviço de resgate**

- Em poucos minutos, o **serviço de resgate** estará a caminho.

alarm [əˈlɑːm] n

- When the **alarm** went off we all gathered in front of the garages.

o **alarme**

- Quando o **alarme** soou, todos nos reunimos diante das garagens.

Help! [help] interj

Socorro!

to call for help [tə ˌkɔːl fə ˈhelp] phrase

- The boy fell through the ice and his friends **called for help**.

chamar socorro, pedir ajuda

- O garoto caiu no gelo e seus amigos **chamaram socorro**.

emergency number [ɪˈmɜːdʒənsi ˈnʌmbə] n

- If your car breaks down, you can ring our **emergency number**.

o **número de emergência**

- Se seu carro quebrar, você pode ligar para nosso **número de emergência**.

Accident and Emergency Department BE, **A&E** BE [ˌæksɪdənt ənd ɪˈmɜːdʒənsi dɪˈpɑːtmənt] n

- How do I get to **A&E**?

o **pronto-socorro**

- Como faço para chegar ao **pronto-socorro**?

Emergency Room *AE*, **ER** *AE* [ɪˈmɜːdʒənsi ˌruːm, ˌiːˈɑːr] *n* ■ The **Emergency Room** in on the first floor, right next to the entrance.	a **sala de emergência** ■ A **sala de emergência** fica no térreo, bem próximo da entrada.
to apply first aid [tə əˈplaɪ fɜːst ˈeɪd] *phrase* ■ Is there anybody here who can **apply first aid**?	**prestar os primeiros socorros** ■ Alguém aqui poderia **prestar os primeiros socorros**?
emergency exit [ɪˈmɜːdʒənsi ˌeksɪt] *n* ■ Where's the **emergency exit**?	a **saída de emergência** ■ Onde fica a **saída de emergência**?

Cuidados corporais

to wash [tə ˈwɒʃ] *v* ■ Simon got up, **washed** and left the house in a hurry.	**lavar-se** ■ Simon levantou-se, **lavou-se** e deixou a casa com pressa.
to have a shower [tə ˌhæv ə ˈʃaʊə] *phrase* ▶ *v irr* p. 445 have ■ Why does the phone always ring when I'm **having a shower**?	**estar no banho** ■ Por que o telefone sempre toca quando **estou tomando banho**?
to have a bath *BE* [tə ˌhæv ə ˈbɑːθ], **to take a bath** *AE* [tə ˌteɪk ə ˈbɑːθ] *phrase* ■ I was just **having a bath** when the postman knocked at the door. ■ How often do you **take a bath**? Once a week?	**tomar banho** ■ Eu estava **tomando banho** quando o carteiro bateu à porta. ■ Com que frequência você **toma banho**? Uma vez por semana?
shampoo [ʃæmˈpuː] *n* ■ Could you get me some new **shampoo** from the supermarket, please?	o **xampu** ■ Por favor, você poderia comprar um **xampu** no supermercado para mim?

Cuidados corporais 113

shower gel [ˈʃaʊə ˌdʒel] *n*
- Your new **shower gel** smells very sweet.

o **sabonete líquido**
- Este novo **sabonete líquido** tem uma fragrância bem doce.

soap [səʊp] *n*
- We're out of **soap**, honey.

o **sabão**, o **sabonete**
- Não temos mais **sabonete**, querido.

cream [kriːm] *n*
- I need to put on some **cream**. My hands are all dry.

o **creme**
- Preciso passar um **creme**. Minhas mãos estão muito secas.

to dry [tə ˈdraɪ] *v*
- Would one of your kids please help me **dry** the dishes?

secar, enxugar
- Um de seus filhos poderia, por favor, me ajudar a **secar** os pratos?

comb [kəʊm] *n*
- You seem to have lost my **comb**.

o **pente**
- Parece que você perdeu meu **pente**.

to comb [tə ˈkəʊm] *v*
- Please **comb** your hair before you leave the house.

pentear(-se)
- Por favor, **penteie** os cabelos antes de sair de casa.

hairbrush [ˈheəbrʌʃ] *n*
- I never use a **hairbrush**. I prefer a comb.

a **escova de cabelo**
- Eu nunca uso **escova de cabelo**. Prefiro um pente.

to brush [tə ˈbrʌʃ] *v*
- Could you **brush** your hair at least once a day?

escovar
- Você poderia **escovar** os cabelos ao menos uma vez por dia?

toothbrush [ˈtuːθbrʌʃ] *n*
- Colin forgot to take his **toothbrush**.

a **escova de dentes**
- Colin esqueceu de levar sua **escova de dentes**.

to brush one's teeth [tə ˌbrʌʃ wʌnz ˈtiːθ] *phrase*
- Why don't you use the commercial break to **brush your teeth**?

escovar os dentes
- Por que você não aproveita o intervalo comercial para **escovar os dentes**?

toothpaste [ˈtuːθpeɪst] *n*
- Conny put some **toothpaste** on her toothbrush.

a **pasta de dentes**, o **creme dental**
- Conny pôs **creme dental** na escova de dentes.

Cuidados corporais

razor [ˈreɪzə] n
- My wife gave me a new **razor** for Christmas.

o **barbeador**
- Minha mulher me deu um **barbeador** novo de Natal.

to shave [tə ˈʃeɪv] v
- My beard grows so quickly, I have **to shave** twice a day.

barbear
- Minha barba cresce tão rápido que preciso me **barbear** duas vezes por dia.

handkerchief [ˈhæŋkətʃiːf] n
- Could you pass me a **handkerchief**? My nose is running.

o **lenço**
- Você poderia me passar um **lenço**? Meu nariz está escorrendo.

tissue [ˈtɪʃuː] n
- I always keep a box of **tissues** on the bedside table.

o **lenço de papel**, o **lenço**
- Sempre tenho uma caixa de **lenços** de papel na mesa de cabeceira.

Kleenex® AE [ˈkliːneks] n

o **lenço de papel**

perfume [ˈpɜːfjuːm] n
- This is quite an expensive **perfume**.

o **perfume**
- Este é um **perfume** muito caro.

toilet paper BE [ˈtɔɪlət ˌpeɪpə], **bathroom tissue** AE [ˈbɑːθrʊm ˌtɪʃuː] n
- There was no **toilet paper** in the bathroom.
- Please get some **bathroom tissue** from the supermarket. It's on special offer this week.

o **papel higiênico**
- Não havia **papel higiênico** no banheiro.
- Por favor, compre **papel higiênico** no supermercado. Está em oferta esta semana.

nappy BE [ˈnæpi], **diaper** AE [ˈdaɪəpə] n
- Mum was changing the baby's **nappy**.
- And then she asked me to change the **diaper** because she was reading the paper.

a **fralda**
- Mamãe estava trocando a **fralda** do bebê.
- E então ela me pediu para trocar a **fralda** porque estava lendo o jornal.

make-up [ˈmeɪkʌp] n
- My girlfriend never wears **make-up** because she's a natural beauty.

a **maquiagem**
- Minha namorada nunca usa **maquiagem**, porque ela tem uma beleza natural.

to put on make-up [tə ˌpʊt ɒn ˈmeɪk·ʌp] *phrase* ▶ **v irr** p. 446 put ■ I'll be ready in a minute. I just have to **put on** some **make-up**.	passar maquiagem, maquiar-se ■ Estarei pronta em um instante. Só vou **passar** um pouco de **maquiagem**.
to get dressed up [tə get ˌdrest ˈʌp] *phrase* ▶ **v irr** p. 444 get ■ Come on, girls! Let's **get dressed up** and go out.	vestir-se ■ Vamos, garotas! Vamos **nos vestir** e sair!
nail polish [ˈneɪl ˌpɒlɪʃ] *n* ■ How much did you pay for that **nail polish**?	o esmalte de unha ■ Quanto você pagou por aquele **esmalte**?
nail varnish BE [ˈneɪl ˌvɑːnɪʃ] *n* ■ Could you lend me your **nail varnish**? Just for tonight.	o esmalte (de unha) ■ Você poderia me emprestar seu **esmalte**? Só por esta noite.
sun cream [ˈsʌn ˌkriːm] *n* ■ Paul forgot to take **sun cream** to the beach.	o bronzeador ■ Paul se esqueceu de levar **bronzeador** para a praia.
sunscreen [ˈsʌnskriːn] *n* ■ This **sunscreen** should provide sufficient protection.	o filtro solar ■ Este **filtro solar** deve proporcionar proteção suficiente.

Formação

Aprendizado

to learn [tə ˈlɜːn] v
- I'd love to **learn** Russian, but I don't have enough time.

aprender
- Eu adoraria **aprender** russo, mas não tenho tempo.

---

to study [tə ˈstʌdi] v
- Tony **studied** English literature at the University of Cambridge.
➡ to learn p. 116

estudar
- Tony **estudou** literatura inglesa na Universidade de Cambridge.

---

knowledge [ˈnɒlɪdʒ] n
- To my **knowledge**, we don't have a test next Monday.

o **conhecimento**
- Até onde tenho **conhecimento**, não temos prova na segunda-feira.

---

to know [tə ˈnəʊ] v
▶ v irr p. 445 know
- Do you **know** anything about Indian burial sites?

saber
- Você **sabe** de alguma coisa sobre cemitérios indígenas?

---

to realize [tə ˈrɪəlaɪz] v
- Steve never **realized** that he had made a big mistake.

perceber
- Steve nunca **percebeu** que tinha cometido um grande erro.

---

to catch [tə ˈkætʃ] v
▶ v irr p. 443 catch
- Sorry, I didn't **catch** what you said. Could you repeat it?

entender, captar
- Desculpe, não **entendi** o que você disse. Poderia repetir?

---

to understand [tə ˌʌndəˈstænd] v
▶ v irr p. 448 understand
- Did you **understand** what she said?

entender, compreender
- Você **entendeu** o que ela disse?

---

interest [ˈɪntrəst] n
- The students listened to the lecturer with **interest**.

o **interesse**
- Os estudantes ouviram o professor com **interesse**.

Aprendizado 117

interested ['ɪntrəstɪd] *adj* ■ I'd be very **interested** to read your assignment.	**interessado** ■ Eu ficaria muito **interessado** em ler seu trabalho de casa.
interesting ['ɪntrəstɪŋ] *adj* ■ Shilpa is taking an **interesting** course.	**interessante** ■ Shilpa está fazendo um curso **interessante**.
to be interested in [tə bi: 'ɪntrəstɪd ɪn] *phrase* ▶ v irr p. 442 be ■ **Are** you **interested in** old books?	**ter interesse em** ■ Você **tem interesse em** livros antigos?
to take an interest in [tə ˌteɪk ən 'ɪntrəstɪd ɪn] *phrase* ▶ v irr p. 448 take ■ He suddenly **took an interest in** our discussion.	**mostrar interesse por** ■ Ele subitamente **mostrou interesse por** nossa discussão.
course [kɔ:s] *n* ■ I'm going to take a **course** in Chinese next year.	o **curso** ■ Vou fazer um **curso** de chinês ano que vem.
lesson ['lesn] *n* ■ The first **lesson** is always very easy.	a **lição** ■ A primeira **lição** é sempre muito fácil.
example [ɪg'zɑ:mpl] *n* ■ What would you suggest, for **example**?	o **exemplo** ■ O que você sugeriria, por **exemplo**?
exercise ['eksəsaɪz] *n* ■ Mr Collins asked us to do **exercise** 14 and 15 for homework.	o **exercício** ■ O Sr. Collins pediu que fizéssemos os **exercícios** 14 e 15 como lição de casa.
practice ['præktɪs] *n* ■ I'm totally ouf of **practice**.	a **prática** ■ Estou completamente sem **prática**.
to practise BE, **to practice** AE [tə 'præktɪs] *v* ■ If you want to win the competition you need **to practise** a lot more.	**praticar** ■ Se você quiser vencer a competição, precisa **praticar** muito mais.

to repeat [tə ˈrɪˈpiːt] v

- If you fail the test you can **repeat** it once.

repetir

- Se você não passar no teste, poderá **repeti-lo** mais uma vez.

exercise book [ˈeksəsaɪz] n

- Did you bring your **exercise book**?

o **livro de atividades**

- Você trouxe seu **livro de atividades**?

page [peɪdʒ] n

- Please open your books at **page** 125.

a **página**

- Por favor, abram o livro na **página** 125.

solution [səˈluːʃn] n

- Jane's working hard to find a **solution** to the problem.

a **solução**, a **resolução**

- Jane está trabalhando muito para encontrar uma **solução** para o problema.

to solve [tə ˈsɒlv] v

- Could you help me to **solve** this problem?

resolver

- Você poderia me ajudar a **resolver** este problema?

correct [kəˈrekt] adj

- You did a good job: nine out of ten answers are **correct**.

correto

- Você fez um bom trabalho: nove de dez respostas estão **corretas**.

right [raɪt] adj

- That's the **right** answer.

certo

- Essa é a resposta **certa**.

wrong [rɒŋ] adj

- I think I've done it all **wrong**.

errado

- Acho que eu fiz tudo **errado**.

to be wrong [tə biː ˈrɒŋ] phrase
▶ v irr p. 442 be

- Nick **is wrong**. The answer is 26.

estar errado

- Nick **está errado**. A resposta é 26.

mistake [] n

- The article was full of **mistakes**.

o **erro**

- O artigo estava cheio de **erros**.

to make a mistake [tə ˌmeɪk ə mɪˈsteɪk] phrase
▶ v irr p. 446 make

- Never **make** the same **mistake** twice.

cometer erro

- Nunca **cometa** o mesmo **erro** duas vezes.

test [test] *n*
- What mark did you get in the **test**?

o **teste**
- Que pontuação você fez no **teste**?

to test [tə ˈtest] *v*
- In the examination her reading skills were also **tested**.

testar
- No exame, suas habilidades de leitura também foram **testadas**.

examination [ɪgˌzæmɪˈneɪʃn] *n*
- You'll have to take an **examination** at the end of the term to pass the course.

o **exame**, a **prova**
- Você terá de fazer uma **prova** ao final do semestre para ser aprovado no curso.

degree [dɪˈgriː] *n*
- To apply you must have a **degree** in computer science.

o **grau**, a **graduação**
- Para se inscrever, você precisa ter **graduação** em ciências da computação.

certificate [səˈtɪfɪkət] *n*
- You'll get a **certificate** after you've passed the test.

o **certificado**
- Você receberá um **certificado** depois de passar no teste.

mark *BE* [mɑːk], **grade** *AE* [greɪd] *n*
- What **mark** did you get in the latest vocabulary test?
- I studied hard and got a better **grade** this term.

a **nota**
- Que **nota** você tirou no último teste de vocabulário?
- Estudei muito e tirei uma **nota** melhor neste semestre.

improvement [ɪmˈpruːvmənt] *n*
- Has there been any **improvement** in his English at all?

a **melhora**
- Não houve nenhuma **melhora** no inglês dele?

to improve [tə ɪmˈpruːv] *v*
- Do you think my English **has improved**?

melhorar
- Você acha que o meu inglês melhorou?

to move up [tə ˌmuːv ˈʌp] *phrase*
- Phew, I nearly didn't get **moved up** to the next year.

passar, ser aprovado
- Ufa, por pouco não **passo** de ano.

to fail [tə ˈfeɪl] *v*
- If you **fail** this exam twice you can't take it again.

reprovar
- Se você **reprovar** neste exame duas vezes, não poderá fazê-lo de novo.

attention [əˈtenʃn] *n*
- I waved my hand to attract the teacher's **attention**.

a **atenção**
- Eu acenei com a mão para chamar a **atenção** do professor.

care [keə] *n*
- Harry hardly makes any mistakes. He takes the utmost **care** over his work.

o **cuidado**
- Harry dificilmente comete erros. Ele toma o máximo de **cuidado** com seu trabalho.

to write down [tə ˌraɪt ˈdaʊn] *phrase*
▶ *v irr* p. 449 write
- First **write down** your ideas and then work out the details of the essay.

tomar nota, escrever
- Em primeiro lugar, **tome nota de** suas ideias e então elabore os detalhes do ensaio.

well [wel] *adv*
- Mohinder speaks English **well** but he can hardly write it.

bem
- Mohinder fala **bem** inglês, mas quase não consegue escrever.

good [gʊd] *adj*
- Mario speaks **good** English.

bem
- Mario fala inglês **bem**.

better [ˈbetə] *adj*
- Bernhard's English would be even **better** if he went on holiday to an English-speaking country.

melhor
- O inglês de Bernhard seria ainda **melhor** se viajasse nas férias para um país de língua inglesa.

best [best] *n*
- Our chemistry teacher is simply the **best**.

o **melhor**
- Nossa professora de química é simplesmente a **melhor**.

best [best] *adj*
- Which of the two books did you like **best**?

melhor, mais
- De qual dos dois livros você gosta **mais**?

best- [best] *adv*
- Mrs Stevens is by far the **best-dressed** teacher in our school.

mais bem, melhor
- A Sra. Stevens é de longe a professora **mais bem** vestida da escola.

excellent [ˈeksələnt] *adj*
- The school show last night was **excellent**.

excelente
- O espetáculo da escola ontem à noite foi **excelente**.

Aprendizado

brilliant [ˈbrɪljənt] *adj*
- Kate's written a **brilliant** paper on *Macbeth*.

brilhante
- Kate escreveu um artigo **brilhante** sobre *Macbeth*.

bad [bæd] *adj*
- Did you get a **bad** mark on your report?

ruim
- Você teve notas **ruins** em seu boletim?

easy [ˈiːzi] *adj*
- It was quite an **easy** test.

fácil
- Foi um teste bem **fácil**.

simple [ˈsɪmpl] *adj*
- I thought it was a **simple** question but I couldn't answer it.

simples
- Pensei que a questão seria **simples**, mas não consegui responder.

problem [ˈprɒbləm] *n*
- The driving test didn't pose any **problems** at all.

o problema
- O teste de direção não apresentou nenhum **problema**.

trouble [ˈtrʌbl] *n*
- That's the **trouble**: Joe doesn't want to go to university.

o problema
- Esse é o **problema**: Joe não quer ir para a universidade.

difficulty [ˈdɪfɪklti] *n*
- The final exam didn't cause him any major **difficulties**.

a dificuldade
- O exame final não apresentou maiores **dificuldades** para ele.

difficult [ˈdɪfɪklt] *adj*
- Let's begin with some easy questions before we turn to the **difficult** ones.

difícil
- Vamos começar com algumas questões fáceis antes de passar para as **difíceis**.

hard [hɑːd] *adj*
- Some of the questions on the exam paper were really **hard**.
- You're working much too **hard**. You're going to make yourself ill.

difícil, demais
- Algumas das questões da prova foram realmente **difíceis**.
- Você está se esforçando **demais**. Vai acabar ficando doente.

registration [ˌredʒɪˈstreɪʃn] *n*
- **Registration** for this course in on March 1st.

a inscrição, a matrícula
- A **matrícula** para este curso acontece em 1º de março.

to register [tə ˈredʒɪstə] v ■ Where do you **register** for the course?	inscrever-se ■ Onde você **se inscreve** para o curso?
to attend [tə əˈtend] v ■ Which college did you **attend**? ■ I **attended** Cavendish School in Eastbourne.	cursar, frequentar ■ Qual faculdade você **frequentou**? ■ Eu **frequentei** o Cavendish School, em Eastbourne.
present [ˈpreznt] adj ■ Only five out of 15 people were **present**.	presente ■ Somente cinco das quinze pessoas estavam **presentes**.
absent [ˈæbsənt] adj ■ Not a single one of my student was **absent** today.	ausente ■ Nenhum de meus alunos esteve **ausente** hoje.
to be absent [tə biː ˈæbsənt] phrase ▶ v irr p. 442 be ■ Alice is one of the students who are regularly **absent**.	estar ausente, faltar ■ Alice é uma das alunas que **faltam** regularmente.
education [ˌedʒuˈkeɪʃn] n ■ In Britain and the US parents spend a lot of money on their children's **education**.	a educação ■ Na Grã-Bretanha e nos Estados Unidos, os pais gastam muito dinheiro com a **educação** dos filhos.
to educate [tə ˈedʒukeɪt] v ■ Amanda was **educated** by her great aunt.	educar ■ Amanda foi **educada** por sua tia-avó.
intelligence [ɪnˈtelɪdʒəns] adj ■ Sarah's a woman of both beauty and **intelligence**.	inteligência ■ Sarah é uma mulher de beleza e **inteligência**.
intelligent [ɪnˈtelɪdʒənt] adj ■ Donald is **intelligent** but a bit lazy.	inteligente ■ Donald é **inteligente**, mas um pouco preguiçoso.
memory [ˈmeməri] n ■ His brilliant lecture has remained in my **memory** ever since.	a memória ■ Sua palestra brilhante ficou em minha **memória** desde então.

to memorize [tə ˈmeməraɪz] *v* ■ I have great difficulty **memorizing** numbers.	**memorizar** ■ Tenho muita dificuldade em **memorizar** números.
reason [ˈriːzn] *n* ■ Human beings are able to apply the power of **reason**.	**a razão** ■ Os seres humanos são capazes de aplicar o poder da **razão**.
mind [maɪnd] *n* ■ Douglas seems to have lost his **mind**.	**a razão** ■ Douglas parece ter perdido a **razão**.
to think [tə ˈθɪŋk] *v* ▶ *v irr* p. 448 think ■ What are you **thinking** about?	**pensar sobre, achar** ■ No que você está **pensando**?
to reflect [tə rɪˈflekt] *v* ■ The speaker **reflected** for a moment and then continued with his talk.	**refletir** ■ O palestrante **refletiu** por um momento e então prosseguiu com sua fala.
consideration [kənˌsɪdəˈreɪʃn] *n* ■ After careful **consideration** of all the options we decided to go ahead with plan B.	**a consideração** ■ Após cuidadosa **consideração** de todas as opções, decidimos ir adiante com o plano B.
concentration [ˌkɒnsənˈtreɪʃn] *n* ■ Robert lost **concentration** for a moment.	**a concentração** ■ Robert perdeu a **concentração** por um instante.
to concentrate [tə ˈkɒnsəntreɪt] *v* ■ I can't **concentrate** when you're standing behind me.	**concentrar-se** ■ Não consigo **me concentrar** com você atrás de mim.
skill [skɪl] *n* ■ I'd love to acquire new **skills** in this area.	**o conhecimento, a habilidade** ■ Adoro adquirir novos **conhecimentos** nesta área.
understanding [ˌʌndəˈstændɪŋ] *n* ■ Zac had no **understanding** of higher mathematics.	**a compreensão, o conhecimento** ■ Zac não tinha **compreensão** de matemática avançada.

understandable [ˌʌndəˈstændəbl] *adj*
- Try to explain it in an **understandable** way.

compreensível
- Tente explicar isso de um modo **compreensível**.

incomprehensible [ˌɪnˌkɒmprɪˈhensəbl] *adj*
- And worst of all: he spoke this **incomprehensible** northern dialect.

incompreensível
- E o pior de tudo: ele falou nesse **incompreensível** dialeto do norte.

logical [ˈlɒdʒɪkl] *adj*
- It seemed to be a perfectly **logical** conclusion.

lógico
- Pareceu uma conclusão perfeitamente **lógica**.

description [dɪˈskrɪpʃn] *n*
- Laura wrote a **description** of her trip for the school magazine.

a descrição
- Laura fez uma **descrição** por escrito de sua viagem para a revista da escola.

to describe [tə dɪˈskraɪb] *v*
- Anne **described** the painting to the class.

descrever
- Anne **descreveu** a pintura para a classe.

to correct [tə kəˈrekt] *v*
- Please **correct** me if I make a mistake.

corrigir
- Por favor, **corrija**-me se eu cometer algum erro.

encyclopedia [ɪnˌsaɪkləˈpiːdiə] *n*
- I wish she had given me the **encyclopedia** on CD instead of 25 thick volumes.

a enciclopédia
- Eu preferiria que ela tivesse me dado a **enciclopédia** em CD, em vez de 25 volumes grossos.

to look up [tə ˌlʊk ˈʌp] *phrase*
- Why don't you **look up** the word in a bilingual dictionary?

procurar
- Por que você não **procura** a palavra em um dicionário bilíngue?

talent [ˈtælnt] *n*
- Yes, I admit, Kevin has got a certain **talent** for acting.

o talento
- Sim, admito, Kevin tem algum **talento** para atuar.

highly gifted [ˌhaɪli ˈɡɪftɪd] *adj*
- She's a **highly gifted** artist.

altamente talentoso
- Ela é uma artista **altamente talentosa**.

Linguagem

alphabet ['ælfəbet] n
- What's the 17th letter on the **alphabet**?

o alfabeto
- Qual é a 17ª letra do **alfabeto**?

letter ['letə] n
- The English alphabet has only 26 **letters**.

a letra
- O alfabeto inglês tem somente 26 **letras**.

to spell [tə 'spel] v
▶ v irr p. 447 spell
- How do you **spell** diarrhoea?

soletrar
- Como se **soletra** "diarreia"?

word [wɜːd] n
- I couldn't think of the French **word** for it.

a palavra
- Não consigo pensar na **palavra** francesa para isso.

sentence ['sentəns] n
- Please answer the questions using complete **sentences**.

a frase
- Por favor, responda às perguntas usando **frases** completas.

grammar ['græmə] n
- Martin's written at least three books on English **grammar**.

a gramática
- Martin escreveu pelo menos três livros sobre **gramática** inglesa.

noun [naʊn] n
- "Suggestion" is a **noun**, "to suggest" is a verb.

o substantivo
- "Sugestão" é um **substantivo**, "sugerir" é um verbo.

adjective ['ædʒektɪv] n
- I don't like his style, he uses far too many **adjectives**.

o adjetivo
- Não gosto do estilo dele, usa **adjetivos** demais.

adverb ['ædvɜːb] n
- "Unnecessarily" is the **adverb** and "unnecessary" is the adjective.

o advérbio
- "Desnecessariamente" é o **advérbio**, e "desnecessário" é o adjetivo.

verb [vɜːb] n
- The **verb** is the most important word in a sentence.

o verbo
- O **verbo** é a palavra mais importante em uma frase.

singular [ˈsɪŋgjələ] n	o **singular**
■ I wonder what the word "media" is in the **singular**.	■ Eu me pergunto qual é o **singular** da palavra "*media*".
plural [ˈplʊərl] n	o **plural**
■ There's no **plural** for the English word "information".	■ Não existe **plural** para a palavra inglesa "*information*".
meaning [ˈmiːnɪŋ] n	o **sentido**
■ I don't know if I understand the **meaning** of all this.	■ Não sei se compreendo o **sentido** de tudo isso.
to mean [tə ˈmiːn] v	**significar**
▶ v irr p. 446 mean	
■ What does the word "tautology" **mean**?	■ O que **significa** a palavra "tautologia"?
translation [trænzˈleɪʃn] n	a **tradução**
■ The novel is great but the **translation** is lousy.	■ O romance é ótimo, mas a **tradução** é horrível.
to translate [tə trænzˈleɪt] v	**traduzir**
■ Thomas **translated** the novel into Swedish.	■ Thomas **traduziu** o romance para o sueco.
dictionary [ˈdɪkʃənri] n	o **dicionário**
■ Sam wasn't able to understand the article without the help of a **dictionary**.	■ Sam não foi capaz de compreender o artigo sem a ajuda de um **dicionário**.
language [ˈlæŋgwɪdʒ] n	a **língua**, o **idioma**
■ Kim speaks five **languages**.	■ Kim fala cinco **idiomas**.
native language [ˌneɪtɪv ˈlæŋgwɪdʒ] n	a **língua materna**
■ My **native language** is Chinese.	■ Minha **língua materna** é o chinês.
mother tongue [ˌmʌðə ˈtʌŋ] n	a **língua materna**
■ For the majority of Americans, English is their **mother tongue**.	■ Para a maioria dos americanos, o inglês é a **língua materna**.
first language [ˌfɜːst ˈlæŋgwɪdʒ] n	a **primeira língua**
■ Although Carl's from Canada his **first language** is not English. It's French.	■ Embora Carl seja do Canadá, sua **primeira língua** não é o inglês. É o francês.

foreign language [ˌfɒrən ˈlæŋgwɪdʒ] n
- Ute teaches German as a **foreign language**.

a **língua estrangeira**
- Ute ensina alemão como **língua estrangeira**.

pronunciation [prəˌnʌnsiˈeɪʃn] n
- Your English is quite good, even your **pronunciation** hardly needs improving.

a **pronúncia**
- Seu inglês é muito bom, e sua **pronúncia** quase nem precisa melhorar.

to pronounce [tə prəˈnaʊns] v
- How do you **pronounce** this word?

pronunciar
- Como se **pronuncia** essa palavra?

idiom [ˈɪdiəm] n
- It's not easy to use foreign-language **idioms** in the right way.

a **expressão idiomática**
- Não é fácil usar **expressões idiomáticas** em língua estrangeira do modo correto.

jargon [ˈdʒɑːgən] n
- He used too much **jargon** in his talk.

a **gíria**, o **jargão**
- Ele usou **jargões** demais em sua palestra.

vocabulary [vəˈkæbjələri] n
- Is reading a good way to improve your **vocabulary**?

o **vocabulário**
- A leitura é um bom meio de melhorar o **vocabulário**?

character [ˈkærəktə] n
- The password should have at least eight **characters**.

o **caractere**
- A senha deve ter ao menos oito **caracteres**.

proverb [ˈprɒvɜːb] n
- "The early bird catches the worm" is one of the most famous English **proverbs**.

o **provérbio**
- "Deus ajuda quem cedo madruga" é um dos mais famosos **provérbios** ingleses.

saying [ˈseɪɪŋ] n
- "Lies have short wings", as the **saying** goes.

o **ditado**
- "A mentira tem perna curta", como diz o **ditado**.

masculine [ˈmæskjəlɪn] adj
- Is the gender of this word **masculine** or feminine?

masculino
- O gênero desta palavra é **masculino** ou feminino?

feminine [ˈfemɪnɪn] *adj* ■ In many languages the word sun is **feminine**.	**feminino** ■ Em muitas línguas, a palavra "sol" é **feminina**.
neuter [ˈnjuːtə] *adj* ■ **Neuter** nouns are neither masculine nor feminine.	**neutro** ■ Substantivos **neutros** não são nem masculinos, nem femininos.
accent [ˈæksnt] *n* ■ Boris has got a strong German **accent**.	o **sotaque** ■ Boris tem um forte **sotaque** alemão.
full stop BE [ˌfʊl ˈstɒp], **period** AE [ˈpɪərɪəd] *n* ■ There's a **full stop** missing at the end of the first sentence. ■ You put a **period** at the end of a sentence and a question mark at the end of a question.	o **ponto**, o **ponto final** ■ Está faltando um **ponto** no fim da primeira frase. ■ Você põe um **ponto final** no final de uma frase e um ponto de interrogação no final de uma pergunta.
comma [ˈkɒmə] *n* ■ I think there should be a **comma** here.	a **vírgula** ■ Acho que deveria ter uma **vírgula** aqui.
essay [ˈeseɪ] *n* ■ Please write an **essay** on the pros and cons of using mobile phones in cars.	o **ensaio** ■ Por favor, escreva um **ensaio** sobre os prós e os contras de se usar telefone celular em carros.
dictation [dɪkˈteɪʃn] *n* ■ I failed the **dictation** we wrote yesterday.	o **ditado** ■ Fui mal no **ditado** que fizemos ontem.
spelling [ˈspelɪŋ] *n* ■ You absolutely must work on your **spelling**.	a **ortografia** ■ Você realmente precisa trabalhar sua **ortografia**.

Escola, universidade e formação

school [skuːl] *n*
- The children are at **school** at the moment.
- I've known Barbara for over 20 years. She's an old **school** friend.

a **escola**
- No momento, as crianças estão na **escola**.
- Conheço Barbara há mais de 20 anos. É uma velha amiga de **escola**.

to teach [tə ˈtiːtʃ] *v*
- ▶ v irr p. 448 teach
- Mr Clarkson **taught** at the local college.

ensinar, dar aula
- O Sr. Clarkson **dava aula** na faculdade local.

pupil *BE* [ˈpjuːpl] *n*, **student** *AE* [ˈstjuːdənt] *n m/f*
- All the **pupils** were sent home early today because of the hot weather.
- I was a **student** in the 80s.

o **aluno**, o **estudante**
- Todos os **alunos** foram mandados para casa cedo hoje, por causa do calor.
- Eu era **estudante** na década de 1980.

➡ **Pupil** é um aluno numa escola específica, sob supervisão direta de um professor. O conceito de **schoolboy**, **schoolgirl**, **schoolchild** e **schoolchildren** (criança em idade escolar) emprega-se quando não se fala em uma escola específica ou determinada. Em *BE* diz-se **students** somente quando se refere a alguém que estuda alguma coisa; em *AE*, o conceito vale também para alunos.

lesson [ˈlesn] *n*
- At our school a **lesson** lasts for 60 minutes.

a **aula**
- Em nossa escola, uma **aula** dura 60 minutos.

classes [*BE:* klɑːsiz, *AE:* klæsiz] *n pl*
- **Classes** begin at 8:30 in the morning.

as **aulas**
- As **aulas** começam de manhã às 8h30.

class [*BE:* klɑːs, *AE:* klæs] *n*
- We've got only seven girls in our **class**.

a **classe**
- Temos apenas sete garotas em nossa **classe**.

classroom [*BE:* ˈklɑːsruːm, *AE:* ˈklæsruːm] *n*
- My **classroom** is on the second floor.

a **sala de aula**
- Minha **sala de aula** fica no segundo andar.

Escola, universidade e formação

subject ['sʌbdʒekt] *n*
- Which **subjects** do you teach?

a **matéria**
- Quais **matérias** você leciona?

timetable *BE* ['taɪmˌteɪbl], **schedule** *AE* ['ʃedʒuːl] *n*
- Geography is the first lesson on our **timetable**.
- We'll get a new **schedule** next Monday.

o **horário**, a **programação**
- Geografia é a primeira aula de nosso **horário**.
- Teremos uma **programação** nova segunda que vem.

break *BE* [breɪk], **recess** *AE* [rɪ'ses] *n*
- We use the **break** to play.
- We have a 30 minute **recess** between 12 and 12:30.

o **intervalo**, o **recreio**, o **recesso**
- Usamos o **recreio** para brincar.
- Temos um **recesso** de 30 minutos entre 12h e 12h30.

homework ['həʊmwɜːk] *n*
- Tony never does any **homework** but he's top of his class.

o **dever de casa**
- Tony nunca faz nenhum **dever de casa**, mas é sempre o primeiro de sua classe.

university [ˌjuːnɪ'vɜːsəti] *n*
- Martin has a degree in biology from the **university** of Exeter.

a **universidade**
- Martin tem graduação em biologia pela **universidade** de Exeter.

college ['kɒlɪdʒ] *n*
- When I grow up I want to go to **college** too.

a **faculdade**
- Quando eu crescer, também quero ir para a **faculdade**.

studies ['stʌdiz] *n*
- She did all her **studies** in Canada.

os **estudos**
- Ela fez todos os seus **estudos** no Canadá.

student [*BE:* 'stjuːdnt, *AE:* 'stuːdənt] *n m/f*
- I've got 32 **students** in my geography course.
➜ pupil p. 129

os **alunos**
- Tenho 32 **alunos** em meu curso de geografia.

education [ˌedʒu'keɪʃn] *n*
- His **education** cost $40,000.

a **educação**
- Sua **educação** custa 40 mil dólares.

to educate [tə 'edʒukeɪt] *v*
- Melanie was **educated** at an American university.

formar-se
- Melanie **se formou** em uma universidade americana.

Escola, universidade e formação 131

classmate [BE: ˈklɑːsmeɪt, AE: ˈklæsmeɪt] n m/f ■ We got two new **classmates** today.	o **colega de classe** ■ Hoje temos dois novos **colegas de classe**.
head teacher BE [ˌhedˈtiːtʃə], **principal** AE [ˈprɪnsəpl] n m/f ■ The **head teacher** welcomed the new classes. ■ The new **principal** teaches biology.	o **diretor (de escola)** ■ O **diretor** deu as boas-vindas às novas turmas. ■ O novo **diretor** ensina biologia.
headmaster BE, **headmistress** BE [ˌhedˈmɑːstə, ˈhedˌmɪstrəs] n ■ The old **headmaster** retired last year.	o **diretor (de escola)** ■ O antigo **diretor** se aposentou no ano passado.
blackboard [ˈblækbɔːd] n ■ Mr Barnes wrote his name and the title of the course on the **blackboard**.	a **lousa**, o **quadro-negro** ■ O Sr. Barnes escreveu seu nome e o título do curso na **lousa**.
chalkboard AE [ˈtʃɔːkbɔːd] n ■ Helena copied the agenda from the **chalkboard**.	a **lousa**, o **quadro-negro** ■ Helena copiou a agenda do **quadro-negro**.
chalk [tʃɔːk] n ■ My English teacher doesn't like writing with boardmarkers; he prefers **chalk**.	o **giz** ■ Meu professor de inglês não gosta de escrever com pincel atômico; prefere **giz**.
nursery (school) [ˌnɜːsəri (ˈskuːl)] n ■ I've got a sister who is still at **nursery** school.	a **creche**, o **berçário** ■ Tenho uma irmã que ainda está na **creche**.
infant school BE [ˈɪnfənt ˌskuːl], **kindergarten** AE [ˈkɪndərˌgɑːtn] n ■ My aunt Jane is a teacher at an **infant school**. ■ My daughter is five and goes to **kindergarten**.	**jardim de infância** ■ Minha tia Jane é professora em um **jardim de infância**. ■ Minha filha tem cinco anos e vai ao **jardim de infância**.

Escola, universidade e formação

primary school BE [ˈpraɪməri ˌskuːl], **elementary school** AE [elɪˈmentəri ˌskuːl] n — a escola primária
- Our local primary school is in an 19th century building.
- The US-President paid a visit to our **elementary school** yesterday.
- Nossa **escola primária** fica em uma construção do século XIX.
- O presidente americano fez uma visita à nossa **escola primária** ontem.

grammar school AE [ˈgræmər ˌskuːl] n — a escola primária
- I learned some Spanish when I was at **grammar school**.
- Aprendi um pouco de espanhol quando estava na **escola primária**.

school [skuːl] n — a escola
- I left **school** after four years and got a job as mechanic.
- Deixei a **escola** após quatro anos e arranjei um emprego de mecânico.

secondary school [ˈsekənˌderi ˌskul] n — a escola secundária
- There's no **secondary school** in our village.
- Não existe **escola secundária** em nosso vilarejo.

junior high school AE [ˌdʒuːniə ˈhaɪ skuːl] n — a escola secundária (de segundo ciclo)
- I started learning French in **junior high school**.
- Comecei a aprender francês na **escola secundária**.
→ school p. 132.

grammar school BE [ˈgræmər ˌskuːl], **high school** AE [ˈhaɪ skuːl] n — a escola secundária, o colégio
- This is my second year at **grammar school**.
- I take the train to Chicago every morning to go to **high school**.
- Este é meu segundo ano na **escola secundária**.
- Eu pego o trem em Chicago toda manhã para ir ao **colégio**.
→ school p 132.

Escola, universidade e formação 133

state school BE [ˈsteɪt ˌskuːl], **public school** AE [ˌpʌblɪk ˈskuːl] n — a **escola pública**
- My dad works at a **state school** – as a caretaker.
- My cousin Mike goes to **public school** in Bath.

- Meu pai trabalha numa **escola pública** – como bedel.
- Meu irmão Mike frequenta uma **escola pública** em Bath.

public school BE [ˌpʌblɪk ˈskuːl] n — a **escola particular**
- My cousin Mike goes to **public school** in Bath.
- Meu primo Mike frequenta uma **escola particular** em Bath.

➡ Observe-se que uma public school em BE é uma escola particular em regime de internato; para o AE, trata-se de uma **instituição de ensino pública**. Em ambos os contextos, private schools são instituições privadas.

private school [ˌpraɪvət ˈskuːl] n — a **escola particular**
- **Private schools** are often very expensive.
- **Escolas particulares** costumam ser muito caras.
➡ public school p. 133.

A-levels BE [ˈeɪ ˌlevl] n pl — o **exame nacional do ensino médio**
- I'll be taking my **A-levels** in spring next year.
- No primeiro semestre do ano que vem farei o **exame nacional do ensino médio**.

college of further education [ˈkɒlɪdʒ əv ˌfɜːðər edjʊˈkeɪʃn] n — a **escola técnica**
- Our **college of further education** has a very good reputation.
- Nossa **escola técnica** tem uma reputação muito boa.

➡ Frequenta-se um college of further education quando já se passou por todo o ciclo escolar e se está em busca de uma qualificação adicional. Há ainda também a **technical secondary school** (o foco da formação encontra-se nas disciplinas técnicas) e a **specialized secondary school** (o ensino é contrabalançado por outras disciplinas, por exemplo, línguas ou música).

all-day school [ˌɔːldeɪ ˈskuːl] n — a **escola de período integral**
- St Martin's is a modern **all-day school**.
- A St. Martin é uma **escola** moderna **de período integral**.

➡ Uma escola de período integral é também designada **full-time school**. Na Grã-Bretanha e nos Estados Unidos, a maioria dos alunos frequenta escola em período integral, independentemente do tipo da escola.

comprehensive school BE [kɒmprɪˈhensɪv ˌskuːl] *n* ■ All my children went to a **comprehensive school**.	a **escola de ensino integrado** ■ Todos os meus filhos foram a uma **escola de ensino integrado**.
faculty [ˈfæklti] *n* ■ There's a meeting of the **faculty** at 3 pm in room 117.	o **corpo docente** ■ Há uma reunião de **corpo docente** às 15h na sala 117.
to do a diploma [tə du ə dɪˈpləʊmə] *phrase* ▶ v irr p. 443 do ■ Karen is **doing a diploma** in astrophysics.	**tirar diploma, diplomar-se, graduar-se** ■ Karen vai **se diplomar** em astrofísica.
doctorate [ˈdɒktərət] *n* ■ John was awarded a **doctorate** in business management.	o **doutorado** ■ John fez **doutorado** em gestão de negócios.
to do one's doctorate [tə du wʌnz ˈdɒktərət] *phrase* ▶ v irr p. 443 do ■ I **did** my **doctorate** back in 1993.	**fazer doutorado** ■ Fiz meu **doutorado** em 1993.
phd [ˌpiːeɪtʃˈdiː] *n* ■ I have a **PhD** in English from the University of Illinois.	o **PhD** ■ Tenho um **PhD** em inglês pela Universidade de Illinois.
to have a phd [tə hæv ə ˌpiːeɪtʃˈdiː] *phrase* ▶ v irr p. 445 have ■ Do you **have a PhD**?	**ter um PhD** ■ Você **tem PhD**?
thesis [ˈθiːsɪs] *n*; *pl* **theses** ■ Brenton wrote his **thesis** on the political system of Cuba.	a **tese** ■ Brenton escreveu sua **tese** sobre o sistema político de Cuba.

➡ Em inglês, assim como em português, dissertation é empregado para **dissertações de mestrado** e **graduação**; thesis indica uma tese de doutorado.

to write a thesis [tə ˌraɪt ə ˈθiːsɪs] *phrase; pl* **theses** ▶ v irr p. 449 write ■ Roy is **writing a thesis** on modern Russian art.	**escrever uma tese** ■ Roy está **escrevendo uma tese** sobre arte russa moderna.

Escola, universidade e formação 135

topic ['tɒpɪk] *n*	o **tema**, o assunto
■ What's the **topic** of your essay?	■ Qual é o **tema** do seu ensaio?
assignment [ə'saɪnmənt] *n*	o **trabalho**
■ We're supposed to hand in our **assignments** by the end of the week.	■ Temos até o fim de semana para entregar o **trabalho**.

➡ Em *AE*, um trabalho ou dever de casa é chamado também de **term paper**.

dissertation [ˌdɪsə'teɪʃn] *n*	a **dissertação**
■ Have you started writing your **dissertation** yet?	■ Você já começou a escrever sua **dissertação**?
➡ thesis p. 134	
academy [ə'kædəmi] *n*	a **academia**
■ Plato's **academy** was closed after almost 1,000 years in 529 AD.	■ A **academia** de Platão foi fechada, após quase mil anos, em 529 d.C.
major (subject) [ˌmeɪ.dʒə ('sʌbdʒekt)] *n*	a **disciplina**
■ What's your **major**?	■ Qual a sua **disciplina**?
main subject [ˌmeɪn 'sʌbdʒekt] *n*	a **disciplina principal**
■ My **main subject** is Philosophy.	■ Minha **disciplina principal** é filosofia.
minor (subject) ['maɪnə ('sʌb.dʒekt)] *n*	a **disciplina secundária**
■ Spanish was just a **minor**.	■ Espanhol era apenas uma **disciplina secundária**.
semester [sɪ'mestə] *n*	o **semestre**
■ Are you taking calculus next **semester**?	■ Você vai pegar cálculo no **semestre** que vem?
term [tɜːm] *n*	o **período**
■ When does the second **term** start?	■ Quando começa o segundo **período**?
trimester [trɪ'mestə] *n*	o **trimestre**
■ We've got **trimesters** at our university.	■ Em nossa universidade temos **trimestres**.

Escola, universidade e formação

lecture [ˈlektʃə] *n* ■ I wonder why so many **lectures** are just plain boring.	a **palestra** ■ Eu me pergunto por que tantas **palestras** são tão maçantes.
scholarship [ˈskɒləʃɪp] *n* ■ Tom's going to apply for a **scholarship** next term.	a **bolsa de estudos** ■ No semestre que vem, Tom vai pleitear uma **bolsa de estudos**.
seminar [ˈsemɪnɑː] *n* ■ The **seminar** was completely packed.	o **seminário** ■ O **seminário** estava completamente lotado.
to enrol *BE*, **to enroll** *AE* [təˈɪnˈrəʊl] ■ I've **enrolled** on an ethics course.	**inscrever-se, matricular-se** ■ Eu **me inscrevi** num curso de ética.
practical experience [ˌpræktɪkl ɪkˈspɪəriəns] *n* ■ Richard got the job because he had a lot of **practical experience**.	a **experiência prática** ■ Richard conseguiu o emprego porque tinha muita **experiência prática**.
work placement *BE* [ˈwɜːk ˌpleɪsmənt], **internship** *AE* [ˈɪntɜːnʃɪp] *n* ■ They're looking for people for a **work placement** at a fashion magazine. ■ I'm looking for an **internship** at a bank in New York.	o **estágio** ■ Estão procurando pessoas para um **estágio** numa revista de moda. ■ Estou à procura de um **estágio** em um banco em Nova York.
trainee [ˌtreɪˈniː] *n m/f* ■ The new **trainee** is called Maggie.	o **estagiário** ■ A nova **estagiária** se chama Maggie.
traineeship [ˌtreɪˈniːʃɪp] *n* ■ How do you get a **traineeship** at a newspaper?	o **estágio** ■ Como se consegue um **estágio** em um jornal?
to train to be sb. [təˈtreɪn tə biː] *phrase* ■ I'm **training to be** a cameraman.	**treinar para ser algo** ■ **Treino para ser** cinegrafista.
apprentice [əˈprentɪs] *n m/f* ■ Sandra works in the chemist's as an **apprentice**.	o **aprendiz** ■ Sandra trabalha na farmácia como **aprendiz**.

apprenticeship [əˈprentɪʃɪp] n
- I haven't found an **apprenticeship** yet.

o aprendizado, o aprendiz
- Ainda não encontrei um trabalho como **aprendiz**.

Disciplinas escolares e universitárias

history [ˈhɪstri] n	a **história**
geography [dʒiˈɒgrəfi] n	a **geografia**
(natural) science [(ˌnætʃrəl) ˈsaɪəns] n	as **ciências naturais**
biology [baɪˈɒlədʒi] n	a **biologia**
mathematics [ˌmæθˈmætɪks] n pl	a **matemática**
physics [ˈfɪzɪks] n pl	a **física**
chemistry [ˈkemɪstri] n	a **química**
computer science [kəmˌpjuːtə ˈsaɪəns] n	as **ciências da computação**
electrical engineering [iˈlektrɪkl endʒɪˈnɪərɪŋ] n	a **engenharia elétrica**
mechanical engineering [məˈkænɪkl endʒɪˈnɪərɪŋ] n	a **engenharia mecânica**
literary studies [ˈlɪtərəri ˌstʌdiz] n pl	os **estudos literários**
German studies [ˈdʒɜːmən ˌstʌdiz] n pl	a **germanística**
English [ˈɪŋglɪʃ] n	o **inglês**
Romance studies [ˈrəʊmæns ˌstʌdiz] n pl	a **romanística**
Spanish [ˈspænɪʃ] n	o **espanhol**
Latin [ˈlætɪn] n	o **latim**
art [ɑːt] n	a **arte**
art history [ɑːt ˈhɪstri] n	a **história da arte**

architecture [ˈɑːkɪtektʃə] n	a arquitetura
law [lɔː] n	o direito
economics [ˌiːkəˈnɒmɪks] n pl	a economia
business management [ˈbɪznɪs ˌmænɪdʒmənt] n	a administração
medicine [ˈmedɪsn] n	a medicina
psychology [saɪˈkɒlədʒi] n	a psicologia
social science [ˌsəʊʃl ˈsaɪəns] n	as ciências sociais
education [ˌedʒuˈkeɪʃn] n	a educação
theology [θiˈɒlədʒi] n	a teologia
philosophy [fɪˈlɒsəfi] n	a filosofia
political science [pəˈlɪtɪkl ˈsaɪəns] n	as ciências políticas

Profissão

Vida profissional

profession [prəˈfeʃn] *n*	a **profissão**
■ I'm bored at work. It's about time I changed my **profession**.	■ Estou entediado com meu trabalho. É hora de mudar de **profissão**.
to practise a profession [tə ˈprəˈfeʃn] *phrase*	**exercer uma profissão**
■ I don't **practise a profession** at the moment.	■ No momento não **exerço uma profissão**.
work [wɜːk] *n*	o **trabalho**
■ I've got so much **work** to do at the moment.	■ Tenho muito **trabalho** a fazer no momento.
to work [tə ˈwɜːk] *v*	**trabalhar**
■ Connor **works** in a night club at the weekend.	■ Connor **trabalha** em uma casa noturna aos finais de semana.
to go to work [tə ˌɡəʊ tə ˈwɜːk] *phrase* ▶ v irr p. 444 go	**ir ao trabalho**
■ I usually **go to work** at 8 in the morning.	■ Geralmente **vou ao trabalho** às 8 da manhã.
job [dʒɒb] *n*	o **emprego**
■ Why don't you find yourself a new **job**?	■ Por que você não procura um **emprego** novo?
post [pəʊst] *n*	o **posto**, o **emprego**
■ I'm going to take up my new **post** as mechanic next week.	■ Começo no meu **emprego** novo como mecânico na semana que vem.
staff [BE: stɑːf, AE: stæf] *n pl*	a **equipe**
■ Hospital **staff** should be friendly.	■ A **equipe** do hospital deveria ser amistosa.

colleague [ˈkɒliːg] n m/f
- I got a wristwatch from my **colleagues** when I retired last year.

o **colega**
- Ganhei um relógio de pulso de meus **colegas** quando me aposentei no ano passado.

co-worker [ˌkəʊˈwɜːkə] n m/f
- My **co-worker** has been ill for several days.

o **colega**
- Meu **colega** está doente há vários dias.

collaborator [kəˈlæbəreɪtə] n
- Ed was a **collaborator** on this project.

o **colaborador**
- Ed foi um **colaborador** nesse projeto.

management [ˈmænɪdʒmənt] n
- There have to be more talks between the workers and the **management**.

a **gerência**
- É preciso que haja mais diálogo entre os trabalhadores e a **gerência**.

department [dɪˈpɑːtmənt] n
- Ms Cauley doesn't work in this **department** anymore.

o **departamento**
- A Srta. Cauley não trabalha mais neste **departamento**.

team [tiːm] n
- I prefer working in a **team** to working all by myself.

a **equipe**
- Prefiro trabalhar em **equipe** a trabalhar sozinho.

to lead [tə ˈliːd] v
▶ v irr p. 445 lead
- Two women were **leading** the strike.

liderar, conduzir
- Duas mulheres estavam **liderando** a greve.

to run [tə ˈrʌn] v
▶ v irr p. 446 run
- Mr Peters is **running** this department.

dirigir
- O Sr. Peters **dirige** este departamento.

responsible [rɪˈspɒnsəbl] adj
- Gary's **responsible** for the maintenance of the machines.

responsável
- Gary é **responsável** pela manutenção das máquinas.

busy [ˈbɪzi] adj
- I'm very **busy** and won't be able to see you tonight.

ocupado
- Estou muito **ocupado** e não tenho como vê-lo hoje à noite.

to qualify [tə ˈkwɒlɪfaɪ] v
- Claudia's **qualified** as a computer specialist.

capacitar(-se)
- Claudia **se capacitou** como especialista em computadores.

further training [ˌfɜːðə ˈtreɪnɪŋ] n
- My employer is offering **further training** in computer programming.

a **reciclagem**
- Meu empregador está oferecendo **reciclagem** em programação de computadores.

to take up a profession [tə teɪk ˌʌp ə prəˈfeʃn] phrase
▶ v irr p. 448 take
- In some countries girls are not allowed to **take up a profession** of their own choice.

ter uma profissão
- Em alguns países, garotas não podem **ter uma profissão** de sua escolha.

professional [prəˈfeʃənl] adj
- Did they ask you about your **professional** experience?

profissional
- Eles lhe perguntaram sobre sua experiência **profissional**?

to pursue a career [tə pəˈsjuː ə kəˈrɪə] phrase
- I'd like to **pursue a career** as an engineer.

seguir carreira
- Eu gostaria de **seguir carreira** como engenheiro.

self-employed [ˌselfɪmˈplɔɪd] adj
- What prevents you from becoming **self-employed**?

autônomo
- O que o impede de se tornar **autônomo**?

freelance [BE: ˈfriːlɑːns, AE: ˈfriːlæns] adj
- Paul enjoys working as a **freelance** editor.

freelance
- Paul está trabalhando como editor *freelance*.

boss [bɒs] n m/f
- She's my new **boss**.

o **chefe**
- Ela é a minha nova **chefe**.

superior [suːˈpɪərɪə] n m/f
- Who's your immediate **superior**?

o **superior**
- Quem é seu **superior** imediato?

executive [ɪgˈzekjətɪv] n m/f
- I had a few drinks with a couple of our **executives**.

o **executivo**
- Tomei alguns drinques com alguns dos nossos **executivos**.

clerk [BE: klɑːk, AE klɜːk] *n m/f* ■ I work as a **clerk** in a solicitor's office.	o **empregado**, o **funcionário** ■ Trabalho como **funcionário** num escritório de advocacia.
worker [ˈwɜːkə] *n m/f* ■ The **workers** are demanding higher wages.	o **trabalhador** ■ Os **trabalhadores** estão pleiteando melhores salários.
managerial position [ˌmænəˈdʒɪərɪəl pəˈzɪʃn] *n* ■ I wouldn't mind promotion to one of the **managerial positions**.	a **posição de comando** ■ Eu não teria nada contra uma promoção para uma **posição de comando**.
subordinate [səˈbɔːdɪnət] *n m/f* ■ Jeff's on good terms with all his **subordinates**.	o **subordinado** ■ Jeff tem boas relações com todos os seus **subordinados**.
cooperation [kəʊˌɒpərˈeɪʃn] *n* ■ Thank you for your **cooperation**.	a **cooperação** ■ Agradeço por sua **cooperação**.
responsibility [rɪˌspɒnsɪˈbɪləti] *n* ■ I'm looking for a job with more **responsibility**.	a **responsabilidade** ■ Estou em busca de um trabalho com maior **responsabilidade**.
to stand in for [tə ˌstænd ˈɪn fə] *phrase* ▶ v irr p. 448 stand ■ Who'll be **standing in for** me while I'm on holiday?	**substituir** ■ Quem vai me **substituir** quando eu estiver de férias?
to put off [tə ˌpʊt ˈɒf] *phrase* ▶ v irr p. 446 put ■ We'll have **to put off** the meeting until our CEO is back from China.	**adiar** ■ Vamos ter de **adiar** a reunião até o presidente da empresa voltar da China.
human resources (department) [ˌhjuːmən rɪˈzɔːsɪz (dɪˈpɑːtmənt)] *n* ■ I got a letter from the **human resources department** inviting me for an interview.	o **(departamento de) recursos humanos** ■ Recebi uma carta do **departamento de recursos humanos** me chamando para uma entrevista.

Vida profissional 143

cost control [ˈkɒst kənˈtrəʊl] *n*	o **controle de custos**
■ My boss has offered me a new job in our **cost control** department.	■ Meu chefe me ofereceu um novo emprego em nosso departamento de **controle de custos**.
sales department [ˈseɪlz dɪˈpɑːtmənt] *n*	o **departamento de vendas**
■ The **sales department** has reported that sales have dropped in the last quarter.	■ O **departamento de vendas** registrou que as vendas caíram no último trimestre.
conference [ˈkɒnfrəns] *n*	a **conferência**
■ The CEO called a **conference**.	■ O presidente da empresa convocou uma **conferência**.
convention [kənˈvenʃn] *n*	a **convenção**
■ The **convention** took place in Notthingham in October 1993.	■ A **convenção** aconteceu em Notthingham, em outubro de 1993.
to get ahead [tə ˌget əˈhed] *phrase* ▶ v irr p. 444 get	ir **adiante, progredir**
■ Without further training I'll never **get ahead**.	■ Se não treinar mais, nunca vou **progredir**.
talk [tɔːk] *n*	a **palestra**
■ I have to give a **talk** on administration matters next week.	■ Vou ter de dar uma **palestra** sobre administração na semana que vem.
lecture [ˈlektʃə] *n*	a **conferência**
■ His **lecture** on Bulgarian foreign affairs was quite interesting.	■ A **conferência** dele sobre relações exteriores da Bulgária foi bastante interessante.
paper [ˈpeɪpə] *n*	o **artigo**
■ Have you presented your **paper** yet?	■ Você já apresentou seu **artigo**?
adult education centre *BE* [ˌædʌlt edjʊˈkeɪʃn ˌsentə], **adult education center** *AE* [ˌædʌlt edjʊˈkeɪʃn ˌsentər] *n*	**centro de educação para adultos**
■ Why don't you take an English course at our local **adult education centre**?	■ Por que você não faz um curso de inglês em nosso **centro de educação para adultos** local?

night school ['naɪt ˌskuːl] n
o **curso noturno**
- Our **night school** offers several courses in mechanical engineering.
- Nosso **curso noturno** oferece diversos cursos em engenharia mecânica.

subject area ['sʌbdʒekt ˌeəriə] n
a **área (de concentração)**
- Which **subject area** you going to specialize in?
- Em qual **área** você vai se especializar?

to specialize in [tə 'speʃəlaɪz ɪn] phrase
especializar-se em
- Graham has decided **to specialize in** banner advertising.
- Graham decidiu **especializar-se em** *banners* publicitários.

skill [skɪl] n
a **habilidade**
- I'm afraid I don't have any manual **skills**.
- The task demanded great **skill**.
- Receio não ter nenhuma **habilidade** manual.
- A tarefa demanda grande **habilidade**.

skilful ['skɪlfl] adj
habilidoso
- She's a **skilful** seamstress.
- Ela é uma costureira **habilidosa**.

suitable ['suːtəbl] adj
adequado
- Gary is very **suitable** for this job.
- Gary é bastante **adequado** para esse trabalho.

unsuitable [ʌn'suːtəbl] adj
inadequado
- They told me I was **unsuitable** for this kind of job.
- Eles me disseram que eu era **inadequado** para esse tipo de trabalho.

capable ['keɪpəbl] adj
capaz, competente
- Thomas is a **capable** manager.
- Thomas é um gerente **competente**.

incapable [ɪn'keɪpəbl] adj
incapaz
- The boss thinks she's **incapable** of organizing a meeting.
- A chefe acha que ela é **incapaz** de organizar uma reunião.

practical ['præktɪkl] adj
prático
- Gaby knows a lot about children from her **practical** experience as a nursery school teacher.
- Gaby sabe muito sobre crianças por causa de sua experiência **prática** como educadora infantil.

practical knowledge [ˌpræktɪkl ˈnɒlɪdʒ] *n* ■ I don't have any **practical knowledge** in this area.	o **conhecimento prático** ■ Não tenho nenhum **conhecimento prático** nessa área.

Profissões

secretary [ˈsekrətri] *n m/f*	o **secretário**
shop assistant *BE* [ˈʃɒp əˌsɪstənt] *n m/f*	o **vendedor**
manager [ˈmænɪdʒə] *n m/f*	o **gerente**
housewife [ˈhaʊswaɪf] *n; pl* **housewives**	a **dona de casa**
hairdresser [ˈheəˌdresə] *n m/f*	o **cabeleireiro**
policeman [pəˈliːsmən] *n; pl* **policemen**	o **policial**
policewoman [pəˈliːsˌwʊmən] *n; pl* **policewomen**	a **policial**
teacher [ˈtiːtʃə] *n m/f*	o **professor**
professor [prəˈfesə] *n m/f*	o **professor (universitário)**
lawyer [ˈlɔɪə] *n m/f*	o **advogado**
doctor [ˈdɒktə] *n m/f*	o **médico**
dentist [ˈdentɪst] *n m/f*	o **dentista**
pharmacist [ˈfɑːməsɪst] *n m/f*	o **farmacêutico**
chemist *BE* [ˈkemɪst] *n m/f*	o **químico**
nurse [nɜːs] *n*	a **enfermeira**
male nurse [ˌmeɪl ˈnɜːs] *n m/f*	o **enfermeiro**
waiter [ˈweɪtə] *n*	o **garçom**
waitress [ˈweɪtəs] *n*	a **garçonete**

assistant [əˈsɪstənt] n m/f	o assistente
skilled worker [skɪld ˈwɜːkə] n m/f	o trabalhador especializado
mechanic [məˈkænɪk] n m/f	o mecânico
electrician [ˌɪlekˈtrɪʃn] n m/f	o eletricista
tradesman [ˈtreɪdzmən] n; pl tradesmen	o homem de negócios
baker [ˈbeɪkə] n m/f	o padeiro
butcher [ˈbʊtʃə] n m/f	o açougueiro
gardener [ˈgɑːdnə] n m/f	o jardineiro
cook [kʊk] n m/f	o cozinheiro
chef [ʃef] n m/f	o chefe
farmer [ˈfɑːmə] n m/f	o fazendeiro
fisherman [ˈfɪʃəmən] n; pl fishermen	o pescador
postman BE [ˈpəʊstmən], mailman AE [ˈmeɪlmæn] n; pl postmen, pl mailmen	o carteiro
postwoman BE [ˈpəʊstˌwʊmən], mailwoman AE [ˈmeɪlmænˌwʊmən] n; pl postwomen, pl mailwomen	a carteira
porter [ˈpɔːtə] n	o porteiro
architect [ˈɑːkɪtekt] n m/f	o arquiteto
photographer [ˈfəʊtəgrɑːf] n m/f	o fotógrafo
vet [vet] n m/f	o veterinário
scientist [ˈsaɪəntɪst] n m/f	o cientista
technician [tekˈnɪʃn] n m/f	o técnico
engineer [ˌendʒɪˈnɪə] n m/f	o engenheiro

Profissões 147

computer programmer [kəmˈpjuːtə ˌprəʊgræmə] *n m/f*	o **programador**
physioterapist [ˌfɪziəʊˈθerəpɪst] *n m/f*	o **fisioterapeuta**
masseur [mæsˈɜː] *n*	o **massagista**
masseuse [mæsˈɜːz] *n*	a **massagista**
social worker [ˈsəʊʃl ˌwɜːkər] *n m/f*	o **assistente social**
nursery nurse *BE* [ˈnɜːsəri ˌnɜːs], **preschool teacher** *AE* [ˈpriːskuːl ˌtiːtʃə] *n m/f*	o **educador infantil**
lecturer *BE* [ˈlektʃrər] *n m/f*	o **docente**
interpreter [ɪnˈtɜːprətə] *n m/f*	o **intérprete**
journalist [ˈdʒɜːnəlɪst] *n m/f*	o **jornalista**
reporter [rɪˈpɔːtə] *n m/f*	o **repórter**
writer [ˈraɪtə] *n m/f*	o **escritor**
author [ˈɔːθər] *n m/f*	o **autor**
musician [mjuːˈzɪʃn] *n m/f*	o **músico**, o **musicista**
singer [ˈsɪŋə] *n m/f*	o **cantor**
conductor [kənˈdʌktə] *n m/f*	o **regente**
composer [kəmˈpəʊzə] *n m/f*	o **compositor**
painter [ˈpeɪntə] *n m/f*	o **pintor**
artist [ˈɑːtɪst] *n m/f*	o **artista**
sculptor [ˈskʌlptə] *n m/f*	o **escultor**
actor [ˈæktə] *n m/f*	o **ator**
actress [ˈæktrəs] *n m/f*	a **atriz**
ballet dancer [*BE:* ˈbæleɪ ˌdɑːnsə, *AE:* ˈbæleɪ ˌdænsə] *n m/f*	o **bailarino**
director [daɪˈrektə] *n m/f*	o **diretor**

Profissões

guide [gaɪd] n m/f	o **guia turístico**
pilot [ˈpaɪlət] n m/f	o **piloto**
flight attendant [ˈflaɪt əˌtendnt] n m/f	o **comissário de bordo**
captain [ˈkæptɪn] n m/f	o **capitão**
sailor [ˈseɪlə] n m/f	o **marinheiro**
representative [ˌreprɪˈzentətɪv] n m/f	o **deputado**
trader [ˈtreɪdə] n m/f	o **comerciante**
shopkeeper BE [ˈʃɒpˌkiːpə], **storeowner** AE [ˈstɔːˌəʊnə] n m/f	o **lojista**
businessman [ˈbɪznɪsmən] n; pl **businessmen**	o **homem de negócios**
businesswoman [ˈbɪznɪsˌwʊmən] n; pl **businesswomen**	a **mulher de negócios**
entrepreneur [ˌɒntrəprəˈnɜː] n m/f	o **empreendedor**
counsellor BE [ˈkaʊnsələ], **counselor** AE [ˈkaʊnsələr] n m/f	o **consultor**
head [hed] n m/f	o **dirigente**
director [daɪˈrektə] n m/f	o **diretor**
judge [dʒʌdʒ] n m/f	o **juiz**
politician [ˌpɒlɪˈtɪʃn] n m/f	o **político**
ambassador [æmˈbæsədə] n m/f	o **embaixador**
diplomat [ˈdɪpləmæt] n m/f	o **diplomata**
soldier [ˈsəʊldʒə] n m/f	o **soldado**
officer [ˈɒfɪsə] n m/f	o **oficial**
general [ˈdʒenrəl] n m/f	o **general**
(public) official [(ˈpʌb.lɪk) əˈfɪʃl] n m/f	o **funcionário público**

Cotidiano e material de escritório

office [ˈɒfɪs] *n*
- I'm afraid Ms Twain is not in the **office**.

o **escritório**
- Receio que a Sra. Twain não esteja no **escritório**.

office chair [ˈɒfɪs ˌtʃeə] *n*
- The department has bought half a dozen new **office chairs**.

a **cadeira de escritório**
- O departamento comprou meia dúzia de **cadeiras de escritório** novas.

desk [desk] *n*
- My back hurts from sitting at my **desk** all day.

a **mesa de trabalho**
- Minhas costas doem de ficar sentado à minha **mesa de trabalho** o dia inteiro.

photocopier [ˈfəʊtəʊˌkɒpiə] *n*
- The **photocopier** has broken down again.

a **fotocopiadora**
- A **fotocopiadora** quebrou de novo.

photocopy [ˈfəʊtəʊˌkɒpi] *n*
- Could you make a **photocopy** of the document, please?

a **fotocópia**
- Você poderia fazer uma **fotocópia** do documento, por favor?

to copy [tə ˈkɒpi] *v*
- Why don't you just **copy** the letter?

copiar
- Por que você não **copia** simplesmente a carta?

calendar [ˈkæləndə] *n*
- Donald hung the **calendar** on the wall of his office.

o **calendário**
- Donald pendurou o **calendário** na parede de seu escritório.

diary [ˈdaɪəri] *n*
- Let me check his **diary** to see if he's available that day.

a **agenda**
- Deixe-me consultar a **agenda** dele para ver se estará disponível nesse dia.

business card [ˈbɪznɪs ˌkɑːd] *n*
- Here's my **business card**.

o **cartão de visitas**
- Aqui está meu **cartão de visitas**.

documents [ˈdɒkjəmənt] *n pl*
- Please be careful with these confidential **documents**.

os **documentos**
- Por favor, tenha cuidado com esses **documentos** confidenciais.

Cotidiano e material de escritório

note [nəʊt] *n* — o **aviso**, o **bilhete**, a **nota**
- Could you write them a **note** and tell them where we are?
- Você poderia escrever um **bilhete** a eles informando onde estamos?

to note down [tə ˌnəʊt ˈdaʊn] *phrase* — **tomar nota, anotar**
- Cathy **noted down** the arrival and departure times in a small notebooks.
- Cathy **anotou** os horários de chegada e partida em uma agenda pequena.

paper [ˈpeɪpə] *n* — o **papel**
- We're out of **paper**. Could you buy some?
- Estamos sem **papel**. Você poderia comprar um pouco?

piece of paper [ˌpiːs əv ˈpeɪpə] *n* — o **pedaço de papel**
- The boss handed me a **piece of paper** with a to-do list.
- O chefe me deu um **pedaço de papel** com uma lista de coisas a fazer.

sheet [ʃiːt] *n* — a **folha**
- The last **sheet** got stuck in the printer.
- A última **folha** ficou presa na impressora.

to write [tə ˈraɪt] *v* — **escrever**
▶ v irr p. 449 write
- Mrs Williams **wrote** an e-mail to all her colleagues.
- A Sra. Williams **escreveu** um e-mail para todos os seus colegas.

pen [pen] *n* — a **caneta**
- I need a **pen** and some paper.
- Preciso de uma **caneta** e algum papel.

meeting [ˈmiːtɪŋ] *n* — a **reunião**
- The next **meeting** will be in my office at the end of next week.
- A próxima **reunião** será no meu escritório no fim da próxima semana.

appointment [əˈpɔɪntmənt] *n* — a **consulta**, a **hora**, o **compromisso**
- Could you please make an **appointment** with Ms Tassie?
- Por favor, você poderia marcar uma **hora** com a Sra. Tassie?

Cotidiano e material de escritório

file [faɪl] *n*
- All personal **files** are kept in Mr Higgin's office on the second floor.

o **arquivo**, a **documentação**
- Todos os **arquivos** pessoais são mantidos no escritório do Sr. Higgin, no segundo andar.

list [lɪst] *n*
- If you're interested, put your name and address on this **list**.

a **lista**
- Se você estiver interessado, coloque seu nome e endereço nesta **lista**.

table [ˈteɪbl] *n*
- This **table** shows you the sales figures for the last quarter.

a **tabela**
- Esta **tabela** lhe dá os números de vendas para o último trimestre.

to type [tə ˈtaɪp] *v*
- Mike learned how **to type** when he was in the Navy.

datilografar
- Mike aprendeu a **datilografar** quando estava na Marinha.

presentation [ˌprezn̩ˈteɪʃn] *n*
- Mr Carpenter gave a **presentation** on different types of software.

a **palestra**, a **apresentação**
- O Sr. Carpenter fez uma **apresentação** sobre diferentes tipos de *software*.

to present [tə ˈprezənt] *v*
- They **presented** their new products at the trade fair.

apresentar
- Eles **apresentaram** seus produtos novos na feira de negócios.

to show [tə ˈʃəʊ] *v*
▶ v irr p. 447 show
- You have to **show** your ID to get into the building.

mostrar
- Você tem de **mostrar** sua identificação para entrar no prédio.

video projector [ˈvɪdiəʊ ˌprəʊˈdʒektə] *n*
- Is the room equipped with a **video projector**?

o **projetor de vídeo**
- A sala está equipada com um **projetor de vídeo**?

calculator [ˈkælkjəleɪtə] *n*
- Does you mobile have a **calculator**?

a **calculadora**
- Seu celular tem **calculadora**?

(pair of) scissors [ˌ(peə əv) ˈsɪz·əz] *n*
- Have you got a **pair of scissors**? I need to cut this article out.

a **tesoura**
- Você teria uma **tesoura**? Preciso recortar este artigo.

Cotidiano e material de escritório

ruler [ˈruːlə] *n* ■ You can't draw a straight line without a **ruler**.	a **régua** ■ Você não consegue traçar uma linha reta sem uma **régua**.
stamp [stæmp] *n* ■ The secretary has a **stamp** with the company name on it.	o **carimbo** ■ A secretária tem um **carimbo** com o nome da empresa.
rubber *BE* [ˈrʌbə], **eraser** *AE* [ɪˈreɪzə] *n* ■ A **rubber** is used to remove pencil marks. ■ I need an **eraser**, I put in the wrong word.	a **borracha** ■ Uma **borracha** é usada para remover marcações a lápis. ■ Preciso de uma **borracha**, escrevi a palavra errada.
glue [gluː] *n* ■ I need some **glue** to stick this picture on.	a **cola** ■ Preciso de **cola** para grudar esta figura.
paper clip [ˈpeɪpə ˌklɪp] *n* ■ Could you get a box of **paper clips** from the stationer's?	o **clipe** ■ Você poderia trazer uma caixa de **clipes** da papelaria?
notepad [ˈnəʊtpæd] *n* ■ Have you seen my **notepad**? I can't find it anywhere.	o **bloco de notas** ■ Você viu meu **bloco de notas**? Não consigo achá-lo em nenhum lugar.
wastepaper basket *BE* [ˈweɪstpeɪpə ˌbɑːskɪt], **waste basket** *AE* [ˈweɪst ˌbɑːskɪt] *n* ■ Why don't you empty your **wastepaper** basket, it's full. ■ The secretary empties her **waste basket** every afternoon.	**cesto de lixo, lixeira** ■ Por que você não esvazia o **cesto de lixo**, está cheio. ■ A secretária esvazia a **lixeira** todas as tardes.
hole punch [ˈhəʊl ˌpʌntʃ] *n* ■ Where's the **hole punch**? It's not in the drawer where it should be.	o **perfurador** ■ Onde está o perfurador? Não está na gaveta onde deveria estar.
stapler [ˈsteɪplə] *n* ■ Could you pass me the **stapler**, please? I need to staple these sheets together.	o **grampeador** ■ Você poderia me passar o grampeador, por favor? Preciso grampear estas folhas.

Candidatura à vaga de emprego, colocação e demissão

employement [ɪmˈplɔɪmənt] *n*
- The **employment** of children under 14 is against the law.

a **contratação**, o **emprego**
- A **contratação** de crianças com menos de 14 anos é contra a lei.

unemployment [ˌʌnɪmˈplɔɪmənt] *n*
- **Unemployment** is a serious problem.

o **desemprego**
- O **desemprego** é um problema sério.

employer [ɪmˈplɔɪə] *n m/f*
- The film industry is one of America's biggest **employers**.

o **empregador**
- A indústria do cinema é um dos maiores **empregadores** dos Estados Unidos.

employee [ɪmˈplɔɪiː] *n m/f*
- I'd rather be an employer than an **employee**. I love taking responsibility.
- The **employees** are worried about their jobs.

o **empregado**, o **funcionário**
- Eu prefiro ser empregador a **empregado**. Adoro assumir responsabilidade.
- Os **empregados** estão preocupados com seus empregos.

employed [ɪmˈplɔɪd] *adj*
- It's a small firm. Only 20 people are **employed** there.

empregado
- É uma firma pequena. Apenas 20 pessoas estão **empregadas** ali.

unemployed [ˌʌnɪmˈplɔɪd] *adj*
- Jack found a new job after being **unemployed** for six months.

desempregado
- Jack encontrou um emprego novo depois de ficar **desempregado** por seis meses.

to employ [tə ɪmˈplɔɪ] *v*
- They **employed** a new product manager.
- They **employ** a cook and a gardener.

empregar, contratar
- Eles **contrataram** um novo gerente de produto.
- Eles **contratam** um cozinheiro e um jardineiro.

to hire [tə ˈhaɪə] *v*
- The public relations department **hired** a new secretary.

contratar
- O departamento de relações públicas **contratou** uma nova secretária.

Candidatura à vaga de emprego, colocação e demissão

job [dʒɒb]
- I'm looking for a new **job** because my factory is closing down.

o **emprego**
- Estou à procura de um novo **emprego** porque minha fábrica está fechando.

application [ˌæplɪˈkeɪʃn] *n*
- Please send your **application** by e-mail.

a **inscrição**
- Por favor, envie sua **inscrição** por e-mail.

to apply [tʊ əˈplaɪ] *v*
- Dave has **applied** for five jobs so far.

candidatar-se
- Dave **se candidatou** a cinco empregos até agora.

professional [prəˈfeʃənəl] *adj*
- **Professional** football players make a lot of money.
- Our relationship is purely **professional** – we've never met outside of work.

profissional
- Jogadores de futebol **profissional** ganham muito dinheiro.
- Nossa relação é puramente **profissional** – nunca nos encontramos fora do trabalho.

career [kəˈrɪə] *n*
- I think I'm going to pursue a **career** in politics.

a **carreira**
- Acho que vou seguir **carreira** na política.

professional career [prəˈfeʃənəl kəˈrɪə] *n*
- Your **professional career** should not prevent you from having children.

a **carreira profissional**
- Sua **carreira profissional** não deveria impedir você de ter filhos.

professional experience [prəˈfeʃənəl ɪkˈspɪəriəns] *n*
- How much **professional experience** have you got?

a **experiência profissional**
- Quanto de **experiência profissional** você tem?

notice [ˈnəʊtɪs] *n*
- Jeff handed in his **notice** after only eight months.

o **aviso prévio**
- Depois de apenas oito meses, Jeff entregou seu **aviso prévio**.

to hand in one's notice [tə ˌhænd ɒn wʌnz ˈnəʊtɪs] *phrase*
- I **handed in my notice** yesterday because I've found a better paid job.

entregar o aviso prévio
- **Entreguei meu aviso prévio** ontem porque encontrei um emprego que paga melhor.

Candidatura à vaga de emprego, colocação e demissão

to lay off [tə ˈleɪɒf] *phrase*
▶ v irr p. 445 lay
- During the financial crisis the company **laid off** half of its staff.

demitir
- Durante a crise financeira, a empresa **demitiu** metade de sua equipe.

to dismiss [tə dɪˈsmɪs] *v*
- The publishing house **dismissed** 20 people last year.

demitir
- A editora **demitiu** 20 pessoas no último ano.

to fire [tə ˈfaɪə] *v*
- I've just **been fired** from my job.

demitir, despedir
- **Fui despedido** do emprego.

to sack *BE* [tə ˈsæk] *v*
- Andrew **was sacked** from his latest job.

demitir
- Andrew **foi demitido** de seu último emprego.

(job) vacancy [(ˈdʒɒb) ˌveɪkəns] *n*
- I didn't find a single **job vacancy** that I liked in the paper.

a vaga (de emprego)
- Não encontrei nenhuma **vaga de emprego** de que eu gostasse no jornal.

interview [ˈɪntəvjuː] *n*
- I've got an **interview** with an advertising agency later today.

a entrevista
- Tenho uma **entrevista** de emprego em uma agência de publicidade mais tarde.

chance [*BE:* tʃɑːns, *AE:* tʃæns] *n*
- Give him a **chance**!

a chance, a oportunidade
- Dê uma **chance** a ele!

covering letter [ˈkʌvərɪŋ ˌletə] *n*
- The **covering letter** is the most important document in an application.

carta de apresentação
- A **carta de apresentação** é o documento mais importante em uma contratação.

cv *BE* [ˌsiːˈviː], **resume** *AE* [rɪˈzjuːm] *n*
- Many employers require a **cv** (*curriculum vitae*) in English and German.
- Please hand in your **résumé** by Friday next week.

o cv, o currículo
- Muitos empregadores exigem um **cv** (*curriculum vitae*) em inglês e em alemão.
- Por favor, entregue seu **cv** até sexta-feira da semana que vem.

Candidatura à vaga de emprego, colocação e demissão

job advert BE [ˈdʒɒb ˌædvɜːt], **job ad** AE [ˈdʒɒb æd] n
- The Guardian is full of **job adverts**.
- Why don't you check the New York Times for **job ads**?

o **anúncio de emprego**
- O The Guardian está cheio de **anúncios de emprego**.
- Por que você não olha nos **anúncios de emprego** do New York Times?

job advertisement [ˈdʒɒb ədˈvɜːtɪsmənt] n
- I saw interesting **job advertisements** in the Sunday paper.

o **anúncio de emprego**
- Vi **anúncios de empregos** interessantes no jornal de domingo.

skill [skɪl] n
- It's important to emphasize your **skills** in your CV.

a **habilidade**
- É importante enfatizar suas **habilidades** no seu CV.

beginner [bɪˈgɪnə] n m/f
- He is just a **beginner**.

o **iniciante**
- Ele é apenas um **iniciante**.

expert [ˈekspɜːt] n m/f
- It will take you hours to do what an **expert** can do in minutes.

o **especialista**
- Levará horas para você fazer o que um **especialista** pode fazer em minutos.

to know all about sth. [tə ˌnəʊ ˈɔːl əˈbaʊt] phrase
- ▶ v irr p. 445 know
- Mark claims **to know all about** whisky.

saber tudo sobre algo

- Mark afirma **saber tudo sobre** uísque.

employment agency [ɪmˈplɔɪmənt ˌeɪdʒənsi] n
- There's an **employment agency** on Lincoln Road where you can ask about vacancies.

a **agência de empregos**
- Existe uma **agência de empregos** na Lincoln Road, onde você pode se informar sobre vagas.

job centre BE [ˈdʒɒb ˌsentə] n
- Charlotte has found a new job at the **job centre**.

o **centro de empregos**
- Charlotte encontrou uma nova colocação no **centro de empregos**.

temp(ing) agency [ˈtemp(ɪŋ) ˌeɪdʒənsi] *n* ■ Do you think it's a good idea to ask at a **temping agency** about a job?	a **agência de emprego temporário** ■ Você acha uma boa ideia procurar vaga em uma **agência de empregos temporários**?

Condições de trabalho

trade union *BE* [ˌtreɪd ˈjuːniən], **labor union** *AE* [ˈleɪbər ˌjuːniən] *n*

■ There are going to be talks between **trade unions** and employers.

■ The talks between **labor unions** and employers have been postponed.

o **sindicato**

■ Haverá conversas entre **sindicatos** e empregadores.

■ As conversas entre **sindicatos** e empregadores foram adiadas.

---

strike [straɪk] *n*

■ The steelworker's union has called a **strike** for a better pay.

a **greve**

■ O sindicato dos siderúrgicos convocou uma **greve** por melhores salários.

---

to be on strike [tə ˌbiː ɒn ˈstraɪk] *phrase*

▶ **v irr** p. 442 be

■ Half the country will **be on strike** next Monday.

estar em greve

■ Metade do país **estará em greve** na próxima segunda.

---

wage [weɪdʒ] *n*

■ Most clothes are made in Asia because **wages** there are much lower.

o **salário**

■ A maior parte das roupas é feita na Ásia porque lá os **salários** são muito mais baixos.

---

salary [ˈsæləri] *n*

■ Starting next year I'll be on a **salary** of £42,000.

o **salário**

■ A partir do ano que vem receberei um **salário** de 42 mil libras anuais.

---

pay [peɪ] *n*

■ I like my work although the **pay** is bad.

o **pagamento**, o **salário**

■ Gosto do meu trabalho, embora o **salário** seja ruim.

pay rise BE [peɪ ˌraɪz], **pay raise** AE [peɪ ˌreɪz] n	**aumento de salário**
■ I've been awarded a **pay rise**.	■ Recebi um **aumento de salário**.
to earn [tə ˈɜːn] v	**receber**
■ It's hard to believe but he was **earning** more ten years ago than he does today.	■ É difícil acreditar, mas ele **ganhava** mais há dez anos do que hoje.
to do sth. for a living [tə duː ... fər ə ˈlɪvɪŋ] phrase	**fazer algo para viver**
▶ v irr p. 443 do	
■ What does she **do for a living**?	■ O que ela **faz para viver**?
to make a living [tə ˌmeɪk ə ˈlɪvɪŋ] phrase	**ganhar a vida**
▶ v irr p. 446 make	
■ Chris **makes a living** as a language teacher and private tutor.	■ Chris **ganha a vida** como professor de idiomas e professor particular.
rest [rest] n	**a pausa**
■ I think we should stop for a moment. I need a **rest**.	■ Acho que deveríamos parar por um momento. Preciso de uma **pausa**.
pension [ˈpenʃn] n	**a pensão**
■ Dad's **pension** is equivalent to 70 percent of his final income.	■ A **pensão** de papai é equivalente a 70% de seu rendimento final.
retirement [rɪˈtaɪəmənt] n	**a aposentadoria**
■ Mr Davies isn't planning to take **retirement** before he turns seventy.	■ O Sr. Davies não planeja pedir a **aposentadoria** antes dos setenta anos.
to retire [tə rɪˈtaɪə] v	**aposentar-se**
■ Sandra is going **to retire** at the end of the year.	■ Sandra vai **se aposentar** no fim do ano.
contract [ˈkɒntrækt] n	**o contrato**
■ Before you can sign the **contract** you'll have to provide a medical certificate.	■ Antes de poder assinar o **contrato**, você terá de providenciar um atestado médico.

Condições de trabalho

demand [BE: dɪˈmɑːnd, AE: dɪˈmænd] n
- The boss told me I was not in the position to make **demands**.

a **demanda**, a **exigência**
- O chefe me disse que eu não estava em posição de fazer **exigências**.

to demand [BE: tə dɪˈmɑːnd, AE: tə dɪˈmænd] v
- I think I should **demand** a pay rise.

demandar, pedir, solicitar
- Acho que eu deveria **pedir** um aumento de salário.

works council BE [ˈwɜːks ˌkaʊnsəl] n
- How long have you been a member of the **works council**?

o **conselho de empresa**
- Há quanto tempo você é membro do **conselho de empresa**?

arrangement [əˈreɪndʒmənt] n
- The unions have come to an **arrangement** with the employers.

o **acordo**
- Os sindicatos chegaram a um **acordo** com os empregadores.

to arrange [tə əˈreɪndʒ] v
- We **arranged** a meeting for next Tuesday.

acordar, combinar
- **Combinamos** um encontro para a próxima terça.

agreement [əˈɡriːmənt] n
- In view of this new development we need to change our **agreement**.

o **contrato**
- Tendo em vista esse novo desenvolvimento, precisamos alterar nosso **contrato**.

collective agreement [kəˈlektɪv əˈɡriːmənt] n
- The blue-collar union and the employer's association have formed a **collective agreement**.

o **acordo coletivo**
- O sindicato de trabalhadores e o patronal celebraram um **acordo coletivo**.

maternity leave [məˈtɜːnəti ˌliːv] n
- Linda's been on **maternity leave** since January.

a **licença-maternidade**
- Linda está de **licença-maternidade** desde janeiro.

income [ˈɪnkʌm] n
- What do you think is the average **income** in the UK?

o **rendimento**, o **salário**
- Quanto você acha que é o **salário** médio no Reino Unido?

Condições de trabalho

earnings [ˈɜːnɪŋz] *n pl* ■ My future **earnings** depend on the outcome of the wage negotiations.	os **ganhos** ■ Meus **ganhos** futuros dependem do resultado das negociações de salário.
bonus [ˈbəʊnəs] *n* ■ We all got a 100 euros **bonus** because sales were so good last month.	o **bônus** ■ Nós todos recebemos um **bônus** de 100 euros porque as vendas foram muito boas no mês passado.
promotion [prəˈməʊʃn] *n* ■ My **promotion** to deputy director is now official.	a **promoção** ■ Minha **promoção** a vice-diretor agora é oficial.
to appoint [tə əˈpɔɪnt] *v* ■ She **was appointed** judge for life.	**nomear** ■ Ela **foi nomeada** juíza vitalícia.
aim [eɪm] *n* ■ The **aim** of this training course is to improve your market value.	o **objetivo** ■ O **objetivo** desse curso de treinamento é aumentar seu valor de mercado.
probationary period [prəˈbeɪʃnəri ˈpɪəriəd] *n* ■ There'll be a six month **probationary period**.	o **período probatório** ■ Haverá um **período probatório** de seis meses.
advantage [BE: ədˈvɑːntɪdʒ, AE: ədˈvæntɪdʒ] *n* ■ Among the **advantages** of my job are flexible working hours.	a **vantagem** ■ Entre as **vantagens** de meu trabalho estão os horários flexíveis.
disadvantage [BE: ˌdɪsədˈvɑːntɪdʒ, AE: ˌdɪsədˈvæntɪdʒ] *n* ■ I don't consider it a **disadvantage** to start work at 6 in the morning.	a **desvantagem** ■ Não considero uma **desvantagem** começar o trabalho às 6 da manhã.
working hours [ˌwɜːkɪŋ ˈaʊəz] *n pl* ■ My **working hours** are from 6 am to 3 pm.	o **horário de trabalho** ■ Meu horário de trabalho é das 6h às 15h.

Condições de trabalho

full-time [ˌfʊl ˈtaɪm] *adv* ■ Olivia's got three children and works **full-time**.	**em período integral** ■ Olívia tem três filhos e trabalha **em período integral**.
part-time [ˌpɑːtˈtaɪm] *adv* ■ Fiona works **part-time** at a law firm.	**meio período** ■ Fiona trabalha **meio período** num escritório de advocacia.
flexitime BE [ˈfleksitaɪm], **flextime** AE [ˈfleksˌtaɪm] *n* ■ I don't think **flexitime** is an option for me.	**o horário flexível** ■ Não acho que **horário flexível** seja uma opção para mim.
shift [ʃɪft] *n* ■ Ryan's **shift** starts at 6 in the morning.	**o turno** ■ O **turno** de Ryan começa às 6h da manhã.
overtime [ˈəʊvətaɪm] *n* ■ How much **overtime** do you work each month?	**a hora extra** ■ Quantas **horas extras** você faz todo mês?
work permit [ˈwɜrk ˌpɜːmɪt] *n* ■ Without a **work permit** you're not allowed to accept a job.	**a autorização de trabalho** ■ Sem uma **autorização de trabalho**, você não está autorizado a aceitar o emprego.

Interesses culturais

Leitura

reader [ˈriːdə] n m/f
- The Harry Potter books have fascinated a whole generation of **readers**.

o **leitor**
- Os livros de Harry Potter fascinaram toda uma geração de **leitores**.

to read [tə ˈriːd] v
- ▶ v irr p. 446 read
- I don't know the film but I've **read** the book.
- My mum used to **read** to me every night before I went to bed.

ler
- Não conheço o filme, mas **li** o livro.
- Minha mãe costumava **ler** para mim todas as noites antes de eu ir para a cama.

to write [tə ˈraɪt] v
- ▶ v irr p. 449 write
- When did Zola **write** the open letter *I accuse*?

escrever
- Quando Zola **escreveu** a carta aberta *Eu acuso*?

book [bʊk] n
- How much do you spend on **books** each year?

o **livro**
- Quanto você gasta em **livros** a cada ano?

story [ˈstɔːri] n
- It's a **story** about pirates on a treasure island.
- The book consists of three separate **stories**.

a **história**
- É uma **história** sobre piratas em uma ilha do tesouro.
- O livro é formado por três **histórias** separadas.

short story [ˌʃɔːt ˈstɔːri] n
- If you don't know what to read, I can recommend some Australian **short stories** to you.

o **conto**
- Se você não sabe o que ler, posso recomendar alguns **contos** australianos.

detective story [dɪˈtektɪv ˈstɔːri] n
- Although I'm a policewoman I don't particularly like reading **detective stories**.

a **história de detetive**
- Embora eu seja uma policial, não gosto muito de ler **histórias de detetive**.

novel [ˈnɒvl] *n*
- What's the most successful **novel** ever written?

o **romance**
- Qual o **romance** mais bem-sucedido já escrito?

fairy tale [ˈfeəri ˌteɪl] *n*
- A lot of well-known **fairy tales** were collected by the Brothers Grimm.

o **conto de fada**
- Vários **contos de fada** foram reunidos pelos irmãos Grimm.

history [ˈhɪstri] *n*
- The **history** of the English language is fascinating.

a **história**
- A **história** da língua inglesa é fascinante.

fiction [ˈfɪkʃn] *n*
- The plot of his new novel is pure **fiction**, every detail is made up.

a **ficção**
- O enredo de seu novo romance é pura **ficção**, todo detalhe é inventado.

non-fiction book [ˌnɒnˈfɪkʃn bʊk] *n*
- I've just finished reading a great **non-fiction book** about the orangutans in Borneo.

o **livro de não ficção**
- Acabei de ler um grande **livro de não ficção** sobre os orangotangos no Bornéu.

title [ˈtaɪtl] *n*
- Do you know the full **title** of Shakespeare's *Hamlet*?

o **título**
- Você sabe o **título** completo de *Hamlet*, de Shakespeare?

library [ˈlaɪbrəri] *n*
- Why don't you borrow the book from the **library**?

a **biblioteca**
- Por que você não pega emprestado o livro na **biblioteca**?

literature [ˈlɪtrətʃə] *n*
- Jonathan is especially fond of South African **literature**.

a **literatura**
- Jonathan gosta especialmente de **literatura** sul-africana.

literary [ˈlɪtərəri] *n*
- He sells a lot of books although his style is not very **literary**.

literário
- Ele vende muitos exemplares, ainda que seu estilo não seja muito **literário**.

text [tekst] *n*
- You were supposed to write a short essay. Your **text** is much too long.

o **texto**
- Você deveria ter escrito um ensaio curto. Seu **texto** está muito longo.

biography [baɪˈɒgrəfi] n ■ I heard there's a new **biography** out about Charlie Chaplin.	a **biografia** ■ Ouvi dizer que existe uma nova **biografia** sobre Charlie Chaplin.
diary [ˈdaɪəri] n ■ How long have you been keeping a **diary**?	o **diário** ■ Há quanto tempo você vem mantendo um **diário**?
poem [ˈpəʊɪm] n ■ *The Raven* is Poe's most famous **poem**.	o **poema** ■ *O corvo* é o **poema** mais famoso de Poe.
poet [ˈpəʊɪt] n m/f ■ Did you know that your grandfather was a **poet** and a writer?	o **poeta** ■ Você sabia que seu avô foi **poeta** e escritor?
comic [ˈkɒmɪk] n ■ Not only children but a lot of adults read **comics** too.	a **história em quadrinhos** ■ Não somente as crianças, mas também muitos adultos leem **histórias em quadrinhos**.
imagination [ɪˌmædʒɪˈneɪʃn] n ■ Why don't you use your **imagination** for once?	a **imaginação** ■ Por que você não usa sua **imaginação** ao menos uma vez?
oral [ˈɔːrəl] adj ■ These stories were handed down by **oral** tradition for centuries.	**oral** ■ Essas histórias foram transmitidas por tradição **oral** por séculos.
written [ˈrɪtn] adj ■ There are no **written** records from that period.	**escrito** ■ Não há registros **escritos** daquele período.
volume [ˈvɒljuːm] n ■ Lisa gave her a **volume** of Byron's poetry for her birthday.	o **volume** ■ Lisa deu a ela um **volume** de poesias de Byron como presente de aniversário.
chapter [ˈtʃæptə] n ■ The quote you're looking for is in **chapter** 14.	o **capítulo** ■ A citação que você está procurando encontra-se no **capítulo** 14.

protagonist [prəˈtægənɪst] *n m/f* ■ The **protagonist** is an old fisherman.	o **protagonista** ■ O **protagonista** é um velho pescador.
narrator [nəˈreɪtə] *n m/f* ■ The **narrator** tells the story from his perspective.	o **narrador** ■ O **narrador** conta a história sob a sua perspectiva.
topic [ˈtɒpɪk] *n* ■ Can we talk about a different **topic**?	o **assunto**, o **tópico** ■ Poderíamos falar sobre um **assunto** diferente?
quotation [kwəʊˈteɪʃn] *n* ■ The author starts each chapter with a famous **quotation**.	a **citação** ■ O autor inicia cada capítulo com uma **citação** famosa.
quote [kwəʊt] *n* ■ In which act can I find the famous **quote** "To be or not to be"?	a **citação** ■ Em que ato posso encontrar a famosa **citação** "Ser ou não ser"?
publisher [ˈpʌblɪʃə] *n* ■ I've finished writing the book. Now all I need is to find a **publisher**.	o **editor** ■ Acabei de escrever o livro. Agora eu só preciso encontrar um **editor**.
censorhip [ˈsensəʃɪp] *n* ■ There are many countries in the world that have not yet abolished **censorship**.	a **censura** ■ Há muitos países no mundo que ainda não aboliram a **censura**.

Música

music [ˈmjuːzɪk] *n* ■ I listen to **music** on my iPod when I go jogging.	a **música** ■ Ouço **música** em meu iPod enquanto corro.
to listen [tə ˈlɪsən] *v* ■ Jill **was listening** to the song.	**ouvir** ■ Jill estava **ouvindo** a canção.
song [sɒŋ] *n* ■ The choir sang a few melancholy **songs**.	a **canção** ■ O coral cantou algumas **canções** melancólicas.

to sing [tə ˈsɪŋ] v ▶ v irr p 447 sing ■ Carla **sings** in the church choir.	**cantar** ■ Carla **canta** no coral da igreja.
voice [vɔɪs] n ■ If she keeps on singing like that she's going to ruin her **voice**.	a **voz** ■ Se ela continuar cantando assim, vai arruinar sua **voz**.
to play [tə ˈpleɪ] v ■ Christina's been **playing** the guitar for years.	**tocar** ■ Christina **toca** violão há anos.
instrument [ˈɪnstrəmənt] n ■ I like to sing but I don't play any **instrument**.	o **instrumento** ■ Gosto de cantar, mas não toco nenhum **instrumento**.
quiet [ˈkwaɪət] n ■ This is a **quiet** part of the melody.	**lento** ■ Esse é um trecho **lento** da melodia.
loud [laʊd] adj ■ Trumpets are very **loud**.	**alto** ■ Trompetes são muito **altos**.
high [haɪ] adj ■ Her voice is really very **high**.	**agudo** ■ A voz dela é realmente muito **aguda**.
low [ləʊ] adj ■ The piece ends on a **low** note.	**grave** ■ A peça termina numa nota **grave**.
deep [diːp] adj ■ Johnny Cash had a beautiful **deep** voice.	**profundo, grave** ■ Johnny Cash tinha uma bela voz **grave**.
concert [ˈkɒnsət] n ■ The Beatles gave their last **concert** in 1969.	o **concerto**, o **show** ■ Os Beatles fizeram seu último **show** em 1969.
opera [ˈɒprə] n ■ Would you like to go to the **opera** with me?	a **ópera** ■ Você gostaria de ir à **ópera** comigo?
piano [piˈænəʊ] n ■ Mark simply sat down at the **piano** and started to play.	o **piano** ■ Mark simplesmente sentou-se ao **piano** e começou a tocar.

violin [ˌvaɪə'lɪn] n
- Only the youngest member of our family plays the **violin**.

o **violino**
- Somente o membro mais novo de nossa família toca **violino**.

guitar [gɪ'tɑː] n
- Spanish music is unthinkable without the **guitar**.

o **violão**
- A música espanhola é impensável sem o **violão**.

electric guitar [ɪ'lektrɪk gɪ'tɑː] n
- I bought my first **electric guitar** when I was 15.

a **guitarra**, a **guitarra elétrica**
- Comprei minha primeira **guitarra** quanto tinha 15 anos.

bass [beɪs] n
- Brenda started learning to play the **bass** when she was over 40.

o **baixo**
- Brenda começou a aprender a tocar **baixo** com mais de 40 anos.

drum [drʌm] n
- With a **drum** you can only beat a rhythm not a melody.

o **tambor**
- Com o **tambor** você consegue marcar um ritmo, não uma melodia.

drums [drʌmz] n pl
- Louise's little brother plays the **drums**.

a **bateria**
- O irmãozinho de Louise toca **bateria**.

flute [fluːt] n
- I wish I could play the **flute** like Ian Anderson.

a **flauta**
- Eu gostaria de saber tocar **flauta** como Ian Anderson.

recorder [rɪ'kɔːdə] n
- Tony started playing the **recorder** when he was five.

a **flauta-doce**
- Tony começou a tocar **flauta-doce** quando tinha 5 anos.

stereo ['sterɪəʊ] n
- The first thing I turn on when I come home from school is my **stereo**.

o **aparelho de som**
- A primeira coisa que eu ligo quando chego em casa da escola é meu **aparelho de som**.

loudspeaker [ˌlaʊd'spiːkə] n
- **Loudspeakers** used to be much bigger than today.

o **alto-falante**
- Os **alto-falantes** eram muito maiores do que são hoje.

CD [ˌsiː'diː] n
- Why would I buy a **CD** when I can download every song from the Internet?

o **CD**
- Por que eu compraria um **CD** se posso fazer download de qualquer música na internet?

CD player [ˌsiːˈdiː ˌpleɪə] *n* ■ I don't need my old **CD player** anymore. I've got all my music on the hard disc of my notebook.	o **CD player** ■ Não preciso mais de meu velho **CD player**. Tenho todas as minhas músicas no disco rígido de meu notebook.
MP3 player [empiːˈθriː ˌpleɪə] *n* ■ Whenever I'm sad I listen to music from my **MP3 player**.	o **MP3 player** ■ Quando estou triste, ouço música no meu **MP3 player**.
classical [ˈklæsɪkl] *adj* ■ Marie grew up with a lot of **classical** music. Her father is an opera singer.	**clássico** ■ Marie cresceu com muita música **clássica**. Seu pai é cantor de ópera.
musical [ˈmjuː.zɪkəl] *n* ■ Have you ever seen the **musical** *Cats*?	o **musical** ■ Você já assistiu ao **musical** *Cats*?
pop music [ˈpɒp ˌmjuːzɪk] *n* ■ Milo loves dancing to **pop music**.	a **música** *pop* ■ Milo adora dançar **música** *pop*.
popular [ˌpɒpjələ] *adj* ■ Who is the most **popular** singer of the 40s?	**popular** ■ Qual é o cantor mais **popular** da década de 1940?
folk music [ˈfoʊk ˌmjuzɪk] *n* ■ **Folk music** is slowly becoming popular again.	a **música folclórica** ■ Pouco a pouco, a **música folclórica** está se tornando popular de novo.
melody [ˈmelədi] *n* ■ I don't know the words, but I can hum the **melody**.	a **melodia** ■ Não conheço a letra, mas posso cantarolar a **melodia**.
rhythm [ˈrɪðəm] *n* ■ Can you clap to the **rhythm**?	o **ritmo** ■ Você consegue bater palmas no **ritmo**?
sound [saʊnd] *n* ■ The **sound** of his voice is like honey.	o **som** ■ O **som** de sua voz é como mel.
to sound [tə ˈsaʊnd] *v* ■ Your voice **sounds** strange. Are you ill?	**soar** ■ Sua voz **soa** estranha. Você está doente?

musically [ˈmjuːzɪkl] *adv* ■ This piece is **musically** demanding.	**musicalmente** ■ Esta peça é **musicalmente** difícil.
to be musical [tə biː ˈmjuːzɪkl] *phrase* ▶ v irr p. 442 be ■ She's quite **musical** although she's only three years old.	**ser musical** ■ Ela **é** muito **musical**, embora tenha apenas 3 anos.
band [bænd] *n* ■ The **band** played in a small pub.	a **banda** ■ A **banda** tocou num pequeno bar.
orchestra [ˈɔːkɪstrə] *n* ■ This piece was performed by an **orchestra** from Armenia.	a **orquestra** ■ Essa peça foi executada por uma **orquestra** da Armênia.
note [nəʊt] *n* ■ Can you play this **note** on your recorder?	a **nota** ■ Você pode tocar essa **nota** na flauta doce?
to read music [tə ˌriːd ˈmjuːzɪk] *n phrase* ▶ v irr p. 446 read ■ She's never learnt **to read music**.	**ler música, ler notação musical** ■ Ela nunca aprendeu a **ler música**.
to sight-read [tə ˈsaɪtriːd] *v* ▶ v irr p. 447 sight-read ■ Can you **sight-read**?	**ler à primeira vista** ■ Você consegue **ler à primeira vista**?

Arte

art [ɑːt] *n* ■ Do you have to study **art** in order to become a painter?	a **arte** ■ É preciso estudar **arte** para se tornar pintor?
picture [ˈpɪktʃə] *n* ■ This **picture** is a work of art.	o **quadro** ■ Este **quadro** é uma obra de arte.
painting [ˈpeɪntɪŋ] *n* ■ The *Mona Lisa* is probably the most famous **painting** in the world.	a **pintura** ■ A *Mona Lisa* é provavelmente a **pintura** mais famosa do mundo.

to paint [tə ˈpeɪnt] v ■ I wish I could **paint** like Rembrandt. ■ What colour do you want me to **paint** the back wall?	**pintar** ■ Eu gostaria de **pintar** como Rembrandt. ■ De que cor você quer que eu **pinte** a parede dos fundos?
to draw [tə ˈdrɔː] v ▶ v irr p. 443 draw ■ Sam can **draw** anybody's portrait in just ten minutes.	**desenhar** ■ Sam consegue **desenhar** o retrato de qualquer pessoa em apenas dez minutos.
work [wɜːk] n ■ This is the first public exhibition of his **works**.	**o trabalho** ■ Esta é a primeira exibição pública de seus **trabalhos**.
gallery [ˈɡæləri] n ■ I went to a **gallery** to see an exhibition.	**a galeria** ■ Fui à **galeria** ver uma exposição.
to show [tə ˈʃəʊ] v ▶ v irr p. 447 show ■ Jenny **showed** me her most recent drawings.	**mostrar** ■ Jenny me **mostrou** seus desenhos mais recentes.
studio [ˈstjuːdiəʊ] n ■ I have to go to the **studio** later today to finish my picture.	**o ateliê, o estúdio** ■ Tenho de ir ao **ateliê** mais tarde para terminar minha pintura.
ancient [ˈeɪnʃənt] adj ■ The Pergamon Museum in Berlin has a lot of **ancient** works of art on display.	**antigo** ■ O Pergamon Museum em Berlim tem muitas obras de arte **antigas** em exposição.
modern [ˈmɒdən] adj ■ Expressionism is much too **modern** for me.	**moderno** ■ O expressionismo é **moderno** demais para mim.
artistic [ɑːˈtɪstɪk] adj ■ You call this rubbish heap an expression of **artistic** freedom?	**artístico** ■ Você chama esse monte de lixo de expressão de liberdade **artística**?
to create [tə kriˈeɪt] v ■ The sculptor **has created** a new piece of art.	**criar** ■ O escultor **criou** uma nova obra de arte.

sculpture ['skʌlptʃə] n
- Picasso made **sculptures** from all kinds of objects and materials.

a **escultura**
- Picasso fez **esculturas** com todos os tipos de objetos e materiais.

fresco ['freskəʊ] n
- Michelangelo's famous **frescoes** are in the Sistine Chapel.

o **afresco**
- Os **afrescos** famosos de Michelangelo estão na Capela Sistina.

drawing ['drɔːɪŋ] n
- Barbara makes several **drawings** before she starts to paint.

o **desenho**
- Barbara faz diversos **desenhos** antes de começar a pintar.

poster ['pəʊstə] n
- When I was a teenager I had a number of **posters** of my favourite rock singers hanging on the walls of my room.

o **pôster**
- Quando eu era adolescente, tinha inúmeros **pôsteres** de meus cantores de rock favoritos nas paredes de meu quarto.

style [staɪl] n
- The **style** of this painting reminds me of that of Matisse.

o **estilo**
- O **estilo** dessa pintura me lembra o de Matisse.

original [əˈrɪdʒnəl] adj
- Nobody knows what the **original** temple looked like.

original
- Ninguém sabe como o templo **original** se parecia.

originally [əˈrɪdʒnəli] adv
- This sculpture was **originally** made in Greece.

originalmente
- Esta escultura foi feita **originalmente** na Grécia.

exhibition [ˌeksɪˈbɪʃn] n
- Millions of people saw the **exhibition** of paintings by Rubens last year.

a **exposição**
- Milhões de pessoas viram a **exposição** de pinturas de Rubens no ano passado.

detail ['diːteɪl] n
- If you look very closely you can see that the painting is full of **details**.

o **detalhe**
- Se você olhar atentamente, poderá ver que a pintura é cheia de **detalhes**.

frame [freɪm] n
- Some of these paintings have very old and valuable **frames**.

a **moldura**
- Algumas dessas pinturas têm **molduras** muito antigas e valiosas.

Teatro e cinema

theatre BE [ˈθɪətə], **theater** AE [ˈθɪətər] n
- You absolutely must see a play at one of the many **theatres** when you're in London.

o **teatro**
- Você deve ver uma peça em algum dos muitos **teatros** quando estiver em Londres.

play [pleɪ] n
- *My Fair Lady* was based on a **play** by George Bernard Shaw.

a **peça**
- *My Fair Lady* foi baseado em uma **peça** de George Bernard Shaw.

stage [steɪdʒ] n
- There was applause when the stars came on the **stage**.

o **palco**
- Houve aplausos quando as estrelas subiram ao **palco**.

to stage [tə ˈsteɪdʒ] v
- I don't think they should **have staged** *Tannhäuser* in English.

Montar
- Não acho que deveriam ter **montado** *Tannhäuser* em inglês.

film BE [fɪlm], **movie** AE [ˈmuːvi] n
- She's starring in the new **film** by Coppola.

o **filme**
- Ela está estrelando o novo **filme** de Coppola.

performance [pəˈfɔːməns] n
- In Britain a matinée is a **performance** in the afternoon, not in the morning.

a **apresentação**
- Na Grã-Bretanha, uma matinê é uma **apresentação** à tarde, não de manhã.

cinema BE [ˈsɪnəmə], **movie theater** AE [ˈmuːvi ˌθɪətər] n
- Films are more impressive at the **cinema** than on video.
- The film is showing at the new **movie theater** downtown.

o **cinema**
- Os filmes são mais impressionantes no **cinema** do que em vídeo.
- O filme está passando no novo **cinema** do centro da cidade.

ticket [ˈtɪkɪt] n
- It's often difficult to get **tickets** for popular plays.

o **ingresso**
- Costuma ser difícil conseguir **ingressos** para peças populares.

story [ˈstɔːri] n
- There was too much violence in the film but the **story** was interesting.

a **história**
- Tinha muita violência no filme, mas a **história** era interessante.

plot [plɒt] *n*
- I don't like the **plot** of her new film.

o **enredo**
- Não gosto do **enredo** de seu novo filme.

to see [tə ˈsiː] *v*
- ▶ *v irr* p. 446 see
- I think we should **see** that film tonight.

ver, assistir
- Acho que deveríamos **assistir** àquele filme hoje à noite.

comedy [ˈkɒmədi] *n*
- I saw a **comedy** by Aristophanes but I can't remember the title.

a **comédia**
- Assisti a uma **comédia** de Aristófanes, mas não me lembro do título.

tragedy [ˈtrædʒədi] *n*
- Our drama club is going to perform one of Sophocles' **tragedies**.

a **tragédia**
- Nosso grupo de teatro vai encenar uma das **tragédias** de Sófocles.

drama [*BE:* ˈdrɑːmə, *AE:* ˈdræmə] *n*
- I've seen so many **dramas**. I should start writing reviews for the local paper.

o **drama**
- Tenho assistido a tantos **dramas**. Eu deveria começar a escrever críticas para o jornal local.

act [ækt] *n*
- I wonder why the author had his protagonist killed in the third **act**?

o **ato**
- Eu me pergunto por que o autor matou seu protagonista no terceiro **ato**.

scene [siːn] *n*
- The "gravedigger **scene**" is in act five, scene one.

a **cena**
- A "**cena** do coveiro" é no quinto ato, cena um.

soliloquy [səˈlɪləkwi] *n*
- Who delivers the famous **soliloquy** in the third act?

o **solilóquio**
- Quem diz o famoso **solilóquio** no terceiro ato?

dialogue *BE*, **dialog** *AE* [ˈdaɪəlɒg] *n*
- There's hardly any **dialogue** in this play.

o **diálogo**
- Quase não há **diálogos** nessa peça.

ballet [*BE:* ˈbæleɪ, *AE:* bælˈeɪ] *n*
- She studied **ballet** and danced in a number of Broadway musicals.

o **balé**
- Ela estudou **balé** e dançou em vários musicais da Broadway.

dance [BE: dɑːns, AE: dæns] n ■ The folk **dance** group did a traditional dance.	a **dança** ■ O grupo de dança folclórica fez uma **dança** tradicional.
to direct [tə ˈdaɪˈrekt] v ■ The film **was directed** by Fellini.	**dirigir** ■ O filme **foi dirigido** por Fellini.
to make a film [tə ˌmeɪk ə ˈfɪlm] phrase ▶ v irr p. 446 make ■ Look, they're **making a film** in your street.	**fazer um filme, rodar um filme** ■ Veja, estão **rodando um filme** na sua rua.
role [rəʊl] n ■ His **role** in The Silence of the Lambs won Anthony Hopkins an Oscar.	o **papel** ■ Seu **papel** em O silêncio dos inocentes rendeu um Oscar a Anthony Hopkins.
costume [ˈkɒstjuːm] n ■ The actor was changing into his **costume**.	o **traje** ■ O ator estava vestindo seu **traje**.
screen [skriːn] n ■ For me a real cinema must have a large **screen**.	a **tela** ■ Para mim, um cinema de verdade deve ter uma **tela** grande.
audience [ˈɔːdiəns] n ■ At the end of the show there was enthusiastic applause from the **audience**.	o **público** ■ Ao final da apresentação, vieram aplausos entusiasmados do **público**.
applause [əˈplɔːz] n ■ The band was greeted with thunderous **applause**.	o **aplauso** ■ A banda foi saudada com **aplausos** estrondosos.
to applaud [tə əˈplɔːd] v ■ The audience **applauded** for over 15 minutes.	**aplaudir** ■ O público **aplaudiu** por mais de quinze minutos.
star [stɑː] n m/f ■ A large crowd of teenagers gathered around the **star**.	o **astro** ■ Uma imensa multidão de adolescentes se juntou em volta do **astro**.
feature (film) [ˈfiːtʃə (ˌfɪlm)] n ■ What's the name of David Lynch's first **feature film**?	o **(filme de) longa-metragem** ■ Qual o nome do primeiro **longa-metragem** de David Lynch?

Lazer e tempo livre

Festas

party ['pɑːti] *n* ■ I'm going to throw a big **party** on my 30th birthday.	a **festa** ■ Vou dar uma grande **festa** pelo meu trigésimo aniversário.
to celebrate [tə 'seləbreɪt] *v* ■ My mother usually **celebrates** her birthday in January because it is on December 24th.	festejar, **celebrar** ■ Minha mãe costuma **festejar** seu aniversário em janeiro, porque ela nasceu em 24 de dezembro.
birthday ['bɜːθdeɪ] *n* ■ It's Gemma's **birthday** today.	o **aniversário** ■ Hoje é o **aniversário** de Gemma.
anniversary [ˌænɪ'vɜːsəri] *n* ■ They celebrated the 50th **anniversary** of the bridge with a huge party.	o **aniversário** ■ Eles celebraram o quinquagésimo **aniversário** da ponte com uma enorme festa.
to congratulate [tə 'kənˈgrætʃəleɪt] *v* ■ Tim **congratulated** Kenneth on his wedding anniversary.	parabenizar, **felicitar** ■ Tim **felicitou** Kenneth por seu aniversário de casamento.
Congratulations! [kənˌgrætʃə'leɪʃnz] *interj*	**Parabéns!**
Good luck! [ˌgʊd 'lʌk] *interj*	**Boa sorte!**
Happy Christmas! *BE* [ˌhæpi 'krɪsməs] *interj*	**Feliz Natal!**
Merry Christmas! [ˌmeri 'krɪsməs] *interj*	**Feliz Natal!**
Happy Easter! [ˌhæpi 'iːstə] *interj*	**Feliz Páscoa!**
present ['preznt] *n* ■ In English-speaking countries children get their **presents** on Christmas Day.	o **presente** ■ Em países de língua inglesa, as crianças recebem os **presentes** no Natal.

to give [tə ˈgɪv] v
- ▶ v irr p. 444 give
- What are you **giving** your brother for his birthday?

dar
- O que você vai **dar** de presente de aniversário para seu irmão?

wonderful [ˈwʌndəfl] adj
- What a **wonderful** present! Thank you very much.

maravilhoso
- Que presente **maravilhoso**! Muito obrigado.

great [greɪt] adj
- It was a **great** party. Thanks for inviting me.

ótimo, excelente
- Foi uma festa **excelente**. Obrigado por me convidar.

cool [kuːl] adj
- What a **cool** party!

legal
- Que festa **legal**!

host [həʊst] n m/f
- We thanked our **host** at the end of the party.

o anfitrião
- Agradecemos a nosso **anfitrião** ao final da festa.

to receive [tə ˈrɪˈsiːv] v
- Martin **received** his guests with a glass of sparkling wine.

receber
- Martin **recebeu** seus convidados com uma taça de espumante.

hearty [ˈhɑːti] adj
- Our host gave us a **hearty** welcome.

caloroso
- Nosso anfitrião recebeu-nos com boas-vindas **calorosas**.

greeting [ˈgriːtɪŋ] n
- His **greeting** was rather reserved.

a saudação, o cumprimento
- Sua **saudação** foi bastante reservada.

occasion [əˈkeɪʒn] n
- Mum only wears that dress on special **occasions**.

a ocasião
- Mamãe só usa aquele vestido em **ocasiões** especiais.

to celebrate an anniversary [tə ˌseləbreɪt ən ænɪˈvɜːsəri] phrase
- Nobody's working today because the company **is celebrating an anniversary**.

comemorar um aniversário
- Hoje ninguém está trabalhando porque a empresa **está comemorando um aniversário**.

wedding anniversary [ˈwedɪŋ ˌænɪˈvɜːsəri] *n*
- Their 50th **wedding anniversary** is next Friday.

o **aniversário de casamento**
- O quinquagésimo **aniversário de casamento** deles é na próxima sexta.

christening [ˈkrɪsənɪŋ] *n*
- The little girl was very brave throughout the whole **christening**.

o **batismo**
- A garotinha ficou muito comportada durante todo o **batismo**.

decoration [ˌdekəˈreɪʃn] *n*
- I didn't like the **decorations**, they were too old-fashioned.

a **decoração**
- Não gostei da **decoração**, estava muito fora de moda.

to decorate [tə ˈdekəreɪt] *v*
- The children **decorated** the Christmas tree.

decorar, enfeitar
- As crianças **decoraram** a árvore de Natal.

to gift-wrap [tə ˈɡɪftˌræp] *v*
- Could you please **gift-wrap** this vase for me?

embrulhar para presente
- Você poderia, por favor, **embrulhar para presente** este vaso para mim?

event [ɪˈvent] *n*
- Oliver was so disappointed; the New Year's Eve party was the most boring **event** of the year.

o **evento**
- Oliver estava muito desapontado; a festa de Ano-Novo foi o **evento** mais tedioso do ano.

to take place [tə ˌteɪk ˈpleɪs] *phrase*
▶ *v irr* p. 448 take
- In Britain most weddings still **take place** in church.

acontecer, dar-se

- Na Grã-Bretanha, a maior parte dos casamentos ainda **acontece** na igreja.

fair [feə] *n*
- The **fair** was a huge success. It drew thousands of people.

a **feira**
- A **feira** foi um enorme sucesso. Atraiu milhares de pessoas.

circus [ˈsɜːkəs] *n*
- There's a **circus** in town. I think we should all go and see the show.

o **circo**
- Tem um **circo** na cidade. Acho que todos deveríamos ir e assistir ao espetáculo.

flea market [ˈfliː ˌmɑːkɪt] *n* ■ James bought this beautiful vase at the **flea market** last Saturday.	**mercado de pulgas, feira de antiguidades** ■ James comprou esse belo vaso na **feira de antiguidades**, sábado passado.
fireworks [ˈfaɪəwɜːk] *npl* ■ The **fireworks** on 4 July were pretty spectacular.	**fogos de artifício** ■ Os **fogos de artifício** de 4 de Julho foram realmente impressionantes.
festival [ˈfestɪvl] *n* ■ The **festival** was a great success.	**o festival** ■ O **festival** foi um enorme sucesso.
crowd [kraʊd] *n* ■ A huge **crowd** gathered in front of the hotel to greet the band.	**a multidão** ■ Uma enorme **multidão** se reuniu em frente ao hotel para saudar a banda.
tradition [trəˈdɪʃn] *n* ■ In Britain it's a **tradition** to wear a paper hat during the Christmas meal.	**a tradição** ■ Na Grã-Bretanha, é **tradição** usar um chapéu de papel durante a ceia de Natal.
traditional [trəˈdɪʃnəl] *adj* ■ What does a **traditional** British Christmas dinner consist of?	**tradicional** ■ Em que consiste uma **tradicional** ceia de Natal britânica?
custom [ˈkʌstəm] *n* ■ It is the **custom** to decorate a tree at Christmas.	**o costume** ■ É **costume** decorar uma árvore no Natal.

Feriados

New Year's Day [ˌnjuː jɪəz ˈdeɪ] *n*	o **dia de Ano-Novo**
carnival [ˈkɑːnɪvl] *n*	o **Carnaval**
Good Friday [ˌɡʊd ˈfraɪdeɪ] *n*	a **Sexta-Feira Santa**
Easter [ˈiːstə] *n*	a **Páscoa**
Easter Sunday [ˌiːstə ˈsʌndeɪ] *n*	o **Domingo de Páscoa**

Easter Monday [ˌiːstə ˈmʌndeɪ] *n*	a **Segunda-Feira de Páscoa**
Whitsun [ˈwɪtsn] *n*	o **Pentecostes**
Christmas [ˈkrɪsməs] *n*	o **Natal**
Christmas Eve [ˌkrɪsməs ˈiːv] *n*	a **véspera de Natal**
Christmas Day *BE* [ˌkrɪsməs ˈdeɪ] *n*	o **Dia de Natal**
Boxing Day *BE* [ˈbɒksɪŋ ˌdeɪ] *n*	o **primeiro dia depois do Natal, dia da "Caixa de Natal"**
Thanksgiving *AE* [ˌθæŋksˈɡɪvɪŋ] *n*	o **Dia de Ação de Graças**
New Year's Eve [ˌnjuː jɪəz ˈiːv] *n*	a **véspera de Ano-Novo**, a **noite** de Ano-Novo, o *Réveillon*
Shrove Tuesday *BE* [ˌʃrəʊv ˈtjuːzdeɪ] *n*, **Mardi Gras** *AE* [ˌmɑːdi ˈɡrɑː] *n*	a **Terça-feira de Carnaval**
Ash Wednesday [æʃ ˈwenzdeɪ] *n*	a **Quarta-feira de Cinzas**
Martin Luther King Day *AE* [ˌmɑːtɪn ˌluːθə ˈkɪŋ deɪ] *n*	o **Dia de Martin Luther King**
Independence Day *AE* [ɪnˌdɪˈpendəns ˌdeɪ] *n*	o **Dia da Independência**
Memorial Day [məˈmɔːriəl ˌdeɪ] *n*	o *Memorial Day*
Labour Day *BE* [ˈleɪbə ˌdeɪ], **Labor Day** *AE* [ˈleɪbər ˌdeɪ] *n*	o **Dia do Trabalho**
May Bank Holiday *BE* [ˌmeɪ bæŋk ˈhɒlədeɪ] *n*	o **feriado bancário de maio**
Spring Bank Holiday *BE* [ˌsprɪŋ bæŋk ˈhɒlədeɪ] *n*	o **feriado bancário da primavera**
August Bank Holiday *BE* [ɔːˈɡʌst bæŋk ˈhɒlədeɪ] *n*	o **feriado bancário de agosto**

Saídas e diversão

to go out [tə ˌgəʊ ˈaʊt] *phrase*   sair
▶ v irr p. 444 go
- I asked Sarah **to go out** with me on Friday night.
- Chamei Sarah para **sair** comigo sexta à noite.

to go for a drink [tə ˌgəʊ fə ə ˈdrɪŋk] *phrase*   ir beber alguma coisa
▶ v irr p. 444 go
- I'm thirsty. Let's **go for a drink**.
- Estou com sede. **Vamos beber alguma coisa**.

entertainment [en.təˈteɪn.mənt] *n*   e **entretenimento**, a **animação**
- Sam organized the **entertainment** for the party.
- Sam organizou a **animação** para a festa.

pleasure [ˈpleʒə] *n*   o **prazer**, a **diversão**
- Are you here for business or **pleasure**?
- Você está aqui a negócios ou por **diversão**?

fun [fʌn] *adj*   divertido
- Watching TV would be much more **fun** without commercials.
- Assistir à TV seria muito mais **divertido** sem os comerciais.

to have fun [tə ˌhæv ˈfʌn] *phrase*   divertir-se
▶ v irr p. 445 have
- We **had** a lot of **fun** at the party last night.
- Nós **nos divertimos** muito na festa ontem à noite.

Have fun! [hæv ˈfʌn] *interj*   Divirta-se!
▶ v irr p. 445 have

to enjoy [tə ɪnˈdʒɔɪ] *v*   aproveitar
- The weather was great, we really **enjoyed** our holidays.
- O tempo estava ótimo, nós realmente **aproveitamos** as férias.

to enjoy oneself [tə ɪnˈdʒɔɪ wʌnˈself] *phrase*   divertir-se
- The weather was great, we really **enjoyed ourselves**.
- O tempo estava ótimo, nós realmente **nos divertimos**.

Enjoy yourself! [ɪnˈdʒɔɪ jəˈself] *interj*   Divirta-se!

dance [BE: dɑːns, AE: dæns] n
- They had hired a traditional dance group for the **dance**.

o **baile**
- Eles contrataram um grupo de dança tradicional para o **baile**.

to dance [BE: tə ˈdɑːns, AE: tə ˈdæns] v
- Ian always goes **dancing** when he's in a bad mood.

dançar
- Ian sempre sai para **dançar** quando está de mau humor.

discotheque [ˈdɪskətek] n
- He doesn't mind living above a **discotheque**.

a **boate**, a **discoteca**
- Ele não se importa de morar em cima de uma **discoteca**.

disco [ˈdɪskəʊ] n
- Why don't we go to the **disco** tonight?

a **boate**, a **discoteca**
- Por que não vamos à **boate** esta noite?

dinner party [ˈdɪnə ˌpɑːti] n
- The Johnsons served a delicious meal at their **dinner party**.

o **jantar**
- Os Johnson serviram uma deliciosa refeição em seu **jantar**.

show [ʃəʊ] n
- Don't miss one of the great **shows** in Las Vegas.

o **show**
- Não perca um dos melhores **shows** de Las Vegas.

amusing [əˈmjuːzɪŋ] adj
- We watched quite an **amusing** film on TV.

divertido
- Assistimos a um filme bem **divertido** na TV.

to make sb. laugh [BE: tə ˌmeɪk ... ˈlɑːf, AE: tə ˌmeɪk ˈ] phrase
▶ v irr p. 446 make
- Tony's my best friend, he always **makes me laugh**.

fazer alguém rir

- Tony é meu melhor amigo, ele sempre **me faz rir**.

to make fun of sb. [tə ˌmeɪk ˈfʌn əv] phrase
▶ v irr p. 446 make
- Jane hates it when people **make fun of her**.

rir de alguém, fazer troça de alguém

- Jane odeia quando as pessoas **riem dela**.

joke [dʒəʊk] n
- We realized too late that he'd just made a **joke**.

a **piada**
- Percebemos tarde demais que ele tinha feito apenas uma **piada**.

to joke [tə ˈdʒəʊk] v ■ Don't be offended, he's just **joking**.	**brincar** ■ Não se ofenda, ele está apenas **brincando**.
funny [ˈfʌni] adj ■ Carrie's so **funny** that she makes everybody laugh.	**engraçado** ■ Carrie é tão **engraçada** que faz todo mundo rir.
for fun [fə ˈfʌn] phrase ■ We all went in fancy dress just **for fun**.	**por diversão** ■ Nós todos fomos com roupas extravagantes só **por diversão**.
laughter [BE: ˈlɑːftə, AE: ˈlæftər] n ■ We heard loud **laughter** coming from the flat next door.	**as risadas** ■ Ouvimos **risadas** altas vindas do apartamento ao lado.
nightclub [ˈnaɪtklʌb] n ■ Would you like to check out that new **nightclub** that has opened around the corner?	**a casa noturna** ■ Você gostaria de dar uma olhada naquela nova **casa noturna** que abriu na esquina?
bar [bɑː] n ■ We hung out in that **bar** until 4 in the morning.	**o bar** ■ Ficamos naquele **bar** até 4 da manhã.

Esportes

sport [spɔːt] n ■ Baseball is a **sport** which is not very well known in Europe.	**o esporte** ■ O baseball é um **esporte** não muito conhecido na Europa.
to do sport [tə ˌdu ˈspɔːt] phrase ▶ v irr p. 443 do ■ Mick **does** a lot of **sport** to keep fit.	**praticar esporte** ■ Mick **pratica** muito **esporte** para se manter em forma.
to train [tə ˈtreɪn] v ■ Top athletes **train** for several hours a day.	**treinar** ■ Os melhores atletas **treinam** muitas horas por dia.

to run [tə ˈrʌn] v

▶ v irr p. 446 run
- How fast can a world-class sprinter **run**?

correr

- Até qual velocidade um velocista de classe mundial pode **correr**?

---

race [reɪs] n
- I competed in the first **race** but didn't win.

a corrida, a disputa
- Eu competi na primeira **corrida**, mas não ganhei.

---

slow [sləʊ] adj
- Mark thought he would win the race but he was too **slow**.

lento
- Mark pensava que venceria a corrida, mas foi **lento** demais.

---

slowly [ˈsləʊli] adv
- He won't win the race. He's running too **slowly**.

lentamente, devagar
- Ele não vai vencer a corrida. Está correndo muito **lentamente**.

---

fast [BE: fɑːst, AE: fæst] adj, adv
- She's a **fast**, but careful driver.
- The racing cars were going too **fast**.

rápido, ligeiro
- Ela é uma motorista **rápida**, mas cuidadosa.
- Os carros de corrida estavam indo **ligeiro** demais.

---

gym [dʒɪm] n
- The **gym** is closed due to interior renovations.

a academia
- A **academia** está fechada por causa de reformas em seu interior.

---

player [ˈpleɪə] n m/f
- In rugby there are 13 or 15 **players** on a team.

o jogador
- No rúgbi, há 13 ou 15 **jogadores** em uma equipe.

---

ball [bɔːl] n
- In American Football the **ball** is not round but oval.

a bola
- No futebol americano, a **bola** não é redonda, mas oval.

---

to throw [tə ˈθrəʊ] v

▶ v irr p. 448 throw
- In football the goalkeeper is the only player allowed to pick up the ball and **throw** it.

lançar

- No futebol, o goleiro é o único jogador que pode apanhar a bola e **lançá**-la.

---

to catch [tə ˈkætʃ] v

▶ v irr p. 443 catch
- In volleyball you are not allowed **to catch** or throw the ball.

pegar

- No vôlei, você não pode **pegar** ou arremessar a bola.

football BE [ˈfʊtbɔːl], **soccer** AE [ˈsɒkə] n	o **futebol**
■ **Football** is the most popular sport in Europe and South America.	■ O **futebol** é o esporte mais popular na Europa e na América do Sul.
■ In the US **soccer** is most popular among women.	■ Nos Estados Unidos, o **futebol** é mais popular entre as mulheres.
winter sports [ˌwɪntə ˈspɔːts] n	os **esportes de inverno**
■ My grandmother used to watch all sorts of **winter sports** on TV.	■ Minha avó costumava assistir a todos os **esportes de inverno** pela TV.
ski [skiː] n	o **esqui**
■ **Skis** were first used in Norway.	■ Os **esquis** foram primeiro usados na Noruega.
to go skiing [tə ˌɡəʊ ˈskiːɪŋ] phrase	**ir esquiar**
▶ v irr p. 444 go	
■ We always **go skiing** at Easter.	■ Sempre vamos **esquiar** na Páscoa.
to go sledging BE [tə ɡəʊ ˈslɛdʒɪŋ], **to go sledding** AE [tə ɡəʊ ˈslɛdɪŋ] phrase	**andar de trenó**
▶ v irr p. 444 go	
■ We hardly ever get any snow in the city, so I drive into the mountains **to go sledging**.	■ Dificilmente temos neve na cidade, por isso vou até as montanhas para **andar de trenó**.
to swim [tə swɪm] v	**nadar**
▶ v irr p. 448 swim	
■ It takes at least nine hours to **swim** across the English Channel.	■ Leva pelo menos nove horas para **nadar** através do Canal da Mancha.
swimming pool [ˈswɪmɪŋ puːl] n	a **piscina**
■ Dan works as a lifeguard at the **swimming pool**.	■ Dan trabalha como salva-vidas na **piscina**.
to ride [tə raɪd] v	**cavalgar, montar**
▶ v irr p. 446 ride	
■ In the Derby, the jockeys **ride** three-year old horses.	■ No Derby, os jóqueis montam **cavalos** de três anos de idade.

hike [haɪk] *n*
- Adam is planning an extended **hike** through the Southern Alps.

a **caminhada**
- Adam está planejando uma longa **caminhada** pelo sul dos Alpes.

ascent [əˈsɛnt] *n*
- The **ascent** was exhausting and somewhat dangerous.

a **subida**
- A **subida** foi exaustiva e um pouco perigosa.

to go climbing [tə gəʊ ˈklaɪmɪŋ] *phrase*
▶ v irr p. 444 go
- Graham **goes climbing** whenever he finds the time.

escalar, fazer uma escalada
- Graham **escala** quando encontra tempo.

game [geɪm] *n*
- Their quarterback was injured during the first half of the **game**.

o **jogo**, a **partida**
- O zagueiro deles se contundiu durante o primeiro tempo do **jogo**.

➡ Para jogos de equipe, tanto em AE como em BE emprega-se o termo **game**; em BE, usa-se também **match**.

match [mætʃ] *n*
- We watched the **match** between Manchester United and Arsenal on TV.
➡ game p. 185.

o **jogo**, a **partida**
- Assistimos ao **jogo** entre o Manchester United e o Arsenal pela TV.

competition [ˌkɒmpɪˈtɪʃən] *n*
- Dev won a **competition** at school and got £50.

a **competição**
- Dev venceu uma **competição** na escola e ganhou 50 libras.

competitor [kəmˈpɛtɪtə] *n m/f*
- Over 200 **competitors** took part in the competition.

o **competidor**
- Mais de duzentos **competidores** participaram da competição.

victory [ˈvɪktəri] *n*
- We celebrated Arsenal's 1-0 **victory** over Manchester with a glass of champagne.

a **vitória**
- Festejamos a **vitória** por 1 a 0 do Arsenal sobre o Manchester com uma taça de champanhe.

winner [ˈwɪnə] *n m/f*
- The **winner** received a gold medal.

o **vencedor**
- O **vencedor** recebeu uma medalha de ouro.

Esportes

to win [tə wɪn] *v*
- ▶ *v irr* p. 449 win
- She **won** in the semi final but only came third in the final.

vencer
- Ela **venceu** a semifinal, mas chegou apenas em terceiro na final.

defeat [dɪˈfiːt] *n*
- The Canadian hockey team suffered a 5-4 **defeat** against Russia.

a derrota
- O time de hóquei do Canadá sofreu uma **derrota** de 5 a 4 para a Rússia.

loser [ˈluːzə] *n m/f*
- The **loser** will get a consolation prize.

o perdedor
- O **perdedor** vai ganhar um prêmio de consolação.

to lose [tə luːz] *v*
- ▶ *v irr* p. 446 lose
- Scotland **lost** 3-4 to Ireland.

perder
- A Escócia **perdeu** de 4 a 3 para a Irlanda.

start [stɑːt] *n*
- The American sprinter took the lead right after the **start**.

o início, o começo, a largada
- O velocista americano assumiu a dianteira logo após a **largada**.

finish [ˈfɪnɪʃ] *n*
- The South African runner led the competition from start to **finish**.

o fim, o término
- O corredor sul-africano liderou a competição do início ao **fim**.

opponent [əˈpəʊnənt] *n m/f*
- Ali won the fight even though his **opponent** looked much stronger.

o oponente
- Ali venceu a luta, embora o **oponente** parecesse muito mais forte.

fair [feə] *adj*
- I don't think the referee was very **fair**.

justo
- Não acho que o árbitro tenha sido **justo**.

famous [ˈfeɪməs] *adj*
- Pelé is probably the most **famous** football player in the world.

famoso, célebre
- Pelé é provavelmente o jogador de futebol mais **famoso** do mundo.

athlete [ˈæθliːt] *n m/f*
- Stuntmen must be good **athletes**.

o atleta
- Os dublês precisam ser bons **atletas**.

athletic [æθˈlɛtɪk] *adj* ■ Donald was quite **athletic** in his youth.	**atlético** ■ Donald era bastante **atlético** em sua juventude.
training [ˈtreɪnɪŋ] *n* ■ Amir won the fight after weeks of hard **training**.	o **treinamento** ■ Amir venceu a luta após semanas de **treinamento** árduo.
practice [ˈpræktɪs] *n* ■ Only those who show up for **practice** will get a chance to play at the weekend.	o **treino** ■ Somente aqueles que apareceram para o **treino** terão uma chance de jogar no fim de semana.
stadium [ˈsteɪdiəm] *n* ■ The new **stadium** was opened with a ceremony.	o **estádio** ■ O novo **estádio** foi inaugurado com uma cerimônia.
team [tiːm] *n* ■ A **team** should be more than the sum of its members.	o **time** ■ Um **time** deveria ser mais do que a soma de seus membros.
exercise [ˈɛksəsaɪz] *n* ■ After ten hours working at the computer I needed some **exercise**.	o **exercício** ■ Depois de dez horas trabalhando no computador eu precisava de um pouco de **exercício**.
fitness [ˈfɪtnɪs] *n* ■ Ryan joined a gym to improve his **fitness**.	a **forma** ■ Ryan se matriculou na academia para melhorar sua **forma**.
fit [fɪt] *adj* ■ Molly keeps **fit** by jogging every day.	**em forma** ■ Molly se mantém **em forma** correndo todos os dias.
endurance [ɪnˈdjʊərəns] *n* ■ I jog every day to improve my **endurance**.	a **resistência (física)** ■ Corro todos os dias para melhorar minha **resistência**.
to jump [tə dʒʌmp] *v* ■ Show jumpers must be able to **jump** over high fences.	**saltar** ■ Cavalos de equitação de salto devem ser capazes de **saltar** cercas altas.

to hop [tə hɒp] *v*
- When there's no match going on the rabbits **hop** across the sports ground.

pular
- Quando não tem jogo, coelhos saem **pulando** pelo gramado do campo.

goal [gəʊl] *n*
- Our team won the football match by three **goals** to one.

o gol
- Nosso time ganhou o jogo de futebol por três **gols** a um.

field [fiːld] *n*
- After their team lost the match some angry fans threw toilet rolls on the **field**.

o campo
- Após o time perder o jogo, alguns torcedores raivosos jogaram rolos de papel higiênico no **campo**.

jogging [ˈdʒɒgɪŋ] *n*
- Gail started **jogging** at the age of 40. Today she's fitter than her 20-year old daughter.

correr
- Gail começou a **correr** aos 40 anos. Hoje ela está mais em forma do que sua filha de 20 anos.

athletics *BE* [æθˈlɛtɪks], **track and field** *AE* [træk ənd fiːld] *n*
- **Athletics** is one of the most popular Olympic disciplines.
- Randy did **track and field** when he was a child but later joined a baseball team.

o atletismo
- O **atletismo** é uma das modalidades olímpicas mais populares.
- Randy praticou **atletismo** quando era criança, mas depois entrou para um time de beisebol.

volleyball [ˈvɒlɪˌbɔːl] *n*
- Beth's good at **volleyball** even though she's rather short.

o vôlei
- Beth é boa em **vôlei**, embora seja um tanto baixa.

basketball [*BE:* ˈbɑːskɪtbɔːl, *AE:* ˈbæskətbɑːl] *n*
- Mario's been playing **basketball**, since he was 14.

o basquete
- Mario joga **basquete** desde os 14 anos.

handball [ˈhændbɔːl] *n*
- **Handball** is a dangerous sport.

o handebol
- O **handebol** é um esporte perigoso.

golf [gɒlf] *n*
- My husband has gone out to play **golf**.

o golfe
- Meu marido saiu para jogar **golfe**.

Esportes

tennis [ˈtenɪs] *n* ■ You can play **tennis** indoors and outdoors.	o **tênis** ■ Você pode jogar **tênis** em quadras fechadas e abertas.
racket [ˈrækɪt] *n* ■ Matthew used his new **racket** in the match.	a **raquete** ■ Matthew usou sua **raquete** nova no jogo.
hockey BE [ˈhɒki], **field hockey** AE [ˈfiːld ˌhɒk.i] *n* ■ Alec plays **hockey** twice a week. ■ **Field hockey** is quite popular in Pakistan and India.	o **hóquei (sobre grama)** ■ Alec joga **hóquei** duas vezes por semana. ■ O **hóquei** é bastante popular no Paquistão e na Índia.
ice hockey BE [ˈaɪs ˌhɒk.i], **hockey** AE [ˈhɒk.i] *n* ■ **Ice hockey** is the official national winter sport in Canada. ■ In Canada women started playing **hockey** around 1900.	o **hóquei no gelo** ■ O **hóquei no gelo** é o esporte de inverno nacional no Canadá. ■ No Canadá, as mulheres começaram a jogar **hóquei no gelo** por volta de 1900.
sailing [ˈseɪlɪŋ] *n* ■ **Sailing** as a sport was introduced in Britain by King Charles II in 1660.	a **vela** ■ A **vela** como esporte foi introduzida na Grã-Bretanha pelo rei Carlos II em 1660.
diving [ˈdaɪvɪŋ] *n* ■ Although he's got only one leg **diving** is his favourite pastime.	o **mergulho** ■ Embora ele tenha uma só perna, o **mergulho** é seu passatempo favorito.
surfing [ˈsɜːfɪŋ] *v* ■ When he lived in Australia he used to go **surfing** every day.	**surfe** ■ Quando morava na Austrália, ele costumava **surfar** todos os dias.
to climb [tə ˈklaɪm] *v* ■ Free climbing is much more interesting than **climbing** in a climbing gym.	**escalar** ■ A escalada livre é muito mais interessante do que **escalar** em uma academia.
to score a goal [tə ˌskɔː ə ˈɡəʊl] *phrase* ■ Collins was the best player. He **scored** four **goals**.	**fazer um gol** ■ Collins foi o melhor jogador. **Fez** quatro **gols**.

final [ˈfaɪnl] *n*

- Liverpool played Milan in the **final** and won 6-5 on penalties.

a **final**

- Liverpool jogou com o Milan na **final** e ganhou por 6 a 5 nos pênaltis.

world championship [wɜːld ˈtʃæmpiənʃɪp] *n*

- The 2007 **world championship** took place in Osaka, Japan.

o **campeonato mundial**

- O **campeonato mundial** de 2007 aconteceu em Osaka, Japão.

world cup [ˈwɜːld ˈkʌp] *n*

- Who do you think is going to win the next **world cup**?

a **copa do mundo**

- Quem você acha que vai ganhar a próxima **copa do mundo**?

Olympic Games [əˌlɪmpɪk ˈgeɪmz] *n pl*

- The **Olympic Games** in the year 2000 were held in Sydney, Australia.

os **Jogos Olímpicos**

- Os **Jogos Olímpicos** do ano 2000 foram realizados em Sydney, na Austrália.

medal [ˈmedl] *n*

- She won four **medals**: three gold medals and one silver medal.

a **medalha**

- Ela ganhou quatro **medalhas**: três de ouro e uma de prata.

prize [praɪz] *n*

- Neil won first **prize** in the long jump.
- Since they both finished first they had to share the **prize**.

o **prêmio**

- Neil levou o primeiro **prêmio** no salto em distância.
- Como os dois chegaram em primeiro, eles tiveram de dividir o **prêmio**.

referee [ˌrefəˈriː] *n m/f*

- The goalkeeper was sent off by the **referee**.

o **árbitro**

- O goleiro foi expulso pelo **árbitro**.

➡ O árbitro no tênis, no beisebol e no críquete é chamado de umpire.

to referee [tə ˌrefəˈriː] *v*

- Who's going to **referee** the game?

arbitrar

- Quem vai **arbitrar** o jogo?

to give a penalty [tə ˌgɪv ə ˈpenəlti] *phrase*

▶ *v irr* p. 444 give

- The referee **gave a penalty** to England.

marcar um pênalti

- O árbitro **marcou um pênalti** para a Inglaterra.

fan [fæn] *n m/f* ■ The **fans** of both teams celebrated together after the match.	o **torcedor** ■ Os **torcedores** dos dois times festejaram juntos após o jogo.
record [rɪˈkɔːd] *n* ■ Symonds set up a new Olympic **record**.	o **recorde** ■ Symonds estabeleceu um novo **recorde** olímpico.
success [səkˈses] *n* ■ Brad's had a lot of **success** for many years.	o **sucesso** ■ Brad teve muito **sucesso** por muitos anos.
successful [səkˈsesfl] *adj* ■ He's been extremely **successful** for many years.	**bem-sucedido** ■ Ele foi extremamente **bem-sucedido** por muitos anos.
unsuccessful [ˌʌnsəkˈsesfl] *adj* ■ Zara's made several **unsuccessful** attempts to win the competition.	**malsucedido** ■ Zara fez várias tentativas **malsucedidas** de vencer a competição.
well-known [ˌwel ˈnəʊn] *adj* ■ She's a **well-known** athlete in her country.	**conhecido** ■ Ela é uma atleta **conhecida** em seu país.
exciting [ɪkˈsaɪtɪŋ] *adj* ■ The match was **exciting** right up to the last minute.	**empolgante** ■ O jogo foi **empolgante** até o último minuto.

Hobbies

photo [ˈfəʊtəʊ] *n* ■ I took over a thousand **photos** when I was on holiday in South Africa.	a **foto**, a **fotografia** ■ Tirei milhares de **fotos** quando estive de férias na África do Sul.
to take pictures [tə ˌteɪk ˈpɪktʃəz] *phrase* ▶ v irr p. 448 take ■ I **took** hundreds of **pictures** of her.	**tirar fotos** ■ Tirei centenas de **fotos** dela.

camera [ˈkæmrə] *n*
- His **camera** is old but takes excellent pictures.

a **câmera**
- Sua **câmera** é velha, mas tira fotografias excelentes.

digital camera [ˌdɪdʒɪtl ˈkæmrə] *n*
- Hannah bought a **digital camera** on the Internet.

a **câmera digital**
- Hannah comprou uma **câmera digital** pela internet.

flash [flæʃ] *n*
- Turn off the **flash**. It's bright enough in this room.

o **flash**
- Desligue o **flash**. Está claro o suficiente nesta sala.

subject [ˈsʌbdʒekt] *n*
- The **subject** I photograph most is landscapes.

o **assunto**, o **tema**
- O **tema** que mais fotografo são paisagens.

game [geɪm] *n*
- We usually play **games** on long train journeys.

o **jogo**
- Nós geralmente jogamos **jogos** em longas viagens de trem.

to play [tə ˈpleɪ] *v*
- Children like **to play** outdoors.

jogar, **brincar**
- Crianças gostam de **brincar** ao ar livre.

to gamble [tə ˈgæmbl] *v*
- Andy spends hours at the casino on the pier **gambling**.

jogar, **apostar**
- Andy passa horas no cassino do píer **apostando**.

luck [lʌk] *n*
- With a little bit of **luck** you'll win first prize.

a **sorte**
- Com um pouquinho de **sorte**, você ganha o primeiro prêmio.

bad luck [bæd ˈlʌk] *n*
- Losing the match by a goal in the last minute was really **bad luck**.

o **azar**
- Perder o jogo por um gol no último minuto foi muito **azar**.

dice [daɪs] *n*
- If you have a couple of **dice** we can shoot craps.

o **dado**
- Se você tiver dois **dados**, podemos jogar *craps*.

playing cards [ˈpleɪɪŋ ˌkɑːdz] *n pl*
- I left my **playing cards** on the train.

o **baralho**
- Deixei meu **baralho** no trem.

hobby [ˈhɒbi] *n*
- Repairing old cars is his **hobby**.

hobby
- Seu **hobby** é consertar carros velhos.

free time [ˌfriː ˈtaɪm] *n*
- Sam does a lot of sport in his **free time**.

o **tempo livre**
- Sam pratica muito esporte em seu **tempo livre**.

to go for a walk [tə ˌgəʊ fə ə ˈwɔːk] *phrase*
▶ **v irr** p. 444 go
- Let's **go for a walk** after dinner.

(sair para) caminhar

- Vamos **sair para caminhar** após o jantar.

to go for a stroll [tə ˌgəʊ fə ə ˈstrəʊl] *phrase*
▶ **v irr** p. 444 go
- We should **go for a stroll** through the old part of town this afternoon.

perambular

- Poderíamos **perambular** pela parte antiga da cidade hoje à tarde.

to do handicrafts [BE: tə ˌduː ˈhændɪkrɑːft, AE: tə ˌduː ˈhændɪkræft] *phrase*
▶ **v irr** p. 443 do
- Monica **does** a lot of **handicrafts** and is very talented.

fazer trabalhos manuais

- Monica **faz** muitos **trabalhos manuais** e é muito talentosa.

tool [tuːl] *n*
- I need some **tools** to repair my bike.

a **ferramenta**
- Preciso de algumas **ferramentas** para consertar minha bicicleta.

pocket knife [ˈpɒkɪt ˌnaɪf] *n*
- Charles is very proud of the **pocket knife** he got for his ninth birthday.

o **canivete**
- Charles está muito orgulhoso do **canivete** que ganhou por seu aniversário de 9 anos.

to fish [tə ˈfɪʃ] *v*
- Uncle Harry loves to **fish**.

pescar
- Tio Harry adora **pescar**.

to go fishing [tə ˈgəʊ] *phrase*
▶ **v irr** p. 444 go
- In Canada I **went fishing** and caught a salmon.

ir pescar

- No Canadá, **fui pescar** e peguei um salmão.

Hobbies

portrait [ˈpɔːtrət] *n* ■ The boss has a **portrait** of his wife on his desk.	o **retrato** ■ O chefe tem um **retrato** de sua esposa na mesa de trabalho.
panorama [ˌpænəˈrɒːmə] *n* ■ In the museum you can see a **panorama** of the whole canyon.	o **panorama** ■ No museu é possível ver um **panorama** do cânion inteiro.
to zoom [tə ˈzuːm] *v* ■ Why didn't you **zoom** in on that butterfly?	aplicar o **zoom** ■ Por que você não **aplicou o zoom** naquela borboleta?
lens [lenz] *n* ■ I've left my bag of **lenses** in the hotel room.	a **lente** ■ Deixei a bolsa com as **lentes** no quarto do hotel.
negative [ˈnegətɪv] *n* ■ I have a dark room at home and still develop all the **negatives** myself.	o **negativo** ■ Tenho um quarto escuro em casa e eu mesmo ainda revelo os **negativos**.
to develop [tə dɪˈveləp] *v* ■ I hardly ever have photos **developed** anymore. I look at them on my computer.	**revelar** ■ Dificilmente **revelo** fotos. Eu as vejo em meu computador.
charger [ˈtʃɑːdʒə] *n* ■ My camera battery is dead and I left the **charger** at home.	o **carregador** ■ A bateria de minha câmera acabou e deixei o **carregador** em casa.
camera phone [ˈkæmrə ˌfəʊn] *n* ■ Harold took a picture with his new **camera phone**.	o **celular com câmera** ■ Harold tirou uma foto com seu novo **celular com câmera**.
chess [tʃes] *n* ■ My 15-year old son regularly beats me when I play **chess** with him.	**xadrez** ■ Meu filho de 15 anos geralmente me vence quando jogo **xadrez** com ele.
rule [ruːl] *n* ■ I heard you play baseball. Could you explain the **rules** to me?	a **regra** ■ Ouvi que você joga beisebol. Você poderia explicar-me as **regras**?

to be lucky [tə biː ˈlʌki] *phrase*
▶ v irr p. 442 be
■ They **were** very **lucky** to win that game.

ter sorte
■ Eles **tiveram** muita **sorte** ao ganhar aquele jogo.

to bet [tə ˈbet] *v*
▶ v irr p. 442 bet
■ I **bet** you £10 that Chelsea will win.

apostar
■ **Aposto** 10 libras que o Chelsea vai ganhar.

to risk [tə ˈrɪsk] *v*
■ Liverpool **risks** losing the match if their best player is sent off.

correr o risco
■ O Liverpool **corre o risco** de perder o jogo se o seu melhor jogador ficar de fora.

risky [ˈrɪski] *adj*
■ Is it **risky** to dive down to the wreck?

arriscado
■ É **arriscado** mergulhar até o navio naufragado?

puzzle [ˈpʌzl] *n*
■ My grandfather is quite good at solving **puzzles**.

o enigma
■ Meu avô é muito bom em resolver **enigmas**.

➡ Aqui se entende enigma como várias coisas: um jogo de palavras-cruzadas chama-se crossword puzzle, um mistério seria mystery; uma adivinha, riddle; e um enigma também pode se referir a algo ou alguém inescrutável.

jigsaw puzzle [ˈdʒɪɡˌsɔː ˌpʌzəl] *n*
■ I like doing **jigsaw puzzles**. I even do small ones on the Internet.

o quebra-cabeças
■ Gosto de montar **quebra-cabeças**. Até monto alguns pequenos na internet.

to guess [tə ˈges] *v*
■ You **guessed** the riddle.

adivinhar
■ Você **adivinhou** o enigma.

activity [ækˈtɪvəti] *n*
■ Dan looks stressed out. He's got too many **activities** going on at the same time.

a atividade
■ Dan parece estressado. Está com muitas **atividades** ao mesmo tempo.

active [ˈæktɪv] *adj*
■ Grandma is over 80 but still very **active**.

ativo
■ Vovó está com mais de 80 anos, mas ainda é muito **ativa**.

Hobbies

leisure activity [BE: ˈleʒə ækˈtɪvəti, AE: ˈliːʒər ækˈtɪvəti] n

- Many people say that watching TV is their favourite **leisure activity**.

a **atividade de lazer**

- Muitas pessoas dizem que assistir à TV é sua **atividade de lazer** preferida.

leisure centre BE [ˈleʒə ˌsentə], **leisure center** AE [ˈliːʒər ˌsentər] n

- The **leisure centre** on Bromley Road burned down last night.

o **centro de lazer**

- O **centro de lazer** na Bromley Road pegou fogo ontem à noite.

to spend time on [tə ˌspend ˈtaɪm ɒn] phrase

▶ v irr p. 448 spend

- Grandpa **spends** a lot of **time on** his garden.

passar tempo em

- Vovô **passa** um bocado de **tempo em** seu jardim.

amateur [ˈæmətə] adj

- She's an **amateur** astronomer and spends every clear night behind her telescope.

amador

- Ela é astrônoma **amadora** e passa as noites limpas atrás do telescópio.

collection [kəˈlekʃən] n

- Sandra's got a huge **collection** of old wine glasses.

a **coleção**

- Sandra tem uma enorme **coleção** de taças de vinho antigas.

to collect [tə kəˈlekt] v

- Peter **collects** old and valuable books.

colecionar

- Peter **coleciona** livros velhos e valiosos.

sunshade [ˈsʌnʃeɪd] n

- I think we should put up the **sunshade**. It's going to be a hot day.

o **guarda-sol**

- Acho que deveríamos pôr o **guarda-sol**. Vai ser um dia quente.

to sunbathe [tə ˈsʌnbeɪð] v

- I wish I were on holiday now, **sunbathing** on a beautiful beach.

tomar banho de sol

- Eu gostaria de estar de férias agora, **tomando banho de sol** em uma bela praia.

to sun oneself [tə ˈsʌn wʌnˈself] v

- Fergus was **sunning himself** on the balcony.

pegar sol

- Fergus estava **pegando sol** na varanda.

to go hunting [tə ˌɡəʊ ˈhʌntɪŋ] *phrase*
▶ v irr p. 444 go
- The men decided **to go hunting** in the forest.

(ir) caçar
- Os homens decidiram **ir caçar** na floresta.

do-it-yourself [ˌduːɪtjəˈself] *n*
(*abrev* DIY)
- He's bought yet another book on **do-it-yourself** but still can't fix a dripping water tap.

faça você mesmo
- Ele comprou mais um livro do tipo "**faça você mesmo**", mas ainda não consegue consertar uma torneira.

wallpaper [ˈwɔːlˌpeɪpə] *n*
- My friend John considers **wallpaper** old-fashioned. He'd rather paint the walls of his rooms.

o papel de parede
- Meu amigo John acha **papel de parede** antiquado. Prefere pintar as paredes dos quartos.

to decorate [tə ˈdekəreɪt] *v*
- We spent last weekend **decorating** my flat.

decorar
- Passamos o fim de semana passado **decorando** meu apartamento.

paint [peɪnt] *n*
- I need a brush and a tin of **paint**.
- Be careful! The **paint** is still wet.

a tinta
- Preciso de um pincel e de uma lata de **tinta**.
- Cuidado! A **tinta** ainda não secou.

coat [kəʊt] *n*
- The wall needed a second **coat**.

a demão
- A parede precisava de uma segunda **demão**.

ladder [ˈlædə] *n*
- How did he break his leg? – He fell off a **ladder**.

a escada
- Como ele quebrou a perna? – Ele caiu de uma **escada**.

screw [skruː] *n*
- Can I have this **screw** with a round head?

o parafuso
- Eu gostaria deste **parafuso** com a cabeça redonda.

screwdriver [ˈskruːˌdraɪvə] *n*
- A **screwdriver** is a tool used for turning screws.

a chave de fenda
- Uma **chave de fenda** é uma ferramenta usada para girar parafusos.

hook [hʊk] *n* ■ There's a **hook** behind the door where you can put your hat.	o **gancho** ■ Tem um **gancho** atrás da porta onde você pode pendurar seu chapéu.
saw [sɔ:] *n* ■ Dad used a **saw** to cut the log in half.	a **serra** ■ Papai usou uma **serra** para cortar um tronco ao meio.
board [bɔ:d] *n* ■ This shop has all kinds of **boards**: cutting **boards**, chopping **boards**, and even sushi **boards**.	a **tábua** ■ Esta loja tem todos os tipos de **tábuas**: **tábuas** de cortar, **tábuas** de picar e até **tábuas** de sushi.
hammer [ˈhæmə] *n* ■ Have you seen my **hammer**? I wonder where I put it.	o **martelo** ■ Você viu meu **martelo**? Estou tentando lembrar onde o coloquei.
to hammer in [tə ˌhæmə ˈɒn] *phrase* ■ I tried **to hammer in** a nail but hit my thumb.	**martelar** ■ Tentei **martelar** um prego, mas acertei meu polegar.
nail [neɪl] *n* ■ Hammers and **nails** are sold at a do-it-yourself store.	o **prego** ■ Martelos e **pregos** são vendidos em lojas do tipo "faça você mesmo".
cord [kɔ:d] *n* ■ The **cord** is always twisted. It's about time I buy a cordless phone.	o **fio** ■ O **fio** está sempre retorcido. Está na hora de comprar um telefone sem fio.
rope [rəʊp] *n* ■ A **rope** is thicker and more durable than a cord.	a **corda** ■ Uma **corda** é mais espessa e mais durável do que um fio.
to tie (up) [tə ˌtaɪ (ˈʌp)] *phrase* ■ Can you help me **tie up** this sack?	**amarrar, fechar** ■ Você pode me ajudar a **amarrar** este saco?
needle [ˈni:dəl] *n* ■ This is like looking for a **needle** in a haystack.	a **agulha** ■ Isso é como procurar uma **agulha** no palheiro.

thread [θred] *n* ■ Nina sewed the button back on with a black **thread**.	a **lenha** ■ Nina pregou o botão de volta com uma **linha** preta.

Fazer compras

Escolher e pagar

to buy [tə ˈbaɪ] *v*
▶ v irr p. 443 buy
■ Stewart **bought** this bike second-hand.

comprar

■ Stewart **comprou** esta bicicleta de segunda mão.

---

acquisition [ˌækwɪˈzɪʃn] *n*
■ The **acquisition** of a completely new computer system will cost us millions.

a **aquisição**

■ A **aquisição** de um sistema de computadores completamente novo custará milhões.

---

to acquire [tə əˈkwaɪə] *v*
■ Our firm **has acquired** some new machinery.

adquirir

■ Nossa empresa **adquiriu** algumas máquinas novas.

---

sale [seɪl] *n*
■ The **sale** of alcohol to people under 18 is prohibited by law.

a **venda**

■ A **venda** de álcool a pessoas menores de 18 anos é proibida por lei.

---

to sell [tə ˈsel] *v*
▶ v irr p. 446 sell
■ Mandy **sold** her old car and got herself a new one.

vender

■ Mandy **vendeu** seu carro velho e adquiriu um novo.

---

offer [ˈɒfə] *n*
■ They made me an **offer** I couldn't refuse.

a **oferta**

■ Eles me fizeram uma **oferta** que eu não pude recusar.

---

to offer [tə ˈɒfə] *v*
■ He **offered** me £1,000 and I accepted.

oferecer

■ Ele me **ofereceu** 1.000 libras e eu aceitei.

---

open [ˈəʊpən] *adj*
■ In Britain banks are **open** from 9:30 am to 3:30 pm.

aberto

■ Na Grã-Bretanha os bancos ficam **abertos** das 9h30 às 15h30.

closed [kləʊzd] v ■ Mike went to the supermarket but it was **closed**.	**fechado** ■ Mike foi ao supermercado, mas estava **fechado**.
to serve [tə 'sɜːv] v ■ **Are** you being **served**?	**servir** ■ Já foi **atendido**?
to go shopping [tə ˌgəʊ 'ʃɒpɪŋ] phrase ▶ v irr p. 444 go ■ Let's **go shopping**. I feel depressed.	**fazer compras** ■ Vamos **fazer compras**. Estou deprimido.
to choose [tə 'tʃuːz] v ▶ v irr p. 443 choose ■ Alisa **chose** a book and took it to the cash desk.	**escolher** ■ Alisa **escolheu** um livro e o levou ao caixa.
to like [tə 'laɪk] v ■ Do you **like** my new dress? I bought it the other day.	**gostar** ■ **Gostou** do meu vestido novo? Eu o comprei outro dia.
I'd like ... ['aɪd laɪk] phrase ■ **I'd like** a haircut, please.	**Eu gostaria...** ■ **Eu gostaria** de um corte de cabelo.
Can I help you? [kən aɪ 'help jʊ] phrase	**Posso ajudá-lo?**
latest ['leɪtɪst] adj ■ Have you bought their **latest** CD?	**último, mais novo** ■ Você comprou o **último** CD deles?
new [njuː] adj ■ My torch needs **new** batteries.	**novo** ■ Minha lanterna precisa de pilhas **novas**.
second-hand ['sekənd ˌhænd] adv, adj ■ Why should I buy a new hardcover in a bookstore if I can buy it **second-hand** on the Internet? ■ I bought my last car at a **second-hand** car dealer.	**de segunda mão, usado** ■ Por que eu deveria comprar um livro novo de capa dura numa livraria se posso comprar um **de segunda mão** pela internet? ■ Comprei meu último carro numa revendedora de **usados**.

complete [kəmˈpliːt] *adj* ■ Joey bought the **complete** set of DVDs.	**completo** ■ Joey comprou a série **completa** de DVDs.
sold out [ˌsəʊld ˈaʊt] *phrase* ▶ v irr p. 446 sell ■ I'm afraid the blue T-shirt is **sold out**.	**esgotado** ■ Receio que a camiseta azul esteja **esgotada**.
price [praɪs] *n* ■ Will the **price** of this product go up after Christmas?	**o preço** ■ O **preço** deste produto vai subir depois do Natal?
How much is ... ? [haʊ ˈmʌtʃ ɪz] *phrase* ▶ v irr p. 442 be ■ **How much is** this hat, please?	**quanto custa ...?** ■ Por favor, **quanto custa** este chapéu?
expensive [ɪkˈspensɪv] *adj* ■ Angela didn't buy the perfume because it was so **expensive**.	**caro** ■ Angela não comprou o perfume porque estava muito **caro**.
cheap [tʃiːp] *adj* ■ I bought the wine because it was **cheap**.	**barato** ■ Comprei o vinho porque estava **barato**.
reasonably priced [ˌriːznəbli ˈpraɪst] *phrase* ■ I'm looking for a **reasonably priced** flight to Los Angeles.	**o preço razoável** ■ Estou procurando um voo com **preço razoável** para Los Angeles.
checkout [ˈtʃekaʊt] *n* ■ Sorry, this **checkout** is closed.	**o guichê** ■ Sinto muito, este **guichê** está fechado.
cash desk [ˈkæʃ ˌdesk] *n* ■ Just go to the **cash desk** and ask for a refund.	**o caixa** ■ Basta ir até o **caixa** e pedir um reembolso.
till [tɪl] *n* ■ The shop assistant put the money into the **till**.	**o caixa** ■ O assistente de vendas pôs o dinheiro no **caixa**.

to spend [tə ˈspend] *v* — gastar
- ▶ v irr p. 448 spend
- Erin **spent** a lot of money in the bookshop.
- Erin **gastou** muito dinheiro na livraria.

to cost [tə ˈkɒst] *v* — custar
- ▶ v irr p. 443 cost
- How much do these shoes **cost**?
- Quanto **custa** este par de sapatos?

complaint [kəmˈpleɪnt] *n* — reclamação
- I'm afraid I have to make a **complaint**: this shirt is torn at the back.
- Sinto ter de fazer uma **reclamação**: esta camiseta está rasgada nas costas.

to query [tə ˈkwɪəri] *v* — questionar
- That can't be right. I would **query** the bill if I were you.
- Isso não pode estar certo. Se eu fosse você, **questionaria** a conta.

to take sth. back [tə ˌteɪk ... ˈbæk] *phrase* — devolver algo
- ▶ v irr p. 448 take
- I guess I have to **take this book back**. A few pages are missing.
- Acho que terei de **devolver este livro**. Estão faltando algumas páginas.

satisfied [ˈsætɪsfaɪd] *adj* — satisfeito
- This company has a lot of **satisfied** customers.
- Essa empresa tem uma porção de clientes **satisfeitos**.

dissatisfied [ˌdɪsˈsætɪsfaɪd] *adj* — insatisfeito
- I was really **dissatisfied** with the clothes I had bought at the flea market.
- Eu estava realmente **insatisfeito** com as roupas que comprei no brechó.

to exchange [tə ɪksˈtʃeɪndʒ] *v* — trocar
- The sweater I bought is too small. Can I **exchange** it for a larger one?
- O blusão que comprei ficou muito pequeno. Posso **trocar** por um maior?

to give sb. his/her bill [tə ˌgɪv ... hɪz/ hɜː ˈbɪl] *phrase* — trazer a conta de alguém
- ▶ v irr p. 444 give
- May I **give you your bill**?
- Posso **trazer sua conta**?

Escolher e pagar

to refund one's money [tə riːfʌnd wʌnz ˈmʌni] *phrase*
- I'm going to ask them to **refund my money** in full.

reembolsar alguém
- Vou pedir a eles que **me reembolsem** integralmente.

exact [ɪgˈzækt] *adj*
- You have to have the **exact** change for this vending machine.

exato
- Você precisa ter o troco **exato** para esta máquina de comida.

change [tʃeɪndʒ] *n*
- The shop assistant gave me my **change**.
- The shop assistant gave a lot of **change**.

o troco, o (dinheiro) trocado
- O vendedor me deu o **troco**.
- O vendedor me deu uma porção de **dinheiro trocado**.

receipt [rɪˈsiːt] *n*
- They didn't allow me to change the trousers because I didn't have the **receipt**.

o recibo de compra
- Eles não me deixaram trocar as calças porque eu não tinha o **recibo de compra**.

queue *BE* [kjuː], **line** *AE* [laɪn] *n*
- There were long **queues** of customers waiting in front of all checkouts.
- When I saw the **line** at the checkout I groaned.

a fila
- Havia longas **filas** de clientes esperando na frente dos caixas.
- Quando vi a **fila** junto ao caixa, eu resmunguei.

to queue *BE* [tə ˈkjuː] *v*
- I had to **queue** for 20 minutes until I finally got my ticket.

ficar na fila
- Tive de **ficar na fila** por 20 minutos até finalmente conseguir meu ingresso.

to stand in line *AE* [tə ˌstænd ɪn ˈlaɪn] *phrase*
- ▶ **v irr** p. 448 stand
- After **standing in line** for an hour I almost forgot what I had come for.

ficar na fila
- Após **ficar na fila** por uma hora, quase esqueci por que tinha vindo.

to be one's turn [tə biː wʌnz ˈtɜːn] *phrase*
- ▶ **v irr** p. 442 be
- Right before it **was my turn** to pay I noticed that I had left my purse in the car.

ser a vez de alguém
- Pouco antes de **ser minha vez** de pagar, percebi que tinha deixado a carteira no carro.

shopping bag ['ʃɒpɪŋ ˌbæg] *n*
- Let me carry that heavy **shopping bag** for you.

a **sacola de compras**
- Deixe-me carregar essa **sacola de compras** pesada para você.

shopping list ['ʃɒpɪŋ ˌlɪst] *n*
- Let me just write a **shopping list** before we go to the supermarket.

a **lista de compras**
- Só vou fazer uma **lista de compras** antes de irmos ao supermercado.

customer ['kʌstəmə] *n m/f*
- Most of the **customers** at the little grocery are children and elderly people.

cliente
- A maior parte dos **clientes** da pequena mercearia são crianças e pessoas idosas.

shopping expedition ['ʃɒpɪŋ ˌekspəˈdɪʃn] *n*
- Our **shopping expedition** yesterday was a lot of fun. I spent a fortune on new clothes.

ida às compras
- Nossa **ida às compras** ontem foi muito divertida. Gastei uma fortuna em roupas novas.

to do the shopping [tə ˌdu ðə 'ʃɒpɪŋ] *phrase*
- ▶ v irr p. 443 do
- I usually **do the shopping** because my wife works in the evening.

fazer compras

- Geralmente sou eu que **faço as compras** porque minha mulher trabalha à noite.

choice [tʃɔɪs] *n*
- The **choice** of T-shirts in that shop was just unbelievable.

a **opção**
- A **opção** de camisetas naquela loja era simplesmente inacreditável.

department [dɪˈpɑːtmənt] *n*
- The menswear **department** is on the second floor.

o **departamento**, a **seção**
- O **departamento** de moda masculina fica no segundo andar.

model ['mɒdl] *n*
- Do you have a different **model**? This one is too expensive.

o **modelo**
- Você tem um **modelo** diferente? Este aqui é muito caro.

in stock [ɪn ˈstɒk] *adv*
- I only wanted to know if they have any more of these dolls **in stock**.

em estoque
- Eu só queria saber se eles têm mais dessas bonecas **em estoque**.

Escolher e pagar 205

available [əˈveɪləbl] *adj* ■ I'm sorry this item is no longer **available**.	**disponível** ■ Sinto muito, este item não está mais **disponível**.
luxury [ˈlʌkʃəri] *n* ■ I couldn't afford all the **luxury** my wife was accustomed to.	**luxo** ■ Eu não consigo manter o **luxo** a que minha mulher está acostumada.
costs [kɒst] *n pl* ■ The **costs** for this machine were quite high.	os **custos** ■ Os **custos** para essa máquina eram bastante altos.
to treat oneself to [tə ˈtriːt wʌnˈself tə] *phrase* ■ I won $5,000 in the lottery, so I guess I'll **treat myself to** a new car.	**dar-se, permitir-se, regalar-se** ■ Ganhei 5 mil dólares na loteria, então acho que vou **me dar** um carro novo.
to afford sth. [tə əˈfɔːd] *v* ■ We'd love to buy a bigger house but we can't **afford it**.	**dar conta de algo, ter condições para algo** ■ Gostaríamos de comprar uma casa maior, mas não **temos condição para isso**.
bargain [ˈbɑːgɪn] *n* ■ Look at the price of this coat. It's a real **bargain**.	**pechincha** ■ Olhe o preço desse casaco. Está uma **pechincha**.
special offer [ˌspeʃl ˈɒfə] *n* ■ Laptops are on **special offer** this week.	a **oferta (especial)** ■ Os laptops estão em **oferta especial** esta semana.
discount [ˈdɪskaʊnt] *n* ■ You'll get a three per cent **discount** if you pay immediately.	o **desconto** ■ Você recebe 3% de **desconto** se pagar imediatamente.
to reduce [tə rɪˈdʒuːs] *v* ■ They've **reduced** the prices by up to 75 per cent because they're going out of business.	**reduzir** ■ Eles **reduziram** os preços em até 75% porque estão fechando.
free [friː] *adj* ■ The sign said "Buy one, get one **free**".	**grátis** ■ No cartaz diz "Compre um e leve outro **grátis**".

shop window [ˈʃɒp ˌwɪndəʊ] *n* ■ The latest fashions were on display in the **shop window**.	a **vitrine** ■ Os últimos lançamentos em moda estavam em destaque na **vitrine**.
(shopping) trolley BE [(ˈʃɒpɪŋ) ˌtrɒli], **(shopping) cart** AE [(ˈʃɒpɪŋ) kɑːt] *n* ■ Get a **trolley** and meet me in the produce aisle. ■ The supermarket was so crowded that there were no free **carts** left.	o **carrinho de compras** ■ Pegue um **carrinho de compras** e me encontre na seção de frutas e verduras. ■ O supermercado estava tão cheio, que não havia mais **carrinhos de compras**.
escalator [ˈeskəleɪtə] *n* ■ The **escalator** was out of order, so Jake had to take the stairs.	a **escada rolante** ■ A **escada rolante** estava em manutenção, por isso Jake teve de ir pelas escadas normais.

Lojas

shop [ʃɒp] *n*	a **loja**

➡ Ainda que também se use a palavra **shop** nos Estados Unidos, o termo mais comum para se referir a uma loja é **store**. Na Grã-Bretanha, **store** é empregado na maioria das vezes para uma loja muito grande, por exemplo, uma loja de departamentos.

store [stɔː] *n* ➡ **shop** p. 206	a **loja**
department store [dɪˈpɑːtmənt ˌstɔː] *n*	a **loja de departamentos**
supermarket [ˈsuːpəˌmɑːkɪt] *n*	o **supermercado**
grocer's BE [ˈgrəʊsəz], **grocery store** AE [ˈgrəʊsəri ˌstɔr] *n*	o **armazém**, o **mercadinho (de bairro)**
market [ˈmɑːkɪt] *n*	o **mercado**
bakery [ˈbeɪkəri] *n*	a **padaria**
butcher's (shop) [ˈbʊtʃəz (ˌʃɒp)] *n*	o **açougue**

greengrocer's [ˈgriːŋgrəʊsəz] n	a **mercearia**, o **verdureiro**
tobacconist's BE [təˈbækənɪsts] n, **tobacco store** AE [təˈbækəʊ ˌstɔr] n	a **tabacaria**
shoe shop BE [ˈʃuː ʃɒp], **shoe store** AE [ˈʃuː stɔː] n	a **sapataria**, a **loja de sapatos**
bookshop BE [ˈbʊkʃɒp], **bookstore** AE [ˈbʊkˌstɔr] n	a **livraria**
clothes shop BE [ˈkləʊðz ʃɒp], **clothes store** AE [ˈkləʊðz stɔː] n	a **loja de roupas**
boutique [buːˈtiːk] n	a **boutique**
chemist's BE [ˈkemɪsts], **drugstore** AE [ˈdrʌgstɔːr] n	a **farmácia**, a **drogaria**
shopping centre BE [ˈʃɒpɪŋ ˌsentə], **(shopping) mall** AE [(ˈʃɒpɪŋ) mɔːl] n	o **shopping center**
fishmonger's [ˈfɪʃˌmʌŋgəz] n	a **peixaria**
florist's [ˈflɒr.ɪsts] n	a **floricultura**
jeweller BE [ˈdʒuːələ], **jeweler** AE [ˈdʒuːələr] n	o **joalheiro**
sports shop BE [ˈspɔːts ʃɒp], **sports store** AE [ˈspɔːts stɔː] n	a **loja de material esportivo**
dry cleaner's [ˈdraɪ ˈkliːnəz] n	a **lavanderia**
electrical shop BE [ɪˈlektrɪkl ˌʃɒp], **electrical store** AE [ɪˈlektrɪkl ˌstɔː] n	a **loja de eletroeletrônicos**
souvenir shop BE [ˌsuːvənˈɪə ʃɒp], **souvenir store** AE [ˌsuːvəˈnɪr stɔː] n	a **loja de suvenires**
kiosk [ˈkiːɒsk] n	o **quiosque**
photographic shop BE [ˌfəʊtəˈgræfɪk ʃɒp], **photographic store** AE [ˌfəʊtəˈgræfɪk stɔː] n	a **loja de equipamentos fotográficos**
optician's [ɒpˈtɪʃnz] n	a **óptica**
stationer's BE [ˈsteɪʃnz], **stationery store** AE [ˈsteɪʃnri ˌstɔː] n	a **papelaria**

Alimentação

Conceitos gerais

food [fuːd] *n*
- We must produce enough **food** to fight the hunger in the world.

a **comida**
- Temos de produzir **comida** suficiente para combater a fome no mundo.

to eat [tə ˈiːt] *v*
- ▶ v irr p. 443 eat
- You'll get fat if you **eat** so much.

comer
- Você vai ficar gordo se **comer** muito.

hunger [ˈhʌŋgə] *n*
- One day there won't be any more **hunger** in the world.

a **fome**
- Um dia não haverá mais **fome** no mundo.

hungry [ˈhʌŋgri] *adj*
- I'm so **hungry**. What's for lunch?

faminto, com fome
- Estou **com** muita **fome**. O que temos para o almoço?

to drink [tə ˈdrɪŋk] *v*
- ▶ v irr p. 443 drink
- Americans **drink** a lot of water with their meals.

beber
- Os americanos **bebem** muita água em suas refeições.

thirst [θɜːst] *n*
- I had quite a **thirst** after jogging for an hour.

a **sede**
- Senti muita **sede** depois de correr durante uma hora.

thirsty [ˈθɜːsti] *adj*
- Working in this heat makes me **thirsty**.

sedento, com sede
- Trabalhar nesse calor me deixa **com sede**.

appetite [ˈæpɪtaɪt] *n*
- Eating before meals will spoil your **appetite**.

o **apetite**
- Comer antes das refeições estragará seu **apetite**.

meal [miːl] *n* ■ The doctor told me you should eat five small **meals** a day instead of three big ones.	a **refeição** ■ O médico disse que eu deveria fazer cinco pequenas **refeições** ao dia, em vez de três grandes.
Enjoy your meal! [ɪnˈdʒɔɪ jə ˈmiːl] *interj*	**Bom apetite!**
Cheers! [tʃɪəz] *interj*	**Saúde!**
to taste [tə ˈteɪst] *v* ■ This stew looks terrible but it **tastes** great.	**ter gosto, ter sabor** ■ Este ensopado tem um aspecto horrível, mas **tem gosto** ótimo.
delicious [dɪˈlɪʃəs] *adj* ■ The main course was **delicious** but the dessert was even better.	**delicioso** ■ O prato principal estava **delicioso**, mas a sobremesa estava ainda melhor.
fresh [freʃ] *adj* ■ Could you get some **fresh** vegetables from the market?	**fresco** ■ Você poderia trazer alguns legumes **frescos** do mercado?
sweet [swiːt] *adj* ■ This wine is too **sweet**. Don't you have a dry one?	**doce** ■ Este vinho é **doce** demais. Você não tem um seco?
sour [saʊə] *adj* ■ Keep the milk in the fridge or it'll go **sour**.	**azedo** ■ Mantenha o leite na geladeira ou ele ficará **azedo**.
salty [ˈsɔːlti] *adj* ■ This soup is much too **salty**.	**salgado** ■ Esta sopa está **salgada** demais.
hot [hɒt] *adj* ■ My colleague from Thailand loves his food extremely **hot**.	**apimentado** ■ Meu colega da Tailândia adora a sua comida extremamente **apimentada**.
spicy [ˈspaɪsi] *adj* ■ I like **spicy** food but what I got in India was too hot for me.	**condimentado, temperado** ■ Gosto de comida **condimentada**, mas a que encontrei na Índia era apimentada demais para mim.

bottle [ˈbɒtl] *n* — a **garrafa**
- We ordered a **bottle** of wine with our meal.
- Pedimos uma **garrafa** de vinho com a refeição.

cooked [kʊkt] *adj* — **cozido**
- The filet isn't **cooked** yet. It's still red.
- O filé ainda não está **cozido**. Ainda está vermelho.
- When I was a kid I would only eat **cooked** vegetables.
- Quando eu era criança só comia vegetais **cozidos**.

to cook [tə ˈkʊk] *v* — **cozinhar**
- I'm going to **cook** tonight and you can do the dishes.
- Vou **cozinhar** hoje à noite, e você pode lavar a louça.

to make [tə ˈmeɪk] *v* — **fazer**
▶ v irr p. 446 make
- I **make** dinner every Sunday.
- **Faço** o jantar todos os domingos.

to boil [tə ˈbɔɪl] *v* — **ferver**
- The water is **boiling**. Could you turn off the cooker?
- A água está **fervendo**. Você poderia desligar o fogão?

hard-boiled [ˌhɑːdˈbɔɪld] *adj* — **duro**
- Would you like your egg **hard-boiled** or soft-boiled?
- Você gostaria de seu ovo **duro** ou mole?

raw [rɔː] *adj* — **cru**
- Joe is on diet. He's only eating **raw** vegetables at the moment.
- Joe está de regime. No momento está comendo apenas verduras e legumes **crus**.

to bake [tə ˈbeɪk] *v* — **assar**
- My mother used **to bake** our bread.
- Minha mãe costumava **assar** nosso pão.

➡ Quando se cozinha algo no forno, emprega-se o verbo **to roast**; **to bake** refere-se geralmente a assar bolos, mas também a outros alimentos preparados em forno.

to roast [tə ˈrəʊst] *v* — **assar (carne)**
- **Roast** the meat in the oven at 200 degrees centigrade.
- **Asse** a carne no forno a 200 graus centígrados.
➡ to bake p. 210

to dress [tə ˈdres] *v* — **preparar**
- Could you **dress** the salad while I'm laying the table?
- Você poderia **preparar** a salada enquanto arrumo a mesa?

Conceitos gerais 211

to warm up [tə ˌwɔːm ˈʌp] *phrase*
- Mum won't be home to make dinner. We'll have **to warm up** the leftovers.

aquecer
- Mamãe não estará em casa para preparar o jantar. Teremos de **aquecer** as sobras.

to cut [tə ˈkʌt] *v*
▶ v irr p. 443 cut
- We ordered a large pizza and **cut** it into four pieces.

cortar
- Pedimos uma pizza grande e a **cortamos** em quatro pedaços.

➡ Die Begriffe **schneiden, abschneiden, anschneiden** und **zerschneiden** werden alle mit **cut** übersetzt.

frozen [ˈfrəʊzn] *adj*
- Is **frozen** fish as healthy as fresh fish?
- Why do you think people are eating more and more **frozen** food?

congelado
- Peixe **congelado** é tão saudável quanto peixe fresco?
- Por que você acha que as pessoas estão comendo cada vez mais comida **congelada**?

slice [slaɪs] *n*
- Marie spread butter and jam on a **slice** of toast.

a fatia
- Marie passou manteiga e geleia em uma **fatia** de torrada.

drop [drɒp] *n*
- Put a few **drops** of oil into the water for the spaghetti.

a gota
- Coloque algumas **gotas** de óleo na água para o espaguete.

diet [daɪət] *n*
- The main reason for obesity seems to be bad **diet**.
- Laura looks healthier since she's been on that vegetarian **diet**.

a dieta, o regime, a alimentação
- A principal razão para a obesidade parece ser uma **alimentação** ruim.
- Laura parece mais saudável desde que passou a seguir aquela **dieta** vegetariana.

to consume [tə ˈkənˈsjuːm] *v*
- I should drastically reduce the amount of chocolate I **consume** every day.

consumir
- Eu deveria reduzir drasticamente a quantidade de chocolate que **consumo** todos os dias.

to swallow [tə ˈswɒləʊ] *v*
- Chew your food well before you **swallow** it.

engolir
- Mastigue bem a comida antes de **engolir**.

taste [teɪst] *n* ■ This soup needs more salt. It has hardly any **taste**.	o **gosto** ■ Esta sopa precisa de mais sal. Quase não tem **gosto**.
excellent [ˈeksələnt] *adj* ■ This wine tastes **excellent**.	**excelente** ■ Este vinho está **excelente**.
to fry [tə ˈfraɪ] *v* ■ You need **to fry** this steak for one minute on both sides.	**fritar** ■ Você precisa **fritar** este bife por um minuto cada lado.
to grill BE [tə ˈɡrɪl], **to broil** AE [tə ˈbrɔɪl] *v* ■ In the summertime we like **to grill** in the garden. ■ **Broiled** meat is not as healthy as cooked meat but tastes much better.	**Grelhar** ■ No verão, gostamos de **grelhar** no jardim. ■ A carne **grelhada** não é tão saudável quanto a cozida, mas seu gosto é muito melhor.
to deep-fry [tə ˌdiːpˈfraɪ] *v* ■ When eating a steak, we like to **deep-fry** the potatoes by ourselves.	**fritar** ■ Ao comer um bife, nós gostamos de **fritar** nossas próprias batatas.
packet BE [ˈpækɪt], **package** AE [ˈpækɪdʒ] *n* ■ Tony bought a **packet** of dried peas.	o **pacote** ■ Tony comprou um **pacote** de ervilhas secas.
can [kæn] *n* ■ Instead of opening a **can** you should eat fresh vegetables.	a **lata**, o **enlatado** ■ Em vez de abrir uma **lata**, você deveria comer legumes frescos.
tin BE [tɪn] *n* ■ Don't buy a **tin** if it's damaged.	a **lata** ■ Não compre uma **lata** se ela estiver danificada.
bag [bæɡ] *n* ■ Would you like a **bag** for your shopping?	a **sacola** ■ Você gostaria de uma **sacola** para suas compras?
to store [tə ˈstɔː] *v* ■ **Store** the potatoes in a dark and cool place.	**armazenar, guardar** ■ **Armazene** as batatas em lugar escuro e fresco.

to go bad [tə ˌgəʊ ˈbæd] *phrase* ▶ v irr p. 444 go ■ It's better to keep vegetables in the refrigerator so they don't **go bad**.	**estragar** ■ É melhor manter os legumes na geladeira, assim eles não **estragam**.
to go off [tə ˌgəʊ ˈɒf] *phrase* ▶ v irr p. 444 go ■ This meat smells funny. I think it's **gone off**.	**estragar** ■ Essa carne está com um cheiro estranho. Acho que **estragou**.
ripe [raɪp] *adj* ■ This pineapple is **ripe** and juicy.	**maduro** ■ Este abacaxi está **maduro** e suculento.
bitter [ˈbɪtə] *adj* ■ Coffee without sugar tastes **bitter**.	**amargo** ■ Café sem açúcar tem gosto **amargo**.
dry [draɪ] *adj* ■ Nicholas often gets a headache when he drinks very **dry** wine.	**seco** ■ Nicholas costuma ter dor de cabeça quando toma vinho muito **seco**.
freshly-squeezed [ˌfreʃliˈskwiːzd] *adj* ■ Could I have some **freshly-squeezed** orange juice, please?	**recém-espremido, espremido na hora** ■ Por favor, eu gostaria de um suco de laranja **espremida** na hora.
grated [greɪt] *adj* ■ There's more **grated** cheese in the fridge.	**gratinado** ■ Tem mais queijo **gratinado** na geladeira.
health food [ˈhelθ ˌfuːd] *n* ■ Sam is trying to eat only **health food** even though he can hardly afford it.	a **comida saudável**, o **alimento saudável** ■ Sam está tentando comer somente **comida saudável**, embora quase não consiga pagar por ela.
vegan [ˈviːgən] *adj* ■ She's been on a strict **vegan** diet.	**vegano** ■ Ela está em uma dieta **vegana** restrita.
vegetarian [ˌvedʒəˈteərɪən] *n m/f* ■ Kevin's not a **vegetarian**, he's a vegan.	o **vegetariano** ■ Kevin não é **vegetariano**, ele é vegano.

vegetarian [ˌvedʒə'teərɪən]
- I got an excellent **vegetarian** cookbook for my last birthday.

vegetariano
- Ganhei um excelente livro de receitas **vegetarianas** em meu último aniversário.

wholegrain ['həʊlgreɪn] adj
- The small supermarket around the corner has got a new selection of **wholegrain** products.

integral
- O mercadinho na esquina recebeu uma nova seleção de produtos **integrais**.

wholefoods ['həʊlfuːd] n
- Gordon doesn't drink alcohol and only eats **wholefoods**.

o (alimento) orgânico
- Gordon não bebe álcool e só come **alimentos orgânicos**.

fat [fæt] n
- Pork contains a lot of **fat**.

a gordura
- A carne de porco contém muita **gordura**.

low-fat [ˌləʊ'fæt] adj
- There's hardly any difference in taste between a **low-fat** yoghurt and a full-fat one.

com baixo teor de gordura
- Quase não há diferença de gosto entre um iogurte **com baixo teor de gordura** e um integral.

lean [liːn] adj
- **Lean** meat is said to be healthier than fatty meat.

magro
- Dizem que carne **magra** é mais saudável do que a gordurosa.

vitamin [BE: 'vɪtəmɪn, AE: 'vaɪtəmɪn] n
- Which fruit contains the most **vitamins**?

a vitamina
- Qual fruta contém mais **vitaminas**?

recipe ['resɪpi] n
- Could you give me the **recipe** for this cheesecake?

a receita
- Você poderia me dar a **receita** desse *cheesecake*?

to season [tə 'siːzn] v
- **Season** your gumbo with different sorts of pepper and lots of chili.

temperar
- **Tempere** seu *gumbo* com tipos diferentes de pimenta e muito *chili*.

to add [tə 'æd] v
- You only need **to add** 50 grams of flour.

acrescentar
- Você só precisa **acrescentar** 50 gramas de farinha.

to spill [tə 'spɪl] v ▶ v irr p. 448 spill ■ I stumbled and **spilled** hot coffee all over the table.	**derramar** ■ Tropecei e **derramei** café quente sobre toda a mesa.
peeling [pi:lɪŋ] n ■ I like eating potatoes with their **peelings**.	**a casca** ■ Gosto de comer batatas com **casca**.
to peel [tə 'pi:l] v ■ You don't have to **peel** an apple before you eat it.	**Descascar** ■ Você não precisa **descascar** uma maçã antes de comê-la.
to have a picnic [tə ˌhæv ə 'pɪknɪk] phrase ▶ v irr p. 445 have ■ Let's **have a picnic** in the park next Sunday.	**fazer um piquenique** ■ Vamos **fazer um piquenique** no parque domingo que vem.

Pães, doces e cereais

bread [bred] n	o **pão**
roll [rəʊl] n	o **pãozinho**
bun [bʌn] n	o **pão doce**
toast [təʊst] n	a **torrada**
noodles ['nu:dl] n pl	o **macarrão**
pasta [BE: 'pæstə, AE: 'pɑstə] n	a **massa**
rice [raɪs] n	o **arroz**
cake [keɪk] n	o **bolo**
gateau ['gætəʊ] n	a **torta**
biscuit BE ['bɪskɪt], **cookie** AE ['kʊki] n	o **biscoito**
muffin ['mʌfɪn] n	o *muffin*
flour [flaʊə] n	a **farinha**

white bread [waɪt ˈbred] n	o pão branco
brown bread [braʊn ˈbred] n	o pão preto
cereals [ˈsɪərɪəl] n	os cereais
muesli [ˈmjuːzli] n	o *muesli*
scone BE [skɒn], scone AE [skoʊn] n	(pequeno pãozinho doce)
doughnut [ˈdəʊnʌt] n	a rosquinha

Frutas e verduras

salad [ˈsæləd] n	a **salada**
potato [pəˈteɪtəʊ] n	a **batata**
sweetcorn [ˈswiːtkɔːn] n	o **milho**
vegetable [ˈvedʒtəbl] n	os **legumes**
tomato [BE: təˈmɑːtəʊ, AE: təˈmeɪtoʊ] n	o **tomate**
carrot [ˈkærət] n	a **cenoura**
olive [ˈɒlɪv] n	a **oliva**
pea [piː] n	a **ervilha**
cucumber [ˈkjuːkʌmbə] n	o **pepino**
pepper [ˈpepə] n	a **pimenta**
sauerkraut [ˈsaʊəkraʊt] n	o **chucrute**
peach [piːtʃ] n	o **pêssego**
fruit [fruːt] n	a **fruta**
apple [ˈæpl] n	a **maçã**
pear [peə] n	a **pera**
orange [ˈɒrɪndʒ] n	a **laranja**

cherry [ˈtʃeri] n	a **cereja**
strawberry [ˈstrɔːbəri] n	o **morango**
banana [BE: bəˈnɑːnə, AE: bəˈnænə] n	a **banana**
lemon [ˈlemən] n	o **limão**
lime [laɪm] n	a **lima**
pineapple [ˈpaɪnˌæpl] n	o **abacaxi**
onion [ˈʌnjən] n	a **cebola**
garlic [ˈgɑːlɪk] n	o **alho**
haricot bean [ˌhærɪkəʊ ˈbiːn] n	o **feijão-branco**
chickpea [ˈtʃɪkpiː] n	o **grão-de-bico**
bean [biːn] n	o **feijão**
spinach [ˈspɪnɪtʃ] n	o **espinafre**
legume [ˈlegjuːm] n	o **legume**
aubergine BE [ˈəʊbəʒiːn] n, **eggplant** AE [ˈegplɑːnt] n	a **berinjela**
courgette BE [kɔːˈʒet] n, **zucchini** AE [zuˈkiːni] n	a **abobrinha**
cabbage [ˈkæbɪdʒ] n	o **repolho**
apricot [BE: ˈeɪprɪkɒt, AE: ˈeɪprɪkɑːt] n	o **damasco**
grape [greɪp] n	a **uva**
nut [nʌt] n	a **noz**
peanut [ˈpiːnʌt] n	o **amendoim**
walnut [ˈwɔːlnʌt] n	a **noz**
almond [ˈɑːmənd] n	a **amêndoa**
melon [ˈmelən] n	o **melão**
honeydew melon [ˈhʌnidʒuː ˈmelən] n	o **melão**

watermelon [ˈwɔːtəˌmelən] *n*	a **melancia**
grapefruit [ˈgreɪpfruːt] *n*	a **toranja**

Carne, peixe e derivados do leite

meat [miːt] *n*	a **carne**
pork [pɔːk] *n*	a **carne suína**
beef [biːf] *n*	o **bife**
veal [viːl] *n*	a **vitela**
chicken [ˈtʃɪkɪn] *n*	a **galinha**, o **frango**
steak [ˈtʃɪkɪn] *n*	o **bife**, o **filé**
wing [wɪŋ] *n*	a **asa**
leg [leg] *n*	a **coxa**

➡ O conceito **drumstick** está mais relacionado a coxa de galinha; para coxa de coelho ou de veado diz-se **haunch**; para coxa de algum outro animal diz-se **leg**.

sausage [ˈsɒsɪdʒ] *n*	a **salsicha**
ham [hæm] *n*	o **presunto**
salami [səˈlɑːmi] *n*	o **salame**
bacon [ˈbeɪkən] *n*	o *bacon*
fish [fɪʃ] *n*	o **peixe**
tuna [*BE:* ˈtʃuːnə, *AE:* ˈtuːnə] *n; pl inv*	o **atum**
salmon [ˈsæmən] *n*	o **salmão**
haddock [ˈhædək] *n*	o **hadoque**, a **arinca**
cod [kɒd] *n; pl inv*	o **bacalhau**
prawn [prɔːn] *n*	o **camarão**
milk [mɪlk] *n*	o **leite**

butter [ˈbʌtə] n	a **manteiga**
cream [kriːm] n	o **creme**
cheese [tʃiːz] n	o **queijo**
lamb [læm] n	o **carneiro**
turkey [ˈtɜːki] n	o **peru**
chop [tʃɒp] n	a **costeleta**
cutlet [ˈkʌtlət] n	a **costeleta**
cold cuts [ˈkəʊld ˌkʌts] n	os **frios**
seafood [ˈsiːfuːd] n	os **frutos do mar**
bone [bəʊn] n	o **osso**
cream [kriːm] n	o **creme**
yoghurt [BE: ˈjɒgət, AE: ˈjoʊgərt] n	o **iogurte**
quark [kwɑːk] n	a **coalhada**
cream cheese [ˌkriːm ˈtʃiːz] n	o **requeijão**, o **queijo cremoso**
buttermilk [ˈbʌtəmɪlk] n	o **leitelho**, o **soro de manteiga**

Temperos, ervas e outros ingredientes

salt [sɒlt] n	o **sal**
pepper [ˈpepə] n	a **pimenta**
vinegar [ˈvɪnɪgə] n	o **vinagre**
oil [ɔɪl] n	o **óleo**
egg [eg] n	o **ovo**
(egg) yolk [ˈeg ˌjəʊk] n	a **gema (do ovo)**
egg white [ˈeg ˌwaɪt] n	a **clara de ovo**
spice [spaɪs] n	o **tempero**
basil [BE: ˈbæzl, AE: ˈbeɪzəl] n	o **manjericão**

mustard [ˈmʌstəd] n	a **mostarda**
ketchup BE [ˈketʃəp], **catsup** AE [ˈkætsəp] n	o *ketchup*
herbs [BE: hɜːbz, AE: ɜːbz] n pl	as **ervas**
margarine [BE: ˌmɑːdʒəˈriːn, AE: ˌmɑːrdʒəriːn] n	a **margarina**
soy [sɔɪ] n	a **soja**
tofu [ˈtəʊfuː] n	o **tofu**

Doces, salgados e guloseimas

sweet BE [swiːt], **(piece of) candy** AE [(ˌpiːs əv) ˈkændi] n	o **bombom**
sweets BE [swiːts], **candy** AE [ˈkændi] n pl	os **doces**
sugar [ˈʃʊgə] n	o **açúcar**
honey [ˈhʌni] n	o **mel**
jam [dʒæm] n	a **geleia**

➡ **Marmalade** é um doce um pouco mais amargo e feito de laranjas ou limões; todas as outras compotas e geleias são chamadas **jam**, ou também, mais raramente, **preserve** e, em AE, **jelly**.

marmalade [ˈmɑːməleɪd] n ➡ **jam** p. 220	a **geleia**, a **compota**
chocolate [ˈtʃɒklət] n	o **chocolate**
ice cream [ˌaɪs ˈkriːm] n	o **sorvete**
crisps BE [krɪsps], **(potato) chips** AE [(pəˈteɪtəʊ) ˌtʃɪps] n pl	a **batata** *chips*

➡ **Chips** é a designação britânica para batatas fritas, que nos Estados Unidos são chamadas **French fries**. Na Grã-Bretanha batatas *chips* são chamadas **crisps**; e, nos Estados Unidos, **potato chips**.

cigarette [ˌsɪɡərˈet] n	o **cigarro**
nibbles [ˈnɪbl] n	o **petisco**
tobacco [təˈbækəʊ] n	o **tabaco**
pipe [paɪp] n	o **cachimbo**
cigar [sɪˈɡɑː] n	o **cigarro**

Bebidas

coffee [ˈkɒfi] n	o **café**
espresso [esˈpresəʊ] n	o **café** *espresso*
cappuccino [ˌkæpuˈtʃiːnəʊ] n	o **capuccino**
tea [tiː] n	o **chá**
drink [drɪŋk] n	a **bebida**, o **drinque**
mineral water [ˈmɪnərəl ˌwɔːtə] n	a **água mineral**
sparkling water [ˌspɑːklɪŋ ˈwɔːtə] n	a **água com gás**
juice [dʒuːs] n	o **suco**
lemonade [BE: ˌleməˈneɪd, AE: ˈleməneɪd] n	a **limonada**
orangeade [BE: ˌɒrɪndʒˈeɪd, ad: ˈɒrɪndʒeɪd] n	a **laranjada**
Coke® [kəʊk] n	a **Coca-Cola**
alcohol [ˈælkəhɒl] n	o **álcool**
wine [waɪn] n	o **vinho**
beer [bɪə] n	a **cerveja**
lager [ˈlɑːɡə] n	a **cerveja** *lager*
red wine [ˌred ˈwaɪn] n	o **vinho tinto**
white wine [ˌwaɪt ˈwaɪn] n	o **vinho branco**

rosé [ˈrəʊzeɪ] n	o **vinho *rosé***
sparkling wine [ˌspɑːklɪŋ ˈwaɪn] n	o **espumante**
cider [ˈsaɪdə] n	a **cidra**
ice cube [ˈaɪs ˌkjuːb] n	o **cubo de gelo**
latte [ˈlæteɪ] n	o **café com leite**
soft drink [BE: ˌsɒft ˈdrɪŋk, AE: ˌsɑːft ˈdrɪŋk] n	o **refrigerante**

Restaurantes e cafés

Estabelecimentos

restaurant ['restrɒnt] *n*
- There are many Chinese and Indian **restaurants** in London.

o **restaurante**
- Há muitos **restaurantes** chineses e indianos em Londres.

café [BE: 'kæfeɪ, AE: kæf'eɪ] *n*
- Frank loves to sit in a nice **café** and read the newspaper.

o **café**, a **cafeteria**
- Frank adora sentar em uma boa **cafeteria** e ler o jornal.

pizzeria [ˌpiːtsəˈriːə] *n*
- A new **pizzeria** has opened in town. I think we should check it out.

a **pizzaria**
- Abriu uma nova **pizzaria** na cidade. Acho que deveríamos dar uma olhada.

cake shop ['keɪk ʃɒp] *n*
- Please run down to the **cake shop** and buy a cheesecake.

a **confeitaria**
- Por favor, vá até a **confeitaria** e compre um *cheesecake*.

pub [pʌb] *n*
- In a **pub** you order your drink at the bar.

o **pub**
- Em um **pub** você pede o drinque no bar.

cafeteria [ˌkæfəˈtɪəriə] *n*
- I think I'll have lunch in the **cafeteria** today.

a **cantina**, o **refeitório**
- Acho que vou almoçar na **cantina** hoje.

self-service restaurant [ˌselfˈsɜːvɪs ˈrestrɒnt] *n*
- I sometimes go to a **self-service restaurant** to grab a quick lunch.

o **restaurante** *self-service*
- Às vezes vou a um **restaurante** *self-service* para um almoço rápido.

snack bar ['snæk bɑː] *n*
- I bought a hot dog and a drink at a **snack bar**.

a **lanchonete**
- Comprei um cachorro-quente e uma bebida numa **lanchonete**.

takeaway BE [ˈteɪkəweɪ], **takeout** AE [ˈteɪkaʊt] n
- I don't feel like cooking tonight. Let's get something from the **takeaway**.
- I'm not hungry. I had chop suey from the **takeout**.

para viagem (comprar algo), quentinha
- Estou sem vontade de cozinhar agora à noite. Vamos pegar alguma coisa **para viagem**.
- Eu não estou com fome. Comi uma quentinha de macarrão *chop suey*.

bar [bɑː] n
- A new **bar** has opened in town.

o bar
- Abriu um novo **bar** na cidade.

ice cream parlour BE [ˌaɪs ˈkriːm ˌpɑːlə], **ice cream parlor** AE [ˈaɪs kriːm ˌpɑːr.lər] n
- My first job was at an **ice cream parlour** in a shopping mall.

a sorveteria
- Meu primeiro emprego foi na **sorveteria** de um shopping center.

Pratos e aperitivos

dish [dɪʃ] n
- Anthony prepared a wonderful **dish** for us.

o prato
- Anthony preparou um maravilhoso **prato** para nós.

speciality BE [ˌspeʃiˈæləti], **specialty** AE [ˈspeʃəlti] n
- In Thailand deep-fried larvae are considered a **speciality**.

a especialidade, a iguaria
- Na Tailândia, larvas fritas são consideradas uma **especialidade**.

pizza [piːtsə] n
- Rob ordered a **pizza** with ham and pineapple.

a pizza
- Rob pediu uma **pizza** com presunto e abacaxi.

soup [suːp] n
- I always order a **soup** as a starter when I go to the Chinese takeaway.

a sopa
- Sempre peço **sopa** como entrada quando peço comida chinesa para viagem.

omelette [ˈɒmlət] n
- How do you cook an **omelette**?

a omelete
- Como você prepara uma **omelete**?

Pratos e aperitivos

snack [snæk] *n*
- Mark usually only has a **snack** during his lunch break.

o **lanche**, o **petisco**
- Mark costuma comer apenas um **lanche** em seu horário de almoço.

hamburger [ˈhæmˌbɜːgə] *n*
- As a vegetarian I only eat **hamburgers** without meat.

o **hambúrguer**
- Como sou vegetariano, só peço **hambúrguer** sem carne.

sandwich [BE: ˈsænwɪdʒ, AE: ˈsænwɪtʃ] *n*
- Ham and cheese **sandwiches** are my favourites.

o **sanduíche**
- **Sanduíches** de presunto e queijo são os meus favoritos.

open sandwich BE [ˌəʊpən ˈsænwɪdʒ], **open-faced sandwich** AE [ˌəʊpənfeɪst ˈsænwɪdʒ] *n*
- There wasn't much to eat at the meeting – just **open sandwiches**.

o **canapé**

- Não havia muito para comer na reunião – apenas **canapés**.

chips BE [tʃɪps], **French fries** AE [ˈfrentʃ ˈfraɪz] *n pl*
- I'll have the chicken wings and a large portion of **chips**, please.
- Can I have rice instead of **French fries**?
→ crisps p. 220

as **batatas fritas**
- Vou querer asas de frango e uma porção grande de **batatas fritas**, por favor.
- Posso pedir arroz em vez de **batatas fritas**?

lasagne [əˈzænjə] *n*
- Mary told me not to put too much cream in my **lasagne**.

a **lasanha**
- Mary me disse para não pôr tanto creme na minha **lasanha**.

roast [rəʊst] *n*
- Betty was just about to take the **roast** out of the oven when the phone rang.

o **assado**
- Betty estava prestes a tirar o **assado** do forno quando o telefone tocou.

stew [stjuː] *n*
- What's in a traditional Irish **stew**?

o **guisado**, o **ensopado**
- O que se coloca em um tradicional **ensopado** irlandês?

pasty [ˈpæsti] *n*
- I had never tried **pasties** with cheese and onions before.

o **folhado**, a **massa folhada**
- Eu nunca tinha experimentado **folhado** de queijo e cebola antes.

broth [brɒθ] *n* ■ Keep the **broth**! I'll need it for the soup later.	o **caldo** ■ Reserve o **caldo**! Precisarei usá--lo na sopa mais tarde.
sauce [sɔːs] *n* ■ Is there any **sauce** left?	o **molho** ■ Sobrou um pouco de **molho**?
gravy [ˈgreɪvi] *n* ■ Could you pass me the **gravy**, please?	o **molho de carne** ■ Você poderia me passar o **molho de carne**, por favor?
crème caramel [ˌkrem kærəˈmel] *n* ■ **Crème caramel** is a dessert made from cream, eggs and sugar.	**pudim de caramelo** ■ **pudim de caramelo** é uma sobremesa feita de creme, ovos e açúcar.
side dish [ˈsaɪd ˌdɪʃ] *n* ■ There were several **side dishes** on the menu such as potatoes, rice, and peas.	o **acompanhamento** ■ Havia muitos **acompanhamentos** no cardápio, como batatas, arroz e ervilha.
baked beans [ˌbeɪkt ˈbiːnz] *n pl* ■ A full English breakfast consists of **baked beans**, sausages, bacon and eggs.	**feijões cozidos** ■ Um café da manhã inglês completo consiste de **feijões cozidos**, salsichas, bacon e ovos.
hash browns [ˌhæʃ ˈbraʊnz] *n pl* ■ I complained about the **hash browns**, they were burned.	a **batata rosti** ■ Reclamei das **batatas rosti**, que vieram queimadas.
pancake [ˈpænkeɪk] *n* ■ The kids were so hungry that they finished a stack of **pancakes** in no time at all.	a **panqueca** ■ As crianças estavam tão famintas que devoraram uma pilha de **panquecas** de uma vez.
to take away [tə ˌteɪk əˈweɪ] *phrase* ▶ v irr p. 448 take ■ Adrian ordered a latte to **take away**.	**para viagem, para levar** ■ Adrian pediu um café com leite **para viagem**.
to go [tə ˈgəʊ] *phrase* ■ I'll have a cheeseburger, large fries and a vanilla milk shake **to go**, please.	**para viagem, para levar** ■ Eu quero um hambúrguer, uma porção grande de fritas e um *milk-shake* de baunilha **para viagem**, por favor.

Servir-se, fazer um pedido e pagar

set meal [set ˈmiːl] *n*
- There were only three **set meals** on the menu.

o **cardápio fixo**
- Existem apenas três refeições no **cardápio fixo**.

➡ Em inglês, **menu** corresponde a um cardápio bem variado; já **set menu** – ou **set meal,** que é mais coloquial – refere-se a uma lista limitada de pratos feitos.

menu [ˈmen·juː] *n*
- May I have the **menu** please?
➡ set meal p. 227

o **cardápio**
- Por gentileza, eu poderia ver o **cardápio**?

course [kɔːs] *n*
- What are you going to have for your first **course**?

o **prato (entrada, prato principal, sobremesa)**
- O que você vai querer de **entrada**?

breakfast [ˈbrekfəst] *n*
- Would you like an English **breakfast** or a continental one?

o **café da manhã**
- Você gostaria de um **café da manhã** inglês ou continental?

to have breakfast [tə ˌhæv ˈbrekfəst] *phrase*
▶ **v irr** p. 445 have
- We **had breakfast** at seven and left shortly after for the airport.

tomar café da manhã
- **Tomamos café da manhã** às sete e saímos logo depois para o aeroporto.

lunch [lʌntʃ] *n*
- I usually have a salad or a sandwich for **lunch**.

o **almoço**
- Geralmente como uma salada ou um sanduíche no **almoço**.

to have lunch [tə ˌhæv ˈlʌntʃ] *phrase*
▶ **v irr** p. 445 have
- Because of the meeting we just **had** a quick **lunch** in the cafeteria.

almoçar
- Por causa da reunião, **almoçamos** rapidamente na cantina.

supper [ˈsʌpər] *n*
- Little children usually go to bed right after **supper**.

o **jantar**, a **ceia**
- Crianças pequenas costumam ir para a cama logo depois do **jantar**.

dinner [ˈdɪnə] *n*
- **Dinner** will be served at 7 pm.

o **jantar**
- O **jantar** será servido às sete da noite.

to have dinner [tə ˌhæv ˈdɪnə] *phrase*
▶ **v irr** p. 445 have
- we **had dinner** at 6 pm because the opera started at 7 pm.

jantar
- **Jantamos** às seis da tarde porque a ópera começava às sete da noite.

dessert [dɪˈzɜːt] *n*
- Would you like ice cream or fruit for **dessert**?

a **sobremesa**
- Você quer sorvete ou fruta de **sobremesa**?

to pass [BE: tə ˈpɑːs, AE: tə ˈpɑːs] *v*
- Could you **pass** the butter, please?

passar
- Você poderia me **passar** a manteiga, por favor?

to help oneself to sth. [tə ˈhelp wʌnˈself tə] *phrase*
- Please **help yourself to** coffee and cake.

servir-se
- Por favor, **sirva-se** de café e bolo.

to set the table [tə ˌset ðə ˈteɪbl] *phrase*
▶ **v irr** p. 447 set
- Mum made dinner, I **set the table** and Dad did the dishes.

pôr a mesa, arrumar a mesa
- Mamãe fez o jantar, eu **arrumei a mesa**, e papai lavou a louça.

to clear the table [tə ˌklɪər ðə ˈteɪbl] *phrase*
- Somebody has **to clear the table** first before we can start the game.

tirar a mesa
- Alguém tem de **tirar a mesa** antes de começarmos o jogo.

full [fʊl] *adj*
- No dessert for me, please. I'm quite **full**.

satisfeito, cheio
- Sem sobremesa para mim, por favor. Estou bem **satisfeito**.

empty [ˈempti] *adj*
- Whenever my glass was half **empty** the waitress filled it again.

vazio
- Toda vez que meu copo estava meio **vazio**, a garçonete o enchia de novo.

Servir-se, fazer um pedido e pagar 229

to be enough [tə biː ɪˈnʌf] *phrase*
▶ v irr p. 442 be
- Thank you, that**'s enough**. I'm not very hungry.

ser o suficiente
- Obrigado, já **é suficiente**. Não estou com muita fome.

reservation [ˌrezəˈveɪʃn] *n*
- Do I need a **reservation** for this restaurant?

a reserva
- É preciso uma **reserva** para esse restaurante?

to reserve [tə rɪˈzɜːv] *v*
- I'd like to **reserve** a table for 8 o'clock.

reservar
- Eu gostaria de **reservar** uma mesa para as oito horas.

to book [tə ˈbʊk] *v*
- I'd like **to book** a table for four at your restaurant.

reservar
- Eu gostaria de **reservar** uma mesa para quatro pessoas em seu restaurante.

bill [bɪl] *n*
- Could you check the **bill**, please? I think there's a mistake.

a conta
- Você poderia verificar a **conta**, por favor? Acho que houve um erro.

check *AE* [tʃek] *n*
- Can I pay the **check** by credit card?

a conta
- Posso pagar a **conta** com cartão de crédito?

to pay for [tə ˈpeɪ fə] *phrase*
▶ v irr p. 446 pay
- You **pay for** one cup and you can drink as much as you like.

pagar por
- Você **paga por** um copo e pode beber o quanto quiser.

tip [tɪp] *n*
- In the US a 15 per cent **tip** is expected for service.

a gorjeta
- Nos Estados Unidos, espera-se uma **gorjeta** de 15% pelo serviço.

included [ɪnˈkluːd] *adj*
- In Britain service is usually **included** in the bill.

incluído
- Na Grã-Bretanha, o serviço geralmente está **incluído** na conta.

starter [ˈstɑːtə] *n*
- Matt had a shrimp cocktail as a **starter**.

a entrada, o aperitivo
- Matt pediu um coquetel de camarão como **entrada**.

dish of the day [dɪʃ əv ð ˈdeɪ] *n*
- What's the **dish of the day** today?

prato do dia
- Qual o **prato do dia** hoje?

wine list [ˈwaɪn lɪst] *n*
- There were only American wines on the **wine list**.

carta de vinhos
- Havia somente vinhos americanos na **carta de vinhos**.

portion [ˈpɔːʃən] *n*
- When the **portion** is too big and you can't finish your meal, just ask for a doggy bag.

a porção
- Quando a **porção** é grande demais e você não consegue terminar a refeição, peça para levar o restante para casa.

to order [tə ˈɔːdə] *v*
- Russell always **orders** more food than he can eat.

pedir
- Russell sempre **pede** mais comida do que consegue comer.

service [ˈsɜːvɪs] *n*
- The **service** was excellent. I left a huge tip.

o serviço
- O **serviço** foi excelente. Deixei uma bela gorjeta.

to serve [tə ˈsɜːv] *v*
- Pancakes **are** usually **served** with maple syrup.

servir
- Panquecas geralmente **são servidas** com xarope de bordo.

to pour out [tə ˌpɔːr ˈaʊt] *phrase*
- The waitress **poured out** the wine and asked us to try it.

encher, despejar, servir
- A garçonete **serviu** o vinho e pediu que o provássemos.

separate [ˈseprət] *adj*
- Could we have **separate** bills, please?

separado, à parte
- Poderíamos fechar contas **separadas**, por favor?

Moradia

Casas e habitações

home [həʊm] *n*
- They've just moved into their new **home** and are giving a housewarming party.

a **casa**
- Eles acabaram de se mudar para sua nova **casa** e estão dando uma festa de inauguração.

home [həʊm] *adv*
- I have to go **home** at eight before it gets dark.

casa
- Preciso ir para **casa** às oito, antes que escureça.

at home [ət 'həʊm] *adv*
- Most German families celebrate Christmas **at home**.

em casa
- A maior parte das famílias alemãs celebra o Natal **em casa**.

house [haʊs] *n*
- After I had moved out of my parents' **house** I lived in the house of my girlfriend for quite a while.

a **casa**
- Depois que saí da **casa** de meus pais, morei na casa de minha namorada por um tempo.

flat BE [flæt], **apartment** AE [ə'pɑːtmənt] *n*
- We used to live in a **flat** but now we have our own house.
- In New York we had to stay at a hotel until we found an **apartment**.

o **apartamento**
- Morávamos em um **apartamento**, mas agora temos nossa própria casa.
- Em Nova York, tivemos de ficar em um hotel até encontrarmos um **apartamento**.

building ['bɪldɪŋ] *n*
- When the Sears Tower was **finished** in 1974 it was the tallest building in the world.

o **edifício**, o **prédio**
- Quando o Sears Tower ficou pronto em 1974, era o **edifício** mais alto do mundo.

to build [tə 'bɪld] *v*
- ▶ **v irr** p. 443 build
- The house was **built** in ten months.

construir
- A casa **foi construída** em dez meses.

Casas e habitações

building site [ˈbɪldɪŋ ˌsaɪt] *n*
- There was a huge **building site** next to our hotel.

o **canteiro de obras**
- Havia um enorme **canteiro de obras** próximo a nosso hotel.

construction site [kənˈstrʌkʃn ˌsaɪt] *n*
- The **construction site** in front of our house has been there for months.

o **canteiro de obras**
- O **canteiro de obras** em frente à nossa casa está lá há três meses.

to live [tə ˈlɪv] *v*
- At 28 he's still **living** with his parents.

morar, viver
- Aos 28, ele ainda **mora** com os pais.

to stay [tə ˈsteɪ] *v*
- Ben **stayed** in a small hotel outside of San Diego.

ficar
- Ben **ficou** em um pequeno hotel fora de San Diego.

block [blɒk] *n*
- Just go around this **block** and you'll see the station right ahead.

o **quarteirão**
- Dê a volta neste **quarteirão** e você verá a estação logo em frente.

to enter [tə ˈentə] *v*
- Don't forget to knock before you **enter**.

entrar
- Não se esqueça de bater antes de **entrar**.

floor [flɔː] *n*
- The fitness room is on the second **floor**.

o **andar**
- A sala de ginástica fica no segundo **andar**.

ground floor *BE* [ˌɡraʊnd ˈflɔː] *n*
- The living room is on the **ground floor** and the bedrooms are on the first floor.

o **(andar) térreo**
- A sala de estar fica no **térreo** e os banheiros, no primeiro andar.

➡ Na Grã-Bretanha, o térreo é o **ground floor** e, nos Estados Unidos, o **first floor**. O que entendemos por primeiro andar é chamado de **second floor**.

first floor *BE* [ˌfɜːst ˈflɔː] *n*
- The children's department is on the **first floor**.

➡ ground floor p. 232

o **primeiro andar**
- A seção infantil fica no **primeiro andar**.

Casas e habitações

first floor AE [fɜːst ˈflɔːr] n
→ ground floor p. 232

o **térreo**

roof [ruːf] n
- We must have the **roof** repaired. The rain is coming in.

o **telhado**
- Precisamos consertar o **telhado**. A chuva está vindo.

property [ˈprɒpəti] n
- No, this garden does not belong to my **property**.
- They sold the **property** for three million euros.

a **propriedade**, o **imóvel**
- Não, este jardim não pertence ao meu **imóvel**.
- Eles venderam a **propriedade** por três milhões de euros.

private property [ˌpraɪvət ˈprɒpəti] n
- Despite the sign saying "**Private Property**" Roy parked the car on the driveway.

a **propriedade particular**
- Apesar do aviso informando "**propriedade particular**", Roy estacionou o carro na entrada.

rent [rent] n
- Jack has to move out of his flat. He can't pay the **rent** anymore.

o **aluguel**
- Jack tem de sair de seu apartamento. Não consegue mais pagar o **aluguel**.

to hire BE [tə ˈhaɪə], **to rent** AE [tə ˈrent] v
- Let's fly to Malta and **hire** a car for a week.
- Sandy is going to **rent** a flat in Chicago.

alugar
- Vamos viajar para Malta e **alugar** um carro por uma semana.
- Sandy vai **alugar** um apartamento em Chicago.

to let [tə ˈlet] v
▶ v irr p. 445 let
- After her children had moved out Carla **let** some of the rooms of her house.

alugar, **locar**
- Depois que os filhos foram morar fora, Carla está **alugando** quartos de sua casa.

residential building [ˌrezɪˈdenʃl ˈbɪldɪŋ] n
- That's not an office block, it's a **residential building**.

o **edifício residencial**
- Não é um prédio comercial, é um **edifício residencial**.

high-rise building [ˌhaɪraɪz ˈbɪldɪŋ] n
- Oliver grew up in a **high-rise building** in Brooklyn.

o **edifício alto**, o **arranha-céu**
- Oliver cresceu em um **edifício alto** no Brooklyn.

skyscraper [ˈskaɪˌskreɪpə] *n* ■ The skyline with all its **skyscrapers** is most impressive from the other side of the river.	o **arranha-céu** ■ A linha do horizonte com seus **arranha-céus** é mais impressionante do outro lado do rio.
terraced house *BE* [ˌterəst ˈhaʊs], **row house** *AE* [ˈrəʊhaʊs] *n* ■ The first house we bought was a **terraced house** on Boulder Street. ■ His cat was found sitting in front of one of the **row houses** in North Beach.	a **casa geminada** ■ A primeira casa que compramos foi uma **casa geminada** em Boulder Street. ■ O gato dele foi encontrado sentado na frente de uma das **casas geminadas** em North Beach.
to move [tə ˈmuːv] *n* ■ The Wilsons don't live here anymore. They've **moved** to Manchester.	**mudar-se** ■ Os Wilson não moram mais aqui. Eles **se mudaram** para Manchester.
to settle down [tə ˌsetl ˈdaʊn] *phrase* ■ After moving around for a few years Gloria finally **settled down** in Aberdeen.	**estabelecer-se** ■ Após alguns anos mudando de um lugar para o outro, Gloria finalmente **se estabeleceu** em Aberdeen.
front [frʌnt] *n* ■ The hotel has a magnificent **front** but is pretty shabby inside.	a **fachada** ■ O hotel tem uma **fachada** magnífica, mas está bem deteriorado por dentro.
luxurious [lʌgˈʒʊəriəs] *adj* ■ The suite was **luxurious** but not expensive.	**luxuosa** ■ A suíte era **luxuosa**, mas não cara.
convenience [kənˈviːniəns] *n* ■ We enjoy the **convenience** of having a cleaning lady.	a **conveniência**, a **comodidade** ■ Gostamos da **comodidade** de ter uma faxineira.
owner [əʊn] *n m/f* ■ Who's the **owner** of that mansion?	o **proprietário** ■ Quem é o **proprietário** dessa mansão?

landlord, landlady [ˈlændlɔːd, ˈlændˌleɪdi] *n* ■ The **landlady** dropped by once a month to check the rooms.	o **proprietário**, a **proprietária** ■ A **proprietária** aparecia uma vez por mês para dar uma olhada nos quartos.
bills [bɪl] *n pl* ■ How high are the **bills**?	as **despesas** ■ Qual o total das **despesas**?

Quartos e cômodos

room [ruːm] *n* ■ We have three **rooms** downstairs and two upstairs.	o **quarto**, o **cômodo** ■ Temos três **cômodos** embaixo e dois em cima.
wall [wɔːl] *n* ■ The **wall** that separates the two properties dates from the 18th century. ■ The **walls** of her room are full of posters of basketball stars.	o **muro**, a **parede** ■ O **muro** que separa as duas propriedades data do século XVIII. ■ As **paredes** do quarto dela estão repletas de pôsteres de astros do basquete.
ceiling [ˈsiːlɪŋ] *n* ■ Careful! Don't bump your head on the low **ceiling**.	o **teto** ■ Cuidado! Não vá bater a cabeça no **teto** baixo.
entrance [ˈentrəns] *n* ■ Let's meet at the **entrance** of the pub. ■ A white van was parked in front of the **entrance**.	a **entrada** ■ Vamos nos encontrar na **entrada** do pub. ■ Uma van branca estava estacionada na frente da **entrada**.
exit [ˈeksɪt] *n* ■ This door is not the **exit**, it's the broom cupboard. ■ A broken-down van was blocking the **exit** of my garage.	a **saída** ■ Essa porta não é a **saída**, é o armário da limpeza. ■ Uma van enguiçada bloqueava a **saída** da minha garagem.
door [dɔː] *n* ■ Carl always locks the **door** to his room when he leaves.	a **porta** ■ Carl sempre tranca a **porta** de seu quarto quando sai.

gate [geɪt] *n* ■ The dog got out because someone left the **gate** open.	o **portão** ■ O cachorro saiu porque alguém deixou o **portão** aberto.
to open [tə ˈəʊpn] *v* ■ You don't need a key **to open** the cellar door. It's got a combination lock.	**abrir** ■ Você não precisa de chave para **abrir** a porta do porão. Basta uma senha numérica.
to shut [tə ˈʃʌt] *v* ▶ v irr p. 447 shut ■ **Shut** the window! It's going to rain.	**fechar, cerrar** ■ **Feche** a janela! Vai chover.
to close [tə ˈkləʊz] *v* ■ **Close** the door so the cat can't get out!	**fechar** ■ **Feche** a porta para o gato não sair!
window [ˈwɪndəʊ] *n* ■ Open the **window** and let in some fresh air!	a **janela** ■ Abra a **janela** e deixe entrar um pouco de ar fresco!
floor [flɔː] *n* ■ The **floor** gets slippery when it's wet.	o **chão** ■ O **chão** fica escorregadio quando está molhado.
stairs [steərz] *n pl* ■ Evan ran down the **stairs** to answer the phone.	a **escada** ■ Evan desceu a **escada** correndo para atender ao telefone.
lift BE [lɪft], **elevator** AE [ˈelɪveɪtə] *n* ■ We took the **lift** to the restaurant on the top floor. ■ The **elevator** was out of order.	o **elevador** ■ Tomamos o **elevador** para o restaurante na cobertura. ■ O **elevador** não estava funcionando.
kitchen [ˈkɪtʃn] *n* ■ Steve and Sonia are in the **kitchen** preparing dinner.	a **cozinha** ■ Steve e Sonia estão na **cozinha** preparando o jantar.
living room [ˈlɪvɪŋ ˌruːm] *n* ■ The children are in the **living room** watching TV.	a **sala de estar** ■ As crianças estão na **sala de estar** assistindo à TV.

Quartos e cômodos

dining room [ˈdaɪnɪŋ ˌruːm] *n*	a **sala de jantar**
■ Mum laid the table for dinner in the **dining room**.	■ Mamãe pôs a mesa para a ceia na **sala de jantar**.

bedroom [ˈbedruːm] *n*	o **quarto (de dormir)**
■ This house has three **bedrooms** and two bathrooms.	■ Esta casa tem três **quartos** e dois banheiros.

bathroom [*BE:* ˈbɑːθruːm, *AE:* ˈbæθruːm] *n*	o **banheiro**
■ The two children have to share a **bathroom**.	■ As duas crianças têm de compartilhar um **banheiro**.

shower [ʃaʊə] *n*	o **chuveiro**
■ Could you answer the phone? I'm in the **shower**.	■ Você poderia atender ao telefone? Estou debaixo do **chuveiro**.

toilet *BE* [ˈtɔɪlət], **bathroom** *AE* [ˈbæθruːm] *n*	o **banheiro**
■ There's a **toilet** on each floor.	■ Há um **banheiro** em cada andar.
■ Where's the **bathroom**, please?	■ Por gentileza, onde fica o **banheiro**?

➡ Em inglês americano, a palavra **toilet** refere-se somente ao vaso sanitário, nunca ao cômodo; para se referir a banheiro, usa-se a palavra **bathroom** ou **restroom**.

cellar [ˈselə] *n*	o **porão**
■ Wine should be stored in a cool, dark **cellar**.	■ O vinho deve ser armazenado em um **porão** fresco e escuro.

to tidy up [tə ˌtaɪdi ˈʌp] *phrase*	**arrumar**
■ Son, I think it's about time you **tidy up** your room again.	■ Meu filho, acho que está na hora de você **arrumar** seu quarto novamente.

garden [ˈgɑːdn] *n*	o **jardim**
■ George brought us a bunch of roses from his own **garden**.	■ George nos trouxe um buquê de rosas de seu próprio **jardim**.

terrace [ˈterəs] *n*	o **terraço**
■ I often sleep out on the **terrace** when the nights are warm.	■ Geralmente eu durmo no **terraço** quando as noites estão quentes.

balcony ['bælkəni] n
a varanda
- Caroline only has a small flat. So her **balcony** is like an extra room.
- O apartamento de Caroline é pequeno. Por isso, sua **varanda** é como um cômodo extra.

garage [BE: 'gæraːʒ, AE: gə'rɑːʒ] n
a garagem
- On weekends we usually leave the car in the **garage**.
- Nos fins de semana costumamos deixar o carro na **garagem**.

inside [ɪnˈsaɪd] adv
dentro
- We'd rather stay **inside** when it is so cold.
- Quando faz muito frio, preferimos ficar **dentro** de casa.
- I've never seen the building from the **inside**.
- Nunca tinha visto o prédio por **dentro**.

outside [ˌaʊtˈsaɪd] adv
fora
- The kids are **outside** playing with the dog in the garden.
- As crianças estão lá **fora** brincando com o cachorro no jardim.
- The party will be **outside** as long as the weather is nice.
- Se o tempo estiver bom, a festa será do lado de **fora**.

hall [hɔːl] n
o saguão, a sala, o salão
- There's a wardrobe in the **hall** where you can hang up your coat.
- Tem um armário no **saguão** onde você pode deixar seu casaco.

corridor ['kɒrɪdɔː] n
o corredor
- There's a photocopier out in the **corridor**.
- Tem uma fotocopiadora no **corredor**.

coat rack ['kəʊt ræk] n
a chapeleira
- I bought this 50-year-old **coatrack** at an auction.
- Comprei uma **chapeleira** de 50 anos de idade em um leilão.

loft [lɒft] n
o sótão
- We must tidy up your room and put the stuff you don't need anymore up in the **loft**.
- Temos de arrumar seu quarto e pôr as coisas de que você não precisa mais no **sótão**.

right up in the attic [raɪt ˌʌp ɒn ðɪ 'ætɪk] phrase
no sótão, na água furtada
- I'm living in a nice flat **right up in the attic**.
- Estou morando em um apartamento bacana que fica **em um sótão**.

fireplace [ˈfaɪəpleɪs] *n* ■ If I had a **fireplace** I would sit next to it now and read.	a **lareira** ■ Se eu tivesse uma **lareira**, me sentaria junto dela para ler.
basement [ˈbeɪsmənt] *n* ■ We have a hobby room in the **basement**.	o **porão**, o **subsolo** ■ Temos uma sala de lazer no **porão**.
to clear out [tə ˌklɪə ˈaʊt] *phrase* ■ I need to **clear out** the cupboard and clean the glasses.	**arrumar** ■ Preciso **arrumar** o armário e limpar os vidros.

Instalações

Mobiliário

furniture [ˈfɜːnɪtʃə] *n* ■ Sue likes old **furniture** especially from the 18th century.	a **mobília**, o **mobiliário** ■ Sue gosta de **mobiliário** antigo, especialmente do século XVIII.
piece of furniture [ˌpiːs əv ˈfɜːnɪtʃə] *n* ■ Every **piece of furniture** had to be removed.	o **móvel**, a **peça de mobília**, a **peça de mobiliário** ■ Todos os **móveis** tiveram de ser removidos.
furnished [ˈfɜːnɪʃt] *adj* ■ It might be advisable to look for a **furnished** flat.	**mobiliado** ■ É aconselhável procurar um apartamento **mobiliado**.
chair [tʃeə] *n* ■ The two **chairs** I got for Christmas are not very comfortable.	a **cadeira** ■ As duas **cadeiras** que ganhei no Natal não são muito confortáveis.
to sit [tə ˈsɪt] *v* ▶ **v irr** p. 447 sit ■ Do you mind if I **sit** here? ■ Excuse me, is anyone **sitting** here?	**sentar** ■ Você se importa se eu me **sentar** aqui? ■ Com licença, tem alguém **sentado** aqui?

to have a seat [tə ˌhæv ə ˈsiːt] *phrase*
▶ v irr p. 445 have
- Please **have a seat**, I'd like to begin.

sentar-se
- Por favor, **sente-se**, eu gostaria de começar.

table [ˈteɪbl] *n*
- Diane set the **table** and put a nice vase with flowers in the middle.

a **mesa**
- Diane pôs a **mesa** e colocou um belo vaso de flores no centro.

sideboard [ˈsaɪdbɔːd] *n*
- Grandma usually keeps all her dishes and silverware in the **sideboard**.

o **aparador**
- Vovó costuma guardar todos os pratos e a prataria no **aparador**.

cupboard [ˈkʌbəd] *n*
- All my children know they must not look in my **cupboard** prior to Christmas.

o **armário**
- Todos os meus filhos sabem que não devem olhar meu **armário** antes do Natal.

wardrobe [ˈwɔːdrəʊb] *n*
- My **wardrobe** is too small for all my clothes.

o **guarda-roupa**
- Meu **guarda-roupa** é pequeno demais para todas as minhas roupas.

bed [bed] *n*
- Jude spent the whole Sunday in **bed**.

a **cama**
- Jude passou o domingo inteiro na **cama**.

comfortable [ˈkʌmfətəbl] *adj*
- Why don't you put a **comfortable** sofa in the kitchen since it is your favourite room?

confortável
- Por que você não põe um sofá **confortável** na cozinha, já que é seu cômodo favorito?

lamp [læmp] *n*
- Lewis bought a **lamp** for the bedside table because he loves reading at night.

o **abajur**
- Lewis comprou um **abajur** para o criado-mudo porque ele gosta de ler à noite.

light [laɪt] *n*
- Please turn off the **light** when you leave the room.

a **luz**
- Por favor, apague a **luz** quando sair do quarto.

to turn on [tə ˌtɜːn ˈɒn] *phrase*
- Make sure the answerphone is **turned on** before you go out tonight.

ligar
- Certifique-se de que a secretária-eletrônica **está ligada** antes de sair à noite.

to turn off [tə ˌtɜːn ˈɒf] *phrase*
- I turned off the TV at 11:30 and fell asleep instantly.

desligar
- **Desliguei** a TV às 23h30 e peguei no sono instantaneamente.

bath BE [bɑːθ], **bathtub** AE [ˈbɑːθtʌb] *n*
- I'm afraid the flat doesn't have a **bath** but the shower is brand new.
- I soaked in the **bathtub** for half an hour.

a **banheira**
- Receio que o apartamento não tenha **banheira**, mas o chuveiro está novo em folha.
- Fiquei imerso na **banheira** por meia hora.

tap BE [tæp], **faucet** AE [ˈfɔːsɪt] *n*
- Many British baths still have separate **taps** for hot and cold water.
- The **faucet** of my kitchen sink was leaking the whole night.

a **torneira**
- Muitas banheiras britânicas ainda têm **torneiras** separadas para água quente e fria.
- A **torneira** da minha cozinha pingou a noite inteira.

heating [ˈhiːtɪŋ] *n*
- The **heating** doesn't seem to be functioning properly, the room is still cold.

o **aquecimento**
- O **aquecimento** não parece estar funcionando adequadamente, o quarto ainda está frio.

to heat [tə ˈhiːt] *v*
- Most people use gas to **heat** their homes.

aquecer
- A maior parte das pessoas usa gás para **aquecer** a casa.

furnishings [ˈfɜːnɪʃɪŋz] *n pl*
- I got all my **furnishings** from a flea market.

os **móveis**
- Comprei todos os meus **móveis** em uma loja de antiguidades.

to furnish [tə ˈfɜːnɪʃ] *v*
- If I had more money I would **furnish** my flat with antique furniture.

mobiliar
- Se eu tivesse mais dinheiro, **mobiliaria** meu apartamento com móveis antigos.

Mobiliário

armchair [ˈɑːmtʃeə] *n* ■ Grandad likes to sit in a comfortable **armchair** by the fireside.	a **poltrona** ■ Vovô gosta de sentar em uma **poltrona** confortável junto à lareira.
sofa [ˈsəʊfə] *n* ■ My new **sofa** seats three to four people.	o **sofá** ■ No meu **sofá** novo cabem de três a quatro pessoas.
couch [kaʊtʃ] *n* ■ Sarah lies on the **couch** and reads a book whenever she's bored.	o **sofá** ■ Sarah se deita no **sofá** e lê um livro quando está entediada.
shelf [ʃelf] *n*; *pl* **shelves** ■ Please return all books to their **shelves**.	a **estante** ■ Por favor, devolva todos os livros às suas **estantes**.
drawer [drɔː] *n* ■ Charlie keeps his documents in the top **drawer** of his desk.	a **gaveta** ■ Charlie mantém seus documentos na **gaveta** de cima de sua mesa de trabalho.
carpet [ˈkɑːpɪt] *n* ■ We bought a beautiful **carpet** for our living room.	o **tapete** ■ Compramos um lindo **tapete** para nossa sala de estar.
fitted carpet [ˌfɪtɪd ˈkɑːpɪt] *n* ■ The bedrooms and living room all had **fitted carpets**.	o **carpete** ■ Os quartos e a sala de estar têm **carpete**.
curtain [ˈkɜːtn] *n* ■ Why don't you pull back the **curtains** to let the sunshine in?	a **cortina** ■ Por que você não abre as **cortinas** e deixa o sol entrar?
hanger [ˈhæŋə] *n* ■ I put my coat on the bed because there were no more empty **hangers**.	o **cabide** ■ Coloquei meu casaco na cama porque não havia mais **cabides** disponíveis.
to hang sth. up [tə ˌhæŋ ... ˈʌp] *phrase* ▶ v irr p. 444 hang ■ May I **hang up your** cloak?	**pendurar** ■ Posso **pendurar** seu casaco?

mattress [ˈmætrəs] *n* ■ I have strange dreams when I sleep on a **mattress** that's too hard.	o **colchão** ■ Tenho sonhos estranhos quando durmo em um **colchão** muito duro.
pillow [ˈpɪləʊ] *n* ■ Lisa likes to sleep with two **pillows** under her head.	o **travesseiro** ■ Lisa gosta de dormir com dois **travesseiros** sob a cabeça.
sheet [ʃiːt] *n* ■ My mother taught me to change the **sheets** every other week.	o **lençol** ■ Minha mãe me ensinou a trocar os **lençóis** a cada duas semanas.
blanket [ˈblæŋkɪt] *n* ■ Could I have a second **blanket**, please? I'm still cold.	o **cobertor**, a **coberta**, o **edredom** ■ Você poderia me dar uma segunda **coberta**, por favor? Ainda estou com frio.
to cover [tə ˈkʌvə] *v* ■ Linda **covered** her daughter with a blanket and kissed her goodnight.	**cobrir** ■ Linda **cobriu** a filha com um cobertor e deu-lhe um beijo de boa noite.
to tuck sb. in [tə ˌtʌk ... ˈɒn] *phrase* ■ My grandma came upstairs to **tuck me in**.	**cobrir alguém** ■ Minha avó subiu para me **cobrir**.

Assuntos do lar

household [ˈhaʊshəʊld] *n* ■ Many **households** in England are one-person households.	a **casa**, o **lar**, o **domicílio** ■ Na Inglaterra, muitos **domicílios** são domicílios de uma única pessoa.
to run the household [tə ˌrʌn ðə ˈhaʊshəʊld] *phrase* ▶ **v irr** p. 446 run ■ Becky works full-time and **runs the household**.	**cuidar da casa** ■ Becky trabalha em período integral e **cuida da casa**.
lock [lɒk] *n* ■ Graham lost his keys and had all the **locks** changed.	a **fechadura** ■ Graham perdeu as chaves e teve de mudar todas as **fechaduras**.

to lock [tə 'lɒk] v
- Close the windows and **lock** the doors before you leave.

trancar
- Feche as janelas e **tranque** as portas antes de sair.

key [kiː] n
- Have you seen the **key** to the cellar door?

a **chave**
- Você viu a **chave** da porta do sótão?

bell [bel] n
- I didn't hear the **bell** because I was in the shower.

a **campainha**
- Não ouvi a **campainha** porque estava no chuveiro.

to ring the bell [tə ˌrɪŋ ðə 'bel] phrase
▶ v irr p. 446 ring
- The children were standing in front of the door but none of them dared **to ring the bell**.

tocar a campainha
- As crianças estavam diante da porta, mas nenhuma delas ousou **tocar a campainha**.

coffee machine ['kɒfi məˈʃiːn] n
- I bought my mother a **coffee machine** because she loves coffee.

a **cafeteira**
- Comprei uma **cafeteira** para minha mãe porque ela adora café.

coffee maker ['kɒfi ˌmeɪkə] n
- There's a **coffee maker** in our office but we hardly use it.

a **cafeteira**
- Tem uma **cafeteira** em nosso escritório, mas raramente a usamos.

fridge [frɪdʒ] n
- Paul likes his beer cold, so he always puts it in the **fridge**.

a **geladeira**
- Paul gosta de sua cerveja gelada, por isso sempre a põe na **geladeira**.

➡ **Fridge** (ou **refrigerator**) é uma geladeira; **freezer** designa o congelador; se ambos estiverem presentes em um único aparelho, na Grã-Bretanha usa-se o termo **fridge-freezer**.

cooker BE ['kʊkə], **stove** AE [stəʊv] n
- You can heat up the soup on the **cooker** or in the microwave.
- Could you turn off the **stove** please? I think the noodles are done.

o **fogão**
- Você pode aquecer a sopa no **fogão** ou no micro-ondas.
- Você poderia desligar o **fogão**, por favor? Acho que o macarrão está pronto.

pot [pɒt] *n*
- There's a **pot** of hot chili on the kitchen stove.
- Janice put some teabags in the **pot**.

a **panela**, o **pote**, o **bule**
- Tem uma **panela** com chili no fogão.
- Janice pôs alguns saquinhos de chá no **bule**.

dish [dɪʃ] *n*
- The waiter brought a large **dish** of spaghetti.

o **prato**
- O garçom trouxe um grande **prato** de espaguete.

dishes [dɪʃɪz] *n pl*
- I don't have enough **dishes** for the party. I need more plates and bowls.

a **louça**
- Não tenho **louça** suficiente para a festa. Preciso de mais pratos e travessas.

plate [pleɪt] *n*
- Donna put another pancake on his **plate**.

o **prato**
- Donna pôs outra panqueca no **prato** dele.

glass [*BE:* glɑːs, *AE:* glæs] *n*
- "Cheers!" he said and raised his **glass**.

o **copo**
- "Saúde!", ele disse e levantou o **copo**.

mug [mʌg] *n*
- He's got a collection of **mugs** from different Australian universities.

a **xícara**
- Ele tem uma coleção de **xícaras** de diferentes universidades australianas.

cup [kʌp] *n*
- Marian poured some more tea in my **cup**.

a **xícara**
- Marian verteu um pouco mais de chá na minha **xícara**.

saucer [ˈsɔːsə] *n*
- Aunt Jane laid the breakfast table with plates, cups and **saucers**.

o **pires**
- Tia Jane pôs a mesa do café da manhã com pratos, copos e **pires**.

fork [fɔːk] *n*
- Children must learn how to eat with a knife and **fork**.

o **garfo**
- As crianças devem aprender a comer com **garfo** e faca.

knife [naɪf] *n; pl* **knives**
- You need a sharp **knife** to cut this meat.

a **faca**
- Você precisa de uma **faca** afiada para cortar esta carne.

spoon [spuːn] *n* ■ A little milk and two **spoons** of sugar, please.	a **colher** ■ Um pouco de leite e duas **colheres** de açúcar, por favor.
teaspoon [ˈtiːspuːn] *n* ■ Just add another **teaspoon** of paprika if the stew is too bland.	a **colher de chá** ■ Basta acrescentar uma **colher de chá** de páprica se o guisado estiver insosso.
candle [ˈkændl] *n* ■ Did you light the **candles** on top of the birthday cake?	a **vela** ■ Você acendeu as **velas** do bolo de aniversário?
lighter [ˈlaɪtə] *n* ■ My **lighter** is empty. Do you have a match?	o **isqueiro** ■ Meu **isqueiro** acabou. Você tem um fósforo?
to light [tə ˈlaɪt] *v* ■ Why don't you **light** some candles and turn off the light. It's much more romantic.	**acender** ■ Por que você não **acende** algumas velas e apaga a luz? É muito mais romântico.
dishwasher, dish washer [ˈdɪʃˌwɒʃə, ˈdɪʃ ˈwɒʃə] *n* ■ Tony rinsed the plates before he put them in the **dishwasher**.	o **lava-louças** ■ Tony enxaguou os pratos antes de colocá-los no **lava-louça**.
washing-up *BE* [ˌwɒʃɪŋˈʌp] *n* ■ Could you do the **washing-up** today?	a **lavagem da louça** ■ Você poderia **lavar a louça** hoje?
to do the dishes [tə ˌdu ðə ˈdɪʃɪz, tə ˌdu ðə ˈdɪʃəz] *phrase* ▶ *v irr* p. 443 do ■ I'd like **to do the dishes** before we go out.	**lavar os pratos, lavar a louça** ■ Eu gostaria de **lavar os pratos** antes de sairmos.
washing machine [ˈwɒʃɪŋ məˌʃiːn] *n* ■ Keith doesn't have a **washing machine**. He has to take everything to the launderette.	a **máquina de lavar** ■ Keith não tem **máquina de lavar**. Ele tem de levar tudo à lavanderia.
to wash [tə ˈwɒʃ] *v* ■ Do I have to **wash** this wool jumper by hand?	**lavar** ■ Tenho de **lavar** essa malha de lã à mão?

Assuntos do lar 247

---

to do the laundry [tə ˌdu ðə ˈlɔːndri] *phrase*

- Paula spent the evening **doing the laundry**.

lavar roupa

- Paula passou a noite **lavando roupa**.

---

tidy [ˈtaɪdi] *adj*

- The kitchen was a mess but now it's **tidy** again.

arrumado

- A cozinha estava uma bagunça, mas agora está novamente **arrumada**.

---

clean [kliːn] *adj*

- The windows were dirty this morning. Now they're **clean** again.

limpo

- As janelas estavam sujas esta manhã. Agora estão **limpas** novamente.

---

to clean [tə ˈkliːn] *v*

- Your windows are dirty. You've got **to clean** them more often.

limpar, lavar

- Suas janelas estão sujas. Você tem de **limpá-las** com mais frequência.

---

dirty [ˈdɜːti] *adj*

- My hands are **dirty**. I've got to wash them.

sujo

- Minhas mãos estão **sujas**. Tenho de lavá-las.

---

mirror [ˈmɪrə] *n*

- This morning I looked in the **mirror** and thought I was a stranger.

o espelho

- Esta manhã eu me olhei no **espelho** e pensei que fosse um estranho.

---

towel [taʊəl] *n*

- Rebbeca dried the dishes with the wrong **towel**.

o pano, a toalha

- Rebecca secou os pratos com o **pano** errado.

---

hairdryer, hairdrier [ˈheəˌdraɪə] *n*

- Most hotels provide a **hairdryer** in their rooms.

o secador de cabelos

- A maioria dos hotéis disponibiliza **secador de cabelo** nos quartos.

---

to dry [tə ˈdraɪ] *v*

- Please hang up your raincoat in the bathroom to **dry**.

secar

- Por favor, pendure sua capa de chuva no banheiro para **secar**.

---

alarm clock [əˈlɑːm ˌklɒk] *n*

- My **alarm clock** goes off at seven every morning.

o despertador

- Meu **despertador** toca às 7 horas toda manhã.

Assuntos do lar

air conditioning [ˈeə kənˌdɪʃənɪŋ] n
- Bob turned down the **air conditioning** because the temperature outside had dropped.

o **ar-condicionado**
- Bob desligou o **ar-condicionado** porque a temperatura do lado de fora havia caído.

box [bɒks] n
- Have you eaten the whole **box** of chocolates?
- Fiona keeps all her hairslides in a small **box**.

a **caixa**
- Você comeu toda a **caixa** de chocolates?
- Fiona mantém todos os seus prendedores de cabelo em uma pequena **caixa**.

rubbish bin BE [ˈrʌbɪʃ ˌbɪn], **garbage can** AE [ˈgɑːbɪdʒ ˌkæn] n
- Your **rubbish bin** smells. I think you should clean it more often.
- In our school the students empty the **garbage cans** themselves.

a **lixeira**, a **lata de lixo**
- Sua **lixeira** está cheirando mal. Acho que você deveria limpá-la com mais frequência.
- Na nossa escola, os próprios alunos esvaziam as **lixeiras**.

electric appliance [iˈlektrɪk əˈplaɪəns] n
- Please turn off all **electrical appliances** when you go on holiday.

o **eletrodoméstico**
- Por favor, desligue todos os **eletrodomésticos** quando sair de férias.

oven [ˈʌvən] n
- It's time to take the cake out of the **oven**.

o **forno**
- Está na hora de tirar o bolo do **forno**.

microwave [ˈmaɪkrəweɪv] n
- Why don't you heat up the soup in the **microwave**?

o **(forno de) micro-ondas**
- Por que você não aquece a sopa no **micro-ondas**?

freezer [ˈfriːzə] n
- I've got some home-made ice cream in the **freezer**. Would you like some?
➔ fridge p. 244

o **congelador**
- Tenho um pouco de sorvete feito em casa no **congelador**. Gostaria de provar?

toaster [ˈtəʊstə] n
- Jonathan put another piece of bread in the **toaster**.

a **torradeira**
Jonathan colocou outra fatia de pão na **torradeira**.

Assuntos do lar 249

kettle [ˈketl] *n*
- Alfie put the **kettle** on to make some tea.

a **chaleira**
- Alfie pôs a **chaleira** no fogo para fazer um pouco de chá.

pan [pæn] *n*
- Martha fried bacon and eggs in a large **pan**.

a **frigideira**
- Martha fritou bacon e ovos numa grande **frigideira**.

lid [lɪd] *n*
- If you put the **lid** on the pot the water boils faster.

a **tampa**
- Se você colocar a **tampa** na panela, a água ferverá mais rápido.

cutlery BE [ˈkʌtləri], **silverware** AE [ˈsɪlvəweə] *n*
- The **cutlery** is in the top drawer.
- Grandma used to keep her expensive **silverware** under the sofa.

os **talheres**, a **prataria**
- Os **talheres** estão na primeira gaveta.
- Vovó costuma guardar a **prataria** valiosa debaixo do sofá.

corkscrew [ˈkɔːkskruː] *n*
- I broke the **corkscrew**. I guess we need a new one.

o **saca-rolhas**
- Quebrei o **saca-rolhas**. Acho que precisamos de um novo.

bottle opener [ˈbɒtl ˌəʊpənə] *n*
- Jonathan got two bottles of beer and a **bottle opener** from the kitchen.

o **abridor de garrafas**
- Jonathan trouxe duas garrafas de cerveja e um **abridor de garrafas** da cozinha.

tin opener BE [ˈtɪn ˌəʊpənə], **can opener** AE [ˈkæn ˌəʊpənə] *n*
- The **tin opener** is in the top drawer.
- I need a new **can opener**. This one doesn't work.

o **abridor de latas**
- O **abridor de latas** fica na primeira gaveta.
- Preciso de um novo **abridor de latas**. Este aqui não funciona mais.

tray [treɪ] *n*
- The **tray** I bought in the art museum has a painting on it by Jan Brueghel.

a **bandeja**
- A **bandeja** que eu comprei no museu de arte tem uma pintura de Jan Brueghel.

tablecloth [ˈteɪblklɒθ] *n*
- We need another **tablecloth**. This one has got a stain on it.

a **toalha de mesa**
- Precisamos de outra **toalha de mesa**. Esta está manchada.

Assuntos do lar

napkin [ˈnæpkɪn] *n* ■ I forgot to buy some **napkins** for our dinner tonight.	o **guardanapo** ■ Eu me esqueci de comprar **guardanapos** para o jantar de hoje à noite.
vase [*BE:* vɑːz, *AE:* veɪs] *n* ■ My great-aunt left me this **vase**. It must be about 100 years old.	o **vaso** ■ Minha tia-avó deixou este **vaso** para mim. Deve ter uns 100 anos.
ashtray [ˈæʃˌtreɪ] *n* ■ They removed all the **ashtrays** from the station. It's a non-smoking area now.	o **cinzeiro** ■ Eles removeram todos os **cinzeiros** da estação. Agora é uma área para não fumantes.
match [mætʃ] *n* ■ I need a long **match** to light the candle in this glass.	o **fósforo** ■ Preciso de um **fósforo** comprido para acender a vela nesse copo.
socket *BE* [ˈsɒkɪt], **(power) outlet** *AE* [(ˈpaʊər) ˌaʊtlet] *n* ■ We have matching **sockets** and wall switches in our flat. ■ If there are not enough single **outlets** in the wall you need a power outlet strip.	a **tomada** ■ Temos **tomadas** e interruptores correspondentes em nosso apartamento. ■ Se não houver **tomadas** suficientes na parede, você precisará de uma extensão.
(light) bulb [(ˈlaɪt) ˌbʌlb] *n* ■ Andy replaced the **light bulb** and switched the light on again.	a **lâmpada** ■ Andy substituiu a **lâmpada** e acendeu a luz novamente.
scales [skeɪl] *n* ■ I weighed myself on your **scales** this morning.	a **balança** ■ Eu me pesei na sua **balança** hoje de manhã.
iron [aɪən] *n* ■ Mum left the **iron** on and burned a whole in the ironing board.	o **ferro** ■ Mamãe deixou o **ferro** ligado e fez um buraco na tábua de passar.
to iron [tə ˈaɪən] *v* ■ I **iron** my shirts myself.	**passar (a ferro)** ■ Eu mesmo **passo** minhas camisas.

Assuntos do lar 251

vacuum (cleaner) [ˈvækjuːm (ˌkliːnər)] *n*
- The **vacuum cleaner** is in the closet next to the entrance.

o **aspirador de pó**
- O **aspirador de pó** está no armário próximo da entrada.

lawnmower [ˈlɔːnˌməʊə] *n*
- Our neighbor was mowing the lawn with his new **lawnmower**.

o **cortador de grama**
- Nosso vizinho estava aparando a grama com seu novo **cortador de grama**.

cleanliness [ˈklenlinəs] *n*
- Her standard of **cleanliness** is unbeatable. You can even eat from the floor.

a **limpeza**
- O padrão de **limpeza** dela é imbatível. Você pode até comer do chão.

dirt [dɜːt] *n*
- I don't mind a room that's untidy, but I hate **dirt**.

a **sujeira**
- Eu não me importo que um quarto esteja desarrumado, mas odeio **sujeira**.

stain [steɪn] *n*
- I bought some stain remover to remove the **stains** on your trousers.

a **mancha**
- Comprei um removedor de manchas para remover as **manchas** de suas calças.

dust [dʌst] *n*
- The old desk in the loft was completely covered with **dust**.

a **poeira**
- A velha escrivaninha do apartamento estava completamente coberta de **poeira**.

broom [bruːm] *n*
- Molly fetched the **broom** and swept up the leaves.

a **vassoura**
- Molly buscou a **vassoura** e varreu as folhas.

to sweep [tə ˈswiːp] *v*
▶ v irr p. 448 sweep
- People who don't have a vacuum cleaner have to **sweep** their rooms.

varrer
- As pessoas que não têm um aspirador têm de **varrer** seus quartos.

cloth [klɒθ] *n*
- Mark wiped the table with a **cloth**.

o **pano**, o **tecido**
- Mark limpou a mesa com um **pano**.

washing powder [ˈwɒʃɪŋ ˌpaʊdə] *n* ■ Gary put some **washing powder** into the washing machine.	o **sabão em pó** ■ Gary pôs **sabão em pó** na máquina de lavar.
washing-up liquid BE [ˌwɒʃɪŋˈʌpˌlɪkwɪd], **detergent** AE [dɪˈtɜːdʒənt] *n* ■ I couldn't do the dishes because there isn't any **washing-up liquid**. ■ No more excuses. I bought some new **detergent** at the supermarket.	o **detergente** ■ Não pude lavar os pratos porque não tem **detergente**. ■ Sem mais desculpas. Comprei **detergente** no supermercado.
tidiness [ˈtaɪdi] *n* ■ Her mother is very keen on **tidiness**, so you'd better tidy up.	a **ordem**, a **organização**, o **asseio** ■ A mãe dela valoriza muito a **organização**, então é melhor você arrumar tudo.
tidy [ˈtaɪdinəs] *adj* ■ His room was **tidy** but not very clean.	**organizado**, **asseado** ■ O quarto dele era **organizado**, mas não muito limpo.
to be in good order [] *phrase* ▶ v irr p 442 be ■ Everything **was in good order** when I left the property.	**estar em ordem** ■ Estava tudo **em ordem** quando saí da propriedade.
mess [mes] *n* ■ What a **mess**! I'll ask Fred to clean the garage at once.	a **desordem**, a **bagunça** ■ Que **bagunça**! Vou pedir a Fred para limpar a garagem de uma vez.
basket [BE: ˈbɑːskɪt, BE: ˈbæskət] *n* ■ Lisa always takes a **basket** when she goes shopping.	o **cesto** ■ Lisa sempre leva um **cesto** quando vai fazer compras.
sack [sæk] *n* ■ I need someone to help me carry the **sack** of potatoes into the cellar.	o **saco** ■ Preciso de alguém que me ajude a carregar o **saco** de batatas para o porão.
instructions [ɪnˈstrʌkʃənz] *n pl* ■ Read the **instructions** before you turn on a new device.	o **manual de instruções** ■ Leia o **manual de instruções** antes de ligar um aparelho novo.

Turismo e transporte

Viagens

holiday BE [ˈhɒlədeɪ] n ■ In August most British workers are on **holiday**.	as **férias**, o **feriado** ■ Em agosto, a maior parte dos trabalhadores britânicos está de **férias**.
holidays BE [ˈhɒlədeɪz] npl ■ We always go to Spain during the **holidays**.	as **férias** ■ Sempre vamos à Espanha durante as **férias**.
vacation AE [veɪˈkeɪʃn] n ■ Where are you going to spend your **vacation** this summer?	as **férias** ■ Onde você vai passar suas **férias** este verão?
journey [ˈdʒɜːni] n ■ It's a three-day **journey** by train from the east to the west coast.	a **viagem** ■ É uma **viagem** de três dias de trem da costa leste a oeste.
trip [trɪp] n ■ I'd like to take a **trip** round the whole world.	a **viagem** ■ Eu gostaria de fazer uma **viagem** ao redor do mundo.
Have a good trip! [hæv ə ˌgʊd ˈtrɪp] interj ▶ **v irr** p. 445 have	**Faça uma boa viagem!**
travel [ˈtrævl] adj ■ Darren heard it on the news: they've issued a **travel** warning for this country.	a **viagem** ■ Darren ouviu no noticiário: foi emitida uma advertência de **viagem** para esse país.
travel agency [ˈtrævl ˌeɪdʒənsi] n ■ Tony booked all his flights at his **travel agency**.	a **agência de viagens** ■ Tony reservou todos os seus voos na sua **agência de viagens**.
to travel [tə ˈtrævl] v ■ Many people like **travelling** to exotic countries.	**viajar** ■ Muitas pessoas gostam de **viajar** para países exóticos.

tourism ['tʊərɪzm] *n*
- Many people in this area depend on **tourism** for their income.

o **turismo**
- Muitas pessoas desta região dependem do **turismo** para seus rendimentos.

tourist ['tʊərɪzt] *n m/f, adj*
- In the summer there are more **tourists** than students in Oxford.
- I think I've seen all **tourist** attractions on this island.

o **turista**, a **turista**, **turístico**
- No verão há mais **turistas** do que alunos em Oxford.
- Acho que já vi todas as atrações **turísticas** desta ilha.

touristy ['tʊərɪztɪ] *adj*
- I don't like Brighton in the summer. It's so **touristy**.

turístico
- Não gosto de Brighton no verão. É **turístico** demais.

to leave [tə 'liːv] *v*
- We're **leaving** tomorrow morning at half past five.

partir, sair, deixar
- Vamos **partir** amanhã pela manhã às cinco e meia.

to depart [tə dɪ'pɑːt] *v*
- The train **departs** from platform three.

partir
- O trem **parte** da plataforma três.

to get there [tə ˌget ðeə] *phrase*
▶ v irr p. 444 get
- How do we **get there** – by train?

chegar lá
- Como se faz para **chegar lá** – vamos de trem?

to get to [tə ˌget tə] *phrase*
▶ v irr p. 444 get
- How do **we get to** Washington?

ir para, chegar a
- Como fazemos para **chegar a** Washington?

to get back [tə ˌget 'bæk] *phrase*
▶ v irr p. 444 get
- What time **will** we **be getting back**, do you think?

voltar
- A que horas você acha que **voltaremos**?

return [rɪ'tɜːn] *n*
- A large crowd had gathered to watch the **return** of the Space Shuttle.

o **retorno**, a **volta**, a **chegada**
- Uma imensa multidão se reuniu para assistir à **chegada** da Space Shuttle.

to return [tə rɪ'tɜːn] *v*
- Carl left on the 15th and will **return** on the 20th.

voltar, retornar
- Carl saiu no dia 15 e **retorna** no dia 20.

to drive home [tə ˌdraɪv ˈhəʊm] *phrase*
▶ v irr p. 443 drive
- I think we should cancel the rest of our stay and **drive home**.

ir para casa
- Acho que deveríamos cancelar o restante de nossa estadia e **ir para casa**.

to book [tə ˈbʊk] *v*
- Maria **booked** a flight to Rome.

reservar
- Maria **reservou** um voo para Roma.

to cancel [tə ˈkænsl] *v*
- Joe had to **cancel** his trip to South Africa.

cancelar
- Joe teve de **cancelar** sua viagem para a África do Sul.

luggage *BE* [ˈlʌgɪdʒ], baggage *AE* [ˈbægɪdʒ] *n*
- Please don't leave your **luggage** unattended.

a bagagem
- Por favor, não deixe sua **bagagem** desacompanhada.

(suit)case [(ˈsuːt)keɪs] *n*
- Joe has packed his **suitcase** and he's ready to leave.

a mala
- Joe fez a **mala** e está pronto para partir.

to pack [tə ˈpæk] *v*
- Nick is leaving tomorrow but he hasn't **packed** yet.

fazer a(s) mala(s)
- Nick parte amanhã, mas ainda não **fez as malas**.

documents [ˈdɒkjəmənt] *npl*
- All my **documents** were stolen from the hotel safe.

os documentos
- Todos os meus **documentos** foram roubados do cofre do hotel.

identification [aɪˌdentɪfɪˈkeɪʃn] *n*
- Every barman asked me for some sort of **identification** because I look kind of young.

a identificação
- Todo barman me pedia algum tipo de **identificação**, porque eu parecia um tanto novo.

identity card [aɪˈdentɪti ˌkɑːd] *n*
- You need a passport to enter the United States. Your **identity card** is not enough.

a carteira de identidade
- Você precisa de um passaporte para entrar nos Estados Unidos. Sua **carteira de identidade** não é suficiente.

passport [*BE*: ˈpɑːspɔːt, *AE*: ˈpæspɔːrt] *n*
- I need to get my **passport** renewed before we can travel to South America.

o passaporte
- Preciso ter meu **passaporte** renovado antes de viajarmos para a América do Sul.

valid [ˈvælɪd] *adj*
- Your passport is not **valid** anymore. It expired three months ago.

válido
- Seu passaporte já não é mais **válido**. Expirou há três meses.

invalid [ɪnˈvælɪd] *n*
- This document is **invalid**. It's missing a stamp.

inválido
- Este documento é **inválido**. Está faltando um carimbo.

stay [steɪ] *n*
- We did a lot of sightseeing during our last **stay** in Madrid.

a **estada**
- Fizemos uma série de passeios durante nossa **estada** em Madri.

rest and recreation [ˌrest ənd rekriˈeɪʃn] *n*
- I've been so stressed out recently. I definitely need some **rest and recreation**.

o **lazer e descontração**
- Tenho estado muito estressado ultimamente. Está óbvio que preciso de um pouco de **lazer e descontração**.

restful [ˈrestfl] *adj*
- I wish I had enough time for a **restful** winter holiday.

repousante, revigorante
- Queria ter tempo suficiente para umas férias de inverno **revigorantes**.

to organize [tə ˈɔːgənaɪz] *v*
- Sam became a travel agent because even as a teenager he loved **organizing** short trips.

organizar
- Sam virou agente de viagens porque adorava **organizar** viagens curtas quando era adolescente.

confirmation [ˌkɒnfəˈmeɪʃn] *n*
- The travel agency promised to send us **confirmation** by e-mail.

a **confirmação**
- A agência de viagens prometeu enviar-nos uma **confirmação** por e-mail.

to confirm [tə kənˈfɜːm] *v*
- The dates of your flight to Chicago still have to be **confirmed**.

confirmar
- As datas de seu voo para Chicago ainda aguardam **confirmação**.

farm holiday BE [ˈfɑːm ˌhɒlədeɪ], **farm vacation** AE [ˈfɑːm veɪˈkeɪʃən] *n*
- I'm sure the kids would prefer a **farm holiday** to a trip to a big city.
- We've booked a **farm vacation** in Kansas.

as **férias na fazenda**
- Tenho certeza de que as crianças iam preferir **férias na fazenda** a uma viagem à cidade grande.
- Reservamos **férias na fazenda** no Kansas.

Viagens

adventure [əd'ventʃə] *n* ■ The pilots went on strike. So what started as a package tour ended as a crazy **adventure**.	a **aventura** ■ Os pilotos entraram em greve. Então o que se iniciou como um pacote de férias terminou numa louca **aventura**.
to experience [tə ɪk'spɪərɪəns] *v* ■ I've never **experienced** anything like that.	**vivenciar, experimentar, passar por** ■ Nunca **vivenciei** algo como aquilo.
backpack BE ['bækpæk] *n* ■ Ken locked his **backpack** in a locker at the train station.	a **mochila** ■ Ken guardou sua **mochila** num armário na estação de trem.
rucksack ['rʌksæk] *n* ■ When you go hiking it's important to have a light **rucksack**.	a **mochila** ■ Quando você faz caminhadas, é importante levar uma **mochila** leve.
travelling bag BE ['trævəlɪŋ ˌbæg], **carryall** AE ['kærɪɔːl] *n* ■ Amanda bought a nice **travelling bag** on her last trip to Paris. ■ My new **carryall** has got an extra partition for a cell phone.	a **bolsa de viagem**, a **mala** ■ Amanda comprou uma **bolsa de viagem** linda em sua última viagem a Paris. ■ Minha **bolsa de viagem** nova tem compartimento extra para telefone celular.
to be passing through [BE: tə biː ˌpɑːsɪŋ 'θruː, AE: tə biː ˌpæs.ɪŋ 'θruː] *phrase* ▶ **v irr** p. 442 be ■ I don't have any time for a sightseeing tour. I'm just **passing through**.	**passar (por), estar de passagem** ■ Não tenho tempo para fazer turismo. **Estou** apenas **de passagem**.
entry ['entri] *n* ■ The man in front of us was refused **entry** into the United States.	a **entrada** ■ O homem na nossa frente teve sua **entrada** recusada nos Estados Unidos.
abroad [ə'brɔːd] *adv* ■ More Britons spend their holidays at home than **abroad**. ■ Tim's going **abroad** next summer as part of his studies at university.	**fora do país** ■ Há mais britânicos passando as férias em casa do que **fora do país**. ■ Tim vai para **fora do país** no próximo verão, como parte de seus estudos na universidade.

on entering the country [ɒn ˌentərɪŋ ðə ˈkʌntri] *phrase* ■ Everybody has to show their passports **on entering the country**.	**ao entrar no país** ■ Todo mundo tem de mostrar o passaporte **ao entrar no país**.
departure [dɪˈpɑːtʃə] *n* ■ Katie bought a bottle of Irish whiskey before her **departure**.	a **partida** ■ Katie comprou uma garrafa de uísque irlandês antes da **partida**.
on leaving the country [ɒn ˌliːvɪŋ ðə ˈkʌntri] *phrase* ■ The man was arrested **on leaving the country**.	**ao deixar o país** ■ O homem foi preso **ao deixar o país**.
visa [ˈviːzə] *n* ■ If you want to stay in Canada for more than six months, you need a **visa**.	o **visto** ■ Se você quiser ficar no Canadá por mais de seis meses, precisará de um **visto**.
customs [ˈkʌstəmz] *npl* ■ We had to queue for more than half an hour to get through **customs**.	a **alfândega**, a **imigração** ■ Tivemos de ficar numa fila por mais de meia hora para passar pela **imigração**.
to pay duty [tə ˌpeɪ ˈdʒuːti] *phrase* ▶ v irr p. 446 pay ■ You'll have **to pay duty** on these electronic appliances if you take them to Germany.	**pagar imposto** ■ Você vai ter de **pagar imposto** por esses aparelhos eletrônicos se os levar para a Alemanha.
to declare [tə dɪˈkleə] *v* ■ Do you have anything **to declare**?	**declarar** ■ Você tem algo a **declarar**?

Pernoites

night [naɪt] *n*
- We booked four **nights** in a five-star hotel on 6th Avenue.

a **noite**
- Reservamos quatro **noites** em um hotel cinco estrelas na 6ª avenida.

to spend the night [tə ˌspend ðə ˈnaɪt] *phrase*
- ▶ v irr p. 448 spend
- We **spent the night** in a small guest house near Bristol.

passar a noite, pernoitar

- **Passamos a noite** em uma pequena pensão perto de Bristol.

hotel [həʊˈtel] *n*
- In Britain bed and breakfasts are cheaper than **hotels**.

o **hotel**
- Na Grã-Bretanha, alojamentos com café da manhã são mais baratos do que **hotéis**.

accomodation [əˌkɒməˈdeɪʃn] *n*
- Our bed and breakfast is going to provide **accomodation** for twelve people.

a **acomodação**
- Nosso alojamento com café da manhã vai proporcionar **acomodação** para doze pessoas.

guest house [ˈgesthaʊs] *n*
- There's a small **guest house** that might still have vacancies down the road.

a **pensão**
- Há uma pequena **pensão** descendo a rua em que ainda pode ter vagas.

bed and breakfast [ˌbed ən ˈbrekfəst] *n*
- We stayed at a lovely **bed and breakfast** with only six rooms.
- If you have **bed and breakfast** you'll get a full English breakfast in the morning.

o **alojamento com café da manhã**, a **acomodação com café da manhã**
- Ficamos numa agradável **acomodação com café da manhã** de apenas seis quartos.
- Se você optar por **cama e café da manhã**, receberá pela manhã um café da manhã inglês completo.

motel [məʊˈtel] *n*
- The facilities at that **motel** were astounding: swimming pool, sauna, fitness room etc.

o **motel**
- As instalações daquele **motel** eram incríveis: piscina, sauna, sala de ginástica etc.

youth hostel [ˈjuːθ ˌhɒstl] *n*
- We've reserved a family room in a **youth hostel** on a beautiful lake.

o **albergue**, o *hostel*
- Reservamos um quarto para família em um **albergue** junto a um belo lago.

camping [ˈkæmpɪŋ] *n*

- **Camping** is cheaper for families than staying at a hotel.

o **camping**

- O **camping** é mais barato para famílias do que ficar num hotel.

---

campsite *BE* [ˈkæmpsaɪt], **campground** *AE* [ˈkæmpgraʊnd] *n*

- We usually spend our summer holidays on a **campsite** in Cornwall.
- The **campground** is situated next to a creek in the middle of the woods.

o **acampamento**

- Geralmente passamos as férias de verão num **acampamento** em Cornwall.
- O **parque de campismo** fica situado próximo a um riacho no meio dos bosques.

---

to go camping [tə ˌgəʊ ˈkæmpɪŋ] *phrase*

▶ **v irr** p. 444 go

- Would you like **to go camping** this weekend?

acampar

- Você gostaria de **acampar** neste final de semana?

---

tent [tent] *n*

- Nick and Dawn finally found a nice campsite and put up their **tent**.

a **tenda**

- Nick e Dawn finalmente encontraram um belo local para acampar e armaram sua **tenda**.

---

sleeping bag [ˈsliːpɪŋ ˌbæg] *n*

- Even when the temperature is below zero my **sleeping bag** is warm and cozy.

o **saco de dormir**

- Mesmo quando a temperatura está abaixo de zero, meu **saco de dormir** é quente e confortável.

---

reception [rɪˈsepʃn] *n*

- Martin called **reception** and complained about the noise coming from the next room.

a **recepção**

- Martin ligou para a **recepção** e reclamou do barulho vindo do quarto ao lado.

---

to check in [tə ˌtʃek ˈɒn] *phrase*

- You have to **check in** before you board the plane.

fazer o check-in

- Você tem de **fazer o check-in** antes de embarcar

---

to check out [tə ˌtʃek ˈaʊt] *phrase*

- I paid for the room with credit card when I **checked out**.

fazer o check-out

- Paguei pelo quarto com cartão de crédito quando **fiz o check-out**.

double room [ˌdʌbəl ˈruːm] *n*
- There are six of us, so we need three **double rooms**.

o **quarto duplo,** o **quarto de casal**
- Estamos em seis, portanto precisamos de três **quartos duplos**.

single room [ˌsɪŋgəl ˈruːm] *n*
- Even **single rooms** may have double beds.

o **quarto individual**
- Também os **quartos individuais** podem ter camas de casal.

full [fʊl] *adj*
- I'm afraid every hotel in town is **full**. There's a golf tournament this weekend.

lotado
- Receio que todos os hotéis da cidade estejam **lotados**. Está acontecendo um torneio de golfe neste fim de semana.

full board [fʊl ˈbɔːd] *n*
- I don't think **full board** is necessary. It's summer and we can eat out at lunchtime.

pensão completa, refeições incluídas
- Não acho que **pensão completa** seja necessária. É verão, e na hora do almoço podemos comer fora.

half board [*BE:* ˌhɑːf ˈbɔːd, *AE:* ˌhæf ˈbɔːrd] *n*
- The guest house only offered **half board** but the meals were enormous.

meia pensão
- A pensão oferecia apenas **meia pensão**, mas as refeições eram enormes.

holiday home *BE* [ˈhɒlədeɪ ˌhəʊm], **vacation home** *AE* [veɪˈkeɪʃn ˌhəʊm] *n*
- It was much cheaper for all of us to rent a **holiday home** than book four rooms in a hotel.
- The **vacation home** is on a slope overlooking the lake.

casa de veraneio, casa de férias
- Para nós, foi muito mais barato alugar uma **casa de férias** do que reservar quatro quartos num hotel.
- A **casa de veraneio** fica num declive com vista para o lago.

holiday apartment *BE* [ˈhɒlədeɪ əˈpɑːtmənt], **vacation apartment** *AE* [veɪˈkeɪʃn əˈpɑːtmənt] *n*
- Is there a kitchen in this **holiday apartment**?
- We rented a **vacation apartment** on the island and went snorkeling every day.

o **apartamento de temporada,** o **apartamento de férias**
- Tem cozinha nesse **apartamento de férias**?
- Alugamos um **apartamento de temporada** na ilha e fomos mergulhar todos os dias.

season [ˈsiːzn] *n*
- What are your holiday plans for the coming **season**?

a **estação**
- Quais são seus planos de férias para a próxima estação?

category [ˈkætəgri] *n*
- Which **category** does this holiday resort belong to?

a **categoria**
- A qual **categoria** pertence esse resort de férias?

reduction [rɪˈdʌkʃn] *n*
- We got a **reduction** because we're staying for a fortnight.

o **desconto**
- Recebemos um **desconto** porque vamos passar duas semanas.

equipment [ɪˈkwɪpmənt] *n*
- Neil was packing the **equipment** for his hike through the mountains.

o **equipamento**, o **material**
- Neil estava empacotando o **equipamento** para sua caminhada nas montanhas.

Atrações turísticas

sight [ˈsaɪt] *n*
- Trafalgar Square is one of the most popular **sights** in London.

o **ponto turístico**
- A Trafalgar Square é um dos **pontos turísticos** mais populares de Londres.

sightseeing tour [ˈsaɪtˌsiːɪŋ ˌtʊə] *n*
- Kim did a **sightseeing tour** of Buckingham Palace.

o **passeio turístico**
- Kim fez um **passeio turístico** pelo Palácio de Buckingham.

sightseeing [ˈsaɪtˌsiːɪŋ] *adj*
- **Sightseeing** tours are available every hour.

o **circuito turístico**
- **Circuitos turísticos** estão disponíveis a cada hora.

to visit [tə ˈvɪzɪt] *v*
- We **visited** the summer residence of Queen Victoria.

visitar
- **Visitamos** a residência de verão da rainha Vitória.

trip [trɪp] *n*
- What do you think about taking a **trip** to the seaside?

a **viagem**
- O que você acha de fazer uma **viagem** para o litoral?

Atrações turísticas

tour [tʊə] *n* ■ They booked a **tour** around Manhattan and saw all the skyscrapers from the river.	a **visita** ■ Eles reservaram uma **visita** em torno de Manhattan e viram todos os arranha-céus a partir do rio.
guided tour [ˌgaɪdɪd ˈtʊə] *n* ■ A **guided tour** is included in the admission.	a **visita guiada** ■ Uma **visita guiada** está incluída no ingresso.
to lead [tə ˈliːd] *v* ▶ v irr p. 445 lead ■ She also **led** us through the prince's private chambers.	**conduzir** ■ Ela também nos **conduziu** pelos aposentos privados do príncipe.
church [tʃɜːtʃ] *n* ■ This **church** is the most amazing building I've ever seen.	a **igreja** ■ Esta **igreja** é a construção mais impressionante que eu já vi.
cathedral [kəˈθiːdrəl] *n* ■ On our trip down the Rhine we also visited Cologne **Cathedral**. ■ One of the most beautiful churches in England is Ely **Cathedral**.	a **catedral** ■ Em nossa viagem pelo Reno também visitamos a **Catedral** de Colônia. ■ Uma das mais belas igrejas da Inglaterra é a **Catedral** de Ely.

➡ Além de **cathedral**, as igrejas inglesas também são designadas por **minster** (p. ex., **York Minster**), ou **abbey** (p. ex., **Bath Abbey**).

basilica [bəˈsɪlɪkə] *n* ■ The group visited the remnants of an old Roman **basilica** built in the fourth century AD.	a **basílica** ■ O grupo visitou as ruínas de uma antiga **basílica** romana construída no século IV a.C.
synagogue [ˈsɪnəgɒg] *n* ■ It took almost five years to rebuild the old **synagogue** that was destroyed during the war.	a **sinagoga** ■ Levou quase cinco anos para reconstruir a antiga **sinagoga** que foi destruída durante a guerra.
mosque [mɒsk] *n* ■ Hagia Sophia is not a **mosque** anymore, it's a museum.	a **mesquita** ■ Santa Sofia não é mais uma **mesquita**, é um museu.
museum [mjuːˈziːəm] *n* ■ Some of the most interesting **museums** are in Washington, D.C.	o **museu** ■ Alguns dos **museus** mais interessantes estão em Washington, D.C.

Atrações turísticas

hall [hɔːl] *n*
- The king used to give banquets in the Great **Hall** of the castle.

o **salão**, a **sala**
- O rei costumava dar banquetes no Grande **Salão** do castelo.

tower [taʊər] *n*
- In the Middle Ages this **tower** was the tallest building in our country.

a **torre**
- Na Idade Média, esta **torre** era a construção mais alta de nosso país.

castle [BE: ˈkɑːsl, AE: ˈkæsl] *n*
- Windsor **Castle** is definitely worth seeing.
- The medieval **castle** is a ruin now but the old church is still standing.

o **castelo**
- O **Castelo** de Windsor sem dúvida vale uma visita.
- O **castelo** medieval é hoje uma ruína, mas a velha igreja ainda está de pé.

palace [ˈpælɪs] *n*
- They told us the original **palace** had more than 250 rooms.

o **palácio**
- Eles nos disseram que o **palácio** original tinha mais de 250 quartos.

admission [ədˈmɪʃn] *n*
- **Admission** to the royal collection is currently £9.50.

o **ingresso**, a **entrada**
- A **entrada** para o acervo real custa hoje 9,50 libras.

culture [ˈkʌltʃə] *n*
- New York offers visitors a good mixture of **culture** and entertainment.

a **cultura**
- Nova York oferece a seus visitantes uma boa variedade de **cultura** e entretenimento.

cultural [ˈkʌltʃərl] *adj*
- London has many sights of **cultural** interest.

cultural
- Londres tem muitas atrações de interesse **cultural**.

chapel [ˈtʃæpl] *n*
- Be sure to visit the **chapel** next to the church.

a **capela**
- Não deixe de visitar a **capela** perto da igreja.

church tower [ˈtʃɜːtʃ ˌtaʊə] *n*
- You have a grand view over the whole city from the **church tower**.

a **torre da igreja**
- Da **torre da igreja** você terá uma excelente vista da cidade inteira.

bell [bel] *n*
- Every day the **bells** rang at seven in the morning and woke me.

o **sino**
- Todos os dias os **sinos** tocam às 7 da manhã e me acordam.

dome [dəʊm] *n*
- The **dome** of St Peter's church in Rome is magnificent.

o **domo**, a **cúpula**
- A **cúpula** da basílica de São Pedro em Roma é magnífica.

➡ O termo **dome** designa uma cúpula ou, em *AE*, também um grande estádio esportivo coberto, como o Superdome, em Nova Orleans.

ruin [ˈruːɪn] *n*
- The cathedral is just a **ruin** but still worth a visit.

a **ruína**
- A catedral é hoje apenas uma **ruína**, mas ainda vale uma visita.

temple [ˈtempl] *n*
- Thousands of tourists visit the **temple** every year.

o **templo**
- Milhares de turistas visitam o **templo** todos os anos.

column [ˈkɒləm] *n*
- The old **columns** of the temple were majestic and impressive.

a **coluna**
- As antigas **colunas** do templo eram majestosas e impressionantes.

well [wel] *n*
- The **well** in the courtyard was more than 30 metres deep.

o **poço**
- O **poço** no quintal tinha mais de 30 metros de profundidade.

memorial [məˈmɔːriəl] *n*
- In the park you'll see a **memorial** commemorating the dead of the civil war.

o **memorial**
- No parque você encontrará um **memorial** em homenagem aos mortos na guerra civil.

monument [ˈmɒnjəmənt] *n*
- Nelson's Column is one of London's best-known **monuments**.

o **monumento**
- A coluna de Nelson é um dos **monumentos** mais conhecidos de Londres.

view [vjuː] *n*
- Our hotel room has a wonderful **view** of the coast.

a **vista**
- Nosso quarto de hotel tem uma **vista** maravilhosa da costa.

lovely [ˈlʌvli] *adj*
- We spent the night in a **lovely** little village near the border.

agradável, encantador
- Passamos a noite num vilarejo **encantador** próximo da fronteira.

wonderful [ˈwʌndəfl] *adj*
- We took a **wonderful** walk through the forest and along the coast.

maravilhoso
- Fizemos uma caminhada **maravilhosa** através da floresta e ao longo da costa.

Locais

place [pleɪs] *n* — o **lugar**
- The travel agent told me Eastbourne was a lovely **place**.
  - O agente de viagens me disse que Eastbourne era um **lugar** encantador.
- Is this the **place** where you had the accident?
  - Este foi o **lugar** onde você sofreu o acidente?

town [taʊn] *n* — a **cidade**
- Mike would like to move to a small **town**.
  - Mike gostaria de se mudar para uma **cidade** pequena.

city [ˈsɪti] *n* — a **cidade**
- I was in Omaha the other day. It's a fairly large **city** but a bit boring.
  - Estive em Omaha outro dia. É uma **cidade** bem grande, mas um pouco entediante.

city centre BE [ˌsɪti ˈsentə], **city center** AE [ˌsɪti ˈsentər] *n* — o **centro da cidade**
- Is this bus going to the **city centre**?
  - Esse ônibus está indo para o **centro da cidade**?

downtown (area) AE [ˌdaʊnˈtaʊn(ˌeriə)] *n* — o **centro da cidade**
- **Downtown** is pretty dead at night.
  - O **centro da cidade** fica bem parado à noite.

country [ˈkʌntri] *n* — o **campo**
- Would you rather live in the city or in the **country**?
  - Você preferiria viver na cidade ou no **campo**?

village [ˈvɪlɪdʒ] *n* — a **cidade**
- I was born in a small **village** but my parents moved to the city when I was two.
  - Eu nasci em uma **cidade** pequena, mas meus pais se mudaram para a cidade grande quando eu tinha dois anos.

suburb [ˈsʌbɜːb] *n* — o **subúrbio**
- Most Londoners live in the **suburbs**.
  - A maior parte dos londrinos vive nos **subúrbios**.

quarter [ˈkwɔːtə] *n* — o **bairro**
- You should go to the Chinese **quarter**. It's very lively and colourful.
  - Você deveria ir ao **bairro** chinês. É bastante animado e colorido.

part of town [ˌpɑːt əv ˈtaʊn] *n*
- Which **part of town** do you live in?

a **parte da cidade**
- Em que **parte da cidade** você mora?

---

crossroad *BE* [ˈkrɒsrəʊd], **intersection** *AE* [ˌɪntəˈsekʃn] *n*
- The **crossroad** was blocked because of heavy traffic.
- All the **intersections** between here and 2nd street are blocked.

o **cruzamento**
- O **cruzamento** estava interditado por causa do trânsito intenso.
- Todos os **cruzamentos** entre esta e a 2ª rua estão bloqueados.

---

square [skweə] *n*
- The demonstrators rallied in the small **square** behind the post office.

a **praça**
- Os manifestantes se concentraram na pequena **praça** atrás do correio.

---

street [striːt] *n*
- We strolled through the narrow **streets** of the old town.

a **rua**
- Nós perambulamos pelas **ruas** estreitas da cidade velha.

➡ **Street** designa uma rua no meio de uma localidade; **road** é uma via de ligação entre dois lugares ou zonas.

---

road [rəʊd] *n*
- The old **road** along the coast is dangerous.
- There was a truck on fire on the **road** from Johnstonville to Lichfield.
➡ street p. 267

a **estrada**
- A **estrada** antiga ao longo da costa é perigosa.
- Havia um caminhão pegando fogo na **estrada** de Johnstonville para Lichfield.

---

motorway *BE* [ˈməʊtəweɪ], **interstate** *AE* [ˈɪntəsteɪt] *n*
- Is there a **motorway** connecting Dover and Canterbury?
- Richie drove along the **interstate** towards San Francisco.

a **rodovia**, a **estrada**, a **interestadual**
- Existe uma **rodovia** que ligue Dover a Canterbury?
- Richie seguiu pela **interestadual** em direção a San Francisco.

(motorway) exit *BE* [(ˈməʊtəweɪ) ˌeksɪt], **(freeway) exit** *AE* [(ˈfriːweɪ) ˌeksɪt] *n*
- Take the next **exit** and follow the signs to Nantwich.
- There's a DIY right next to the **freeway exit**. You can't miss it.

a **saída (da rodovia)**
- Tome a próxima **saída** e siga a sinalização para Nantwich.
- Junto da **saída da rodovia** tem uma loja de materiais para a construção. Não tem como errar.

parking space [ˈpɑːkɪŋ ˌspeɪs] n

- It took Graham 20 minutes to find a **parking space**.

a vaga (de estacionamento)

- Graham levou 20 minutos para achar **vaga**.

➡ Um **parking space** diz respeito a uma **vaga para estacionar**, enquanto um **car park** é um estacionamento (**parking lot**, em *AE*) para mais carros.

car park *BE* [ˈkɑː ˌpɑːk], parking lot *AE* [ˈpɑːkɪŋ ˌlɒt] n

- The **car park** next to the department store is closed between 10 pm and 6 am.
- All **parking lots** are clearly signposted on the main roads to the downtown area.

o estacionamento

- O **estacionamento** junto da loja de departamentos fica fechado entre 10 da noite e 6 da manhã.
- Todos os **estacionamentos** estão claramente sinalizados nas vias principais em direção à região central.

multi-storey car park *BE* [ˌmʌltiˈstɔːri ˈkɑː ˌpɑːk], parking garage *AE* [ˈpɑːkɪŋ ˌgærɑːʒ] n

- The **multi-storey car park** was closed due to an accident at the entry.
- The **parking garage** is open 24/7.

o edifício-garagem

- O **edifício-garagem** estava fechado em razão de um acidente na entrada.
- O **edifício-garagem** fica aberto 24 horas por dia, sete dias da semana.

pavement *BE* [ˈpeɪvmənt], sidewalk *AE* [ˈsaɪdwɔːk] n

- The children were playing on the **pavement** when the hailstorm began.
- The policewoman gave her a ticket for riding her bike on the **sidewalk**.

a calçada

- As crianças estavam brincando na **calçada** quando começou a tempestade de granizo.
- A policial multou-a por andar de bicicleta na **calçada**.

bridge [brɪdʒ] n

- The **bridge** you're standing on was built by the Romans in the third century.

a ponte

- A **ponte** em que você está foi construída pelos romanos no século III.

park [pɑːk] n

- The **parks** are full of joggers early in the morning.

o parque

- Os **parques** ficam cheios de praticantes de corrida de manhã cedo.

cemetery [ˈsemətri] *n*
- The next time Ted's in Boston he'd like to visit one of the old **cemeteries**.

o **cemitério**
- Na próxima vez que Ted estiver em Boston, ele gostaria de visitar um dos **cemitérios** antigos.

map [mæp] *n*
- I'll show you on this **map** where we are now.

o **mapa**
- Vou mostrar-lhe neste **mapa** onde nós estamos agora.

tourist information office [ˌtʊərɪst ɪnfəˈmeɪʃn ɒf.ɪs] *n*
- Could you tell me if there's a **tourist information office** around here?

o **centro de informações turísticas**
- Você poderia me dizer se há um **centro de informações turísticas** por aqui?

directions [daɪˈrekʃn] *n pl*
- I couldn't find the hotel at first because somebody had given me the wrong **directions**.

as **direções**
- Não consegui achar o hotel logo porque uma pessoa me passou as **direções** erradas.

area [ˈeəriə] *n*
- There are lots of snakes in this **area**.

a **área**
- Tem várias cobras nesta **área**.

central [ˈsentrəl] *adj*
- Our hotel in Edinburgh was very **central**.

central
- Nosso hotel em Edimburgo era bastante **central**.

urban [ˈɜːbən] *adj*
- Our holiday resort was miles away from any kind of **urban** settlement.

urbano
- Nosso resort de férias ficava a quilômetros de distância de qualquer área **urbana**.

rural [ˈrʊərəl] *adj*
- Rory grew up in a really remote and **rural** area.

rural
- Rory cresceu numa região bastante remota e **rural**.

local [ˈləʊkl] *adj*
- I think we should notify the **local** authorities about the incident.
- It's now 5 o'clock **local** time in New York.

local
- Acho que deveríamos notificar as autoridades **locais** sobre o incidente.
- Agora são 5 horas no horário **local** de Nova York.

outskirts [ˈaʊtskɜːts] *npl* ■ Our hotel was on the **outskirts** of Glasgow.	a **periferia** ■ Nosso hotel ficava na **periferia** de Glasgow.
surroundings [səˈraʊndɪŋz] *n pl* ■ The holiday home was in very pleasant **surroundings**.	os **arredores** ■ A casa de veraneio localizava-se em uns **arredores** muito agradáveis.
to be found [tə biː ˈfaʊnd] *phrase* ▶ v irr p. 442 be ■ Can these animals still **be found** in Tasmania?	**ser encontrado** ■ Será que esses animais ainda **são encontrados** na Tasmânia?
avenue [ˈævənjuː] *n* ■ We went down a beautiful **avenue** in an open carriage.	a **avenida** ■ Descemos por uma bela **avenida** num coche aberto.
playground [ˈpleɪgraʊnd] *n* ■ It was about time they renovated the old **playground**.	o **playground**, o **parquinho** ■ Já estava na hora de renovarem o velho **parquinho**.
pedestrian precinct *BE* [pəˌdestriən ˈpriːsɪŋkt], **pedestrian zone** *AE* [pəˌdestriən ˈzəʊn] *n* ■ Several streets of the old town have been turned into **pedestrian precincts**. ■ A new shoe store opened in the **pedestrian zone**.	o **calçadão** ■ Diversas ruas da cidade antiga foram transformadas em **calçadões**. ■ Abriu uma nova loja de sapatos no **calçadão**.
arcade [ɑːˈkeɪd] *n* ■ Michelle bought some shoes in the **arcade**.	a **galeria de lojas** ■ Michelle comprou alguns pares de sapato na **galeria**.

Meios de transporte público

Transporte público de curta distância

(means of) public transport BE [(ˌmiːnz əv) ˌpʌblɪk ˈtrænspɔːt], **(means of) public transportation** AE [(ˌmiːnz əv) ˌtrænspɔːˈteɪʃn] n

- They live in a rural area without any **means of public transport** at all.

o **transporte público**

- Eles moram numa zona rural sem nenhum **transporte público**.

---

passenger [ˈpæsəndʒə] n m/f

- The driver and ten **passengers** were hurt in the accident.

o **passageiro**

- O motorista e dez **passageiros** se feriram no acidente.

---

underground BE [ˌʌndəˈgraʊnd], **subway** AE [ˈsʌbweɪ] n

- The London **Underground** is the oldest underground railway system.

- The New York City **Subway** has over 450 passenger stations.

o **metrô**

- O **metrô** de Londres é a malha metroviária mais antiga do mundo.

- O **metrô** de Nova York tem mais de 450 estações de passageiros.

➡ O conceito inglês mais geral para metrô é **underground**; em inglês americano, usa-se **subway**. Além disso, o sistema de metrô de algumas grandes cidades tem nome próprio: o de Londres é chamado **The Tube**; o de São Francisco, **BART (Bay Area Rapid Transit)**; e o de Boston, **MBTA (Massachusetts Bay Transportation Authority)**.

---

suburban train [səˈbɜːbn ˈtreɪn] n

- Going to work by **suburban train** is much cheaper than going by car.

o **trem suburbano**

- Ir ao trabalho de **trem suburbano** é muito mais barato que ir de carro.

---

bus [bʌs] n

- The best way to see the sights of London is to take the **bus**.

o **ônibus**

- A melhor maneira de ver as atrações de Londres é de **ônibus**.

---

tram BE [træm], **streetcar** AE [ˈstriːtkɑː] n

- **Trams** are the most environmentally friendly means of transport.

- Several US cities are planning to bring back **streetcars**.

o **bonde**

- Os **bondes** são os meios de transporte mais sustentáveis ao meio ambiente.

- Diversas cidades americanas estão planejando trazer de volta os **bondes**.

Transporte público de curta distância

(bus) stop [ˈbʌs ˌstɒp] *n* ■ Get off at the **next stop**.	o **ponto** (de ônibus) ■ Desça no próximo **ponto**.
ticket [ˈtɪkɪt] *n* ■ The fine for travelling without a **ticket** is $ 40	o **passe** (de ônibus ou de metrô), o **tíquete**, o **bilhete** ■ A multa por viajar sem **passe** é de 40 dólares.
season ticket [ˈsiːzən ˌtɪkɪt] *n* ■ A **season ticket** will allow you to travel at any time of day.	o **bilhete sazonal** ■ Um **bilhete sazonal** lhe permitirá viajar a qualquer hora do dia.
to change trains [tə ˌtʃeɪndʒ ˈtreɪnz] *phrase* ■ To get from Holland Park to Leicester Square you have to **change trains** at Tottenham Court Road.	**baldear, trocar de trem** ■ Para ir de Holland Park até Leicester Square, você tem de **baldear** em Tottenham Court Road.
delay [dɪˈleɪ] *n* ■ There were lots of **delays** at the airport due to fog.	o **atraso** ■ Houve diversos **atrasos** no aeroporto em razão da neblina.
to be late [tə biː ˈleɪt] *phrase* ▶ v irr p. 439 be ■ If I don't leave within 15 minutes, I'**ll be late**.	**atrasar-se** ■ Se não sair em 15 minutos, eu **me atrasarei**.
to wait for [tə ˈweɪt fə] *phrase* ■ How long **have** you **been waiting for** the bus?	**esperar por** ■ Por quanto tempo você está **esperando** o ônibus?
rush hour [ˈrʌʃ ˌaʊə] *n* ■ Let's get out of the city centre before the **rush hour**.	**hora do rush** ■ Vamos sair do centro da cidade antes da **hora do rush**.
bus station [ˈbʌs ˌsteɪʃn] *n* ■ Port Authority in Manhattan is one of the busiest **bus stations** in the US.	a **estação rodoviária** ■ Port Authority, em Manhattan, é uma das **estações rodoviárias** mais movimentadas dos Estados Unidos.
line [laɪn] *n* ■ You take the Green **Line** and change at Roosevelt Station.	a **linha** ■ Você pega a **linha** verde e faz baldeação na Estação Roosevelt.

ticket machine ['tɪkɪt məˈʃiːn] *n*

- **Ticket machines** are situated right next to the entrance to the underground.

a **máquina de bilhetes**, a **bilheteria automática**

- A **máquina de bilhetes** fica bem próxima da entrada para o metrô.

to cancel [tə ˈkænsl] *v*

- Where do I have to go **to cancel** my ticket?

cancelar

- Onde devo ir para **cancelar** minha passagem?

terminus [ˈtɜːmɪnəs] *n*

- Is Wilshire/Western still the current **terminus** of the Red Line?

a **estação final**, o **fim da linha**

- Wilshire/Western ainda é a **estação final** da linha Vermelha?

Transporte ferroviário

station [ˈsteɪʃn] *n*

- Most trains from the continent arrive at St Pancras **Station**.

a **estação**

- A maior parte dos trens do continente chega pela **estação** St Pancras.

railway station BE [ˈreɪlweɪ ˌsteɪʃn], **railroad station** AE [ˈreɪlrəʊd ˌsteɪʃn] *n*

- This restaurant is so impressive because it used to be a **railway station**.
- Could you pick me up at the **railroad station**?

estação ferroviária

- Este restaurante é impressionante porque era uma **estação ferroviária**.
- Você poderia me pegar na **estação ferroviária**?

train [treɪn] *n*

- The **train** arrived at the station five minutes late.

o **trem**

- O **trem** chegou à estação com cinco minutos de atraso.

railway BE [ˈreɪlweɪ], **railroad** AE [ˈreɪlrəʊd] *n*

- The world's first **railway** was built in England.
- All heavy goods were sent on the **railroad**.

a **ferrovia**, a **estrada de ferro**

- A primeira **ferrovia** do mundo foi construída na Inglaterra.
- Todas as mercadorias pesadas eram enviadas pela **estrada de ferro**.

express train [ɪkˈspres ˈtreɪn] *n*

- Why don't you travel to Edinburgh by **express train**? It's more comfortable than flying.

o **trem expresso**

- Por que você não viaja a Edimburgo por **trem expresso**? É muito mais confortável do que de avião.

Transporte ferroviário

local train [ˌləʊkəl ˈtreɪn] *n*
- Last night a freight train hit a **local train** injuring 20 people.

o **trem local**
- Na noite passada um trem de carga colidiu com um **trem local** ferindo 20 pessoas.

commuter train [kəˈmjuːtə ˈtreɪn] *n*
- Stewart takes the **commuter train** every morning because he hates the rush-hour traffic.

o **trem suburbano**
- Stewart toma o **trem suburbano** todas as manhãs porque odeia o trânsito da hora do rush.

timetable [ˈtaɪmˌteɪbl] *n*
- You can see the departure and arrival times on the **timetable**.

a **tabela de horários**
- Você pode consultar os horários de chegada e partida na **tabela de horários**.

departure [dɪˈpɑːtʃə] *n*
- After the **departure** of the train to Bristol, the station was suddenly very quiet.
- On this monitor you can see all the **departures** and destinations.

a **partida**
- Após a **partida** do trem para Bristol, a estação subitamente ficou muito silenciosa.
- Nesse monitor você pode consultar todas as **partidas** e **destinos**.

arrival [əˈraɪvl] *n*
- Due to fog there will be some late **arrivals**.

a **chegada**
- Em razão da neblina, haverá algumas **chegadas** com atraso.

to go by train [tə ˌɡəʊ baɪ ˈtreɪn] *phrase*
▶ *v irr* p. 444 go
- Dave **went** to London **by train** last time.

ir de trem

- Dave **foi** a Londres **de trem** da última vez.

to miss [tə ˈmɪs] *v*
- Aidan **missed** his plane because the train to Birmingham was late.

perder
- Aidan **perdeu** o avião porque o trem para Birmingham se atrasou.

ticket office [ˈtɪkɪt ˌɒfɪs] *n*
- There's no need to queue at the **ticket office**. There's a ticket machine around the corner.

a **bilheteria**
- Não é necessário fazer fila junto à **bilheteria**. Tem uma bilheteira automática virando a esquina.

information desk [ˌɪnfəˈmeɪʃn ˌdesk] *n pl*
- If you need any information concerning your itinerary, please ask at the **information desk**.

central de informações
- Se você precisar de informações sobre seu itinerário, pergunte à **central de informações**.

connection [kəˈnekʃn] *n*
- Is there a direct **connection** between Nottingham and Sheffield?

a **conexão**
- Existe uma **conexão** direta entre Nottingham e Sheffield?

service [ˈsɜːvɪs] *n*
- The **service** from Haywards Heath to Lewes does not operate on Sundays.

o **serviço**
- O **serviço** entre Haywards Heath e Lewes não opera aos domingos.

return ticket *BE* [rɪˈtɜːn ˌtɪkɪt], **round-trip ticket** *AE* [ˈraʊndtrɪp ˌtɪkɪt] *n*
- Do you want a single or a **return ticket**?
- A **round-trip ticket** to Philadelphia, please.

passagem de ida e volta
- Você quer uma **passagem** só de ida ou **de ida e volta**?
- Uma **passagem de ida e volta** para Filadélfia, por favor.

direct [daɪˈrekt] *adj*
- Sonia took the **direct** train from Hamburg to Munich.

direto
- Sonia tomou o trem **direto** de Hamburgo para Munique.

compartment [kəmˈpɑːtmənt] *n*
- It makes me mad when everybody in my **compartment** is on the phone at the same time.

o **compartimento**
- Fico louco quando todos em meu **compartimento** ficam no telefone ao mesmo tempo.

conductor [kənˈdʌktə] *n m/f*
- Whenever I have a question the **conductor** is nowhere in sight.

o **condutor**
- Quando estou com alguma dúvida não encontro o **condutor** em lugar nenhum.

seat [siːt] *n*
- Excuse-me, but I think you're sitting in my **seat**.

o **lugar**, o **assento**
- Desculpe-me, mas acho que você está sentado no meu **lugar**.

platform *BE* [ˈplætfɔːm], **track** *AE* [træk] *n*
- The train for Liverpool will be leaving from **platform** 5.
- There was a dead raccoon on the **tracks**.

a **plataforma**
- O trem para Liverpool sairá da **plataforma** 5.
- Havia um guaxinim morto na **plataforma**.

rail [reɪl] *n*
- Passengers must not cross the **rails**.

o **trilho**
- Os passageiros não devem cruzar os **trilhos**.

Transporte ferroviário

dining car BE [ˈdaɪnɪŋ ˌkɑː], **diner** AE [ˈdaɪnə] n ■ Olivia likes to go to the **dining car** on a long train journey. ■ Sometimes I eat in the **diner** when I take the train to Chicago.	o **vagão-restaurante** ■ Olivia gosta de ir ao **vagão-restaurante** em longas viagens de trem. ■ Às vezes janto no **vagão-restaurante** quando estou no trem para Chicago.
sleeping car [ˈsliːpɪŋ ˌkɑː] n ■ In the US **sleeping cars** were introduced as early as the 1830s.	o **vagão-dormitório** ■ Nos Estados Unidos, **vagões-dormitório** foram introduzidos já na década de 1830.
carriage BE [ˈkærɪdʒ], **car** AE [ˌkɑːr] n ■ I always sit in the **carriage** next to the dining car. ■ Sometimes long-distance trains have separate **cars** for the luggage.	o **vagão** ■ Sempre sento no **vagão** próximo ao vagão-restaurante. ■ Os trens de longa distância às vezes têm **vagões** separados para a bagagem.
journey there [ˌdʒɜːni ˈðeə] n ■ The **journey there** was much shorter than the return journey.	a **viagem de ida** ■ A **viagem de ida** foi muito mais curta do que a de volta.
return journey [rɪˈtɜːn ˈdʒɜːni] n ■ The **return journey** took us only five hours.	a **viagem de volta** ■ A **viagem de volta** levou apenas cinco horas.
left-luggage office BE [ˌleft ˈlʌɡɪdʒ ˌɒfɪs], **baggage room** AE [ˈbæɡɪdʒ ˌruːm] n ■ Can you tell me where I can find the **left-luggage** office? ■ You can leave your suitcases in the **baggage room**.	o **setor de bagagens extraviadas**, o **guarda-volumes** ■ Você pode me dizer onde fica o **setor de bagagens extraviadas**? ■ Você pode deixar suas malas no **guarda-volumes**.
locker [ˈlɒkə] n ■ The **lockers** used to be right next to the left-luggage office.	o **armário** ■ Os **armários** costumavam ficar próximos do setor de bagagens extraviadas.

Transporte aéreo e navegação

plane [pleɪn] *n*
- Did you arrive by **plane**?

o avião
- Você chegou de **avião**?

flight [flaɪt] *n*
- I'm looking for a reasonable **flight** to Mexico City.

o voo
- Estou procurando um **voo** razoável para a Cidade do México.

to fly [tə 'flaɪ] *v*
► v irr p 444 fly
- How are you going to get to Paris? Are you going **to fly** or take the train?

(viajar) de avião, voar
- Como você vai a Paris? **De avião** ou de trem?

airport ['eəpɔ:t] *n*
- London has three international **airports**.

o aeroporto
- Londres tem três **aeroportos** internacionais.

airline ['eəlaɪn] *n*
- Most **airlines** offer nonstop flights to New York.

a companhia aérea
- A maior parte das **companhias aéreas** oferece voos sem escalas para Nova York.

schedule [BE: 'ʃedʒu:l, AE: 'skedʒu:l] *n*
- Did Danny's flight arrive according to **schedule**?

o horário
- O voo de Danny chegou no **horário**?

gate [geɪt] *n*
- Please proceed to **gate** 42.

o portão
- Por gentileza, encaminhe-se ao **portão** 42.

terminal ['tɜ:mɪnəl] *n*
- The new **terminal** won't be finished until the end of next year.

o terminal
- O novo **terminal** não estará pronto até o final do ano que vem.

to take off [tə ˌteɪk 'ɒf] *phrase*
► v irr p. 448 take
- The plane for Tokyo **took off** ten minutes ago.

decolar
- O avião para Tóquio **decolou** faz dez minutos.

to land [tə 'lænd] *v*
- We **landed** in London after a six-hour flight.

aterrissar
- **Aterrissamos** em Londres após um voo de seis horas.

Transporte aéreo e navegação

direct [daɪˈrekt] *adv, adj* ■ Can I fly **direct** from London to Hawaii? ■ We booked a **direct** flight from Frankfurt to San Francisco.	**direto** ■ Posso voar **direto** de Londres para o Havaí? ■ Reservamos um voo **direto** de Frankfurt para São Francisco.
ship [ʃɪp] *n* ■ Over 400 passengers were on the **ship**.	o **navio** ■ Havia mais de 400 passageiros no **navio**.
boat [bəʊt] *n* ■ We hired a small **boat** and went over to the island.	o **bote** ■ Alugamos um pequeno **bote** e fomos para a ilha.
port [pɔːt] *n* ■ The **port** of Rotterdam is one of the biggest in the word.	o **porto** ■ O **porto** de Roterdã é um dos maiores do mundo.

➡ Diferentemente de **port**, **harbour** compreende instalações menores, destinadas a embarcações menores.

harbour BE [ˈhɑːbə], **harbor** AE [ˈhɑːbər] *n* ■ The **harbour** was full of yachts and fishing boats. ➡ port p. 278	o **porto** ■ O **porto** estava repleto de iates e barcos de pesca.
ferry [ˈferi] *n* ■ Why don't we take the **ferry** when we go to England next summer?	a **balsa** ■ Por que não pegamos a **balsa** quando formos à Inglaterra no verão?
to put to sea [tə ˈpʊt tə ˈsiː] *phrase* ▶ v irr p. 446 put ■ On our final day we **put to sea** from the port of Montevideo.	**partir, zarpar** ■ Em nosso último dia **zarpamos** do porto de Montevidéu.
to sink [tə ˈsɪŋk] *v* ▶ v irr p. 447 sink ■ The ferry **sank** within minutes.	**afundar** ■ A balsa **afundou** em questão de minutos.
helicopter [ˈhelɪˌkɒptə] *n* ■ The president was brought from the hotel to the airport by **helicopter**.	o **helicóptero** ■ O presidente foi trazido do hotel para o aeroporto de **helicóptero**.

outward flight [ˌaʊtwəd ˈflaɪt] n
- The **outward flight** was delayed due to ice on the runway.

o voo de ida
- O **voo de ida** foi adiado devido ao gelo na pista.

return flight [rɪˈtɜːn flaɪt] n
- On the **return flight** we saw the Statue of Liberty.

o voo de volta
- No **voo de volta**, vimos a Estátua da Liberdade.

stopover [ˈstɒpˌəʊvə] n
- On my way to Melbourne I had a six-hour **stopover** in Singapore.

a escala
- Quando fui a Melbourne, fiz uma **escala** de seis horas em Cingapura.

to pick up [tə ˌpɪk ˈʌp] phrase
- My plane arrives at 9 pm. Can you **pick me up** from the airport?

buscar
- Meu avião chega às 9 da noite. Você poderia me **buscar** no aeroporto?

announcement [əˈnaʊnsmənt] n
- I didn't understand the **announcement**. Could you tell me what the woman said?

o aviso
- Não entendi o **aviso**. Você poderia me dizer o que a mulher informou?

to board [tə ˈbɔːd] v
- All passengers were requested to **board** through gate 7.

embarcar
- Foi solicitado que todos os passageiros **embarcassem** pelo portão 7.

cruise [kruːz] n
- Tim and Sally are going on a 14-day **cruise** along the Norwegian coast.

o cruzeiro
- Tim e Sally estão embarcando para um **cruzeiro** de 14 dias pela costa norueguesa.

cabin [ˈkæbɪn] n
- My **cabin** on that cruise liner was not very big but quite luxurious.

a cabine
- Minha **cabine** naquele cruzeiro não era muito grande, porém bastante luxuosa.

cargo [ˈkɑːgəʊ] n
- As a result of the collision the freighter lost all its **cargo** and capsized.

a carga
- Como resultado da colisão, o cargueiro perdeu toda a sua **carga** e adernou.

to load [tə ˈləʊd] v
- It took them almost five hours to **load** the cargo onto the boat.

carregar
- Levou quase cinco horas para **carregar** toda a carga no navio.

transportation [ˈtrænspɔːteɪʃn] *n* ■ The goods were damaged during the **transportation**.	o **transporte** ■ As mercadorias ficaram danificadas durante o **transporte**.
to transport [tə ˈtrænspɔːt] *v* ■ All goods **will be transported** by sea because it's less harmful to the environment.	**transportar** ■ Todas as mercadorias **serão transportadas** pelo mar, por ser menos danoso ao ambiente.
container [kənˈteɪnə] *n* ■ Some **container** ships can be loaded with hundreds of containers.	o **contêiner** ■ Alguns navios cargueiros podem ser carregados com centenas de **contêineres**.

Transporte individual

traffic [ˈtræfɪk] *n* ■ In the first week of the holidays there's always a lot of **traffic** on the roads.	o **trânsito**, o **tráfego** ■ Na primeira semana de férias sempre tem muito **trânsito** nas estradas.
car [kɑː] *n* ■ After the accident the **car** was a write-off.	o **carro** ■ Após o acidente, o **carro** teve perda total.
motorbike BE [ˈməʊtəbaɪk] *n* ■ In spring you see a lot of **motorbikes** on the roads.	a **motocicleta**, a **moto** ■ Durante a primavera é possível ver uma porção de **motos** nas estradas.
taxi [ˈtæksi] *n* ■ In most **taxis** you can pay by credit card these days.	o **táxi** ■ Hoje é possível pagar a maioria dos **táxis** com cartão de crédito.
driver [ˈdraɪvə] *n m/f* ■ Since Rob was the designated **driver** he didn't drink any alcohol.	o **motorista**, a **motorista** ■ Desde que Rob foi escolhido como o **motorista**, ele não bebeu nem uma gota de álcool.
to drive [tə ˈdraɪv] *v* ▶ *v irr* p. 443 drive ■ Chris learned how to **drive** when he was 18.	**guiar**, **dirigir** ■ Chris aprendeu a **dirigir** quando tinha 18 anos.

Transporte individual

> → O verbo **to drive** é empregado, sobretudo, quando se está no comando; nos outros casos referentes a ir usa-se **to go**.

driving licence BE [ˈdraɪvɪŋ ˌlaɪsns], **driver's license** AE [ˈdraɪvəz ˌlaɪsns] n
- You have to be 17 to get your **driving licence** in Britain.

a **carteira de motorista**
- Na Grã-Bretanha você precisa ter 17 anos para tirar a **carteira de motorista**.

bicycle [ˈbaɪsɪkl] n
- John rides his **bicyle** to school every morning.

a **bicicleta**
- John vai de **bicicleta** à escola todas as manhãs.

bike [baɪk] n
- Somebody stole my **bike** when I left it unlocked in front of the bookshop.

a **bicicleta**
- Roubaram minha **bicicleta** quando a deixei sem cadeado na frente da livraria.

to ride a bike [tə ˌraɪd ə ˈbaɪk] *phrase*
- ▶ v irr p. 446 ride
- Karen was three years old when her father taught her how to **ride a bike**.

andar de bicicleta

- Karen tinha três anos quando seu pai a ensinou a **andar de bicicleta**.

route [ruːt] n
- I showed her the **route** on the Internet but she still didn't know where to go.

a **rota**, o **caminho**
- Mostrei-lhe a **rota** pela internet, mesmo assim ela não soube por onde ir.

to be [tə ˈbiː] v
- ▶ v irr p. 442 be
- The best pizza place in town **is** right on the corner of Madison Street and 6th Avenue.

ser, estar, ficar

- A melhor pizzaria da cidade **fica** bem na esquina da Madison Street com a 6ª avenida.

to go [tə ˈgəʊ] v
- ▶ v irr p. 444 go
- It's much too cold to walk into town. Let's **go** by bus.

ir

- Está muito frio para caminhar pela cidade. **Vamos** de ônibus.

Transporte individual

to go forward [tə ˌgəʊ ˈfɔːwəd] *phrase*
▶ v irr p. 444 go
- Patrick **went forward** a few metres and stopped the car again.

ir para frente, avançar
- Patrick **avançou** uns poucos metros e parou o carro novamente.

to reverse [tə rɪˈvɜːs] *v*
- Careful, don't **reverse** too far. There's a low wall.

dar ré, dar marcha à ré
- Cuidado, não **dê muita ré**. Tem um muro baixo ali.

to turn around [tə ˌtɜːn əˈraʊnd] *phrase*
- Follow the street and **turn around** in the car park behind the bank.

virar
- Siga por esta rua e **vire** no estacionamento atrás do banco.

to make a U-turn [tə ˌmeɪk ə ˈjuːtɜːn] *phrase*
▶ v irr p. 446 make
- Didn't you see the sign? You're not allowed **to make a U-turn** here.

fazer retorno
- Você não viu a placa? Você não pode **fazer retorno** aqui.

traffic lights [ˈtræfɪk ˌlaɪt] *n*
- Even through the **traffic lights** were red he crossed the street and was hit by a car.

o **semáforo**, o farol
- Embora o **semáforo** estivesse vermelho, ele atravessou a rua e foi atingido por um carro.

road sign [ˈrəʊd saɪn] *n*
- There are fewer **road signs** in Britain than in Germany.

o **sinal de trânsito**, a **placa de trânsito**
- Há menos **sinais de trânsito** na Grã-Bretanha do que na Alemanha.

to stop [tə ˈstɒp] *v*
- If you could **stop** here, please. I want to get out.

parar
- Por favor, você poderia **parar** aqui? Eu gostaria de descer.

to cross [tə ˈkrɒs] *v*
- Sarah told her children not to **cross** the street when the light is red.

atravessar, cruzar
- Sarah disse aos filhos para não **atravessar** a rua quando o sinal estiver vermelho.

to park [tə ˈpɑːk] v	**estacionar**
■ If you **park** here you're sure to get a ticket.	■ Se você **estacionar** aqui, certamente vai levar uma multa.
petrol BE [ˈpetrl], **gas** AE [gæs] n	**a gasolina**
■ Which was the first country in the world to introduce unleaded **petrol**?	■ Qual foi o primeiro país do mundo a introduzir a **gasolina** sem chumbo?
■ Do we have enough **gas** to reach the next gas station?	■ Você tem **gasolina** suficiente para chegar até o próximo posto de gasolina?
diesel [ˈdiːzəl] n	**o (óleo) diesel**
■ In Germany a lot of cars use **diesel** instead of petrol.	■ Na Alemanha, muitos carros usam **óleo diesel** em vez de gasolina.
garage BE, **petrol station** BE, **gas station** AE [ˈɡærɑːʒ, ˈpetrəl ˌsteɪʃn, ˈɡæs ˌsteɪʃn] n	**o posto de gasolina**
■ There's a **garage** down the road where you can also buy food and drinks.	■ Tem um **posto de gasolina** descendo a rua, e lá você também encontra comida e bebida.
■ I hope they will change the oil at the **petrol station**.	■ Espero que troquem o óleo no **posto de gasolina**.
■ Many **gas stations** in the US are open 24 hours a day.	■ Nos Estados Unidos, muitos **postos de gasolina** ficam abertos 24 horas.
filling station [ˈfɪlɪŋ ˌsteɪʃn] n	**o posto de gasolina**
■ We'd better fill up here. The next **filling station** is 40 kilometres away.	■ É melhor encher o tanque aqui. O próximo **posto de gasolina** fica a 40 quilômetros.
to fill up [tə ˌfɪl ˈʌp] phrase	**encher o tanque**
■ We have to **fill up** the car before we leave tomorrow morning.	■ Temos de **encher o tanque** antes de sair amanhã de manhã.
to use [tə ˈjuːz] v	**consumir**
■ My new car **uses** much less diesel than the old one.	■ Meu carro novo **consome** muito menos diesel do que o velho.
tyre BE [ˈtaɪə], **tire** AE [ˈtaɪr] n	**o pneu**
■ What do you think about buying some new **tyres** for the winter?	■ O que você acha de comprar alguns **pneus** novos para o inverno?

Transporte individual

vehicle [ˈvɪəkl] *n*
- The driver of the third **vehicle** involved in the crash was a young man from Glasgow.

o **veículo**
- O motorista do terceiro **veículo** envolvido no acidente era um jovem de Glasgow.

car driver [ˈkɑː ˌdraɪvə] *n m/f*
- The **car driver** didn't see the cyclist behind him.

o **motorista**
- O **motorista** não viu o ciclista atrás dele.

truck [trʌk] *n*
- When I was a kid I always wanted to drive one of those huge American **trucks**.

o **caminhão**
- Quando eu era criança, sempre quis dirigir um daqueles **caminhões** americanos enormes.

lorry BE [ˈlɒri] *n*
- Derek was sitting in a major traffic jam which had been caused by an overturned **lorry**.

o **caminhão**, a **carreta**
- Derek ficou preso num engarrafamento enorme provocado por uma **carreta** que tombou.

van [væn] *n*
- The driver of the white **van** was finally caught and convicted of hit-and-run driving.

a **van**
- O motorista da **van** branca finalmente foi pego e condenado por atropelamento e fuga.

caravan BE [ˈkærəvæn], **trailer** AE [ˈtreɪlə] *n*
- In August we usually take our **caravan** to a lovely campground near Torbay.
- Andy spends almost every weekend in his **trailer** at Lake Tahoe.

o **trailer**
- Em agosto costumamos ir em nosso **trailer** a um agradável camping nas proximidades de Torbay.
- Andy passa quase todos os finais de semana em seu **trailer** no lago Tahoe.

pedestrian [pəˈdestriən] *n m/f, adj*
- This path is for **pedestrians** only.
- Just walk straight ahead a few hundred metres and you'll see a **pedestrian** crossing to your left.

o **pedestre**
- Este caminho é somente para **pedestres**.
- E só seguir em frente por algumas centenas de metros que você verá um cruzamento para **pedestres** à esquerda.

to cover [tə ˈkʌvə] *v*
- We've been on the road since May last year and I think we've **covered** over 10,000 miles.

cobrir, fazer
- Estamos na estrada desde maio do ano passado, e acho que já **fizemos** mais de 10 mil milhas.

Transporte individual

to take a short cut [tə ˌteɪk ə ˈʃɔːtkʌt] *phrase*
▶ v irr p. 448 take
- If you want to **take a shortcut**, turn right at the next traffic lights.

tomar um atalho
- Se você quiser **tomar um atalho**, vire à direita no próximo semáforo.

diversion [daɪˈvɜːʃn] *n*
- Sorry, I'm late, but there was an unexpected **diversion** between Cheadle and Denstone.

o **desvio**
- Desculpe meu atraso, mas houve um **desvio** inesperado entre Cheadle e Denstone.

traffic jam [ˈtræfɪk ˌdʒæm] *n*
- Christopher missed his plane to New York this morning because he was sitting in a **traffic jam**.

o **engarrafamento**
- Christopher perdeu o avião para Nova York esta manhã porque ficou preso em um **engarrafamento**.

to block [tə ˈblɒk] *v*
- A broken-down truck was **blocking** the way.

bloquear
- Um caminhão enguiçado estava **bloqueando** a passagem.

bend [bend] *n*
- Thomas sped around the **bend**.

a **curva**
- Thomas acelerou na **curva**.

to turn [tə ˈtɜːn] *v*
- You have **to turn** left, not right, to get to Taunton.

virar, quebrar
- Você tem de **virar** à esquerda, e não à direita, para ir a Taunton.

brake [breɪk] *n*
- I had to step on the **brakes** when this cow suddenly appeared in front of me.

o **freio**
- Tive de pisar no **freio** quando uma vaca surgiu subitamente na minha frente.

to brake [tə ˈbreɪk] *v*
- Carol had to **brake** sharply to avoid hitting the boy.

frear
- Carol teve de **frear** bruscamente para não atropelar o menino.

to signal [tə ˈsɪɡnl] *v*
- Please **signal** when you want to make a turn.

dar seta
- Por favor, **dê seta** quando quiser fazer uma conversão.

to indicate BE [tə ˈɪndɪkeɪt] *v*
- I hate it when people turn without **indicating**.

indicar
- Odeio quando as pessoas viram sem **indicar**.

Transporte individual

wheel [wiːl] *n* ■ Some of these big trucks have 18 **wheels**.	a **roda** ■ Alguns desses caminhões grandes têm 18 **rodas**.
to change a tyre *BE* [tə ˌtʃeɪndʒ ə ˈtaɪə], **to change a tire** *AE* [tə ˌtʃeɪndʒ ə ˈtaɪr] *phrase* ■ I hit a nail when I drove to Stockton and had to **change a tire**.	**trocar (um) pneu** ■ Passei por cima de um prego quando estava a caminho de Stockton e tive de **trocar um pneu**.
to break down [tə ˌbreɪk ˈdaʊn] *phrase* ▶ v irr p. 442 break ■ Carla didn't arrive in time because her car **broke down** and she had to call a breakdown service.	**quebrar** ■ Carla não chegou a tempo porque seu carro **quebrou** e ela teve de chamar o serviço de assistência.
one-way street [ˌwʌnweɪ ˈstriːt] *n* ■ I live on a **one-way street** but a lot of people just don't care and drive the wrong way.	**rua de mão única** ■ Moro numa **rua de mão única** e muita gente simplesmente não respeita e segue pela mão errada.
road sign [ˈrəʊd saɪn] *n* ■ I think **road signs** should be international and easy to understand.	o **sinal de trânsito** ■ Penso que os **sinais de trânsito** deveriam ser internacionais e fáceis de entender.
number plate *BE* [ˈnʌmbə ˌpleɪt], **license plate** *AE* [ˈlaɪsəns ˌpleɪt] *n* ■ British **number plates** are white or yellow now. They used to be black. ■ The diner around the corner has got a lot of American **license plates** hanging on the walls.	a **placa (de carro)** ■ Hoje as **placas de carro** britânicas são brancas ou amarelas. Antes eram pretas. ■ O restaurante da esquina tem uma porção de **placas de carro** americanas nas paredes.
speeding [ˈspiːdɪŋ] *n* ■ If you drive too fast you run the risk of getting a ticket for **speeding**.	o **excesso de velocidade** ■ Se você guiar rápido demais, correrá o risco de levar uma multa por **excesso de velocidade**.

Transporte individual 287

ticket ['tɪkɪt] *n*
- Jeremy got a **ticket** for parking in a no-parking zone.

a **multa**
- Jeremy levou uma **multa** por estacionar em local proibido.

seat belt ['si:t ˌbelt] *n*
- Wearing your **seat belt** will considerably increase your chances of surviving a car crash.

o **cinto de segurança**
- O **cinto de segurança** aumenta consideravelmente suas chances de sobreviver a um acidente de automóvel.

to fasten one's seat belt [*BE:* tə ˌfɑ:sn wʌnz 'si:t ˌbelt, *AE:* tə ˌfæsn wʌnz 'si:t ˌbelt] *phrase*
- You should always **fasten your seat belt** even if you're only going a few hundred metres.

usar o cinto de segurança
- Você deve sempre **usar o cinto de segurança**, mesmo que seja para andar algumas poucas centenas de metros.

to buckle up [tə ˌbʌkl 'ʌp] *phrase*
- **Buckle up** and let's hit the road.

afivelar, apertar o cinto
- **Aperte o cinto** e vamos pegar a estrada.

helmet ['helmət] *n*
- You know how dangerous it is to ride a motorbike without a **helmet**.

o **capacete**
- Você sabe como é perigoso pilotar uma motocicleta sem **capacete**.

mandatory [*BE:* 'mændətri, *AE:* 'mændətɔ:ri] *adj*
- Do you think it should be **mandatory** to wear a helmet while riding a bicycle?

obrigatório
- Você acha que deveria ser **obrigatório** o uso do capacete ao andar de bicicleta?

picnic area ['pɪknɪk ˌeərɪə] *n*
- We stopped at a **picnic area** and had a picnic at one of the tables.

área para piquenique
- Paramos numa **área para piquenique** e fizemos um piquenique em uma das mesas.

→ Fala-se **service area** quando a área reservada a piquenique tem um posto de gasolina, banheiros e um bistrô; um **lay-by** não tem nenhuma instalação; e uma **picnic area** normalmente dispõe de mesa para refeições e, às vezes, banheiros.

Transporte individual

service area ['sɜːvɪs ˌeərɪə] n
- The next **service area** is only a few kilometers ahead. I think we should stop and have lunch.
→ picnic area p. 287

área de serviço
- A próxima **área de serviço** fica apenas alguns quilômetros à frente. Acho que deveríamos parar e almoçar.

lay-by BE ['leɪbaɪ]
- Why don't you just stop at the next **lay-by** to stretch your legs.
→ picnic area p. 287

a área de repouso
- Por que você não para na próxima **área de repouso** para esticar as pernas?

toll (charge) ['təʊl (tʃɑːdʒ)] n
- Do you know how much the **toll** is for the Golden Gate Bridge these days?

pedágio
- Você sabe quanto está o **pedágio** para a Golden Gate Bridge hoje em dia?

tollgate ['təʊlgeɪt] n
- Although the new **tollgate** has got ten lanes there's always a traffic jam during rush hour.

a praça de pedágio
- Muito embora a nova **praça de pedágio** tenha dez raias, há sempre engarrafamento na hora do rush.

to hitch-hike [tə 'hɪtʃhaɪk] v
- When I was 20 I **hitch-hiked** a lot.

pegar carona
- Quando eu tinha 20 anos, **peguei** muita **carona**.

to give sb. a lift BE [tə ˌgɪv ... ə 'lɪft], to give sb. a ride AE [tə ˌgɪv ... ə 'raɪd] phrase
▶ v irr p. 444 give
- Sally missed the last bus but she asked an old lady if she could **give her a lift**.
- I'd appreciate it if you could **give me a ride** to Sacramento.

dar carona

- Sally perdeu o último ônibus, mas perguntou a uma senhora idosa se ela poderia lhe **dar carona**.
- Eu adoraria se você me **desse carona** até Sacramento.

Natureza e meio ambiente

Animais e plantas

animal [bɪˈkiːni] *n*	o **animal**
cow [kaʊ] *n*	a **vaca**
bull [bʊl] *n*	o **boi**
calf [*BE:* kɑːf, *AE:* kæf] *n*	o **bezerro**
pig [pɪg] *n*	o **porco**
hog *AE* [hɒg] *n*	o **porco**
sheep [ʃiːp] *n; pl inv*	a **ovelha**
goat [gəʊt] *n*	o **bode**, a **cabra**
horse [hɔːs] *n*	o **cavalo**
chicken [ˈtʃɪkɪn] *n*	a **galinha**, o **frango**
bird [bɜːd] *n*	o **pássaro**
dog [dɒg] *n*	o **cachorro**
cat [kæt] *n*	o **gato**
mouse [maʊs] *n*	o **rato**
fish [fɪʃ] *n; pl inv*	o **peixe**
plant [*BE:* plɑːnt, *AE:* plænt] *n*	a **planta**
tree [triː] *n*	a **árvore**
flower [flaʊə] *n*	a **flor**
grass [*BE:* grɑːs, *AE:* græs] *n*	a **relva**, a **grama**, a **erva**
leaf [liːf] *n; pl* **leaves**	a **folha**
branch [*BE:* brɑːntʃ], *AE* [bræntʃ] *n*	o **galho**

Animais e plantas

forest ['fɒrɪst] n	a floresta
wood [wʊd] n	o bosque
grain [greɪn] n	o cereal
rose [rəʊz] n	a rosa
creature ['kriːtʃə] n	a criatura
pet [pet] n	o animal de estimação
donkey ['dɒŋki] n	o burro
rabbit ['ræbɪt] n	o coelho, a lebre
cock BE [kɒk], rooster AE ['ruːstə] n	o galo
duck [dʌk] n	o pato
bear [beə] n	o urso
fox [fɒks] n	a raposa
wolf [wʊlf] n; pl wolves	o lobo
lion [laɪən] n	o leão
tiger ['taɪgə] n	o tigre
elephant ['elɪfənt] n	o elefante
monkey ['mʌŋki] n	o macaco
dolphin ['dɒlfɪn] n	o golfinho
whale [weɪl] n	a baleia
shark [ʃɑːk] n	o tubarão
snake [sneɪk] n	a cobra
insect ['ɪnsekt] n	o inseto
butterfly ['bʌtəflaɪ] n	a borboleta
oak [əʊk] n	o carvalho
fir (tree) ['fɜr (ˌtri)] n	o pinheiro

chestnut ['tʃesnʌt] n	a **castanha**, o **castanheiro**
sequoia [sɪ'kwɔɪə] n	a **sequoia**
(grape)vine ['greɪpvaɪn] n	a **videira**, a **vinha**
daisy ['deɪzi] n	a **margarida**
tulip ['tʃuːlɪp] n	a **tulipa**
sunflower ['sʌnˌflaʊə] n	o **girassol**
mushroom ['mʌʃruːm] n	o **cogumelo**
stem [stem] n	a **haste**, o **talo**

Paisagens

landscape ['lændskeɪp] n — a **paisagem**
- We spent a week walking through the dramatic **landscape** of the Lake District.
- **Passamos** uma semana caminhando pela impressionante paisagem de Lake District.

scenery ['siːnəri] n — a **paisagem**
- You can see fantastic **scenery** in New England.
- Podem-se ver **paisagens** fantásticas na Nova Inglaterra.

area ['eəriə] n — a **área**, a **região**
- People in this **area** used to be poor.
- As pessoas desta **área** costumavam ser pobres.

region ['riːdʒn] n — a **região**
- This **region** of England gets a lot of sunshine.
- Essa **região** da Inglaterra recebe muito sol.

regional ['riːdʒnəl] adj — **regional**
- The armed conflict between the two tribes can no longer be considered **regional**.
- O conflito armado entre as duas tribos não pode mais ser considerado **regional**.

national ['næʃnəl] adj — **nacional**
- I've subscribed to a **national** paper.
- Fiz assinatura de um jornal **nacional**.

Paisagens

continent [ˈkɒntɪnənt] *n*
- The Australian **continent** was populated between 50,000 and 60,000 years ago.

o **continente**
- O **continente** australiano foi povoado entre 50 mil e 60 mil anos atrás.

country [ˈkʌntri] *n*
- James likes living in the **country**. He finds city life too hectic.

o **campo**
- James gosta de viver no **campo**. Ele acha a vida na cidade muito frenética.

land [lænd] *n*
- You need a lot of **land** to raise cattle.

a **terra**
- São necessárias muitas **terras** para criar gado.

ground [graʊnd] *n*
- In arctic regions the **ground** is frozen nearly all year round.

o **solo**
- Nas regiões árticas, o **solo** fica congelado quase o ano inteiro.

soil [sɔɪl] *n*
- The rich **soil** of Kent is excellent for farming.

o **solo**
- O **solo** rico de Kent é excelente para a agricultura.

mountains [ˈmaʊntɪnz] *n pl*
- Sam is planning a hiking trip through the **mountains** next weekend.

as **montanhas**
- Sam está planejando uma excursão pelas **montanhas** no fim de semana que vem.

mountain [ˈmaʊntɪn] *n*
- Mt McKinley is the highest **mountain** in North America.

o **monte**, a **montanha**
- O McKinley é o **monte** mais alto da América do Norte.

peak [piːk] *n*
- We reached the **peak** in only three hours.

o **pico**, o **cume**
- Chegamos ao **cume** em apenas três horas.

hill [hɪl] *n*
- One of Hugh Grant's best film is called *The Englishman Who Walked Up a **Hill** and Came Down a Mountain*.

a **colina**
- Um dos melhores filmes de Hugh Grant chama-se *O inglês que subiu a **colina** e desceu a montanha*.

hilly [ˈhɪli] *adj*
- The **hilly** landscape of the Peak District is ideal for hiking.

acidentado, **ondulado**
- A paisagem **acidentada** do Peak District é ideal para caminhadas.

Paisagens

water ['wɔːtə] n
- The **water** of the bay is cold.

a **água**
- A **água** da baía é fria.

sea [siː] n
- Oil spills pollute the **sea** and the beaches.

o **mar**
- Os derramamentos de petróleo poluem o **mar** e as praias.

ocean ['əʊʃn] n
- Charles Lindbergh flew solo across the **ocean** from New York to Paris in 1927.

o **oceano**
- Charles Lindbergh voou sozinho sobre o **oceano** de Nova York a Paris em 1927.

Mediterranean (Sea) [ˌmedɪtəˈreɪniən(siː)]
- The Romans called the **Mediterranean Sea** "our sea".

o **(mar) Mediterrâneo**
- Os romanos chamavam o mar Mediterrâneo de "nosso mar".

Atlantic (Ocean) [ətˈlæntɪk (ˈəʊʃn)] n
- The "Titanic" was crossing the **Atlantic** when it collided with an iceberg on 14 April 1912.

o **(Oceano) Atlântico**
- O Titanic cruzava o **Atlântico** quando colidiu com um *iceberg* em 14 de abril de 1912.

Pacific (Ocean) [pəˈsɪfɪk (ˈəʊʃn)] n
- The **Pacific Ocean** is the largest ocean on earth.

o **(Oceano) Pacífico**
- O **Oceano Pacífico** é o maior oceano da Terra.

wave [weɪv] n
- A tsunami is a large **wave** caused by an earthquake under water.

a **onda**
- Um *tsunami* é uma **onda** gigante provocada por um terremoto no fundo do mar.

coast [kəʊst] n
- The spectacularly beautiful **coast** south of Monterey is called "Big Sur".

a **costa**
- A espetacularmente bela **costa** sul de Monterey é chamada "Big Sur".

seaside ['siːsaɪd] n
- We spent the weekend at the **seaside** near Hastings.

o **litoral**, a **costa**
- Passamos o fim de semana no **litoral**, perto de Hastings.

beach [biːtʃ] n
- Mark and Tina went to the **beach** to sunbathe.

a **praia**
- Mark e Tina foram à **praia** tomar banho de sol.

Paisagens

river [ˈrɪvə] n
- Some lakes and **rivers** are so polluted that you can't swim in them anymore.

o **rio**
- Alguns **rios** e lagos estão tão poluídos que não se pode mais nadar neles.

lake [leɪk] n
- After school we often go swimming in a small **lake**.

o **lago**
- Depois da escola costumamos nadar em um pequeno **lago**.

bank [bæŋk] n
- Simon saw a group of teenagers camping on the opposite **bank**.

a **margem**
- Simon viu um grupo de adolescentes acampando na **margem** oposta.

island [ˈaɪlənd] n
- The West Indies are a group of **islands** in the Caribbean.

a **ilha**
- As Índias Ocidentais são um grupo de **ilhas** no Caribe.

desert [ˈdezət] n
- Las Vegas is in the middle of the **desert**.

o **deserto**
- Las Vegas fica no meio do **deserto**.

path [BE: pɑːθ, AE: pæθ] n
- There's a **path** leading up the hill.

a **trilha**, o **caminho**
- Há uma **trilha** que vai subindo a colina.

nature [ˈneɪtʃə] n
- In Canada you can admire **nature** in all its beauty.

a **natureza**
- No Canadá é possível admirar a **natureza** em toda a sua beleza.

valley [ˈvæli] n
- From the top of mountain we had a grand view across the **valley**.

o **vale**
- Do alto da montanha, tínhamos uma excelente vista do **vale**.

slope [sləʊp] n
- Tamsin skied down a very steep **slope**.

a **encosta**
- Tamsin desceu esquiando uma **encosta** bastante íngreme.

rock [rɒk] n
- They had to drill through solid **rock** to find oil.

a **rocha**, a **pedra**
- Eles tiveram de perfurar uma **rocha** sólida para encontrar petróleo.

plain [pleɪn] *n* ■ The American West consists of high mountains and extensive **plains**.	a **planície** ■ O Oeste dos Estados Unidos consiste de montanhas elevadas e extensas **planícies**.
steep [stiːp] *adj* ■ The mountain road is too **steep** to drive up in a normal car.	**íngreme** ■ A estrada pela montanha é **íngreme** demais para ser percorrida por um carro normal.
alpine [ˈælpaɪn] *adj* ■ The plane had to make an emergency landing in a remote **alpine** region.	**alpino** ■ O avião teve de fazer um pouso de emergência numa remota região **alpina**.
glacier [BE: ˈglæsɪə, AE: ˈgleɪʃər] *n* ■ The **glaciers** in the Alps are receding due to climate change.	a **geleira** ■ As **geleiras** nos Alpes estão diminuindo por causa das mudanças climáticas.
canal [kəˈnæl] *n* ■ Birmingham has more **canals** than Venice.	o **canal** ■ Birmingham tem mais **canais** do que Veneza.
current [BE: ˈkʌrnt, AE: ˈkɜrənt] *n* ■ No swimming! The **current** is too strong.	a **correnteza** ■ Proibido nadar! A **correnteza** é forte demais.
stream [striːm] *n* ■ The hikers cooled their feet in a cold **stream**.	a **corredeira** ■ Os andarilhos refrescaram os pés na **corredeira** gelada.

➡ Um **riacho** é um **stream**; um **pequeno riacho** é também denominado **brook** ou *AE* **creek**. Um **grande rio** chama-se **river**; para **nadar contra a correnteza**, diz-se **to swim against the tide**.

source [sɔːs] *n* ■ The **source** of the Colorado River is in Utah.	a **nascente** ■ A **nascente** do rio Colorado fica em Utah.
spring [sprɪŋ] *n* ■ Graham filled his water bottle from the **spring**.	a **fonte** ■ Graham encheu sua garrafa com água da **fonte**.

to flow [tə ˈfləʊ] v ▶ v irr p. 444 flow ■ The River Nile **flows** into the Mediterranean Sea.	fluir, deságuar, correr ■ O rio Nilo **deságua** no mar Mediterrâneo.
peninsula [pəˈnɪnsjʊlə] n ■ San Francisco is located on a **peninsula**, surrounded by the Pacific Ocean and San Francisco Bay.	a **península** ■ São Francisco localiza-se numa **península** circundada pelo Oceano Pacífico e pela baía de São Francisco.
sand [sænd] n ■ Like many other beaches in England, Brighton has no **sand** but pebbles instead.	a **areia** ■ A exemplo de muitas outras praias na Inglaterra, Brighton não tem **areia**, mas seixos.
cave [keɪv] n ■ During the Stone Age, men lived in **caves**.	a **caverna** ■ Na Idade da Pedra, as pessoas viviam em **cavernas**.
volcano [vɒlˈkeɪnəʊ] n ■ Mt Etna in Sicily is probably the most active European **volcano**.	o **vulcão** ■ O Etna, na Sicília, é provavelmente o **vulcão** europeu mais ativo.

Pontos cardeais

north [nɔːθ] n ■ Liverpool is in the **north** of England.	o **norte** ■ Liverpool fica no **norte** da Inglaterra.
(to the) north of [(tə ðə) ˈnɔːθ əv] n ■ Canada is **to the north of** the US.	(ao) **norte de** ■ O Canadá fica **ao norte dos** Estados Unidos.
south [saʊθ] n ■ Miami is in the **south** of Florida.	o **sul** ■ Miami fica no **sul** da Flórida.
(to the) south of [(tə ðə) ˈsaʊθ əv] phrase ■ The old city is **to the south of** the motorway.	(ao) **sul de** ■ A cidade velha fica **ao sul da** rodovia.

west [west] n	o **oeste**
▪ The sun sets in the **west**.	▪ O sol se põe no **oeste**.
(to the) west of [(tə ðə) 'west əv] phrase	**(ao) oeste de**
▪ Oxford is **west of** London.	▪ Oxford fica **a oeste de** Londres.
east [iːst] n	o **leste**
▪ They are now living in the **east**.	▪ Agora eles vivem no **leste**.
(to the) east of [(tə ðə) 'iːst əv] phrase	**(a) leste de**
▪ The coast is **to the east of** here.	▪ A costa fica **a leste** daqui.
northern ['nɔːðən] adv	**do norte, setentrional**
▪ Few people live in the **northern** regions of Canada.	▪ Poucas pessoas vivem nas regiões **setentrionais** do Canadá.
southern ['sʌðən] adj	**do sul, meridional**
▪ Most seaside resorts are found in the **southern** regions of England.	▪ A maior parte dos resorts à beira mar fica nas regiões **do sul** da Inglaterra.
western ['westən] adj	**do oeste, ocidental**
▪ Some of the **western** states of the US are nearly all desert.	▪ Alguns dos estados **do oeste** dos Estados Unidos são quase totalmente desertos.
eastern ['iːstən] adj	**do leste, oriental**
▪ There is more rain in the **eastern** regions of the US than in the western ones.	▪ Chove mais nas regiões **do leste** dos Estados Unidos do que nas do oeste.

Universo

world [wɜːld] n	o **mundo**
▪ It is a creature from another **world.**	▪ É uma criatura de outro **mundo**.
earth [ɜːθ] n	a **Terra**, o **planeta Terra**
▪ The distance between the **earth** and the moon is about 385,000 kilometres.	▪ A distância entre a **Terra** e a Lua é de cerca de 385 mil quilômetros.

Universo

space [speɪs] *n*
- Yuri Gagarin was the first man in **space**.

o **espaço** *n*
- Yuri Gagarin foi o primeiro homem no **espaço**.

sky [skaɪ] *n*
- The **sky** was blue and the sun was shining.

o **céu**
- O **céu** estava azul e o sol brilhava.

air [eə] *n*
- You can't breathe without **air**.

o **ar**
- Não se pode respirar sem **ar**.

moon [muːn] *n*
- The planet Saturn has more than 60 **moons**.

a **lua**
- O planeta Saturno tem mais de 60 **luas**.

star [stɑː] *n*
- It was a clear sky and the **stars** were shining.

a **estrela**
- O céu estava limpo e as **estrelas** brilhavam.

sun [sʌn] *n*
- Children shouldn't stay in the **sun** too long.

o **sol**
- As crianças não deveriam ficar no **sol** por muito tempo.

satellite [ˈsætəlaɪt] *n*
- We receive more than 250 TV channels via **satellite**.

o **satélite**
- Recebemos mais de 250 canais de TV via **satélite**.

astronaut [ˈæstrənɔːt] *n m/f*
- When Stuart was a little boy he wanted to become an **astronaut**.

o **astronauta**
- Quando Stuart era garoto, ele queria ser **astronauta**.

atmosphere [ˈætməsfɪə] *n*
- The earth's **atmosphere** consists mainly of nitrogen and oxygen.

a **atmosfera**
- A **atmosfera** da Terra consiste principalmente de nitrogênio e oxigênio.

universe [ˈjuːnɪvɜːs] *n*
- Our solar system is part of the **universe**.

o **universo**
- Nosso sistema solar é parte do **universo**.

planet [ˈplænɪt] *n*
- The earth is also called the "blue **planet**".

o **planeta**
- A Terra é também chamada de "o **planeta** azul".

to shine [tə ˈʃaɪn] v ▶ v irr p. 447 shine ■ At night you could see millions of stars **shining** in the sky.	**brilhar, radiar** ■ À noite se podiam ver milhões de estrelas **brilhando** no céu.
sunrise [ˈsʌnraɪz] n ■ We watched the **sunrise** from the hotel roof.	o **nascer do sol**, a alvorada ■ Assistíamos ao **nascer do sol** da cobertura do hotel.
sunset [ˈsʌnset] n ■ I must be home before **sunset**.	o **pôr do sol**, o **crepúsculo** ■ Tenho de estar em casa antes do **pôr do sol**.
to rise [tə ˈraɪz] v ▶ v irr p. 446 rise ■ The sun **rises** in the east and sets in the west.	**levantar-se, nascer** ■ O sol **nasce** a leste e se põe a oeste.
to set [tə ˈset] v ▶ v irr p. 447 set ■ In the winter the sun **sets** in the afternoon.	**pôr-se** ■ No inverno, o sol **se põe** à tarde.
tide [taɪd] n ■ Swimmers must be careful because of the **tide**.	a **maré** ■ Os nadadores têm de ter cuidado com as **marés**.
low tide [ˌləʊ ˈtaɪd] n ■ Swimming can be dangerous at **low tide**.	a **maré baixa** ■ Nadar pode ser perigoso na **maré baixa**.
high tide [ˌhaɪ ˈtaɪd] n ■ **High tide** is at 9 am tomorrow.	a **maré alta** ■ A **maré alta** será às 9 horas amanhã.

Meio ambiente, tempo e clima

weather [ˈweðə] n ■ The **weather** is too mild for snow.	o **tempo** (ref. clima) ■ O **tempo** está ameno demais para neve.

Meio ambiente, tempo e clima

climate ['klaımət] *n*	o **clima**
■ In southern Europe the **climate** is much too warm for me.	■ No sul da Europa, o **clima** é quente demais para mim.
temperature ['temprətʃə] *n*	a **temperatura**
■ You have to drink a lot when the **temperature** is so high.	■ Deve-se ingerir bastante líquido quando a **temperatura** está tão elevada.
heat [hi:t] *n*	o **calor**
■ I can't stand the **heat** in Southern Europe.	■ Não consigo suportar o **calor** no sul da Europa.
hot [hɒt] *adj*	**quente**
■ In the summer it gets very **hot** in California – 38 degrees centigrade and above.	■ No verão fica muito **quente** na Califórnia – 38 graus centígrados ou mais.
warmth [wɔ:mθ] *n*	o **calor**
■ We spent half the night sitting in the **warmth** from the stove.	■ Passamos metade da noite sentados junto ao **calor** do forno.
warm [wɔ:m] *adj*	**quente, aquecido**
■ I was quite **warm** under the blanket.	■ Fiquei bastante **aquecido** debaixo do cobertor.
cold [kəʊld] *n*	o **frio**
■ I even closed the shutters to keep out the **cold**.	■ Cheguei a fechar as venezianas para isolar o **frio**.
cold [kəʊld] *adj*	**frio**
■ New York is too hot in summer and too **cold** in winter.	■ Nova York é quente demais no verão e **fria** demais no inverno.
cool [ku:l] *adj*	**fresco**
■ Even in August San Francisco is pleasantly **cool**.	■ Mesmo em agosto, São Francisco é agradavelmente **fresca**.
cloud [klaʊd] *n*	a **nuvem**
■ The sky was blue and there were no **clouds**.	■ O céu estava azul, e não havia **nuvens**.

Meio ambiente, tempo e clima **301**

cloudy [klaʊdɪ] *adj*

- The weather forecast for our region says it will be partly **cloudy** today but no rain.

nublado

- A previsão do tempo para a nossa região diz que ficará parcialmente **nublado** hoje, mas sem chuvas.

rain [reɪn] *n*

- It's so hot and dry, we need some **rain**.

a **chuva**

- Está tão quente e seco, precisamos de um pouco de **chuva**.

to rain [tə ˈreɪn] *n*

- You can't go to the beach, it's still **raining**.

chover

- Você não pode ir à praia, ainda está **chovendo**.

dry [draɪ] *adj*

- The weather in Arizona is almost always sunny and **dry**.

seco

- O tempo no Arizona é quase sempre ensolarado e **seco**.

wet [wet] *adj*

- When I got home after the shower I was **wet** through.

molhado

- Quando cheguei em casa após a tromba d'água, estava completamente **molhado**.

wind [wɪnd] *n*

- I'd like to go sailing but there isn't enough **wind**.

o **vento**

- Eu gostaria de ir velejar, mas não há **vento** suficiente.

windy [ˈwɪndɪ] *adj*

- Chicago is also known as "The **Windy** City".

de vento, com vento, ventoso

- Chicago é também conhecida como "a Cidade **dos Ventos**".

to blow [tə ˈbləʊ] *v*
▶ *v irr* p. 442 blow

- The strong wind **blew** the rainclouds away.

soprar, assoprar

- O forte vento **soprou** as nuvens de chuva para longe.

storm [stɔːm] *n*

- The boat got into a **storm** and sank.

a **tempestade**

- O barco entrou numa **tempestade** e afundou.

stormy [ˈstɔːmɪ] *adj*

- We spent quite a rough and **stormy** night in the mountains.

tempestuoso

- Passamos uma noite difícil e **tempestuosa** nas montanhas.

thunderstorm [ˈθʌndəstɔːm] *n*
- The plane got into a **thunderstorm** and was struck by lightning.

o **temporal**
- O avião pegou um **temporal** e foi atingido por um raio.

fog [fɒg] *n*
- The airport was closed for several hours because of **fog**.

a **neblina**
- O aeroporto ficou fechado por algumas horas, por causa da **neblina**.

foggy [ˈfɒgɪ] *adj*
- It was so **foggy** that you could hardly see your own feet.

nebuloso, enevoado
- Estava tão **nebuloso** que eu quase não conseguia ver meus próprios pés.

ice [aɪs] *n*
- The **ice** on the pond is still too thin to walk on.

o **gelo**
- o **gelo** no lago ainda estava fino demais para se caminhar sobre ele.

snow [snəʊ] *n*
- We had hardly any **snow** last winter; it was too mild.

a **neve**
- Quase não tivemos **neve** no último inverno; estava muito ameno.

to snow [tə ˈsnəʊ] *v*
- It **snowed** last night in Las Vegas, which doesn't happen very often.

nevar
- **Nevou** noite passada em Las Vegas, o que não acontece com muita frequência.

fire [faɪə] *n*
- In 1906 more parts of San Francisco were destroyed by **fire** than by the earthquake.

o **incêndio**
- Em 1906, mais áreas de São Francisco foram destruídas pelo **incêndio** do que pelo terremoto.

to burn [tə ˈbɜːn] *v*
▶ *v irr* p. 443 burn
- The forest **burned** throughout the night.

queimar, arder
- A floresta **queimou** durante a noite.

climate change [ˈklaɪmət ˌtʃeɪndʒ] *n*
- Many people think that **climate change** is unstoppable.

a **mudança climática**
- Muitas pessoas acham que a **mudança climática** não pode ser interrompida.

Meio ambiente, tempo e clima 303

---

flooding [ˈflʌdɪŋ] *n*
- In the summer of 2007 the region around Gloucester was hit by severe **flooding**.

a **enchente**, a **inundação**
- No verão de 2007, a região em torno de Gloucester foi atingida por uma **inundação** severa.

---

flood [flʌd] *n*
- There are severe **floods** in India during the rainy season.

a **enchente**, a **inundação**
- Ocorrem graves **inundações** na Índia durante a estação chuvosa.

---

earthquake [ˈɜːθkweɪk] *n*
- The last major **earthquake** occurred in July 2005.

o **terremoto**, o **tremor de terra**
- O último grande **terremoto** ocorreu em julho de 2005.

---

environment [ɪnˈvaɪrənmənt] *n*
- Oil pollutes the **environment** more than anything else.

o **meio ambiente**
- O petróleo polui o **meio ambiente** mais do que qualquer outra coisa.

---

shade [ʃeɪd] *n*
- The heat was so intense that the only thing to do was to sit in the **shade**.

a **sombra**
- O calor era tão intenso que a única coisa a se fazer era sentar à **sombra**.

---

frost [frɒst] *n*
- There was a hard **frost** that killed several young trees.

a **geada**
- Houve uma forte **geada** que matou diversas árvores jovens.

---

to freeze [tə ˈfriːz] *v*
▶ **v irr** p. 444 freeze
- Water begins to **freeze** at 0 degrees centigrade.

congelar

- A água começa a **congelar** a 0 graus centígrados.

---

hail [heɪl] *n*
- The harvest was largely destroyed by **hail**.

o **granizo**
- A colheita foi em grande parte destruída pelo **granizo**.

---

drought [draʊt] *n*
- The region has been hit by a **drought**.

a **seca**, a **estiagem**
- A região foi atingida por uma **seca**.

---

weather report [ˈweðə rɪˈpɔːt] *n*
- I read the **weather report** for western Canada online every morning.

o **boletim meteorológico**
- Leio o **boletim meteorológico** para a região oeste do Canadá todas as manhãs.

Meio ambiente, tempo e clima

to forecast [BE: tə ˈfɔːkɑːst, AE: tə ˈfɔrˌkæst] v ▶ v irr p 444 forecast ■ More rain is **forecast** for the next couple of days.	**prever** ■ Mais chuva **está prevista** para os próximos dias.
warning [ˈwɔːnɪŋ] n ■ The authorities have issued a **warning** that a snowstorm is about to hit.	**previsão** ■ As autoridades emitiram uma **previsão** de que estava para cair uma nevasca.
to warn [tə ˈwɔːn] v ■ Sandra had **warned** him not to swim in the lake.	**advertir, avisar, prevenir** ■ Sandra o **advertiu** para que não nadasse no lago.
catastrophe [kəˈtæstrəfi] n ■ Our agent told us we would not be insured against this kind of **catastrophe**.	a **catástrofe** ■ Nosso agente nos disse que não estaríamos assegurados contra esse tipo de **catástrofe**.
destruction [dɪˈstrʌkʃn] n ■ Acid rain leads to the **destruction** of forests.	a **destruição** ■ A chuva ácida leva à **destruição** das florestas.
to destroy [tə dɪˈstrɔɪ] v ■ The explosion **destroyed** most of the building.	**destruir** ■ A explosão **destruiu** a maior parte dos edifícios.
environmental pollution [ɪnˌvaɪrənˈmentl pəˈluːʃn] n ■ We mustn't underestimate the global effects of **environmental pollution**.	a **poluição ambiental** ■ Não devemos subestimar os efeitos globais da **poluição ambiental**.
environmentally-friendly [ɪnˌvaɪrənˈmentəli ˈfrendli] adj ■ The company launched a new **enviromentally-friendly** product.	**ambientalmente sustentável** ■ A empresa lançou um novo produto **ambientalmente sustentável**.
greenhouse effect [ˈgriːnhaʊs ɪˌfekt] n ■ The **greenhouse effect** is the process that warms the earth's atmosphere.	**efeito estufa** ■ O **efeito estufa** é o processo que aquece a atmosfera da Terra.

Meio ambiente, tempo e clima

to damage [tə ˈdæmɪdʒ] n
- Enviromental pollution has **damaged** our forests for years.

danificar, prejudicar
- A poluição ambiental **danificou** nossas florestas por anos.

waste [weɪst] n
- More materials need to be recycled and reused in order to avoid **waste**.

o desperdício
- Mais materiais precisam ser reciclados e reutilizados para se evitar **desperdício**.

to throw away [tə ˌθrəʊ əˈweɪ] *phrase*
- ▶ v irr p. 448 throw
- Empty plastic containers mustn't be **thrown away** but recycled instead.

jogar fora

- Recipientes plásticos vazios não devem ser **jogados fora**, mas sim reciclados.

to recycle [tə ˌriːˈsaɪkl] v
- Can you **recycle** TV sets and computers?

reciclar
- É possível **reciclar** aparelhos de TV e computadores?

to poison [tə ˈpɔɪzn] v
- All this pollution is **poisoning** the river.

envenenar
- Toda essa poluição está **envenenando** o rio.

Meios de comunicação e mídia

Correio

post BE [pəʊst], **mail** AE [meɪl] *n* ■ I can send you the letter by **post** or I can fax it. ■ This letter came in the **mail** this morning.	o **correio** ■ Posso enviar a carta pelo **correio** ou por fax. ■ Essa carta chegou pelo **correio** hoje de manhã.
to post BE [tə ˈpəʊst], **to mail** AE [tə ˈmeɪl] *v* ■ Make sure you **post** all your Christmas parcels in advance. ■ I forgot to **mail** the package on time.	**postar, enviar** ■ Lembre-se de **postar** todos os seus pacotes de Natal com antecedência. ■ Eu me esqueci de **postar** o pacote a tempo.
postcode BE [ˈpəʊstkəʊd], **zip code** AE [ˈzɪp ˌkəʊd] *n* ■ I don't know the **postcode**. Why don't you look it up on the Internet? ■ What's the **zip code** for Davis, California?	o **código postal**, o **CEP** ■ Não sei o **código postal**. Por que você não procura na internet? ■ Qual o **código postal** de Davis, na Califórnia?
post office [ˈpəʊst ˌɒfɪs] *n* ■ George took the parcel to the **post office**.	a **agência dos correios**, o **correio** ■ George levou a encomenda ao **correio**.
to send [tə ˈsend] *v* ▶ v irr p. 447 send ■ I'll **send** you a copy of the contract by e-mail.	**enviar** ■ Eu lhe **enviarei** uma cópia do contrato por e-mail.
letter [ˈletə] *n* ■ A **letter** to the US takes about a week to arrive.	a **carta** ■ Uma **carta** para os Estados Unidos leva cerca de uma semana para chegar.

postcard ['pəʊstkɑːd] *n*
- We send lots of **postcards** when we are on holiday.

o **cartão-postal**
- Mandamos um monte de **cartões-postais** quando estamos de férias.

parcel ['pɑːsl] *n*
- The postman brought a **parcel** and several letters this morning.

a **encomenda**, o **pacote**
- O carteiro entregou um **pacote** e várias cartas esta manhã.

Dear ... [dɪə] *adj (correspondência formal)*
- **Dear** Paula
- **Dear** Ms McDowell
- **Dear** Mr Bromley

Prezado ..., **Caro** ...
- **Prezada** Paula
- **Cara** Sra. McDowell
- **Caro** Sr. Bromley

Yours sincerely [ˌjɔːz sɪnˈsɪəli] *phrase (correspondência formal)*
- **Yours sincerely** Emily Post

Cordialmente
- **Cordialmente**, Emily Post

stamp [stæmp] *n*
- I need **stamps** for three airmail letters to the US.

o **selo**
- Preciso de **selos** para três cartas por correio aéreo para os Estados Unidos.

letterbox *BE*, **postbox** *BE*, **mailbox** *AE* ['letəbɒks, 'pəʊstˌbɒks, 'meɪlbɒks] *n*
- If you want to post those letters, there's a **letterbox** across the street.
- **Postboxes** in Britain are red, in the US they are blue.
- Excuse me, is there a **mailbox** around here?

a **caixa de correio**
- Se você quiser postar essas cartas, tem uma **caixa de correio** do outro lado da rua.
- Na Grã-Bretanha, as **caixas de correio** são vermelhas, nos Estados Unidos, elas são azuis.
- Com licença, sabe se há alguma **caixa de correio** aqui por perto?

postage ['pəʊstɪdʒ] *n*
- What's the **postage** for an airmail letter to Australia?

postagem
- Quanto sai uma **postagem** por correio aéreo para a Austrália?

envelope ['envələʊp] *n*
- I have some writing paper but I've run out of **envelopes**.

o **envelope**
- Tenho papel de carta, mas os **envelopes** acabaram.

sender ['sendə] n m/f ■ The letter came back with a stamp on it saying "Return to **Sender**".	o **remetente** ■ A carta voltou com um carimbo dizendo "Devolvido ao **remetente**".
addressee [ˌædres'iː] n m/f ■ The letter was returned because I put the wrong **addressee** on it.	o **destinatário** ■ A carta voltou porque escrevi o **destinatário** errado nela.
delivery [dɪ'lɪvəri] n ■ The **delivery** of the books is free of charge.	a **entrega**, o **envio** ■ O **envio** dos livros é livre de encargos.
to deliver [tə dɪ'lɪvə] v ■ Letters are usually **delivered** here around 10 in the morning.	**entregar** ■ A correspondência geralmente é **entregue** aqui por volta das 10 da manhã.

Mídia impressa e radiodifusão

information [ˌɪnfə'meɪʃn] n ■ The local paper contains **information** about church services in the town.	a **informação** ■ O jornal local traz **informações** sobre serviços religiosos na cidade.

➡ A palavra **information** não admite plural. Para informações pormenorizadas, diz-se (de modo semelhante a **news** ou **advice**): **a piece of information**.

to inform [tə ɪn'fɔːm] v ■ This programme aims to **inform** people about current events.	**informar** ■ Este programa tem a intenção de **informar** as pessoas sobre acontecimentos atuais.
news [njuːz] n ■ Katie was delighted when she heard the **news** of her victory. ■ It's 10 o'clock, let's listen to the **news**.	a **notícia**, as **notícias**, o **noticiário** ■ Katie ficou exultante quando ouviu a **notícia** de sua vitória. ■ São 10 horas, vamos ouvir o **noticiário**.
newspaper ['njuːsˌpeɪpə] n ■ The *Times* is England's most famous **newspaper**.	o **jornal** ■ O *Times* é o **jornal** mais famoso da Inglaterra.

paper [ˈpeɪpə] *n*
- Andrew is a reporter for an international **paper**.

o **jornal**
- Andrew trabalha como repórter para um **jornal** internacional.

daily paper [ˌdeɪli ˈpeɪpə] *n*
- I don't subscribe to a **daily paper**. I read the news online.

o **diário**, o **jornal diário**
- Não assino **jornal diário**. Leio as notícias on-line.

weekly [ˈwiːkli] *n*
- *Die Zeit* is one of the most famous **weeklies** in the world.

o **semanário**
- O *Die Zeit* é um dos **semanários** mais famosos do mundo.

Sunday paper [ˌsʌndeɪ ˈpeɪpə] *n*
- Jake prefers to read a **Sunday paper** because on Sundays he's got lots of time to read.

o **jornal de domingo**
- Jake prefere ler o **jornal de domingo**, porque naquele dia ele dispõe de bastante tempo para ler.

magazine [BE: ˌmæɡəˈziːn, AE: ˌmæɡəˈzin] *n*
- Mark reads **magazines** like *Newsweek* to keep up-to-date.

a **revista**
- Mark lê **revistas** como a *Newsweek* para se manter atualizado.

article [ˈɑːtɪkl] *n*
- I've just finished reading a well-written **article** on global warming.

o **artigo**
- Acabei de ler um **artigo** muito bem escrito sobre o aquecimento global.

edition [ɪˈdɪʃn] *n*
- Where's the latest **edition** of the paper?

a **edição**
- Cadê a última **edição** do jornal?

issue [ˈɪʃuː] *n*
- I think the article you're looking for was in the last **issue**.

o **número**, a **edição**
- Acho que o artigo que você está procurando estava no último **número**.

subscription [səbˈskrɪpʃn] *n*
- Carol cancelled her **subscription** when the magazine put up the price again.

a **assinatura**
- Carol cancelou a **assinatura** quando a revista aumentou de preço novamente.

to subscribe to [tə səbˈskraɪb tə] *phrase*
- If I had more time I would **subscribe to** a daily paper.

assinar
- Se eu tivesse mais tempo, **assinaria** um jornal diário.

Mídia impressa e radiodifusão

radio [ˈreɪdiəʊ] *n*	o **rádio**
■ We turned on the **radio** to listen to the news.	■ Ligamos o **rádio** para ouvir as notícias.
television [ˈtelɪvɪʒn] *n*	a **televisão**
■ Jenny saw the cup final on **television**.	■ Jenny viu a final da copa pela **televisão**.
tv [ˌtiːˈviː] *n*	a **tv**
■ The Super Bowl will be broadcast live on **tv** worldwide.	■ O Super Bowl será transmitido pela **tv** para o mundo todo.
■ Paul is thinking about buying a new **tv**.	■ Paul está pensando em comprar uma **tv** nova.
to watch tv [tə ˌwɒtʃ ˌtiːˈviː] *phrase*	**assistir à tv**
■ Kids today **watch** too much **tv**.	■ Hoje em dia, as crianças **assistem** demais **à tv**.
to broadcast [*BE:* tə ˈbrɔːdkɑːst, *AE:* tə ˈbrɔdˌkæst] *v*	**transmitir**
▶ **v irr** p. 442 broadcast	
■ The opening ceremony of the Olympic Games was **broadcast** all over the world.	■ A cerimônia de abertura dos Jogos Olímpicos foi **transmitida** para o mundo todo.
programme *BE*, **program** *AE* [ˈprəʊɡræm] *n*	o **programa**
■ The documentary I watched on **tv** last night was one of the best **programmes** I've ever seen.	■ O documentário que assisti na **tv** ontem à noite foi um dos melhores **programas** que eu já vi.
entertainment show [ˌentəˈteɪnmənt ˌʃəʊ] *n*	o **programa de entretenimento**
■ Should I forbid my children to watch **entertainment shows** because there are too many commercials?	■ Será que eu deveria proibir meus filhos de assistir a **programas de entretenimento** porque há muitos comerciais?
commercial [kəˈmɜːʃl] *n*	o **comercial**
■ The film was quite good, but the number of **commercials** made me sick.	■ O filme foi muito bom, mas a quantidade de **comerciais** me irritou.

Mídia impressa e radiodifusão

truth [tru:θ] *n* ■ At first, people didn't believe her, even though the reporter was telling the **truth**.	a **verdade** ■ No começo as pessoas não acreditaram nela, muito embora a repórter dissesse a **verdade**.
true [tru:] *adj* ■ It sounds strange but it's a **true** story.	**verdadeiro** ■ Parece estranho, mas é uma história **verdadeira**.
press [pres] *n* ■ Patricia works as a journalist for the **press**, TV and radio.	a **imprensa**, a **mídia impressa** ■ Patricia trabalha como jornalista para a **mídia impressa**, TV e rádio.
publication [ˌpʌblɪˈkeɪʃn] *n* ■ His latest **publication** is a book on the conflict in the Middle East.	**publicação** ■ Sua última **publicação** é um livro sobre o conflito no Oriente Médio.
to publish [tə ˈpʌblɪʃ] *v* ■ Catherine wrote her memoirs but never **published** them.	**publicar** ■ Catherine escreveu suas memórias, mas jamais as **publicou**.
report [rɪˈpɔːt] *v* ■ Nick was reading a **report** in the newspaper	**notícia** ■ Nick estava lendo uma **notícia** no jornal.
to report [tə rɪˈpɔːt] *v* ■ As US correspondent of the *Guardian* he **reported** on the San Francisco earthquake.	**noticiar, cobrir** ■ Como correspondente norte-americano do Guardian, ele **cobriu** o terremoto de São Francisco.
interview [ˈɪntəvjuː] *n* ■ The mayor gave an **interview** right after the election.	a **entrevista** ■ O prefeito deu uma **entrevista** logo após a eleição.
exclusively [ɪkˈskluːsɪvli] *adv* ■ The magazine is devoted **exclusively** to basketball.	**exclusivamente** ■ A revista é dedicada **exclusivamente** ao basquete.
topicality [ˈtɒpɪkl] *n* ■ The **topicality** of our coverage is paramount.	a **atualidade** ■ A **atualidade** de nossa cobertura é primordial.

Mídia impressa e radiodifusão

topical [ˈtɒpɪkl] *adj*
- Climate change has been a **topical** issue in the media for several years.

atual
- As mudanças climáticas têm sido uma questão **atual** na mídia por vários anos.

front page [ˌfrʌntˈpeɪdʒ] *n*
- There was a huge photo of the president and his family on the **front page**.

a **primeira página**
- Havia uma enorme foto do presidente e sua família na **primeira página**.

headline [ˈhedlaɪn] *n*
- The royal family is in the **headlines** again.

a **manchete**
- A família real está de novo nas **manchetes**.

special edition [ˌspeʃl ɪˈdɪʃən] *n*
- A **special edition** on the Anglo-Saxons came out last month.

a **edição especial**
- Uma **edição especial** sobre os anglo-saxões saiu no mês passado.

station [ˈsteɪʃn] *n*
- Which **station** are you listening to?

a **estação**
- Qual **estação** você está ouvindo?

live [lɪv] *adj*
- This talk show is not **live** but recorded.

ao vivo
- Esse programa de entrevistas não é **ao vivo**, mas gravado.

reality [riˈæləti] *n*
- The article about the company portrays both the myth and the **reality** of its success story.

a **realidade**
- O artigo sobre a empresa retrata tanto o mito quanto a **realidade** de sua história de sucesso.

real [rɪəl] *adj*
- He's famous for telling the **real** story behind the media coverage.

real, verdadeiro
- Ele é famoso por contar a história **verdadeira** por trás da cobertura da mídia.

fact [fækt] *n*
- This paper is known for distorting the **facts**.

o **fato**
- Esse jornal é conhecido por distorcer os **fatos**.

objective [əbˈdʒektɪv] *adj*
- As a reporter I always try to be as **objective** as possible.

objetivo
- Como repórter, procuro sempre ser o mais **objetivo** possível.

incredible [ɪnˈkredəbl] *adj* ■ Have you seen the news? **Incredible** what happened there.	**incrível** ■ Você assistiu ao noticiário? **Incrível** o que aconteceu lá.
whistle-blower [ˈwɪsəlˌbləʊə] *n* ■ The information about their illegal activities came from a whistle-blower.	**o delator** ■ As informações a respeito de suas atividades ilegais vieram de um **delator**.

Telefone, celular e internet

telephone [ˈtelɪfəʊn] *n* ■ My **telephone** has been temporarily disconnected.	**o telefone** ■ Meu **telefone** está temporariamente desligado.
phone [fəʊn] *n* ■ May I use your **phone**?	**o telefone** ■ Posso usar seu **telefone**?
to phone BE [tə ˈfəʊn] *v* ■ Could you **phone** me about an hour before you arrive?	**telefonar** ■ Você poderia me **telefonar** cerca de uma hora antes de chegar?
to be on the phone [tə ˌbiː ɒn ðə ˈfəʊn] *phrase* ▶ *v irr* p. 442 be ■ You mustn't disturb him at the moment. He **is on the phone**.	**estar ao telefone** ■ Você não deve incomodá-lo agora. Ele **está ao telefone**.
mobile (phone) BE [ˌməʊbaɪl (fəʊn)], **cell(phone)** AE [ˈsel(fəʊn)] *n* ■ You can always reach me on my **mobile phone**. ■ Is it illegal in the US to use a **cellphone** while driving?	**(telefone) celular** ■ Você pode sempre me achar pelo **celular**. ■ É ilegal usar o **celular** enquanto se dirige nos Estados Unidos?
to ring BE [tə ˈrɪŋ] *v* ▶ *v irr* p. 446 ring ■ Carl **rang** her three times but she never answered the phone.	**telefonar** ■ Carl **telefonou** três vezes, mas ele não atendeu ao telefone.

Telefone, celular e internet

to give sb. a ring BE [tə ˌgɪv ... ə ˈrɪŋ] *phrase*
▶ v irr p 444 give
- **Give me a ring** as soon as you arrive.

ligar para alguém, telefonar para alguém
- **Ligue para mim** assim que chegar.

call [kɔːl] *n*
- Where's Tom? There's a **call** for him from Seattle.

a ligação
- Onde está Tom? Tem uma **ligação** para ele de Seattle.

to call AE [tə ˈkɔːl] *v*
- I've been trying to **call** you all morning.

ligar, telefonar
- Estou tentando **ligar** para você a manhã inteira.

phone call [ˈfəʊn ˌkɔːl] *n*
- All your **phone calls** are listed on your phone bill.

a ligação telefônica
- Todas as suas **ligações telefônicas** estão listadas em sua conta telefônica.

to dial [tə ˈdaɪəl] *v*
- First **dial** 1 and then the number.

teclar, digitar
- Primeiro **tecle** 1 e em seguida o número.

to dial the wrong number [tə ˌdaɪəl ðə ˌrɒŋ ˈnʌmbə] *phrase*
- I'm sorry, you must have **dialled the wrong number**.

digitar o número errado
- Desculpe, mas você deve ter **digitado o número errado**.

Who am I speaking to? [ˌhuː əm aɪ ˈspiːkɪŋ tə] *phrase*
▶ v irr p. 442 be

Com quem estou falando?

Bye! [baɪ] *interj*

Até logo!

to phone back BE [tə ˌfəʊn ˈbæk], **to call back** AE [tə ˌkɔːl ˈbæk] *phrase*
- I asked Diane **to phone** me **back** as soon as she knows more about the case.
- Matt **called** them **back** to confirm the appointment.

retornar a ligação
- Pedi a Diane para **retornar a ligação** tão logo ela soubesse mais sobre o caso.
- Matt **retornou a ligação** para confirmar o encontro.

to connect [tə kəˈnekt] *v*
- She tried to **connect** me but didn't get through.

conectar
- Ela tentou **me conectar** mas não conseguiu.

engaged BE [ɪnˈgeɪdʒd], **busy** AE [ˈbɪzi] *adj*
- All the lines are **engaged**. Please try again.
- I'm afraid his line is **busy**.

ocupado
- Todas as linhas estão **ocupadas**. Por favor, tente de novo.
- Infelizmente a linha dele está **ocupada**.

landline [ˈlændlaɪn] *n*
- The battery of my mobile is almost dead. I'll call you back on the **landline**.

o telefone fixo
- A bateria do meu celular praticamente descarregou. Eu retorno para você do **telefone fixo**.

dialling code BE [ˈdaɪəlɪŋ ˌkəʊd], **area code** AE [ˈeəriə ˌkəʊd] *n*
- Are you sure the **dialing code** for London is 020?
- What's the **area code** for Omaha, Nebraska?

código de área
- Tem certeza de que o **código de área** de Londres é 020?
- Qual o **código de área** de Omaha, Nebraska?

answerphone BE [ˈɑːnsəfəʊn], **answering machine** AE [ˈɑːnsərɪŋ məˌʃiːn] *n*
- If I'm not at home, leave a message on my **answerphone**.
- Hi, this is Joe's **answering machine**. Please leave a message after the tone.

a secretária eletrônica
- Se eu não estiver em casa, deixe mensagem na **secretária eletrônica**.
- Olá, esta é a **secretária eletrônica** de Joe. Por favor, deixe mensagem após o sinal.

fax [fæks] *n*
- I'll send you the report by **fax** or e-mail.

o fax
- Eu lhe enviarei o relatório por **fax** ou e-mail.

Internet [ˈɪntənet] *n*
- Why don't you look up her new number on the **Internet**?

a internet
- Por que você não procura o novo número dela na **internet**?

e-mail [ˈiːmeɪl] *n*
- They asked me to send them my application by **e-mail**.

o e-mail
- Eles me pediram para enviar minha solicitação por **e-mail**.

to e-mail [tə ˈiːmeɪl] *v*
- Marcus **e-mailed** her last night but she hasn't written back yet.

enviar um e-mail
- Marcus lhe **enviou um e-mail** ontem à noite, mas ela ainda não respondeu.

e-mail address [ˈiːmeɪl əˈdres] *n*
- Fiona didn't get my invitation. I must have used the wrong **e-mail address**.

o **endereço de e-mail**
- Fiona não recebeu meu convite. Devo ter enviado para o **endereço de e-mail** errado.

attachment [əˈtætʃmənt] *n*
- My e-mail didn't get through because the **attachment** was too big.

o **anexo**
- Meu e-mail não foi porque o **anexo** era muito pesado.

to skype [tə ˈskaɪp] *v*
- Last night I **skyped** my father who's currently staying in Vancouver.

falar pelo Skype, ligar no Skype
- Ontem à noite **falei pelo Skype** com meu pai, que no momento está em Vancouver.

flat rate [ˈflæt ˌreɪt] *n*
- My internet service provider offered me a new **flat rate**.

a **tarifa única**
- Meu provedor de internet me ofereceu uma nova **tarifa única**.

Wi-fi [ˈwaɪfaɪ] *n*
- There was Wi-fi in every room of the hotel.

o **wi-fi**
- Tinha **wi-fi** em todos os quartos do hotel.

account [əˈkaʊnt] *n*
- You must open an **account** before you can order from this provider.

a **conta (de usuário)**
- Você tem de abrir uma **conta** para então assinar este provedor.

online [ˈɒnlaɪn] *adj*
- Are you going to be **online** later this evening? We could chat for a while.

on-line
- Você estará **on-line** mais tarde esta noite? Poderíamos conversar um pouco.

offline [ˌɒfˈlaɪn] *adj*
- I tried to reach you via Skype, but your computer was **offline**.

off-line
- Tentei chamar você pelo Skype, mas seu computador estava **off-line**.

username [ˈjuːzəneɪm] *n*
- You just need to type in your **username** and a password to log on.

o **nome de usuário**
- Você precisa apenas digitar seu **nome de usuário** e senha para entrar no sistema.

to log on [tə lɒg ˈɒn] v

- You need to **log on** to our website first before you start shopping.

inscrever-se, cadastrar-se

- Você precisa primeiro **se inscrever** em nossa página antes de começar a comprar.

to log off [tə lɒg ˈɒf] v

- Don't forget to **log off** again when you're done.

sair (da página), fazer log-off

- Não se esqueça de **fazer logoff** quando tiver acabado.

search engine [ˈsɜːtʃ ˌendʒɪn] n

- There are dozens of **search engines** for all kinds of purposes.

a ferramenta de busca

- Há dezenas de **ferramentas de busca** para todos os tipos de finalidade.

to download [tə ˌdaʊnˈləʊd] v

- Is it safe to **download** the free version from the company website?

fazer download

- É seguro **fazer** o **download** da versão grátis pelo site da empresa?

selfie [ˈselfi] n

- I took a few **selfies** yesterday and posted them online.

a *selfie*

- Tirei algumas *selfies* ontem e já postei nas redes.

social network [ˌsəʊʃl ˈnetwɜːk] n

- Would you communicate on a **social network** with someone you don't know?

a rede social

- Você se comunicaria em uma **rede social** com alguém que você não conhece?

to chat [tə ˈtʃæt] v

- I love **chatting** online with my friends abroad.

conversar

- Adoro **conversar** na internet com meus amigos do exterior.

to like [tə ˈlaɪk] v

- 50 people **have liked** my new page so far.

curtir, dar "like"

- Até agora, 50 pessoas **curtiram** minha página nova.

to post [tə ˈpəʊst] v

- I **post** a new cover photo every morning.

postar

- Toda manhã **posto** uma nova foto de capa.

to twitter [tə ˈtwɪtə] v

- Have you read what Jack **twittered** about that?

tuitar, postar no Twitter

- Você leu o que Jack **tuitou** a respeito disso?

blog [blɒg] *n* ■ She kept an interesting **blog** when she lived in Canada.	o **blogue** ■ Ela manteve um **blogue** interessante quando morou no Canadá.
shitstorm [ˈʃɪtstɔːm] *n* ■ His racist remarks caused an immediate **shitstorm** of outrage.	a **avalanche** ■ Seus comentários racistas provocaram imediata **avalanche** de indignação.
podcast [ˈpɒdkɑːst] *n* ■ You can download the **podcast** from our website.	o **podcast** ■ Você pode fazer *download* do **podcast** de nosso site.
online banking [ˌɒnlaɪn ˈbæŋkɪŋ] *n* ■ Can anyone hack my bank account when I'm doing **online banking**?	o **banco on-line** ■ Pode alguém hackear minha conta bancária enquanto estou operando no **banco on-line**?
cybercrime [ˈsaɪbəkraɪm] *n* ■ There is an international conference on **cybercrime** next week in Washington.	o **cibercrime** ■ Haverá uma conferência internacional sobre **cibercrimes** semana que vem, em Washington.
line [laɪn] *n* ■ I wonder who she's talking to; her **line** has been busy for nearly an hour.	a **linha** ■ Fico me perguntando com quem ela estaria falando; a **linha** dela está ocupada há quase uma hora.
to ring [tə ˈrɪŋ] *v* ▶ v irr p. 446 ring ■ Your mobile **is ringing**. Shall I answer it?	**tocar** ■ Seu celular está **tocando**. Devo atender?
to answer the phone [*BE:* tə ˌɑːnsə ðə ˈfəʊn, *AE:* tə ˌænsə ðə ˈfəʊn] *phrase* ■ Just in case somebody phones, could you **answer the phone** while I'm in the shower?	**atender ao telefone** ■ Caso alguém telefone, você poderia **atender ao telefone** enquanto estou no banho?
to hang up [tə ˌhæŋ ˈʌp] *phrase* ▶ v irr p. 444 hang ■ She must have entered a tunnel, because all of a sudden the line was dead. So I **hung up**.	**desligar** ■ Ela deve ter entrado num túnel, porque de repente a ligação caiu. Então eu **desliguei**.

to hang up on sb. [tə ˌhæŋ ˈʌp ɒn] *phrase*	**desligar na cara de alguém**
▶ v irr p. 444 hang	
■ I was so mad at what he said that I just **hung up on him**.	■ Eu estava tão enfurecido com o que ele disse que eu simplesmente **desliguei na cara dele**.
to put sb. through [tə ˌpʊt ... θruː] *phrase*	**transferir**
▶ v irr p. 446 put	
■ Could you **put me through** to the hotel manager please?	■ Você poderia me **transferir** para o gerente do hotel, por favor?
long-distance call [ˌlɒŋdɪstəns ˈkɔːl] *n*	a **chamada de longa distância**
■ There's a **long-distance call** from Chicago for you.	■ Tem uma **chamada de longa distância** de Chicago para você.
local call [ˌləʊkl ˈkɔːl] *n*	a **chamada local**
■ **Local calls** used to be free of charge.	■ As **chamadas locais** costumavam ser gratuitas.
extension [ɪkˈstenʃn] *n*	a **extensão**
■ Why don't you call the switchboard and ask for his **extension**.	■ Por que você não chama a central e solicita uma **extensão**?
phone box *BE* [ˈfəʊn ˌbɒks], **phone booth** *AE* [ˈfəʊn ˌbuːð] *n*	a **cabine telefônica**
■ My mobile phone is dead. Is there a **phone box** near here?	■ Meu celular quebrou. Tem uma **cabine telefônica** aqui perto?
■ In this area it's hard to find a **phone booth** that's not been destroyed.	■ Nesta região é difícil encontrar uma **cabine telefônica** que não tenha sido destruída.
public phone [ˌpʌblɪk ˈfəʊn] *n*	o **telefone público**
■ Since everybody owns a mobile phone these days **public phones** are difficult to find.	■ Uma vez que hoje em dia todo mundo tem celular, é difícil encontrar um **telefone público**.
digital native [ˌdɪdʒɪtl ˈneɪtɪv] *n*	o **nativo digital**
■ Teenagers today grow up with computers – they're **digital natives**.	■ Os adolescentes hoje em dia crescem junto a computadores – eles são **nativos digitais**.

text (message) ['tekst (ˌmesɪdʒ)] n — a mensagem de texto
- Send me a **text message** as soon as you know what time the film starts.
- Envie-me uma **mensagem de texto** assim que souber o horário do início do filme.

to text [tə 'tekst] v — mandar SMS
- I **texted** him about where to meet.
- **Mandei** um SMS para ele dizendo onde a gente poderia se encontrar.

homepage ['həʊm ˌpeɪdʒ] n — a homepage
- You'll find all the necessary links on the **homepage** of our website.
- Você irá encontrar todos os links necessários na **homepage** de nosso site.

website ['websaɪt] n — o site
- They've got an interesting **website** with lots of valuable information.
- Eles têm um **site** interessante, com uma porção de informações valiosas.

webpage ['web ˌpeɪdʒ] n — a página
- Their website seems to have a million **webpages**. It's all very confusing.
- O site deles parece ter um milhão de **páginas**. É tudo muito confuso.

link [lɪŋk] n — o link
- Don't bother. I'll send you an e-mail with a dozen **links** for online dictionaries.
- Não se preocupe. Vou enviar um e-mail com uma dezena de **links** de dicionários on-line.

to surf [tə 'sɜːf] v — navegar
- Brenda didn't do much last night – just **surfed** the Net for a while.
- Brenda não fez muita coisa ontem à noite – apenas **navegou** um pouco na internet.

server ['sɜːvə] n — o servidor
- I couldn't read my e-mails; the **server** was down.
- Não consegui ler meus e-mails; o **servidor** caiu.

mail program ['meɪl ˌprəʊgræm] n — o programa de e-mail
- I'm very dissatisfied with the **mail program** I'm using. – Which one do you use?
- Estou muito insatisfeito com o **programa de e-mail** que estou usando. – Qual você usa?

password [BE: ˈpɑːswɜːd, AE: ˈpæswɜːd] n	a **senha**
■ Your **password** should include letters and numbers.	■ Sua **senha** deve incluir letras e números.
read receipt [ˈriːd ˌrɪˈsiːt] n	a **confirmação de leitura**
■ How can I get a **read receipt** for my e-mails?	■ Como posso obter uma **confirmação de leitura** para meus e-mails?
browser [ˈbraʊzə] n	o **navegador**
■ If you download the update for your **browser** it'll be much faster.	■ Se você fizer o download da atualização do seu **navegador**, ele ficará muito mais rápido.
mobile phone network BE [ˌməʊbaɪl ˈfəʊn netwɜːk], **cellular network** AE [ˈseljələ ˌnetwɜːk] n	a **rede de telefone móvel**
■ Would the **mobile phone network** break down in case of a blackout?	■ A **rede de telefone móvel** cairia em caso de uma queda de energia?
to have no reception BE [tə hæv nəʊ rɪˈsepʃn], **to have no cell service** AE [tə hæv nəʊ ˈsel sɜːvɪs] phrase	**ficar sem sinal**
■ In some remote areas you **will have no reception**.	■ Em algumas áreas remotas, você vai **ficar sem sinal**.
provider [prəˈvaɪdə] n	o **provedor**
■ This **provider** has cheaper rates for broadband than that one.	■ Este **provedor** tem taxas mais baratas para banda larga do que aquele.
mobile service provider BE [ˌməʊbaɪl ˈsɜːvɪs prəˈvaɪdə], **cellphone company** AE [ˈsel fəʊn ˌkʌmpəni] n	o **provedor de serviços móveis**
■ This **mobile service provider** is the cheapest in your region.	■ Este **provedor de serviços móveis** é o mais barato de sua região.
mobile contract BE [ˈməʊbaɪl ˌkɒntrækt], **cellphone contract** AE [ˈsel fəʊn ˌkɒntrækt] n	o **contrato de telefone móvel**
■ I terminated my **mobile contract**.	■ Rescindi meu **contrato de telefone móvel**.

roaming charges [ˈrəʊmɪŋ tʃɑːdʒɪz] *n pl*
- The **roaming charges** were lowered again.

as **taxas de** *roaming*
- As **taxas de** *roaming* baixaram de preço novamente.

cloud computing [ˌklaʊd kəmˈpjuːtɪŋ] *n*
- I wonder if **cloud computing** is safe.

a **computação em nuvem**
- Eu me pergunto se a **computação em nuvem** é segura.

streaming [ˈstriːmɪŋ] *n*
- **Streaming** is when you listen to music or watch a film online without downloading a file.

o *streaming*
- *Streaming* é quando você ouve música ou assiste a um filme na internet sem fazer download de um arquivo.

phishing [ˈfɪʃɪŋ] *n*
- **Phishing** is if someone tries to trick you online into giving away your bank account details.

o *phishing*
- *Phishing* é quando alguém tenta enganá-lo na internet para pegar detalhes de sua conta bancária.

to voIPen [tə ˈvɔɪpen] *v*
- Last night I **voIPed** my girlfriend for two hours.

falar por voIP
- Ontem à noite **falei por voIP** com minha namorada por duas horas.

Computador e multimídia

computer [kəmˈpjuːtə] *n*
- An office without a **computer** is almost unthinkable today.

o **computador**
- Um escritório sem **computador** é algo quase impensável hoje em dia.

to boot (up) [tə buːt (ˈʌp)] *v*
- The first thing I do in the morning is **to boot** my computer.

iniciar
- A primeira coisa que eu faço pela manhã é **iniciar** o computador.

to shut down [tə ʃʌt ˈdaʊn] *v*
- This program **shuts down** automatically.

desligar, encerrar
- Este programa **encerra** automaticamente.

to restart [tə ˌriːˈstɑːt] v
- When the program is frozen, try **restarting** your computer.

reiniciar
- Quando o programa trava, tente **reiniciar** o computador.

hardware [ˈhɑːdweə] n
- I need to buy some new **hardware**. My PC is three years old and totally outdated.

o **hardware**
- Preciso comprar um **hardware** novo. Meu PC tem três anos e está completamente ultrapassado.

software [ˈsɒftweə] n
- They offer excellent **software**, for example a new text processing program.

o **software**
- Eles oferecem **softwares** excelentes, por exemplo, um novo programa processador de texto.

program [ˈprəʊɡræm] n
- You can download a free **program** from their website – it's a shareware.

o **programa**
- Você pode fazer o download de um **programa** grátis pelo site deles – é um shareware.

to program [tə ˈprəʊɡræm] v
- Kevin **programmed** his computer to download new updates automatically.

programar
- Kevin **programou** seu computador para baixar novas atualizações automaticamente.

hard disk [ˈhɑːd ˌdɪsk] n
- I need an external **hard disk** to store songs on.

o **disco rígido**
- Preciso de um **disco rígido** externo para armazenar músicas.

printer [ˈprɪntə] n
- Mike printed out the document on his new **printer**.

a **impressora**
- Mike imprimiu o documento em sua nova **impressora**.

screen [skriːn] n
- Maggie's new notebook has got a small **screen** – only 15 inches.

a **tela**
- O novo notebook de Maggie tem uma **tela** pequena – apenas 15 polegadas.

keyboard [ˈkiːbɔːd] n
- What's the difference between a German and an English **keyboard**?

o **teclado**
- Qual a diferença entre um **teclado** alemão e um inglês?

key [kiː] n
- Press any **key** to continue.

a **tecla**
- Pressione qualquer **tecla** para continuar.

Computador e multimídia

mouse [maʊs] n
- It's about time I buy a wireless **mouse**. I hate all these cables on my desk.

o **mouse**
- Está na hora de eu comprar um **mouse** sem fio. Odeio esse monte de fios na minha mesa de trabalho.

cursor [ˈkɜːsə] n
- The **cursor** on your mouse doesn't work properly. You'll have to buy a new mouse.

o **cursor**
- O **cursor** do seu mouse não está funcionando bem. Você vai ter de comprar um mouse novo.

to click [tə ˈklɪk] v
- Just **click** on this icon and download the program.

clicar
- Basta **clicar** neste ícone e baixar o programa.

to print out [tə ˌprɪnt ˈaʊt] phrase
- My printer's broken. Could you **print out** this document for me?

imprimir
- Minha impressora quebrou. Você poderia **imprimir** este documento para mim?

cd-rom [ˌsiːdiːˈrɒm] n
- Do you still use **cd-roms** to save your files on?

o **cd-rom**
- Você ainda usa **cd-roms** para salvar seus arquivos?

dvd [ˌdiːviːˈdiː] n
- Let's get a film out on **dvd**, shall we?

o **dvd**
- Vamos pegar um filme em **dvd**, que tal?

dvd player [ˌdiːviːˈdiː ˌpleɪə] n
- Dan doesn't need a **dvd-player**. He watches dvds on his Playstation.

o **dvd player**
- Dan não precisa de **dvd player**. Ele assiste a dvds em seu Playstation.

drive [draɪv] n
- Do you think it's necessary to buy an external **drive** for playing games?

o **drive**
- Você acha necessário comprar um **drive** externo para seus jogos de computador?

to record [tə rɪˈkɔːd] v
- Since I couldn't watch the match on tv I asked a good friend to **record** it.

gravar
- Como eu não pude assistir ao jogo pela tv, pedi a um bom amigo para **gravá-lo**.

USB port [ˌjuːesˈbiː pɔːt] n
- Are USB 3.0 devices running on **USB 2.0 ports**?

a **porta USB**
- Os dispositivos USB 3.0 funcionam em **portas usb 2.0**?

digital [ˈdɪdʒɪtl] *adj*
- **Digital** recordings are okay, but old analogue records do have a certain charm.

digital
- As gravações **digitais** são boas, mas os velhos registros analógicos têm seu charme.

data [ˈdeɪtə] *n pl*
- The keyboard is used to enter **data** onto the computer.

os **dados**
- O teclado é usado para inserir **dados** no computador.

file [faɪl] *n*
- Copy all the **files** from the hard disk onto a memory stick.

o **arquivo**
- Copie todos os **arquivos** do disco rígido em um cartão de memória.

to save [tə ˈseɪv] *v*
- Where did I **save** the file I was working on last night?

salvar
- Onde **salvei** o arquivo em que estava trabalhando ontem à noite?

to copy [tə ˈkɒpi] *n*
- For safety's sake I always **copy** important files onto a memory stick or a CD-ROM.

copiar
- Por questão de segurança, sempre **copio** arquivos importantes num cartão de memória ou num CD-ROM.

to paste [tə ˈpeɪst] *v*
- Why don't you **paste** a map of the region into the invitation?

inserir
- Por que você não **insere** um mapa da região no convite?

to delete [tə dɪˈliːt] *v*
- Oh, my God, I accidentally **deleted** the whole file!

excluir, deletar
- Ai, meu Deus, **excluí** sem querer o arquivo todo!

to unzip [tə ʌnˈzɪp] *v*
- It's not necessary to **unzip** this file.

descompactar
- Não é necessário **descompactar** esse arquivo.

to link [tə ˈlɪŋk] *v*
- Is your computer **linked** to the main server?

conectar
- Seu computador **está conectado** com o servidor central?

error message [ˈerə ˌmesɪdʒ] *n*
- I keep on getting this weird **error message**.

mensagem de erro
- Fico recebendo essa **mensagem de erro** esquisita.

Computador e multimídia

user friendliness [ˌjuːzəˈfrendli] n ■ The **user friendliness** of a program is not only important for beginners.	**(de) fácil utilização** ■ A **fácil utilização** de um programa é importante não somente para principiantes.
router [ˈruːtə] n ■ The **router** is a little box that connects different computers or networks.	o **roteador** ■ O **roteador** é uma caixinha que conecta diferentes computadores ou redes.
wearable [ˈweərəbl] n ■ We will soon have **wearables** instead of watches on our arms.	o *wearable*, o dispositivo como peça do vestuário ■ Logo teremos *wearables* em vez de relógios nos braços.
efficient [ɪˈfɪʃnt] adj ■ Julia needs a more **efficient** computer for these new games.	**eficiente** ■ Júlia precisa de um computador mais **eficiente** para esses jogos novos.
laptop [ˈlæptɒp] n ■ David enjoys sitting in a café, working on his **laptop**.	o **laptop** ■ David gostar de ficar sentado num café, trabalhando em seu **laptop**.
notebook [ˈnəʊtbʊk] n ■ Tim did some work on his **notebook** while he was at the airport.	o *notebook* ■ Tim trabalhou um pouco em seu *notebook* enquanto estava no aeroporto.
processor [ˈprəʊsesə] n ■ A new generation of **processors** will be coming onto the market early next year.	o **processador** ■ Uma nova geração de **processadores** chegará ao mercado no início do ano que vem.
retina display [ˈretɪnə dɪˈspleɪ] n ■ **Retina display** is the name for a high pixel density screen.	a **tela de retina** ■ A **tela de retina** é o nome de uma tela com alta densidade de pixels.
storage space [ˈstɔːrɪdʒ speɪs] n ■ How much **storage space** have you got on you notebook?	o **espaço de armazenamento** ■ Quanto **espaço de armazenamento** você tem em seu *notebook*?

to scan [tə ˈskæn] *v*
- Since the copy shop is closed today you'll have to **scan** your medical certificate.

escanear
- A gráfica está fechada hoje, então você terá de **escanear** seu atestado médico.

operating system [ˈɒpəreɪtɪŋ ˌsɪstəm] *n*
- The new **operating system** makes it easier to switch between programs.

o **sistema operacional**
- O novo **sistema operacional** torna mais fácil alternar entre programas.

system requirements [ˈsɪstəm rɪˈkwaɪəmənt] *n*
- Which **system requirements** do I need for the installation of this program?

os **requisitos de sistema**
- De quais **requisitos de sistema** eu preciso para a instalação deste programa?

to install [tə ɪnˈstɔːl] *v*
- Could you help me **install** this game, please?

instalar
- Você poderia me ajudar a **instalar** este jogo, por favor?

file format [ˈfaɪl ˌfɔːmæt] *n*
- I'm afraid I don't have a program that can read this **file format**.

o **formato de arquivo**
- Receio não ter um programa que possa ler esse **formato de arquivo**.

word processing [ˈwɜːd ˌprəʊsesɪŋ] *n*
- Although I do a lot of **word processing**, I'm nowhere near an expert.

o **processador de texto**
- Embora eu faça muito **processamento de texto**, estou longe de ser um especialista.

spreadsheet [ˈspredʃiːt] *n*
- He presented the latest business reports with a couple of **spreadsheets**.

a **planilha**
- Ele apresentou os últimos relatórios de vendas com algumas **planilhas**.

presentation software [prezənˈteɪʃn ˌsɒftweə] *n*
- Many speakers use **presentation software** to show images to their audiences while they're speaking.

o **programa de apresentações**
- Muitos usuários usam **programa de apresentação** para mostrar imagens ao público enquanto estão falando.

clipboard [ˈklɪpbɔːd] *n*
- The **clipboard** store information of one file until it is added to another one.

a **área de transferência**
- A **área de transferência** armazena informações de um arquivo até que elas sejam inseridas em outro.

database [ˈdeɪtəbeɪs] *n*
- Our **database** contains 50,000 names and addresses of customers.

o **banco de dados**
- Nosso **banco de dados** contém 50 mil nomes e endereços de clientes.

to enter [tə ˈentə] *v*
- I'm so bored with my job. I've been **entering** telephone numbers into our database for months.

inserir
- Estou tão entediado com meu trabalho. Estou há meses **inserindo** números de telefone em nosso banco de dados.

key(stroke) combination [ˈkiː(strəʊk) kɒmbɪˌneɪʃn] *n*
- The most famous **keystroke combination** is Alt + F4.

a **combinação de teclas**
- A **combinação de teclas** mais famosa é Alt + F4.

backup (copy) [ˈbækʌp] *n*
- Make sure you always make a **backup copy** of important documents.

a **cópia de segurança**, o **backup**
- Certifique-se sempre de fazer uma **cópia de segurança** de documentos importantes.

folder [ˈfəʊldə] *n*
- Caitlin created a **folder** and put it on the desktop.

a **pasta**
- Caitlin criou uma **pasta** e a colocou na área de trabalho.

computer virus [kəmˈpjuːtə ˈvaɪrəs] *n*
- You've got to be careful that you don't activate a **computer virus** when you open an unknown e-mail attachment.

o **vírus de computador**
- Você tem de tomar cuidado para não abrir um **vírus de computador** ao abrir anexos de e-mails desconhecidos.

network [ˈnetwɜːk] *n*
- Gavin recently joined a **network** of people with the same interests.

a **rede (social)**
- Gavin recentemente passou a fazer parte de uma **rede** de pessoas com os mesmos interesses.

Computador e multimídia 329

inteface [ˈɪntəfeɪs] *n*
- An **interface** is a program that enables you to communicate with your computer.

a **interface**
- Uma **interface** é um programa que o capacita a se comunicar com seu computador.

to compress [tə kəmˈpres] *v*
- If you **compress** this file, the e-mail transmission will be faster.

comprimir
- Se você **comprimir** este arquivo, o envio por e-mail será mais rápido.

to zip [tə ˈzɪp] *n*
- If you **zip** this file, it'll be much smaller.

compactar
- Se você **compactar** esse arquivo, ele ficará muito menor.

multimedia [ˌmʌltiˈmiːdiə] *adj*
- I wonder why **multimedia** computers haven't had more success on the market.
- Don't disturb our boss! He's working on his **multimedia** presentation of the latest sales figures.

multimídia
- Fico me perguntando por que os computadores **multimídia** não têm tido melhor aceitação no mercado.
- Não incomode o chefe! Ele está trabalhando na apresentação **multimídia** dos números das últimas vendas.

animation [ˌæniˈmeɪʃn] *n*
- The class used some software to make an **animation** involving stick figures.

a **animação**
- A classe usou alguns softwares para fazer uma **animação** com bonequinhos.

computer game [kəmˈpjuːtə ˌɡeɪm] *n*
- Joe likes **computer games** even though they take up nearly all his free time.

o **jogo de computador**
- Joe gosta de **jogos de computador**, muito embora eles tomem quase todo o seu tempo livre.

voice recognition [ˌvɔɪs rekəɡˈnɪʃn] *n*
- **Voice recognition** is the process of converting speech into digital form.

o **reconhecimento de voz**
- **Reconhecimento de voz** é o processo de conversão da fala em formato digital.

interactive [ˌɪntəˈræktɪv] *adj*
- Tim spent the night playing an **interactive** online computer game with friends.

interativo
- Tim passou a noite jogando um jogo de computador **interativo** na internet com amigos.

virtual [ˈvɜːtʃuəl] *adj*
- My son spends hours in front of his computer and seems to live in his own **virtual** world now.

virtual
- Meu filho passa horas na frente do computador e agora parece viver em seu mundinho **virtual**.

visual [ˈvɪʒuəl] *adj*
- I was wondering if all these **visual** images on TV have an effect on our creativity.

visual
- Eu me perguntava se todas essas imagens **visuais** na TV têm algum efeito sobre nossa criatividade.

augmented reality [ɔːgˌmentɪd riˈælɪti] *n*
- **Augmented reality** is a computer-based enhancement of reality, e.g. via special eyeglasses.

a **realidade aumentada**
- **Realidade aumentada** é uma expansão computadorizada da realidade, por exemplo, por meio de óculos especiais.

QR code [kjuːˈɑː kəʊd] *n*
- The **QR code** is a type of machinereadable square barcode.

o **código QR**
- O **código QR** é um tipo de código de barras bidimensional e legível por máquina.

Economia, técnica e pesquisa

Indústria, comércio e prestação de serviços

economy [iˈkɒnəmi] *n*
- Does our government really know what to do when the **economy** is on a downturn?

a **economia**
- Nosso governo realmente sabe o que fazer quando a **economia** está em recessão?

---

firm [fɜːm] *n*
- Terry's worked for 30 years at the same **firm**.

a **empresa**
- Terry trabalha há 30 anos na mesma **empresa**.

---

public limited company
BE [ˌpʌblɪk lɪmɪtɪd ˈkʌmpəni],
corporation AE [ˌkɔːpərˈeɪʃn] *n*
- When a company goes public it becomes a **public limited company**.
- A **corporation** issues stocks on the stock exchange.

sociedade anônima, pessoa jurídica de capital aberto
- Quando uma empresa abre seu capital, ela se torna uma **sociedade anônima**.
- Uma **pessoa jurídica de capital aberto** emite ações no mercado de ações.

---

board [bɔːd] *n*
- As of next year Mr Collins will be a member of the **board** of our company.

a **diretoria**
- A partir do ano que vem, o Sr. Collins será membro da **diretoria** de nossa empresa.

---

industry [ˈɪndəstri] *n*
- Some **industries** like the car **industry** have been especially hard hit by the current recession.

a **indústria**
- Algumas **indústrias**, como a automobilística, têm sido especialmente afetadas pela recessão atual.

---

to do business [tə du ˈbɪznɪs] *phrase*
- ▶ v irr p. 443 do
- We **do** a lot of **business** with companies in Japan.

fazer negócios
- **Fazemos** muitos **negócios** com empresas do Japão.

(line of) business [(ˌlaɪn əv) ˈbɪznɪs] n — o ramo (de negócios)
- James used to be an exporter but then he started working in a different **line of business**.
- Antes James era um exportador, mas agora começou a trabalhar em um **ramo** diferente.

merchandise [ˈmɜːtʃəndaɪs] n — a mercadoria
- All the **merchandise** imported from China was checked to see if it was in working order.
- Toda a **mercadoria** importada da China foi verificada para ver se estava em perfeito funcionamento.

goods [gʊdz] n pl — os produtos, as mercadorias, os bens
- Some of the **goods** that arrived yesterday were damaged.
- Algumas das **mercadorias** que chegaram ontem estavam danificadas.

turnover [ˈtɜːnˌəʊvə] n — o volume de negócios
- In the fourth quarter our company had a **turnover** of 200,000 euros.
- No quarto trimestre, nossa empresa teve um **volume de negócios** de 200 mil euros.

demand [BE: dɪˈmɑːnd, AE: dɪˈmænd] n — a demanda
- There's not much **demand** for record players anymore.
- Não há mais tanta **demanda** para toca-discos.

to export [tə ɪkˈspɔːt] v — exportar
- Germany **exports** much more than it imports.
- A Alemanha **exporta** muito mais do que importa.

to import [tə ɪmˈpɔːt] v — importar
- Bulgaria **imports** most of its natural gas from Russia.
- A Bulgária **importa** a maior parte de seu gás natural da Rússia.

workshop [ˈwɜːkʃɒp] n — a oficina
- Mr Jones has a small **workshop** where he repairs old clocks.
- O Sr. Jones tem uma pequena **oficina** onde conserta relógios antigos.

to repair [tə rɪˈpeə] v — consertar
- We must have the car **repaired**.
- Temos de levar o carro para **consertar**.

order [ˈɔːdə] *n*
- The firm got fewer **orders** last year and dismissed ten workers.

o **pedido**
- A empresa teve menos **pedidos** no ano passado e demitiu dez trabalhadores.

agency [ˈeɪdʒənsi] *n*
- Josh works for an **agency** that specializes in online advertising.

a **agência**
- Josh trabalha para uma **agência** especializada em publicidade na internet.

to advise [tə ədˈvaɪz] *v*
- My job is to **advise** private shareholders which company to invest in.

aconselhar
- Meu trabalho é **aconselhar** acionistas privados sobre empresas nas quais investir.

company [ˈkʌmpəni] *n*
- Should the government bail out ailing banks and **companies**?

a **empresa**
- Será que o governo deveria ajudar financeiramente bancos e **empresas** a sairem de apuros?

industrial [ɪnˈdʌstriəl] *adj*
- The steam engine started the first **industrial** revolution.

industrial
- A máquina a vapor deu início à primeira revolução **industrial**.

manufacturer [ˌmænjəˈfæktʃərə] *n m/f*
- The French **manufacturer** of these goods has gone bankrupt.

o **fabricante**
- O **fabricante** francês dessas mercadorias foi à falência.

to manufacture [tə ˌmænjəˈfæktʃə] *v*
- They've been **manufacturing** women's hats for more than 150 years.

fabricar
- Eles têm **fabricado** chapéus femininos há mais de 150 anos.

product [ˈprɒdʌkt] *n*
- New Zealand's main **products** are wool and meat.

o **produto**
- Os principais **produtos** da Nova Zelândia são lã e carne.

production [prəˈdʌkʃn] *n*
- The company has moved the **production** of all small parts to Vietnam.

a **produção**
- A empresa transferiu a **produção** de todas as peças pequenas para o Vietnã.

Indústria, comércio e prestação de serviços

to produce [tə prəˈdʒuːs] *n*
- Henry Ford **produced** his Model T from 1909 to 1927.

produzir
- Henry Ford **produziu** seu modelo T de 1909 a 1927.

trade [treɪd] *n*
- The value of the dollar is important for **trade** between the US and Europe.

o comércio
- O valor do dólar é importante para o **comércio** entre os Estados Unidos e a Europa.

to deliver [tə dɪˈlɪvə] *v*
- You promised to **deliver** the goods by Friday next week.

entregar
- Você prometeu **entregar** as mercadorias até sexta-feira da semana que vem.

to supply [tə səˈplaɪ] *v*
- Scandinavia **supplies** the furniture industry with wood.

fornecer, suprir
- A Escandinávia **fornece** madeira à indústria moveleira.

service [ˈsɜːvɪs] *n*
- Some companies do not produce goods but provide a **service** instead.

o serviço
- Algumas empresas não produzem mercadorias, em vez disso prestam **serviços**.

marketing [ˈmɑːkɪtɪŋ] *n*
- **Marketing** involves deciding how to advertise a product.

o marketing
- **Marketing** envolve decidir como anunciar um produto.

advert BE [ˈædvɜːt], **ad** AE [æd] *n*
- Please don't throw away the issue with all the **adverts**.
- I put an **ad** in a magazine in order to sell my yacht.

o anúncio (publicitário)
- Por favor, não descarte a edição com todos os **anúncios**.
- Coloquei um **anúncio** numa revista para vender meu iate.

advertisement [ədˈvɜːtɪsmənt] *n*
- There's an **advertisement** in the paper; they are selling everything at half price.

o anúncio
- Tem um **anúncio** no jornal. Estão vendendo tudo pela metade do preço.

to advertise sth. [tə ˈædvətaɪz] *phrase*
- The new car model is being **advertised** in all the media.

anunciar
- O novo modelo de carro está sendo **anunciado** em toda a mídia.

competition [ˌkɒmpəˈtɪʃn] *n* ■ There's tough **competition** in the computer business.	a **concorrência** ■ Há uma **concorrência** acirrada no ramo de computadores.
consumer [kənˈsjuːmə] *n m/f* ■ **Consumers** drastically cut their spending when the economy is in a recession.	o **consumidor** ■ Os **consumidores** cortam seus gastos drasticamente quando a economia está em recessão.
consumer society [kənˈsjuːmə səˌsaɪəti] *n* ■ Our **consumer society** depends on the constant creation of new needs.	a **sociedade de consumo** ■ Nossa **sociedade de consumo** depende da constante criação de novas necessidades.
economic growth [iːkəˈnɒmɪk ˈgrəʊθ] *n* ■ The leading industrial nations are trying to find ways and means of future **economic growth**.	o **crescimento econômico** ■ As principais nações industriais estão tentando encontrar vias e meios para o **crescimento econômico** futuro.
globalization [ˌgləʊbəlaɪˈzeɪʃn] *n* ■ Do regional characteristics still have a chance to survive in the age of **globalization**?	a **globalização** ■ As características regionais têm ainda chance de sobreviver na era da **globalização**?

Dinheiro, bancos e mercados financeiros

bank [bæŋk] *n* ■ They've got loads of money in the **bank**.	o **banco** ■ Eles têm rios de dinheiro no **banco**.
money [ˈmʌni] *n* ■ A college education costs a lot of **money** in the US.	o **dinheiro** ■ Uma formação universitária custa muito **dinheiro** nos Estados Unidos.
cash [kæʃ] *n* ■ They don't accept cheques. I'm afraid you'll have to take some **cash**.	o **dinheiro (vivo, em espécie)** ■ Eles não aceitam cheques. Infelizmente você vai ter de levar um pouco de **dinheiro vivo**.

Dinheiro, bancos e mercados financeiros

financial [ˈfaɪnæns] *adj* — financeiro
- The newspaper says the company is in deep **financial** trouble.
- O jornal diz que a empresa está em sérios problemas **financeiros**.

cheque card *BE* [ˈtʃek kɑːd], **check card** *AE* [ˈtʃek kɑːrd] *n* — o **cartão de débito**
- You should inform your bank immediately if you've lost your **cheque card**.
- Você deve informar imediatamente ao banco caso perca seu **cartão de débito**.

credit card [ˈkredɪt ˌkɑːd, *AE:* ˈkredɪt ˌkɑːrd] *n* — **cartão de crédito**
- Can I pay the hotel bill by **credit card**?
- Posso pagar a conta do hotel com **cartão de crédito**?

transfer [trænsˈfɜː] *n* — a **transferência**
- Paula asked the bank clerk to check if the **transfer** had gone through yet.
- Paula pediu para o funcionário do banco verificar se a **transferência** já tinha sido feita.

savings [ˈseɪvɪŋz] *n pl* — as **economias**
- Frank is unemployed and has used up all his **savings**.
- Frank está desempregado e usou todas as suas **economias**.

to save [tə ˈ] *v* — **economizar**
- Going by bike **saves** a lot of money and fuel.
- Ir de bicicleta **economiza** uma porção de dinheiro e combustível.

debts [dets] *n pl* — as **dívidas**
- They had to sell their house to pay their **debts**.
- Eles tiveram de vender a casa para pagar as **dívidas**.

to owe [tə ˈ] *v* — **dever**
- I still **owe** you the $50 you lent me last week.
- Ainda lhe **devo** os 50 dólares que você me emprestou na semana passada.

(bank)note [(ˈbæŋk)nəʊt] *n* — a **nota**
- Please give me £100 in £5 and £10 **notes**.
- Por favor, me dê 100 libras em **notas** de 5 e 10 libras.

bill *AE* [bɪl] *n* — a **nota**, a **cédula**
- I found a foreign **bill** on the subway.
- Encontrei uma **cédula** estrangeira no metrô.

Dinheiro, bancos e mercados financeiros

coin [kɔɪn] *n*
- Pennies, nickels, dimes and quarters are the most common **coins** in the US.

a **moeda**
- **Moedas** de 1, 5, 10 e 25 centavos são as mais comuns nos Estados Unidos.

euro [ˈjʊərəʊ] *n*
- The **euro** has proved to be a strong currency.

o **euro**
- O **euro** mostrou ser uma moeda forte.

cent [sent] *n*
- Laura bought this book for only 50 **cents**.

o **centavo**
- Laura comprou este livro por apenas 50 **centavos**.

dollar [ˈdɒlə] *n*
- The Canadian **dollar** is worth less than the US **dollar**.

o **dólar**
- O **dólar** canadense vale menos do que o dólar americano.

pound [paʊnd] *n*
- The sweater was on special offer. I paid only 10 **pounds**.

a **libra**
- O pulôver estava em oferta. Paguei apenas 10 **libras** nele.

➡ O plural de **pound** é sempre **pounds**, a não ser que apareça em compostos como **a five-pound note**.

pence [pens] *n pl*
- I paid 70 **pence** for the paper.

o **pence**
- Paguei 70 **pence** pelo jornal.

➡ Existem duas formas plurais de **penny**: a soma em dinheiro em indicações de preço é **pence**; para uma quantidade maior de moedas tomadas individualmente, usa-se **pennies**.

penny [ˈpeni] *n*
- A **penny** is one hundredth of a pound.
➡ pence p. 337

o **"penny"**
- Um **"penny"** é a centésima parte de uma libra.

to change [tə ˈtʃeɪndʒ] *v*
- Martin wants to go to the bank later to **change** some money.

trocar
- Martin quer ir ao banco mais tarde para **trocar** um dinheiro.

bureau de change [ˌbjʊərəʊ də ˈʃɑːʒ] *n*
- Do you know if there's a **bureau de change** around here?

a **casa de câmbio**
- Você sabe onde tem uma **casa de câmbio** por aqui?

insurance [ɪnˈʃʊərəns] *n*
- The upkeep of a car includes fuel, repairs, tax and **insurance**.

o **seguro**
- A manutenção de um carro inclui combustível, consertos, taxas e **seguro**.

to insure [tə ɪnˈʃʊə] *v*
- In most western countries cars have to be **insured**.

assegurar
- Na maioria dos países ocidentais, carros têm de ser **assegurados**.

percent *BE* [pəˈsent] *n*
- We're paying about ten **percent** interest on the money we borrowed.

por cento (%)
- Estamos pagando cerca de **10%** de juros sobre o dinheiro que pegamos emprestado.

to rise [tə ˈraɪz] *v*
▶ v irr p. 446 rise
- Leading British shares **rose** 3.5 per cent in yesterday's trading.

aumentar (em)
- As principais ações britânicas **aumentaram em** 3,5% no pregão de ontem.

to go up [tə ˌgəʊ ˈʌp] *phrase*
- The DAX **went up** eight points after earlier falling to a two-year-low.

subir
- O DAX **subiu** oito pontos após cair ao patamar mais baixo em dois anos.

to increase [tə ɪnˈkriːs] *v*
- The news has **increased** the company's share price.
- The turnover can't be **increased** anymore.

elevar, aumentar
- A notícia **elevou** o preço das ações da empresa.
- O volume de negócios não pode **elevar**-se mais.

to decrease [tə dɪˈkriːs] *v*
- Housing prices are expected to further **decrease**.

cair, decrescer, ter um decréscimo
- Espera-se que o preço dos imóveis **caia** ainda mais.

to reduce [tə rɪˈdʒuːs] *n*
- I think we should **reduce** the amount we spend on public transport every month.

reduzir
- Acho que deveríamos **reduzir** o montante gasto em transporte público a cada mês.

Dinheiro, bancos e mercados financeiros

---

to be worthwhile [tə biː ˌwɜːθˈwaɪl] *phrase*
▶ v irr p. 442 be
- It **was worthwhile** buying the more expensive coffee maker because the coffee tastes much better.

valer a pena
- **Valeu a pena** comprar a cafeteira mais cara porque o sabor do café é muito melhor.

---

tax [tæks] *n*
- In America restaurant prices don't include **tax** and service.

o **imposto**
- Nos Estados Unidos, os preços nos restaurantes não incluem **imposto** e serviço.

(bank) account [(ˈbæŋk) əˈkaʊnt] *n*
- To pay you, we need the number of your **bank account**.

a **conta (bancária)**
- Para pagar você, precisamos do número de sua **conta bancária**.

---

to deposit *AE* [tə dɪˈpɒzɪt] *v*
- I'd like to **deposit** this check into an account, please.

depositar
- Por gentileza, eu gostaria de **depositar** este cheque em uma conta.

---

to pay in [tə ˌpeɪ ˈɒn] *phrase*
▶ v irr p. 446 pay
- Grandma gave me £300 for Christmas which she asked me to **pay in** to my account.

depositar
- Vovó me deu 300 libras de Natal e pediu que eu **depositasse** em minha conta.

(in) cash [(ɪn) kæʃ] *phrase*
- You can either write a cheque or pay in **cash**.

em espécie, em dinheiro
- Você pode preencher um cheque ou pagar **em dinheiro**.

---

cashpoint *BE* [ˈkæʃpɔɪnt], **atm (machine)** *AE* [ˌeɪtiːˈem (məˈʃiːn)] *n*
- If you need cash, just go to a **cashpoint** and take out some money.
- There's no need to drive downtown. There's an **ATM** (automatic teller machine) just around the corner.

o **caixa eletrônico**
- Se você precisar de dinheiro, basta ir a um **caixa eletrônico** e fazer um saque.
- Não é preciso ir até o centro da cidade. Tem um **caixa eletrônico** ali na esquina.

---

value [ˈvæljuː] *n*
- The house has lost at least half of its former **value**.

o **valor**
- A casa perdeu pelo menos metade do **valor** anterior.

profit [ˈprɒfɪt] *n*
- Despite the financial crisis our company reported strong **profits** in the last quarter.

o **lucro**
- Apesar da crise financeira, nossa empresa registrou **lucros** elevados no último trimestre.

loss [lɒs] *n*
- The bank made a **loss** of several million dollars last year.

a **perda**
- O banco teve uma **perda** de alguns milhões de dólares ano passado.

income [ˈɪnkʌm] *n*
- The new investment will depend on this year's **income** and expenditure.

a **renda**, os **ganhos**, o **faturamento**
- O novo investimento dependerá dos **ganhos** e despesas deste ano.

➡ Para se referir a receitas do Estado, usa-se **revenue**; a rendimentos pessoais, **income**; recebimentos de modo geral, **earnings**; e a recursos ou proventos, **proceeds**.

expenditure [ɪkˈspendɪtʃə] *n*
- We had a 33 percent increase in our **expenditure** on gas and electricity.

a **despesa**, o **gasto**
- Tivemos um aumento de 33% em **despesas** com gás e eletricidade.

➡ **Expenditure** são gastos no sentido de despesas; **expenses** são custos; **cost** é um substantivo mais geral e abstrato para **custos**, enquanto **costs** é empregado também para custos regulares, como aluguel, conta de luz etc.

stock exchange [ˈstɒk ɪksˌtʃeɪndʒ] *n*
- The New York **stock exchange** is on Wall Street at the southern tip of Manhattan.

a **bolsa (de valores)**
- A **bolsa de valores** de Nova York fica em Wall Street, ao sul de Manhattan.

share BE [ʃeə], **stock** AE [stɒk] *n*
- The bank didn't succeed in acquiring more than 50 per cent of the company's **shares**.
- He's been investing all his money in **stocks** and bonds.

a **ação**
- O banco não conseguiu adquirir mais de 50% das **ações** da empresa.
- Ele tem investido todo seu dinheiro em **ações** e títulos.

shareholder BE [ˈʃeəˌhəʊldə], **stockholder** AE [ˈstɒkˌhəʊldə] *n m/f*
- Once you've purchased shares from a plc you are a **shareholder**.
- The **stockholders** opposed the merger with the competitor.

o **acionista**
- Uma vez adquiridas as ações de uma sociedade anônima, você passa a ser um **acionista**.
- Os **acionistas** se opuseram à fusão com o concorrente.

to invest [tə ɪnˈvest] v

- The company should be more interested in **investing** in environmentally-friendly technologies.
- How much do you want to **invest**?

investir

- A empresa deveria ter mais interesse em **investir** em tecnologias ambientalmente sustentáveis.
- Quanto você quer **investir**?

currency [ˈkʌrənsi] n

- The local **currency** isn't worth anything. Everybody pays in dollars.

a moeda (corrente)

- A **moeda** local não vale nada. Todo mundo paga em dólar.

credit [ˈkredɪt] n

- If you buy on **credit**, you have to pay interest.

o crédito

- Se você tomar compra a **crédito**, tem de pagar juro.

interest [ˈɪntrəst] n

- If you borrow money, you have to pay **interest**.

os juros

- Se você pegar dinheiro emprestado, você tem de pagar **juros**.

to lend [tə ˈlend] v

▶ v irr p. 445 lend

- The bank won't **lend** me any money because I don't earn enough.

emprestar

- O banco não vai me **emprestar** nenhum dinheiro porque não ganho o suficiente.

to loan AE [tə ˈləʊn] v

- The federal government **loaned** several billion dollars to the three big auto makers.

emprestar

- O governo federal **emprestou** alguns bilhões de dólares a três grandes empresas automotivas.

gross [grəʊs] adv

- How much did you earn **gross** last year?

bruto

- Qual valor **bruto** você recebeu no ano passado?

net [net] adv

- Our family company made £135,000 **net** last year.

líquido

- Nossa empresa familiar faturou 135 mil **líquidos** no ano passado.

Agricultura

agriculture [ˈægrɪkʌltʃə] *n*
- More and more people are emphasizing environmentally-friendly **agriculture**.

a **agricultura**
- Cada vez mais pessoas estão chamando a atenção para a **agricultura** ambientalmente sustentável.

agricultural [ˌægriˈkʌltʃrəl] *adj*
- I'm very interested in learning more about new **agricultural** methods of cultivation.

agrícola
- Estou muito interessado em aprender mais sobre novos métodos de cultivo **agrícola**.

farm [fɑːm] *n*
- We live on a **farm** and breed cattle.

a **fazenda**
- Vivemos numa **fazenda** e criamos gado.

field [fiːld] *n*
- Tractors have made working in the **fields** much easier.

o **campo**
- Os tratores têm tornado o trabalho no **campo** muito mais fácil.

to plant [*BE:* tə ˈplɑːnt, *AE:* tə ˈplænt] *v*
- Did you ever **plant** a tree?

plantar
- Você já **plantou** uma árvore?

to grow [tə ˈgrəʊ] *v*
▶ v irr p. 444 grow
- Cotton is **grown** in the American South.

cultivar, crescer

- O algodão é **cultivado** no sul dos Estados Unidos.

fertile [ˈfɜːtaɪl] *adj*
- When I bought the farm I didn't know that it is on such **fertile** soil.

fértil
- Quando comprei a fazenda, não sabia que seu solo era tão **fértil**.

harvest [ˈhɑːvɪst] *n*
- On a small farm, everybody helps with the **harvest**.

a **colheita**
- Numa fazenda pequena, todo mundo ajuda na **colheita**.

to harvest [tə ˈhɑːvɪst] *v*
- In which month of the year is wheat **harvested**?

colher, fazer a colheita
- Em qual mês do ano o trigo é **colhido**?

to water [tə ˈwɔːtə] *v*
- Could you **water** my plants while I'm away on business?

regar, aguar
- Você poderia **regar** minhas plantas enquanto estou fora a negócios?

Agricultura

fertilizer [ˈfɜːtɪlaɪzə] *n*
- Your plants look so healthy and luxuriant. Do you use **fertilizer**?

o **fertilizante**
- Suas plantas parecem bastante saudáveis e viçosas. Você usa **fertilizante**?

to fertilize [tə ˈfɜːtɪlaɪz] *v*
- I **fertilize** my plants twice a year.

fertilizar
- **Fertilizo** minhas plantas duas vezes ao ano.

to flower [tə ˈflaʊə] *v*
- I love it when the daffodils are **flowering** in my garden because it's spring again.

florescer
- Adoro quando os narcisos **estão florescendo** no jardim, porque é primavera novamente.

vegetable [ˈvedʒtəbl] *adj, n*
- They grow sunflowers on this farm for making into **vegetable** oil.
- Beans contain a lot of **vegetable** protein.

vegetal
- Eles cultivam girassóis na fazenda para fazer óleo **vegetal**.
- O feijão contém muita proteína **vegetal**.

meadow [ˈmedəʊ] *n*
- The cows were grazing in a beautiful **meadow**.

o **prado**
- As vacas estão pastando num magnífico **prado**.

pasture [BE: ˈpɑːstʃə, AE: ˈpæstʃər] *n*
- The **pasture** begins right behind the farmhouse.

o **pasto**, a **pastagem**
- O **pasto** começa bem atrás da casa de campo.

to pick [tə ˈpɪk] *v*
- I **picked** several kilos of redcurrants and made jam out of them.

apanhar
- **Apanhei** vários quilos de groselha e fiz geleia.

hay [heɪ] *n*
- The barn was full of **hay** for the winter.

o **feno**
- O celeiro estava cheio de **feno** para o inverno.

straw [strɔː] *n*
- Have you ever slept on **straw** with just a blanket to keep you warm?

a **palha**
- Você já dormiu na **palha** apenas com um cobertor por cima para se aquecer?

cattle [ˈkætl] *n pl*
- The **cattle** were grazing in the field.

o **gado**
- O **gado** estava pastando no campo.

Agricultura

breed [briːd] n
- This **breed** of sheep is particularly robust.

a **raça**
- Essa **raça** de ovelha é particularmente robusta.

breeding [ˈbriːdɪŋ] n
- Texas is famous for the **breeding** of longhorns.

a **criação**
- O Texas é famoso pela **criação** do gado de chifre longo.

to breed [tə ˈbriːd] v
- ▶ v irr p. 442 breed
- Many Indian tribes **bred** their own horses.

criar
- Muitas tribos indígenas **criavam** seus próprios cavalos.

tame [teɪm] adj
- The chickens are very **tame** and will eat out of your hand.

manso
- As galinhas são muito **mansas** e vão comer na sua mão.

wild [waɪld] adj
- There are a lot of **wild** animals living in a nearby forest.

selvagem
- Há uma porção de animais **selvagens** vivendo na floresta ali próxima.

to feed [tə ˈfiːd] v
- ▶ v irr p. 444 feed
- The farmer's wife was **feeding** the pigs with leftovers.

alimentar, dar de comer
- A mulher do fazendeiro estava **alimentando** os porcos com restos.

fishing [ˈfɪʃɪŋ] n
- **Fishing** is one of Norway's major industries.

a **pesca**
- A **pesca** é uma das principais indústrias da Noruega.

weed [wiːd] n
- I have to do more gardening. There are so many **weeds**.

a **erva daninha**, o **capim**
- Tenho de trabalhar mais no jardim. Está cheio de **ervas daninhas**.

ecology [iˈkɒlədʒi] n
- Michelle has a degree in **ecology** and has written a book on environmental protection.

a **ecologia**
- Michelle é formada em **ecologia** e escreveu um livro sobre proteção ambiental.

organic [ɔːˈgænɪk] adj
- **Organic** food must grow without artificial fertilizers.

orgânico
- Alimentos **orgânicos** têm de crescer sem fertilizantes artificiais.

alternative [ɒlˈtɜːnətɪv] adj
- We must insist on more **alternative** forms of chicken farming which are more appropriate to the species.

alternativo
- Devemos insistir em formas mais **alternativas** de criação de frango, que sejam mais apropriadas à espécie.

Técnica, energia e pesquisa

engine [ˈendʒɪn] n
- After only a few hours the **engine** stopped working and I had to call the maintenance department.

o motor
- Após algumas poucas horas o **motor** parou de funcionar, e eu tive de chamar o departamento de manutenção.

➡ Para **veículos automotivos** costuma-se usar o substantivo **engine**; **motor** designa um **motor** que aciona uma máquina.

machine [məˈʃiːn] n
- Huge **machines** are used in modern road building.

a máquina
- **Máquinas** enormes são usadas na moderna construção de estradas.

motor [ˈməʊtə] n
- Electric motors are technically simpler than conventional **motors**.
➡ engine p. 345

o motor
- Os motores elétricos são tecnicamente mais simples do que os **motores** convencionais.

function [ˈfʌŋkʃn] n
- Could you explain the exact **function** of this part to me?

a função
- Você poderia me explicar a função **exata** dessa peça?

to work [tə ˈwɜːk] v
- The machine I bought yesterday doesn't **work** properly. I'll have to return it to the store.

funcionar, trabalhar
- A máquina que comprei ontem não está **funcionando** bem. Vou ter de devolvê-la à loja.

useful [ˈjuːsfl] adj
- A hands-free kit can be quite **useful** when you want to use your mobile while driving.

útil
- O viva-voz pode ser bastante **útil** quando se quer usar o celular enquanto dirige.

useless [ˈjuːsləs] adj
- The scientist was told that his invention was **useless**.

inútil
- Disseram ao cientista que sua invenção era **inútil**.

Técnica, energia e pesquisa

to be of use [tə bi: əv ˈjuːz] *phrase*
➤ **v irr** p. 442 be
- They sent the wrong spare part. This one **is of** no **use** to us.

servir, ser útil
- Enviaram a peça de reposição errada. Esta não nos **serve**.

electricity [ˌelɪkˈtrɪsəti] *n*
- **Electricity** is produced by a battery or a generator.

eletricidade
- A **eletricidade** é produzida por uma bateria ou por um gerador.

electrical [iˈlektrɪkl] *adj*
- Power stations supply **electrical** energy.

elétrico
- As centrais de energia fornecem energia **elétrica**.

➡ **Electric** emprega-se para aparelhos movidos a energia elétrica, por exemplo: **electric shaver**, barbeador elétrico; **electrical** é usado mais como conceito técnico ou abstrato, por exemplo: **electrical equipment**, **equipamento elétrico**.

electric [iˈlektrɪk] *adj*
- I got an **electric** shock when I touched the wire.
➡ electrical p. 346

elétrico
- Recebi um choque **elétrico** ao tocar no fio.

hybrid car [ˈhaɪbrɪd ˌkɑː] *n*
- A **hybrid car** is a vehicle that runs on electricity and petrol

carro híbrido
- Um **carro híbrido** funciona com eletricidade e gasolina.

power [ˈpaʊə] *n*
- This machine is too old. We should invest in a new one with more **power**.

a potência
- Esta máquina está velha demais. Deveríamos investir em uma nova, com mais **potência**.

powerful [ˈpaʊəfl] *adj*
- A Rolls-Royce has a quiet but **powerful** engine.

poderoso
- Um Rolls-Royce tem um motor silencioso, mas **poderoso**.

discovery [dɪˈskʌvəri] *n*
- The **discovery** of oil in the North Sea made Britain less dependent on oil imports.

a descoberta
- A **descoberta** de petróleo no Mar do Norte deixou os britânicos menos dependentes das importações de petróleo.

to discover [tə dɪˈskʌvə] *v*
- Marie Curie **discovered** radium in 1898.

descobrir
- Marie Curie **descobriu** o rádio em 1898.

Técnica, energia e pesquisa

invention [ɪnˈvenʃn] *n*
- The computer is often called the greatest **invention** since the steam engine.

a **invenção**
- O computador costuma ser considerado a maior **invenção** desde a máquina a vapor.

to invent [təɪnˈvent] *v*
- People say that Alexander Graham Bell **invented** the telephone.

inventar
- Dizem que Alexander Graham Bell **inventou** o telefone.

system [ˌsɪstəm] *n*
- An electric circuit is a **system** of wires through which electricity can flow.

o **sistema**
- Um circuito elétrico é um **sistema** de fios por meio do qual pode passar a eletricidade.

systematic [ˌsɪstəˈmætɪk] *adj*
- We need to find a more **systematic** approach to our problems within the research department.

sistemático
- Precisamos encontrar uma abordagem mais **sistemática** para nossos problemas no departamento de pesquisa.

precise [prɪˈsaɪs] *adj*
- This thermometer is not **precise** enough. Can you get a better one?

preciso
- Este termômetro não é **preciso** o suficiente. Você pode conseguir um melhor?

technique [tekˈniːk] *n*
- They are working on a new **technique** for preserving food.

a **técnica**
- Estão trabalhando numa nova **técnica** para preservar alimentos.

technology [tekˈnɒlədʒi] *n*
- **Technology** is applied science.

a **tecnologia**
- **Tecnologia** é ciência aplicada.

technical [ˈteknɪkl] *adj*
- The start was delayed for **technical** reasons.

técnico
- O início foi adiado por razões **técnicas**.

device [dɪˈvaɪs] *n*
- This is a **device** for testing levels of air pollution.

o **dispositivo**
- Este é um **dispositivo** para examinar níveis de poluição do ar.

pump [pʌmp] *n*
- After the flooding we used a **pump** to get the water out of our basement.

a **bomba**
- Após a enchente, usamos uma **bomba** para tirar a água do porão.

to pump [tə ˈpʌmp] v
- The first working steam engine drove a **pump** which pumped water out of a coal mine.

bombear
- A primeira máquina a vapor a funcionar acionou uma **bomba** que bombeou água para fora de uma mina de carvão.

pressure [ˈpreʃə] n
- The **pressure** of natural gas or water forces the crude oil to the surface.

a pressão
- A **pressão** do gás natural ou da água impele o petróleo bruto para a superfície.

cable [ˈkeɪbl] n
- This **cable** connects the computer to the router.

o cabo
- Este **cabo** conecta o computador ao roteador.

pipe [paɪp] n
- The latest cold spell has caused a **pipe** to burst and flood the whole street.

o cano
- A última frente fria fez que um **cano** se rompesse e inundasse a rua inteira.

battery [ˈbætəri] n
- The remote control isn't working. The **batteries** must be dead.

a bateria
- O controle remoto não está funcionando. As **baterias** devem estar gastas.

switch [swɪtʃ] n
- This device doesn't have a **switch**. You just plug it in.

o interruptor
- Esse dispositivo não tem **interruptor**. Basta conectá-lo.

to adjust [tə əˈdʒʌst] v
- The scales aren't working properly, they need **adjusting**.

ajustar, calibrar
- A balança não está funcionando bem, precisa ser **calibrada**.

automatic [ˌɔːtəˈmætɪk] adj
- This is an **automatic** camera. You just have to push the release.

automático
- Esta é uma câmera **automática**. Você só precisa apertar o botão.

mechanical [məˈkænɪkl] adj
- A **mechanical** watch must be wound regularly.

mecânico
- Em um relógio **mecânico** tem de se dar corda regularmente.

electronic [ˌelekˈtrɒnɪk] adj
- All our accounting is done by **electronic** data processing.

eletrônico
- Toda a nossa contabilidade é feita por processamento **eletrônico** de dados.

scale [skeɪl] n
- This thermometer has one **scale** in Celsius and one in Fahrenheit.

a **escala**
- Este termômetro tem uma **escala** em Celsius e outra em Fahrenheit.

energy [ˈenədʒi] n
- I turn down the thermostat when I leave the flat to save **energy**.

a **energia**
- Eu desligo o termostato quando saio do apartamento para economizar **energia**.

power station [ˈpaʊə ˌsteɪʃən] n
- Electricity is produced in **power stations** like nuclear power plants.

a **central elétrica**
- A eletricidade é produzida em **centrais elétricas** como usinas nucleares.

nuclear power plant [BE: ˌnjuːklɪə ˈpaʊə ˌplɑːnt, AE: ˌnjuːklɪə ˈpaʊə ˌplænt] n
- Nuclear power is produced in **nuclear power plants** by nuclear fission.

a **usina nuclear**
- A energia nuclear é produzida em **usinas nucleares** por fissão nuclear.

→ Outro termo para **usina nuclear** é **nuclear power station**.

radioactive [ˌreɪdiəʊˈæktɪv] adj
- Uranium and plutonium are **radioactive** elements.

radioativo
- O urânio e o plutônio são elementos **radioativos**.

renewable energies [rɪˈnjuːəbəl ˈenədʒi] n pl
- Sunlight, wind, rain and geothermal heat are renewable energies.

as **energias renováveis**
- Solar, eólica, pluvial e geotérmica são **energias renováveis**.

solar [ˈsəʊlə] adj
- **Solar** power is free and virtually unlimited.

solar
- A energia **solar** é grátis e virtualmente ilimitada.

science [ˈsaɪəns] s
- Liz is interested in physics and other **sciences**.

a **ciência**, a **ciência da natureza**
- Liz tem interesse por física e outras ciências.

scientific [ˌsaɪənˈtɪfɪk] adj
- Dr Mackay was awarded 5,000 dollars for his pioneering **scientific** research.

científico
- O Dr. Mackay recebeu um prêmio de 5 mil dólares por sua pioneira pesquisa **científica**.

theory [ˈθɪəri] n
- New findings exploded the whole **theory**.

a teoria
- Descobertas novas refutaram toda a **teoria**.

theoretical [θɪəˈretɪkl] adj
- His research provided **theoretical** proof for the existence of black holes.

teórico
- Sua pesquisa apresentou comprovação **teórica** para a existência de buracos negros.

research [rɪˈsɜːtʃ] n
- They are still doing a lot of **research** on a cure for AIDS.

a pesquisa
- Ainda estão fazendo muitas **pesquisas** para encontrar uma cura para a AIDS.

experiment [ɪkˈsperɪmənt] n
- The laboratory conducted a series of **experiments** on the blood samples.

o experimento
- O laboratório conduziu uma série de **experimentos** com as amostras de sangue.

method [ˈmeθəd] n
- They've developed a new **method** for preserving milk.

o método
- Desenvolveram um novo **método** para preservar o leite.

efficient [ɪˈfɪʃnt] adj
- The new generation of palmtops is far more **efficient** than the old one.

eficiente
- A nova geração de *palmtops* é muito mais **eficiente** do que a antiga.

effective [ɪˈfektɪv] adj
- Researchers are working on a more **effective** method of identifying the disease.

efetivo
- Pesquisadores estão trabalhando num método mais **efetivo** de identificar a doença.

development [dɪˈveləpmənt] n
- Oil has been important for the **development** of Arabic countries.

o desenvolvimento
- O petróleo tem sido importante para o **desenvolvimento** dos países árabes.

to develop [tə dɪˈveləp] v
- Car makers should be forced by law **to develop** non-polluting engines.

desenvolver
- Fabricantes de carro deveriam ser obrigados por lei a **desenvolver** motores não poluentes.

result [rɪˈzʌlt] n
- It's very likely that global warming is the **result** of many decades of air pollution.

o resultado
- É muito provável que o aquecimento global seja **resultado** de muitas décadas de poluição da atmosfera.

negative [ˈnegətɪv] *adj*
- The result of the blood sample was **negative**.

negativo
- O resultado da amostra de sangue foi **negativo**.

positive [ˈpɒsətɪv] *adj*
- The doctor told her the result of the urine sample was **positive**.

positivo
- O médico comunicou-a de que o resultado do exame de urina era **positivo**.

Recursos naturais e matérias-primas

material [məˈtɪərɪəl] *n*
- This industry mainly uses man-made **materials**.

o **material**
- Esta indústria usa sobretudo **materiais** artificiais.

wood [wʊd] *n*
- These chairs and tables are all made of **wood**.

a **madeira**
- Estas cadeiras e mesas são todas feitas de **madeira**.

oil [ɔɪl] *n*
- The price of **oil** has dropped again by three per cent.

o **petróleo**
- O preço do **petróleo** caiu, novamente, em 3%.

gas [gæs] *n*
- We heat our home with **gas**, but we cook with electricity.

o **gás**
- Aquecemos nossa casa com **gás**, mas cozinhamos com eletricidade.

iron [aɪən] *n*
- Concrete is strengthened with **iron**.

o **ferro**
- O concreto é reforçado com **ferro**.

wool [wʊl] *n*
- The best **wool** comes from Scottish sheep.

a **lã**
- A melhor **lã** vem de ovelhas escocesas.

cotton [ˈkɒtn] *n*
- **Cotton** is more comfortable to wear than synthetics.

o **algodão**
- O **algodão** é mais confortável de usar do que tecidos sintéticos.

metal [ˈmetl] *n*
- Many old toys were made entirely of **metal**.

o **metal**
- Muitos brinquedos antigos eram feitos inteiramente de **metal**.

Recursos naturais e matérias-primas

gold [gəʊld] *n*
- A goldsmith makes **gold** into jewellery.

o **ouro**
- Um ourives transforma **ouro** em joias.

silver [ˈsɪlvə] *n*
- The earrings she's wearing are pure **silver**.

a **prata**
- Os brincos que ela está usando são de **prata** pura.

plastic [ˈplæstɪk] *n*
- Some people call the second half of the 20th century the age of **plastic**.

o **plástico**
- Algumas pessoas chamam a segunda metade do século xx de a era do **plástico**.

glass [*BE:* glɑːs, *AE:* glæs] *n*
- **Glass** is used for making windows and bottles.

o **vidro**
- O **vidro** é usado para fazer janelas e garrafas.

leather [ˈleðə] *n*
- This belt is made from **leather**.

o **couro**
- Este cinto é feito de **couro**.

soft [sɒft] *adj*
- Lead is one of the **softest** metals.

macio, mole
- O chumbo é um dos metais mais **macios**.

hard [sɒft] *adj*
- Diamonds are **harder** than steel.

duro
- Os diamantes são mais **duros** que o aço.

heavy [ˈhevi] *adj*
- The big suitcase is much too **heavy** for you.

pesado
- A mala grande é **pesada** demais para você.

fat [fæt] *adj*
- My doctor told me to eat more healthily because I'm slowly getting **fat**.
→ fat p. 23

gordo
- Meu médico me disse para me alimentar de maneira mais saudável, porque estou ficando **gordo**.

thick [θɪk] *adj*
- The walls of my room very **thick**.
→ fat p. 23

grosso
- As paredes do meu quarto são muito **grossas**.

thin [θɪn] *adj*
- The walls of our flat are very **thin**.

fino
- As paredes do nosso apartamento são muito **finas**.

light [laɪt] *adj*
- The box is heavy. Take that one, it's very **light**.

leve
- A caixa é pesada. Pegue aquela, é bem **leve**.

fragile [ˈfrædʒaɪl] *adj*
- Glass is more **fragile** than wood.

frágil
- O vidro é mais **frágil** do que a madeira.

smooth [smuːð] *adj*
- Sand the surface until it's perfectly **smooth**.

suave, liso
- Lixe a superfície até ela ficar completamente **lisa**.

rough [rʌf] *adj*
- Tweed is a **rough** woollen cloth.

bruto, áspero
- O tweed é uma roupa feita com lã **bruta**.

raw material [ˌrɔː məˈtɪərɪəl] *n*
- Coal and iron are two **raw materials** often used in the processing industry.

matéria-prima
- O carvão e o ferro são duas **matérias-primas** frequentemente usadas na indústria de processamento.

mixture [ˈmɪkstʃə] *n*
- Steel is a **mixture** of iron and carbon.

a mistura
- O aço é uma **mistura** de ferro e carbono.

to mix [tə ˈmɪks] *v*
- You get concrete by **mixing** sand, stones, cement and water.

misturar
- Você faz concreto **misturando** areia, pedras, cimento e água.

to consist of [tə kənˈsɪst əv] *phrase*
- The atmosphere on the planet Jupiter **consists** mainly **of** hydrogen and helium.

consistir em, constituir-se de, compor-se de
- A atmosfera do planeta Júpiter **compõe-se** principalmente **de** hidrogênio e hélio.

powder [ˈpaʊdə] *n*
- Cement is a grey **powder**.

o pó
- O cimento é um **pó** cinza.

stone [stəʊn] *n*
- The cottage has a wooden roof and walls of **stone**.

a pedra
- O chalé tem telhado de madeira e paredes de **pedra**.

marble [ˈmɑːbl] *n*
- Many Greek and Roman statues are made of **marble**.

o mármore
- Muitas estátuas gregas e romanas são feitas de **mármore**.

coal [kəʊl] n
- Oil, **coal** and natural gas are fossil fuels.

o carvão
- Óleo, **carvão** e gás natural são combustíveis fósseis.

steel [stiːl] n
- Iron is turned into **steel** in steelworks.

o aço
- O ferro é transformado em **aço** em siderúrgicas.

aluminium BE [ˌæljəˈmɪniəm], aluminum AE [əˈlumənəm] n
- **Aluminium** is a light metal used for tins and cooking utensils.

o alumínio
- O **alumínio** é um metal leve usado em latas e utensílios de cozinha.

copper [ˈkɒpə] n
- Electric wire is made of **copper**.

o cobre
- O fio elétrico é feito de **cobre**.

lead [liːd] n
- **Lead** is a heavy metal that is very soft but also poisonous.

o chumbo
- O **chumbo** é um metal pesado muito flexível, mas também venenoso.

concrete [ˈkɒŋkriːt] n
- Modern architecture mainly uses **concrete**, glass and steel.

o concreto
- A arquitetura moderna usa principalmente **concreto**, vidro e aço.

cement [sɪˈment] n
- **Cement** is used to stick bricks together in a building.

o cimento
- O **cimento** é usado para juntar tijolos numa edificação.

rubber [ˈrʌbə] n
- Tyres, balls, condoms and many other things are made of **rubber**.

a borracha
- Pneus, bolas, preservativos e muitas outras coisas são feitas de **borracha**.

cloth [klɒθ] n
- What kind of **cloth** is this? Cotton?

a roupa, o tecido
- Que tipo de **tecido** é este? Algodão?

fabric [ˈfæbrɪk] n
- These curtains are made of special **fabric** from Pakistan.

o tecido
- Essas cortinas são feitas de um **tecido** especial do Paquistão.

silk [sɪlk] n
- **Silk** and cashmere are among the most expensive fabrics.

a seda
- A **seda** e a caxemira estão entre os tecidos mais caros.

Sociedade e Estado

História

king [kɪŋ] *n*
- Queen Elizabeth's father was **King** George VI.

o **rei**
- O pai da rainha Elizabeth foi o **rei** George VI.

queen [kwiːn] *n*
- Elizabeth II became **queen** of England in 1952.

a **rainha**
- Elizabeth II se tornou **rainha** da Inglaterra em 1952.

emperor, empress [ˈempərə, ˈemprəs] *n*
- Hadrian is the name of the Roman **emperor** the wall between England and Scotland is named after.
- Who was the last **empress** of Germany?

o **imperador**, a **imperatriz**
- Adriano é o nome do **imperador** romano que dá nome à muralha entre Inglaterra e Escócia.
- Qual foi a última **imperatriz** da Alemanha?

monarch [ˈmɒnək] *n m/f*
- The company was visited by the **monarch** of a small African country.

o **monarca**
- A empresa foi visitada pelo **monarca** de um pequeno país africano.

monarchy [ˈmɒnəki] *n*
- The government tried to abolish the **monarchy**.

a **monarquia**
- O governo tentou abolir a **monarquia**.

kingdom [ˈkɪŋdəm] *n*
- The United **Kingdom** consists of Great Britain and Northern Ireland.

o **reino**
- O **Reino** Unido é composto pela Grã-Bretanha e pela Irlanda do Norte.

empire [ˈempaɪə] *n*
- The Western Roman **Empire** ended in 476 AD.

o **império**
- O **Império** Romano do Ocidente terminou em 476 a.C.

to conquer [tə ˈkɒŋkə] v
- The allied forces **conquered** the town after a three-day siege.

conquistar
- As forças aliadas **conquistaram** a cidade após um cerco de três dias.

to subject [tə ˈsʌbdʒekt] v
- King Henry won the civil war and **subjected** the people to his rule.

submeter, sujeitar
- O rei Henrique venceu a guerra civil e **submeteu** o povo ao seu domínio.

ruler [ˈruːlə] n m/f
- The **ruler** celebrated the 50th anniversary of his coronation.

o **governante**, o **soberano**
- O **soberano** celebrou o quinquagésimo aniversário de sua coroação.

to reign [tə ˈreɪn] n
- Queen Victoria **reigned** for over 60 years.

reinar
- A rainha Vitória **reinou** por mais de sessenta anos.

crown [kraʊn] n
- The highlight of the exhibition was the **crown** that Otto the Great had made in 966.

a **coroa**
- O destaque da exposição foi a **coroa** que Otto, o Grande, mandou fazer em 966.

historical [hɪˈstɒrɪkl] adj
- You should look at the events in their **historical** context.

histórico
- Você deveria olhar para os eventos em seu contexto **histórico**.

prince, princess [prɪns, prɪnˈses] n
- A **prince** is either the son of a queen or king, or the ruler of a small state.
- The **Princess** kissed the frog who immediately turned into a prince.

o **príncipe**, a **princesa**
- Um **príncipe** é o filho de uma rainha ou de um rei, ou o soberano de um pequeno Estado.
- A **princesa** beijou o sapo, que imediatamente se transformou em príncipe.

slave [sleɪv] n m/f
- Around 15 million African **slaves** were brought to America.

o **escravo**
- Por volta de 15 milhões de **escravos** africanos foram trazidos para a América.

civilization [ˌsɪvəlaɪˈzeɪʃn] n
- I enrolled for a course on ancient **civilizations**.

a **civilização**
- Matriculei-me em um curso sobre **civilizações** antigas.

História

colonization [ˌkɒlənaɪˈzeɪʃn] *n*
- The **colonization** of the Australian continent began about 50,000 years ago.

a **colonização**
- A **colonização** do continente australiano iniciou há cerca de 50 mil anos.

to colonize [tə ˈkɒlənaɪz] *n*
- Who were the first people to **colonize** Greenland?

colonizar
- Qual foi o primeiro povo a **colonizar** a Groenlândia?

excavation [ˈekskəveɪt] *n*
- The most recent **excavations** brought some Roman coins to the surface.

a **escavação**
- As **escavações** mais recentes trouxeram moedas romanas à superfície.

mummy [ˈmʌmi] *n*
- The guest lecturer gave a talk about Egyptian **mummies**.

a **múmia**
- O conferencista convidado deu uma palestra sobre **múmias** egípcias.

to liberate [tə ˈlɪbəreɪt] *v*
- The country **was liberated** by the allied forces.

libertar
- O país **foi libertado** pelas forças aliadas.

revolution [ˌrevəˈluːʃn] *n*
- The French **Revolution** took place in 1789.

a **revolução**
- A **Revolução** Francesa ocorreu em 1789.

Stone Age [ˈstəʊnˌeɪdʒ] *n*
- How many centuries did the **Stone Age** last for?

a **Idade da Pedra**
- Quantos séculos durou a **Idade da Pedra**?

antiquity [ænˈtɪkwəti] *n*
- Marcus is taking a course on Roman **antiquity**.

a **Antiguidade**
- Marcus está fazendo um curso sobre **Antiguidade** romana.

Middle Ages [ˈmɪdlˌeɪdʒɪz] *n*
- One of the most famous myths of the **Middle Ages** is the legend of King Arthur.

Idade Média
- Um dos mais célebres mitos da **Idade Média** é a lenda do rei Artur.

World War I [ˌwɜːld wɔːˈwʌn] *n*
- After **World War I** Germany was proclaimed a republic.

a **Primeira Guerra Mundial**
- Após a **Primeira Guerra Mundial**, a Alemanha foi proclamada uma república.

World War II [ˌwɜːld wɔːˈtuː] n ■ **World War II** lasted from 1939 to 1945.	a **Segunda Guerra Mundial** ■ A **Segunda Guerra Mundial** durou de 1939 a 1945.
civil war [ˌsɪv.əl ˈwɔː] n ■ The Spanish **civil war** ended in 1939.	a **guerra civil** ■ A **guerra civil** espanhola terminou em 1939.
imperialism [ɪmˈpɪəriəlɪzm] n ■ There's a documentary on the BBC tonight dealing with the history of British **imperialism**.	o **imperialismo** ■ Vai passar um documentário na BBC hoje à noite sobre a história do **imperialismo** britânico.
colony [ˈkɒləni] n ■ India was formerly a British **colony**.	a **colônia** ■ A Índia era antigamente uma **colônia** britânica.
nobility [nəʊˈbɪləti] n ■ Only the **nobility** were seen at the party.	a **nobreza** ■ Só a **nobreza** foi vista na festa.
aristocracy [ˌærɪˈstɒkrəsi] n ■ Only members of the **aristocracy** were invited.	a **aristocracia** ■ Somente membros da **aristocracia** foram convidados.
resistance [rɪˈzɪstəns] n ■ They joined the **resistance** as soon as the dictator seized power.	a **resistência** ■ Eles se juntaram à **resistência** tão logo o ditador tomou o poder.
opposition [ˌɒpəˈzɪʃn] n ■ The soldiers met with stiff **opposition**.	a **oposição** ■ Os soldados encontraram feroz **oposição**.
nationalism [ˈnæʃənəlɪzm] n ■ **Nationalism** is an extreme form of patriotism.	o **nacionalismo** ■ O **nacionalismo** é uma forma extrema de patriotismo.
fascism [ˈfæʃɪzm] n ■ **Fascism** was a right-wing nationalist movement in Italy in the 1920s and 1930s.	o **fascismo** ■ O **fascismo** foi um movimento nacionalista de extrema direita na Itália das décadas de 1920 e 1930.

modern age [ˈmɒdən ˈeɪdʒ] n
- T. S. Eliot's poem "The Waste Land" is a landmark in the literature of the **modern age**.

a **era moderna**
- O poema de T. S. Eliot "A terra desolada" é um marco da literatura da **era moderna**.

modernity [mɒdˈɜːnəti] n
- The drama deals with the conflict between tradition and **modernity**.

a **modernidade**
- O drama lida com o conflito entre tradição e **modernidade**.

epoch [ˈiːpɒk] n
- Queen Victoria's death marked the end of an **epoch**.

a **época**, a **era**
- A morte da rainha Vitória marcou o fim de uma **era**.

Sociedade

society [səˈsaɪəti] n
- Britain is a multicultural **society**.

a **sociedade**
- A Grã-Bretanha é uma **sociedade** multicultural.

social [ˈsəʊʃl] n
- **Social** problems, such as unemployment and homelessness, are increasing.

social
- Problemas **sociais**, como desemprego e ausência de moradia, estão aumentando.

private [ˈpraɪvət] adj
- Could I talk to you in **private**?
- I don't like the way newspapers gossip about people's **private** lives.

particular, privado
- Eu poderia falar com você em **particular**?
- Não gosto do modo como os jornais fofocam sobre a vida **privada** das pessoas.

public [ˈpʌblɪk] n
- Buckingham Palace is open to the **public**.

o **público**
- O Palácio de Buckingham é aberto ao **público**.

public [ˈpʌblɪk] adj
- I'm sorry, this is a private and not a **public** meeting.

o **público**
- Sinto muito, esta é uma reunião privada, não **pública**.

population [ˌpɒpjəˈleɪʃn] *n*
- Germany has a **population** of about 82 million people.

a **população**
- A Alemanha tem uma **população** de cerca de 82 milhões de pessoas.

poverty [ˈpɒvəti] *n*
- The East End of London is a district of great **poverty**.

a **pobreza**
- O East End de Londres é um distrito de muita **pobreza**.

poor [pɔː] *adj*
- They are too **poor** to buy food for their children.

pobre
- Eles são **pobres** demais para comprar comida para os filhos.

misery [ˈmɪzəri] *n*
- Charles Dickens often wrote about people living in hardship and **misery**.

a **miséria**
- Charles Dickens escreveu com frequência sobre pessoas vivendo em dificuldades e na **miséria**.

beggar [ˈbegə] *n m/f*
- Every big city has **beggars** asking for money.

o **mendigo**
- Em toda cidade grande há **mendigos** pedindo dinheiro.

lack [læk] *n*
- A lot of people in the slums get sick for **lack** of clean water.

a **falta**
- Nas favelas, muitas pessoas ficam doentes por **falta** de água limpa.

to spare [tə ˈspeə] *v*
- The government doesn't have any more money to **spare** to help the refugees.

gastar
- O governo já não tem dinheiro para gastar para ajudar os refugiados.

wealth [welθ] *n*
- Saudi Arabia's **wealth** comes from its oil.

a **riqueza**
- A **riqueza** da Arábia Saudita vem do seu petróleo.

wealthy [ˈwelθi] *adj*
- It's run-down now but it used to be a **wealthy** neighbourhood.

rica, próspera, abastada
- Está decadente agora, mas já foi uma vizinhança **próspera**.

rich [rɪtʃ] *adj*
- My uncle was a millionaire. He got **rich** as a film producer.

rico
- Meu tio era milionário. Ficou **rico** como produtor de filmes.

Sociedade

country [ˈkʌntri] *n*
- Nearly all European **countries** are members of the EU now.

o **país**
- Quase todos os **países** da Europa são membros da UE agora.

nation [ˈneɪʃn] *n*
- The rich **nations** must help the poor countries.

a **nação**
- As **nações** ricas devem ajudar os países pobres.

nationality [ˌnæʃənˈæləti] *n*
- In London you can see people of different **nationalities**.

a **nacionalidade**
- Em Londres, você encontra pessoas de diferentes **nacionalidades**.

national [ˈnæʃnəl] *adj*
- All the citizens formed a **national** opposition against the government.

nacional
- Todos os cidadãos formaram uma oposição **nacional** contra o governo.

international [ˌɪntəˈnæʃnəl] *adj*
- Interpol is an **international** organization.

internacional
- A Interpol é uma organização **internacional**.

state [steɪt] *n*
- The president has flown to Canada for a short **state** visit.

o **Estado**
- O presidente voou para o Canadá para uma breve visita de **Estado**.

foreigner [ˈfɒrənə] *n m/f*
- In summer there are more **foreigners** in London than Londoners.

o **estrangeiro**
- No verão há mais **estrangeiros** em Londres do que londrinos.

foreign [ˈfɒrən] *adj*
- Some countries try to keep out **foreign** products.
- She's the daughter of a diplomat with lots of **foreign** experience.

estrangeiro, (no) exterior
- Alguns países tentam barrar produtos **estrangeiros**.
- Ela é filha de diplomata com muita experiência **no exterior**.

abroad [əˈbrɔːd] *adv*
- Karen has been living **abroad** for five years.

no exterior, fora do país
- Karen mora **fora do país** há cinco anos.

civil [ˈsɪvl] *adj*
- Henry David Thoreau wrote the influential essay on **civil** disobedience.

civil
- Henry David Thoreau escreveu o influente ensaio sobre a desobediência **civil**.

class [BE: klɑːs, AE: klæs] *n* ■ The new tax law will treat all **classes** of society fairly and justly.	a **classe** ■ A nova lei tributária vai tratar todas as **classes** sociais de modo equitativo e justo.
status [ˈsteɪtəs] *n* ■ I wonder what her **status** is. Does she have dual citizenship.	o **estatuto**, a **condição**, a **situação** ■ Eu me pergunto sobre a **condição** dela. Ela tem dupla cidadania?
emigrant [ˈemɪɡrənt] *n m/f* ■ The boat sank with 400 **emigrants** from Ireland.	o **emigrante** ■ O barco afundou com 400 **emigrantes** da Irlanda.
to emigrate [tə ˈemɪɡreɪt] *v* ■ A friend of mine **emigrated** to Australia with his parents.	**emigrar** ■ Uma amiga minha **emigrou** para a Austrália com os pais.
immigrant [ˈɪmɪɡrənt] *n m/f* ■ In the 19th century most **immigrants** to America came from Europe.	o **imigrante** ■ No século XIX, a maior parte dos **imigrantes** dos Estados Unidos vinha da Europa.
to immigrate [tə ˈɪmɪɡreɪt] *v* ■ How many people **immigrate** to the US every year?	**imigrar** ■ Quantas pessoas **imigram** para os Estados Unidos a cada ano?
(political) asylum [(pəˈlɪtɪkəl) əˈsaɪləm] *n* ■ Many people come to Britain each year asking for **political asylum**.	o **asilo (político)** ■ Muitas pessoas vêm à Grã-Bretanha a cada ano pedir **asilo político**.
to leave [tə ˈliːv] *v* ▶ v irr p. 445 leave ■ They **left** Europe to make a new home in America.	**deixar, sair** ■ Eles **deixaram** a Europa para construir um novo lar nos Estados Unidos.
residence permit [ˈrezɪdəns ˌpɜːmɪt] *n* ■ Do you need a **residence permit** if you want to stay for more than half a year in the country?	o **visto de residência** ■ É preciso um **visto de residência** se eu quiser ficar mais de meio ano no país?

eu citizen [ˌiːˈjuː ˌsɪtɪzən] n m/f ■ Do **eu-citizens** need a visa for the us?	**o cidadão da ue** ■ **Cidadãos da ue** precisam de visto para entrar nos Estados Unidos?
non-eu citizen [ˌnɒniːˈjuː ˌsɪtɪzən] n m/f ■ There was a long queue waiting in front of the custom's counter for **non-eu citizens**.	**cidadão não europeu** ■ Havia uma longa fila de espera diante do balcão de embarque para **cidadãos não europeus**.
diversity [daɪˈvɜːsəti] n ■ Our neighbourhood is known for its cultural **diversity**.	**a diversidade** ■ Nossa vizinhança é conhecida por sua **diversidade** cultural.
racism [ˈreɪsɪzm] n ■ Martin Luther King fought against **racism** and inequality in America.	**o racismo** ■ Martin Luther King lutou contra o **racismo** e a desigualdade nos Estados Unidos.
discrimination [dɪˌskrɪmɪˈneɪʃn] n ■ Human rights activists have accomplished a lot in their struggle against **discrimination**.	**a discriminação** ■ Os ativistas de direitos humanos têm conseguido muito em sua luta contra a **discriminação**.
to discriminate [tə dɪˈskrɪmɪneɪt] v ■ Employers must not **discriminate** against employees on the basis of gender, religion or colour.	**discriminar** ■ Os empregadores não devem **discriminar** empregados com base em gênero, religião ou cor.

Religião e moral

religion [rɪˈlɪdʒn] n ■ Christianity, Islam and Buddhism belong to the great **religions**.	**a religião** ■ Cristianismo, Islã e Budismo estão entre as grandes **religiões**.
religious [rɪˈlɪdʒs] adj ■ The Puritans emigrated to America for **religious** reasons. ■ After the death of her husband Angela found solace in the **religious** community of her village.	**religioso** ■ Os puritanos emigraram para os Estados Unidos por razões **religiosas**. ■ Após a morte do marido, Angela encontrou consolo na comunidade **religiosa** de seu vilarejo.

Religião e moral

faith [feɪθ] *n*
- Nelson Mandela never lost **faith** in nonviolence.

a **fé**
- Nelson Mandela nunca perdeu a **fé** na não violência.

to believe [tə bɪˈliːv] *v*
- Many religions **believe** in life after death.

acreditar
- Muitas religiões **acreditam** em vida após a morte.

God [gɒd] *n*
- Churches are places where people pray to Jesus, Mary or **God**.

Deus
- As igrejas são lugares onde as pessoas oram a Jesus, a Maria ou a **Deus**.

spirit [ˈspɪrɪt] *n*
- The Bible says that Mary conceived her son through the Holy **Spirit**.

o **espírito**
- A Bíblia diz que Maria concebeu seu filho por meio do **Espírito** Santo.

to pray [tə ˈpreɪ] *v*
- Jews go to a synagogue to **pray**.

orar, rezar
- Os judeus vão à sinagoga para **orar**.

moral [ˈmɒrl] *adj*
- Andrew is a conscientious objector on **moral** grounds.

moral
- Andrew é um objetor de consciência por motivos **morais**.

immoral [ɪˈmɒrl] *adj*
- Christina's vegetarian and say it's **immoral** to eat living things.

imoral
- Christina é vegetariana e diz ser **imoral** comer coisas vivas.

atheist [ˈeɪθiɪst] *n m/f*
- Anthony became an **atheist** because he wanted to be free of the religious constraints of his family.

o **ateu**
- Anthony se tornou **ateu** porque queria se livrar dos condicionamentos religiosos de sua família.

existence [ɪgˈzɪstns] *n*
- Do you believe in the **existence** of angels?

a **existência**
- Você acredita na **existência** de anjos?

to exist [tə ɪgˈzɪst] *v*
- Many philosophers have asked "Does God **exist**?".

existir
- Muitos filósofos se perguntaram "Deus **existe**?".

Religião e moral 365

idea [aɪˈdɪə] n ■ Do you believe in life after death? – I have no **idea**.	a **ideia** ■ Você acredita na vida após a morte? – Não faço a menor **ideia**.
devout [dɪˈvaʊt] adj ■ Labiba is a **devout** Moslem.	**devoto** ■ Labiba é uma muçulmana **devota**.
imagination [ɪˌmædʒɪˈneɪʃn] n ■ The concept of reincarnation is beyond my **imagination**.	a **imaginação** ■ O conceito de reencarnação está além da minha **imaginação**.
conscience [ˈkɒnʃns] n ■ I have a bad **conscience** because I lied to her.	a **consciência** ■ Fiquei com peso na **consciência** por ter mentido para ela.
denomination [dɪˌnɒmɪˈneɪʃn] n ■ In the US there are several Protestant **denominations**.	a **denominação** ■ Nos Estados Unidos há várias **denominações** protestantes.
Christian [ˈkrɪstʃən] adj ■ The **Christian** religion is divided into the Protestant, Roman Catholic and Orthodox Churches.	**cristão** ■ A religião **cristã** divide-se em Igrejas Protestante, Católica Romana e Ortodoxa.
Catholic [ˈkæθəlɪk] adj ■ The Pope is the head of the **Catholic** Church.	**católico** ■ O papa é o líder da Igreja **Católica**.
Protestant [ˈprɒtɪstnt] adj ■ Martin Luther started the **Protestant** movement by publishing his 95 theses in 1517.	**protestante** ■ Martinho Lutero iniciou o movimento **protestante** ao publicar suas 95 teses em 1517.
Jewish [ˈdʒuɪʃ] adj ■ Her father was a **Jewish** Arab who grew up in Cairo.	**judeu** ■ Seu pai era um **judeu** árabe criado no Cairo.
Islamic [ˈɪzlɑːm] adj ■ **Islamic** law is called the "sharia".	**islâmico** ■ A lei **islâmica** é chamada "sharia".
Muslim [BE: ˈmʊzlɪm, AE: ˈmɑːzlem] adj ■ The **Muslim** faith is practised all over the world.	**muçulmano** ■ A fé **muçulmana** é praticada no mundo inteiro.

Religião e moral

Buddhist [ˈbʊdɪst] adj
budista
- Some of the most beautiful **Buddhist** temples are in Thailand.
- Alguns dos mais belos templos **budistas** estão na Tailândia.

Hindu [ˈhɪnduː] adj
hindu
- According to **Hindu** tradition people are reincarnated.
- De acordo com a tradição **hindu**, as pessoas reencarnam.

Pope [pəʊp] n
o papa
- **Pope** Gregory VII was the first pope to excommunicate a king.
- O **papa** Gregório VII foi o primeiro papa a excomungar um rei.

priest [priːst] n m/f
o padre
- Roman Catholic **priests** are not allowed to marry.
- Os **padres** da Igreja Católica não podem casar.

nun [nʌn] n
a freira
- At the age of 19 Maria entered a convent to become a **nun**.
- Aos 19 anos, Maria entrou para um convento para se tornar **freira**.

monk [mʌŋk] n
o monge
- Buddhist **monks** shave their heads and wear yellow clothes.
- **Monges** budistas raspam a cabeça e usam roupa amarela.

holy [ˈhəʊli] n
o santo, o sagrado
- Some people believe the **holy** grail was the cup that Jesus used at the last supper.
- Algumas pessoas acreditam que o **Santo** Graal teria sido o copo usado por Jesus na última ceia.

forever [fəˈrevə] adj
para sempre
- I'll remember my visit to the Vatican **forever**.
- Vou me lembrar da minha visita ao Vaticano **para sempre**.

Bible [ˈbaɪbl] n
a Bíblia
- The **Bible** consists of the Old and the New Testament.
- A **Bíblia** consiste no Antigo e no Novo Testamento.

sin [sɪn] n
o pecado
- In all major religions murder is a **sin**.
- Em todas as principais religiões o assassinato é um **pecado**.

paradise [ˈpærədaɪs] n
o paraíso
- After Adam and Eve had eaten the forbidden fruit they had to leave **paradise**.
- Após Adão e Eva terem comido do fruto proibido, tiveram de deixar o **paraíso**.

hell [hel] *n* ■ War is **hell** on earth.	o **inferno** ■ A guerra é o **inferno** na Terra.
angel [ˈeɪndʒl] *n* ■ Many altarpieces show Jesus and the Virgin Mary surrounded by **angels**.	o **anjo** ■ Muitas peças de altar mostram Jesus e a Virgem Maria rodeados de **anjos**.
devil [ˈdevl] *n* ■ Is the concept of the **devil** an invention of the Middle Ages?	o **diabo** ■ O conceito do **diabo** foi uma invenção da Idade Média?
soul [səʊl] *n* ■ Faust sold his **soul** to the devil.	a **alma** ■ Fausto vendeu sua **alma** ao diabo.

Política

politics [ˈpɒlətɪks] *n* ■ Many people who are interested in **politics** read *The Guardian*.	a **política** ■ Muitas pessoas interessadas em **política** leem o *The Guardian*.
political [pəˈlɪtɪkl] *adj* ■ There are six big **political** parties in Germany.	**político** ■ Existem seis grandes partidos **políticos** na Alemanha.
party [ˈpɑːti] *n* ■ The two big political **parties** in the US are the Republicans and the Democrats.	o **partido** ■ Os dois grandes **partidos** políticos nos Estados Unidos são os Republicanos e os Democratas.
power [paʊə] *n* ■ The Queen has little political **power**.	o **poder** ■ A rainha tem pouco **poder** político.
powerful [ˈpaʊəfl] *adj* ■ Alan Greenspan, the former chairman of the Federal Reserve Bank, was a **powerful** man.	**poderoso** ■ Alan Greenspan, ex-presidente do Federal Reserve Bank, era um homem **poderoso**.
to influence [tə ˈɪnfluəns] *v* ■ The US refrained from **influencing** the political process in the Middle East.	**influenciar** ■ Os Estados Unidos se abstiveram de **influenciar** o processo político no Oriente Médio.

Política

government [ˈgʌvnmənt] *n*
- Does Britain have a Labour or a Conservative **government**?

o **governo**
- A Grã-Bretanha está com um **governo** trabalhista ou conservador?

→ O governo dos **Estados Unidos** costuma ser chamado de **administration**.

to govern [tə ˈgʌvn] *v*
- The Queen is the head of state but the country is **governed** by politicians.

governar
- A rainha é a chefe de Estado, mas o país é **governado** por políticos.

to reign [tə ˈreɪn] *v*
- Queen Victoria **reigned** for over 60 years.

reinar
- A rainha Vitória **reinou** por mais de 60 anos.

opposition [ˌɒpəˈzɪʃn] *n*
- Bernard spent 20 years in **opposition** until his party finally won the majority of votes.

a **oposição**
- Bernard passou 20 anos na **oposição** até que seu partido finalmente conquistou a maioria dos votos.

prime minister [ˌpraɪm ˈmɪnɪstə] *n m/f*
- The **prime minister** is the head of the British government.

o **primeiro-ministro**
- O **primeiro-ministro** é o chefe do governo britânico.

president [ˈprezɪdənt] *n m/f*
- The **president** of the United States is elected every four years.

o **presidente**
- O **presidente** dos Estados Unidos é eleito a cada quatro anos.

chancellor [*BE:* ˈtʃɑːnsələ, *AE:* ˈtʃænsələr] *n m/f*
- Angela Merkel was the first female German **chancellor**.

o **chanceler**
- Angela Merkel foi a primeira mulher **chanceler** da Alemanha.

minister [ˈmɪnɪstə] *n m/f*
- The cabinet is made up of the **ministers** of the government.

o **ministro**
- O gabinete é composto por **ministros** do governo.

→ Ministros também são designados como **secretary**, por exemplo, **Secretary of State** é o **Ministro das Relações Exteriores**.

parliament [ˈpɑːlɪmənt] *n*
- Most **parliaments** have a Lower and an Upper House.

o **parlamento**
- A maioria dos **parlamentos** tem uma câmara alta e uma câmara baixa.

Member of Parliament BE
[ˌmembər əv ˈpɑːlɪmənt] n m/f (abrev. MP)
- He's the **Member of Parliament** for Northampton.

o **membro do Parlamento**
- Ele é **membro do Parlamento** de Northampton.

→ Os membros do legislativo americanos são chamados **Congressman** ou **Congresswoman** e são ou membros do Senado (**senator**) ou da Câmara dos Deputados (**Member of the House of Representatives**).

democracy [dɪˈmɒkrəsi] n
- There is no **democracy** without free elections.

a **democracia**
- Não há **democracia** sem eleições livres.

democratic [ˌdeməˈkrætɪk] adj
- Germany has been a **democratic** nation since 1949.

democrático
- A Alemanha tem sido uma nação **democrática** desde 1949.

dictatorship [dɪkˈteɪtəʃɪp] n
- Has there ever been a **dictatorship** in Great Britain?

a **ditadura**
- Já houve uma **ditadura** na Grã-Bretanha?

to suppress [tə səˈpres] v
- Minority rights were rigorously **suppressed** during the dictatorship.

suprimir
- Os direitos das minorias foram rigorosamente **suprimidos** durante a ditadura.

embassy [ˈembəsi] n
- You should contact the **embassy** of your home country if you lose your passport abroad.

a **embaixada**
- Você deve entrar em contato com a **embaixada** de seu país se perder o passaporte no exterior.

consulate [ˈkɒnsjələt] n
- There was a big anti-war demonstration in front of the American **consulate**.

o **consulado**
- Houve uma grande manifestação antibelicista na frente do **consulado** americano.

republic [rɪˈpʌblɪk] n
- Ireland became an independent **republic** in 1921.

a **república**
- A Irlanda se tornou uma **república** independente em 1921.

people [ˈpiːpl] n
- The Japanese are a hard-working **people**.

o **povo**
- Os japoneses são um **povo** trabalhador.

majority [mə'dʒɒrəti] *n* ■ The **majority** of South Africans voted for black politicians.	**a maioria** ■ A **maioria** dos sul-africanos votou em políticos negros.
minority [maɪ'nɒrəti] *n* ■ African-Americans are the second largest **minority** in the US.	**a minoria** ■ Os afro-americanos são a segunda maior **minoria** nos Estados Unidos.
election [i'lekʃn] *n* ■ **Elections** are held every four years.	**a eleição** ■ **Eleições** são realizadas a cada quatro anos.
to elect [tə i'lekt] *v* ■ John F. Kennedy was **elected** President of the United States in 1960.	**eleger** ■ John F. Kennedy foi **eleito** presidente dos Estados Unidos em 1960.
vote [vəʊt] *n* ■ At the next election I'll give my **vote** to the Greens. ■ The **vote** was 6 to 3 against the motion.	**o voto, a votação** ■ Na próxima eleição meu **voto** será para o Partido Verde. ■ A **votação** foi de 6 a 3 contra a proposta.
to vote [tə 'vəʊt] *v* ■ Have you **voted** yet? The polling station is about to close.	**votar** ■ Você já **votou**? A seção eleitoral está para fechar.
to vote for [tə 'vəʊt fə] *phrase* ■ Which party are you going to **vote** for?	**votar em** ■ Em qual partido você **vai votar**?
to run for [tə 'rʌn fə] *phrase* ▶ v irr p. 446 run ■ He **ran for** the office of President in 2004 but didn't win the election.	**concorrer** ■ Ele **concorreu** ao cargo de presidente em 2004, mas não ganhou a eleição.
to demonstrate [tə 'demənstreɪt] *v* ■ Only a handful of people **demonstrated** in front of the White House.	**protestar, fazer manifestação** ■ Apenas um punhado de pessoas **protestou** diante da Casa Branca.

capitalism [ˈkæpɪtəlɪzm] *n*
- **Capitalism** has won the economic war against communism.

o **capitalismo**
- O **capitalismo** venceu a guerra econômica contra o comunismo.

communism [ˈkɒmjənɪzm] *n*
- **Communism** is a political ideology which believed that means of production should not be owned by individuals.

o **comunismo**
- O **comunismo** é uma ideologia política que acreditava que os meios de produção não deveriam ser propriedade de indivíduos.

socialism [ˈsəʊʃəlɪzm] *n*
- German immigrants brought the idea of **socialism** to America in the 1850s.

o **socialismo**
- Os imigrantes alemães trouxeram a ideia de **socialismo** para os Estados Unidos na década de 1850.

ideology [ˌaɪdiˈɒlədʒi] *n*
- The founder of the company is said to be a supporter of national socialist **ideology**.

a **ideologia**
- Diz-se que o fundador da empresa é apoiador da **ideologia** nacional-socialista.

independence [ˌɪndɪˈpendəns] *n*
- The bomb was planted by separatists fighting for **independence**.

a **independência**
- A bomba foi instalada por separatistas em luta pela **independência**.

independent [ˌɪndɪˈpendənt] *adj*
- The USA became **independent** in 1776.

independente
- Os Estados Unidos se tornaram **independentes** em 1776.

union [ˈjuːnjən] *n*
- How many states belong to the European **Union**?
- The **union** of the two parties did not lead to victory in the election.

a **união**
- Quantos Estados pertencem à **União** Europeia?
- A **união** dos dois partidos não levou à vitória na eleição.

to unite [təjuːˈnaɪt] *v*
- In 1990 the two German states were **united**.

unificar, unir
- Em 1990, os dois Estados alemães foram **unificados**.

negotiation [nəˌɡəʊʃiˈeɪʃn] *n*
- The **negotiations** took place in a hotel outside Bonn.

a **negociação**
- As **negociações** se deram num hotel fora de Bonn.

diplomatic [ˌdɪpləˈmætɪk] *adj*
- Representatives of various nations are trying to find a **diplomatic** solution to the conflict.

diplomático
- Representantes de diversas nações procuram encontrar uma solução **diplomática** para o conflito.

crisis [ˈkraɪsɪs] *n; pl* **crises**
- The collapse of the commodities market led to a **crisis** on Wall Street.

a **crise**
- O colapso do mercado das commodities levou à **crise** em Wall Street.

United Nations [jʊˌnaɪtɪd ˈneɪʃnz] *n*
- The UN was founded in 1945 and **United Nations** Day is celebrated on 24 October each year.

as **Nações Unidas** (ONU)
- A ONU foi fundada em 1945, e o dia das **Nações Unidas** é celebrado todos os anos em 24 de outubro.

European Union [jʊərəˌpiːən ˈjuːniən] *n (abrev* EU*)*
- In 2008 the **European Union** had 27 member states.

a **União Europeia**
- Em 2008, a **União Europeia** compreendia 27 países membros.

international law [ɪntəˌnæʃnəl ˈlɔː] *n*
- How can the world community enforce **international law**?

o **direito internacional**
- Como a comunidade mundial pode impor o **direito internacional**?

developing country [dɪˌveləpɪŋ ˈkʌntri] *n*
- The World Bank is going to pay up to $100bn in aid to **developing countries** next year.

o **país em desenvolvimento**
- Ano que vem, o Banco Mundial vai desembolsar até 100 bilhões de dólares em ajuda para **países em desenvolvimento**.

Defesa e segurança

safety [ˈseɪfti] *n*
- The government could no longer guarantee the **safety** of foreigners.

a **segurança**
- O governo não podia mais garantir a **segurança** de estrangeiros.

safe [seɪf] *adj*
- After 9/11 New Yorkers did not feel **safe** in high-rise buildings anymore.

seguro
- Após o 11 de Setembro, os nova-iorquinos não se sentiam mais **seguros** em edifícios altos.

flag [flæg] *n*
- The "Stars and Stripes" is the **flag** of the USA.

a **bandeira**
- As "Estrelas e listras" são a **bandeira** dos Estados Unidos.

home (country) [həʊm (ˈkʌntri)] *n*
- For many young Pakistanis, Britain is their **home**.

o **lar**
- Para muitos jovens paquistaneses, a Grã-Bretanha é seu **lar**.

border [ˈbɔːdə] *n*
- San Diego is on the **border** between the US and Mexico.

a **fronteira**
- San Diego fica na **fronteira** entre os Estados Unidos e o México.

war [wɔː] *n*
- The **war** between Iran and Iraq lasted from 1980 to 1988.

a **guerra**
- A **guerra** entre Irã e Iraque durou de 1980 a 1988.

to break out [tə ˌbreɪk ˈaʊt] *phrase*
▶ v irr p. 442 break
- The Second World War **broke out** on September 1, 1939.

irromper

- A Segunda Guerra Mundial **irrompeu** em 1º de setembro de 1939.

to shoot [tə ˈʃuːt] *v*
▶ v irr p. 447 shoot
- The prime minister was **shot** at close range.

atirar, alvejar

- O primeiro-ministro foi **alvejado** a uma curta distância.

peace [piːs] *n*
- Most of Europe has enjoyed **peace** since 1945.

paz
- A maior parte da Europa tem vivido em **paz** desde 1945.

peaceful [ˈpiːsfl] *adj*
- Delegations from Poland and Russia met in Vienna to find a **peaceful** solution to the current crisis.

pacífico
- Delegações da Polônia e Rússia se encontraram em Viena para encontrar uma solução **pacífica** para a crise atual.

enemy [ˈenəmi] *n m/f*
- The US and Japan were **enemies** in the Second World War.

o **inimigo**
- Os Estados Unidos e o Japão foram **inimigos** na Segunda Guerra Mundial.

soldier [ˈsəʊldʒə] *n m/f*
- The **soldiers** in the US Army are called GIS.

o **soldado**
- Os **soldados** do exército americano são chamados GIS.

Defesa e segurança

civil [ˈsɪvl] *adj*

civil

- This helicopter can be used for both military and **civil** purposes.
- Esse helicóptero pode ser usado tanto para fins militares quanto **civis**.

army [ˈɑːmi] *n*

o exército

- The **army**, navy and air force make up a nation's armed forces.
- O **exército**, a marinha e a aeronáutica compõem as forças armadas de uma nação.

navy [ˈneɪvi] *n*

a marinha

- The **navy** is the branch of the armed forces that fights at sea.
- A **marinha** é o braço das forças armadas que combate no mar.

air force [ˈeə fɔːs] *n*

a força aérea

- During the Second World War the Royal **Air Force** flew its first mission against a German city in May 1940.
- Durante a Segunda Guerra Mundial, a **Força Aérea** Real realizou sua primeira missão contra uma cidade alemã em maio de 1940.

combat [ˈkɒmbæt] *n*

o combate

- The monument commemorates the soldiers who died in **combat**.
- O monumento celebra os soldados que morreram em **combate**.

battle [ˈbætl] *n*

a batalha

- In the **Battle** of Hastings the Normans defeated the Anglo-Saxons.
- Na **Batalha** de Hastings, os normandos derrotaram os anglo-saxões.

to fight [tə ˈfaɪt] *v*

lutar

- In the War on Independence the British colonies in America **fought** against the Kingdom of Great Britain.
- Na Guerra da Independência, as colônias britânicas na América **lutaram** contra o Reino da Grã-Bretanha.

to persecute [tə ˈpɜːsɪkjuːt] *v*

perseguir

- The government has been **persecuting** ethnic minorities for years.
- O governo tem **perseguido** minorias étnicas por anos.

conflict [ˈkɒnflɪkt] *n*

o conflito

- The **conflict** between Israel and the Palestinians is about to escalate.
- O **conflito** entre Israel e os palestinos está para se intensificar.

terrorism ['tɛrərɪzm] *n*
- **Terrorism** in this part of the world is supported by the local mafia.

o **terrorismo**
- O **terrorismo** nesta parte do mundo é apoiado pela máfia local.

gun [gʌn] *n*
- The English defeated the local population because they had better **guns**.

a **arma**
- Os ingleses derrotaram a população local porque tinham **armas** melhores.

weapon ['wɛpən] *n*
- It's legal in the US to own a **weapon** for self-defence.

a **arma**
- Nos Estados Unidos, é legal portar uma **arma** para autodefesa.

armed [ɑːmd] *adj*
- The troops fighting in the desert were heavily **armed**.

armado
- As tropas que lutaram no deserto estavam fortemente **armadas**.

defence BE, **defense** AE [dɪ'fəns] *n*
- Soldiers should only be there for the **defence** of a country.

a **defesa**
- Os soldados deveriam estar lá somente para a **defesa** de um país.

to defend [tə dɪ'fɛnd] *v*
- You can't **defend** a country against a nuclear attack.

defender
- Você não pode **defender** um país contra um ataque nuclear.

attack [ə'tæk] *n*
- The **attack** on Pearl Harbor began early in the morning on 7 December, 1941.

o **ataque**
- O **ataque** a Pearl Harbor se iniciou na manhã de 7 de dezembro de 1941.

to occupy [tʊ 'ɒkjʊpaɪ] *v*
- Russian troops **occupied** Berlin in 1945.

ocupar
- As tropas russas **ocuparam** Berlim em 1945.

resistance [rɪ'zɪstəns] *n*
- Gandhi practised passive **resistance** to gain Indian independence.

a **resistência**
- Gandhi praticou a **resistência** passiva para conquistar a independência da Índia.

to liberate [tə 'lɪbəreɪt] *v*
- A task force **liberated** the hostages and killed all the kidnappers.

libertar
- Uma unidade especial **libertou** os reféns e matou todos os sequestradores.

Defesa e segurança

troop [truːp] *n* — a **tropa**
- The government sent **troops** into the region to stop the riots.
- O governo enviou **tropas** à região a fim de parar os conflitos.

to guard [tə gɑːd] *v* — **proteger**
- Three heavily armed soldiers **guarded** the warlord.
- Três soldados fortemente armados **protegiam** o senhor da guerra.

uniform [ˈjuːnɪfɔːm] *n* — o **uniforme**
- The police in Britain wear dark blue **uniforms**.
- A polícia da Grã-Bretanha usa **uniformes** azul-escuros.

hero [ˈhɪərəʊ] *n m/f* — o **herói**
- The real **heroes** of war are those who save other people's lives.
- Os verdadeiros **heróis** da guerra são aqueles que salvam a vida de outras pessoas.

honour *BE* [ˈɒnə], **honor** *AE* [ˈɒnər] *n* — a **honra**
- The soldiers wanted to win **honour** in battle.
- Os soldados queriam conquistar a **honra** no campo de batalha.

to betray [tə bɪˈtreɪ] *v* — **trair**
- Nobody will ever know if he tried to **betray** his country or if he was a double agent.
- Ninguém jamais saberá se ele tentou **trair** seu país ou se era um agente duplo.

refugee [ˌrefjʊˈdʒiː] *n* — o **refugiado**
- The **refugees** had lost everything and needed help badly.
- Os **refugiados** perderam tudo e precisavam urgentemente de ajuda.

to flee [tə fliː] *v* — **fugir**
- ▶ *v irr* p. 444 flee
- The civilian population is **fleeing** the war zone.
- A população civil está **fugindo** da zona de guerra.

to escape [tʊ ɪsˈkeɪp] *v* — **escapar**
- The people were trying to **escape** from the burning village.
- As pessoas estavam tentando **escapar** da cidade em chamas.

torture [ˈtɔːtʃə] *n* — a **tortura**
- The police used **torture** during the interrogation.
- A polícia fez uso de **tortura** durante o interrogatório.

disarmament [dɪsˈɑːməmənt] *n*
- The 1990s were a decade of intense **disarmament**.

o **desarmamento**
- A década de 1990 foi de intenso **desarmamento**.

Instituições e administração de Estado

state [steɪt] *n*
- The separatists are fighting for a free and independent **state**.
- The United States consists of 50 **states**.

o **Estado**, o **estado**
- Os separatistas estão lutando por um **Estado** livre e independente.
- Os Estados Unidos são compostos de cinquenta **estados**.

state [steɪt] *adj*
- She's getting a **state** pension of £300.

do governo, estatal
- Ela está recebendo uma pensão **do governo** no valor de 300 libras.

inhabitant [ɪnˈhæbɪtənt] *n*
- Iceland has only 250,000 **inhabitants**.

o **habitante**
- A Islândia tem apenas 250 mil **habitantes**.

administration [ədˌmɪnɪsˈtreɪʃ(ə)n] *n*
- I got a job as a secretary in the **administration**.

a **administração**
- Trabalho como secretária na **administração**.

office [ˈɒfɪs] *n*
- Mr Hall was elected to the **office** of governor.

o **escritório**, o **gabinete**, a **agência**
- O Sr. Hall foi eleito para o **gabinete** do governador.

official [əˈfɪʃəl] *adj*
- It isn't **official** yet, but the mayor of Birmingham is the new party leader.

oficial
- Ainda não é **oficial**, mas o prefeito de Birmingham é o novo líder do partido.

department [dɪˈpɑːtmənt] *n*
- George is the head of the new environmental protection **department**.

o **departamento**
- George é o líder do novo **departamento** de proteção ambiental.

→ Sobretudo em inglês americano, **department** significa também ministério, por exemplo, **Department of Defense** – Ministério da Defesa ou **Department of the Interior** – Ministério do Interior.

Instituições e administração de Estado

form [fɔːm] *n*
- Please fill in this **form** if you have any goods to declare.

o **formulário**
- Por favor, preencha este **formulário** se tiver bens a declarar.

signature [ˈsɪɡnɪtʃə] *n*
- This contract is only valid with two **signatures**.

a **assinatura**
- Este contrato só é válido com duas **assinaturas**.

to sign [tə ˈsaɪn] *v*
- Please fill in this form and **sign** it.

assinar
- Por favor, preencha este formulário e **assine**.

to fill in [tə ˌfɪlˈɪn] *phrase*
- If you want to apply, **fill in** this form.

preencher
- Se quiser se candidatar, **preencha** este formulário.

to fill out [tə ˌfɪl ˈaʊt] *phrase*
- They asked all passengers to **fill out** a red form.

preencher
- Pediram a todos os passageiros que **preenchessem** um formulário vermelho.

certificate [səˈtɪfɪkət] *n*
- Those of you who attend the course regularly will get an official **certificate** at the end.

o **certificado**
- Aqueles de vocês que assistirem ao curso regularmente vão receber um **certificado** oficial ao final.

capital [ˈkæpɪtl] *n*
- Canberra, not Sydney, is the **capital** of Australia.

a **capital**
- Camberra, e não Sydney, é a **capital** da Austrália.

province [ˈprɒvɪns] *n*
- Maria lives in a small town in the Canadian **province** of Alberta.

a **província**
- Maria vive numa pequena cidade na **província** canadense de Alberta.

county [ˈkaʊntɪ, ˈkʌntrɪ] *n*
- East Sussex, Surrey and Kent are **counties** in southern England.

o **condado**
- East Sussex, Surrey e Kent são **condados** do sul da Inglaterra.

community [kəˈmjuːnətɪ] *n*
- I live in a small rural **community** in the north of Yorkshire.

a **comunidade**
- Moro numa pequena **comunidade** rural ao norte de Yorkshire.

municipal authorities
[mjuːˌnɪsɪpl ɔːˈθɒrɪtɪz] n pl
- The **municipal authorities** closed the amusement park for safety reasons.

as **autoridades municipais**
- As **autoridades municipais** fecharam o parque de diversões por motivos de segurança.

city council [ˈsɪtɪ ˌkaʊnsl] n
- Liam has been elected into the **city council**.

a **câmara municipal**
- Liam foi eleito para a **câmara municipal**.

mayor [meə] n m/f
- The former **mayor** of our town married a film star and moved to Hollywood.

o **prefeito**
- O antigo **prefeito** de nossa cidade casou com uma estrela de cinema e se mudou para Hollywood.

town hall BE [ˌtaʊn ˈhɔːl], **city hall** AE [ˈsɪtɪ ˈhɔːl] n
- The mayor welcomed his guests in the **town hall**.
- The old **city hall** was destroyed by the earthquake of 1996.

a **prefeitura (municipal)**
- O prefeito recebeu seus convidados na **prefeitura**.
- A antiga **prefeitura** foi destruída pelo terremoto de 1996.

seat [siːt] n
- The rulling party lost ten **seats** in the new parliament.

o **assento**, a **vaga**, o **lugar**
- O partido governista perdeu dez **assentos** no novo parlamento.

citizen [ˈsɪtɪzn] n m/f
- After living in the US for ten years, he married and became a US **citizen**.

o **cidadão**
- Após viver nos Estados Unidos por dez anos, ele se casou e tornou-se **cidadão** americano.

Direito e jurisprudência

law [lɔː] n
- It's against the **law** to drink and drive.

a **lei**, o **direito**
- É contra a **lei** beber e dirigir.

legal [ˈliːgl] adj
- In the US it is **legal** for nearly everyone to own a gun.

legal
- Nos Estados Unidos é **legal** para quase todas as pessoas ter uma arma.

Direito e jurisprudência

illegal [ɪˈliːgl] *adj* — **ilegal**
- In many US states it is **illegal** for people under 21 to drink alcohol.
- Em muitos estados americanos é **ilegal** o consumo de álcool por menores de 21 anos.

court [kɔːt] *n* — o **tribunal**
- Miriam has to appear in **court** as a witness.
- Miriam tem de comparecer ao **tribunal** como testemunha.

trial [ˈtraɪəl] *n* — o **julgamento**
- People must not be condemned without **trial**.
- Pessoas não devem ser condenadas sem **julgamento**.

accused [əˈkjuːzd] *n m/f* — o **acusado**
- The **accused** was sentenced to ten years in prison.
- O **acusado** foi sentenciado a dez anos de prisão.

to accuse [tʊ əˈkjuːz] *v* — **acusar**
- Two men were arrested and **accused** of selling drugs.
- Dois homens foram presos e **acusados** de vender drogas.

witness [ˈwɪtnəs] *n m/f* — a **testemunha**
- A little boy saw the crime. He was the only **witness**.
- Um garotinho viu o crime. Ele foi a única **testemunha**.

victim [ˈvɪktɪm] *n* — a **vítima**
- Jack the Ripper killed all his **victims** with a knife.
- Jack, o Estripador, matou todas as suas **vítimas** com uma faca.

justice [ˈdʒʌstɪs] *n* — a **justiça**
- Martin Luther King fought for freedom and **justice**.
- Martin Luther King lutou por liberdade e **justiça**.

just [dʒʌst] *adj* — **justo**
- Sending him to prison for drunk driving was a **just** decision.
- Enviá-lo para a prisão por dirigir embriagado foi uma decisão **justa**.

unjust [ˌʌnˈdʒʌst] *adj* — **injusto**
- Many consider the new tax laws to be **unjust**.
- Muitos consideram **injustas** as novas leis tributárias.

guilt [gɪlt] *n* — a **culpa**
- The lawyer was aware of his client's **guilt**.
- O advogado estava ciente da **culpa** de seu cliente.

Direito e jurisprudência

guilty [ˈgɪltɪ] *adj*
- She was found **guilty** of murder.

culpado
- Ela foi considerada **culpada** por assassinato.

innocent [ˈɪnəsənt] *adj*
- The judge acquitted him. He was **innocent**.

inocente
- O juiz o absolveu. Ele era **inocente**.

freedom [ˈfriːdəm] *n*
- The **freedoms** guaranteed by the First Amendment must not be curtailed by the government.

a liberdade
- As **liberdades** garantidas pela Primeira Emenda não devem ser restringidas pelo governo.

free [friː] *adj*
- After the acquittal he felt **free** and relieved.

livre
- Após a absolvição, ele se sentiu **livre** e aliviado.

punishment [ˈpʌnɪʃmənt] *n*
- The terrorists will not escape **punishment**.

a punição
- Os terroristas não vão escapar da **punição**.

crime [kraɪm] *n*
- The job of the police is to prevent **crime**.

o crime
- O trabalho da polícia é evitar o **crime**.

criminal [ˈkrɪmɪnl] *n m/f*
- Prisons ought to reform rather than punish **criminals**.

criminoso
- As prisões deveriam reabilitar, e não punir **criminosos**.

criminal [ˈkrɪmɪnl] *adj*
- Dumping waste at sea is a **criminal** offence.

criminal, criminoso
- Despejar resíduos no mar é uma infração **criminosa**.

theft [θɛft] *n*
- Are there many **thefts** and burglaries in your neighbourhood?

o roubo
- Há muitos **roubos** e assaltos em sua vizinhança?

to steal [tə ˈstiːl] *v*
▶ **v irr** p. 448 steal
- Ted's bike **was stolen** while he was shopping.

roubar

- A bicicleta de Ted **foi roubada** enquanto ele fazia compras.

Direito e jurisprudência

murder ['mɜːdə] *n* ■ The terrorists are wanted for **murder**.	o **assassinato** ■ Os terroristas são procurados por **assassinato**.
to murder [tə 'mɜːdə] *v* ■ He hadn't **murdered** the man.	**assassinar** ■ Ele não tinha **assassinado** o homem.
assassination [əˌsæsɪ'neɪʃn] *n* ■ The population was shocked by the **assassination** of their president.	o **assassinato** ■ A população ficou chocada com o **assassinato** de seu presidente.
to kill [tə 'kɪl] *v* ■ The kidnappers wanted to **kill** their victim but the police was able to prevent the crime.	**matar, assassinar** ■ Os sequestradores queriam **matar** a vítima, mas a polícia conseguiu evitar o crime.
constitution [ˌkɒnstɪ'tjuːʃn] *n* ■ The first words of the US **Constitution** are: "We the People of the United States".	a **Constituição** ■ As primeiras palavras da **Constituição** dos Estados Unidos são: "Nós, o povo dos Estados Unidos".
judiciary [dʒuː'dɪʃərɪ] *n* ■ After he was arrested by the police he was handed over to the **judiciary**.	o **judiciário** ■ Depois que foi detido pela polícia, ele foi entregue ao **judiciário**.
human rights [ˌjuːmən 'raɪts] *n pl* ■ **Human rights** are inalienable and should be observed by every country.	os **direitos humanos** ■ Os **direitos humanos** são inalienáveis e devem ser observados por todos os países.
statement ['steɪtmənt] *n* ■ Since he had seen the burglar he went to the police to give a **statement**.	o **depoimento** ■ Como ele viu o assaltante, foi à polícia prestar **depoimento**.
to swear [tə 'sweə] *v* ▶ v irr p. 448 swear ■ A witness must **swear** to tell the truth and nothing but the truth.	**jurar** ■ Uma testemunha deve **jurar** dizer a verdade e nada mais do que a verdade.

to confess [tə kənˈfɛs] v ■ The man was punished even though he had never **confessed** to the crime.	**confessar** ■ O homem foi punido, embora nunca tenha **confessado** o crime.
proof [pruːf] n ■ Do you have any **proof** that you weren't at the scene of the crime?	**a prova** ■ Você tem alguma **prova** de que não estava na cena do crime?
to prove [tə pruːv] v ▶ v irr p. 446 prove ■ His fingerprints **prove** that he was at the scene of the crime.	**provar** ■ Suas impressões digitais **provam** que ele estava na cena do crime.
sentence [ˈsɛntəns] n ■ The **sentence** was two years in prison.	**a sentença** ■ A **sentença** foi de dois anos de prisão.
to sentence [tə ˈsɛntəns] v ■ The judge **sentenced** him to three years imprisonment.	**sentenciar** ■ O juiz **sentenciou**-o a três anos de prisão.
verdict [ˈvɜːdɪkt] n ■ The jury wasn't able to reach a unanimous **verdict**.	**o veredicto** ■ O júri não foi capaz de chegar a um **veredicto** unânime.
judgement [ˈdʒʌdʒmənt] n ■ The court has not passed **judgement** in this case.	**o juízo** ■ O tribunal não emitiu **juízo** sobre esse caso.
to punish [tə ˈpʌnɪʃ] v ■ Motorists should be severely **punished** for reckless driving.	**punir** ■ Os motoristas deveriam ser severamente **punidos** por direção imprudente.
to acquit [tə əˈkwɪt] v ■ The jury **acquitted** her of all charges.	**absolver** ■ O júri a **absolveu** de todas as acusações.
suspect [ˈsʌspekt] n ■ The police haven't solved the case but they have arrested two **suspects**.	**o suspeito** ■ A polícia não resolveu o caso, mas prendeu dois **suspeitos**.

Direito e jurisprudência

arrest [əˈrest] *n*
- Several **arrests** were made by the police during the riots.

a **detenção**, a **prisão**
- Diversas **prisões** foram realizadas pela polícia durante os tumultos.

to arrest [tʊ əˈrest] *v*
- His boss was **arrested** on suspicion of embezzlement.

prender, deter
- O chefe dele foi **detido** por suspeita de peculato.

prison [ˈprɪzn] *n*
- Drunk drivers who injure people should be sent to **prison**.

a **prisão**, a **cadeia**
- Motoristas embriagados que ferem pessoas deveriam ir para a **cadeia**.

to control [tə kənˈtrəʊl] *v*
- The police were no longer able to **control** the demonstrators.

controlar
- A polícia não foi capaz de **controlar** os manifestantes.

➡ Um controle no sentido de exame, revista, é expresso por meio de **check**: **a security check** – um controle de segurança ou **I was checked at the airport** – Fui revistado no aeroporto.

to check [tə ˈtʃɛk] *v*
- All our passports were **checked** at the border.
➡ to control p. 384

examinar, checar
- Todos os passaportes foram **examinados** na fronteira.

to threaten [tə ˈθretn] *v*
- The mugger **threatened** me with a knife.

ameaçar
- O assaltante me **ameaçou** com uma faca.

force [fɔːs] *n*
- The police had to use **force** to get the drunk out of the train.

a **força**
- A polícia teve de usar a **força** para tirar o bêbado do trem.

violence [ˈvaɪələns] *n*
- Gandhi taught that you should never use **violence** even if others use violence against you.

a **violência**
- Gandhi ensinou que nunca se deve usar a **violência**, mesmo quando outros a usam contra você.

violent [ˈvaɪələnt] *adj*
- Sport fans sometimes become **violent**, especially when they're drunk.

violento
- Os fãs de esporte por vezes ficam **violentos**, sobretudo quando bêbados.

robbery ['rɒbəri] *n*
- He was sent to prison for armed **robbery**.

o **roubo**, o **assalto**
- Ele foi para a prisão por **assalto** à mão armada.

to rob [tə rɒb] *v*
- The famous outlaw Jesse James **robbed** banks and trains.

assaltar, roubar
- O famoso fora da lei Jesse James **assaltava** bancos e trens.

burglar ['bɜːglə] *n*
- The police caught the **burglar** climbing out of the window.

o **ladrão**, o **assaltante**
- A polícia pegou o **assaltante** subindo pela janela.

to kidnap [tə 'kɪdnæp] *v*
- The neighbour **kidnapped** the boy but set him free again after only two hours.

sequestrar, raptar
- O vizinho **sequestrou** o garoto, mas libertou-o após apenas duas horas.

to swindle [tə 'swɪndl] *v*
- She **swindled** the old man out of all his savings.

fraudar, extorquir
- Ela **extorquiu** do velho homem todas as suas economias.

to rape [tə 'reɪp] *v*
- He tried to **rape** her but she managed to run away.

violentar, estuprar
- Ele tentou **estuprá**-la, mas ela conseguiu fugir.

Tempo

Transcurso do ano

year [jɪə] *n*	o **ano**
season ['siːzn] *n*	a **estação**
spring [sprɪŋ] *n*	a **primavera**
summer ['sʌmə] *n*	o **verão**
autumn BE ['ɔːtəm], **fall** AE [fɔːl] *n*	o **outono**
winter ['wɪntə] *n*	o **inverno**
month [mʌnθ] *n*	o **mês**
week [wiːk] *n*	a **semana**
weekend [BE: ˌwiːkˈend, AE: ˈwiːkend] *n*	o **fim de semana**

➡ **No fim de semana** é a tradução da expressão de **at the weekend** (BE) e de **on the weekend** (AE) – no entanto, não raro são usadas as expressões **next weekend** – no próximo fim de semana e **for the weekend** – para o fim de semana.

working day [BE: ˌwɜːkɪŋ ˈdeɪ, AE: ˈwɜːkɪŋ ˌdeɪ] *n*	o **dia útil**, o **dia de semana**
weekly ['wiːklɪ] *adj*	**semanal**
fortnight BE ['fɔːtnaɪt] *n*	**quinzenal**
monthly ['mʌnθlɪ] *adj*	**mensal**
yearly ['jɪəlɪ] *adj*	**anual**
six months [ˌsɪks ˈmʌnθs] *n*	**semestre**
half-yearly [BE: ˌhɑːfˈjɪəlɪ, AE: hæfˈjɪrlɪ] *adj*	**meio ano**

Meses do ano

January [ˈdʒænjʊərɪ] *n*	**janeiro**
February [ˈfebrʊərɪ] *n*	**fevereiro**
March [mɑːtʃ] *n*	**março**
April [ˈeɪprəl] *n*	**abril**
May [meɪ] *n*	**maio**
June [dʒuːn] *n*	**junho**
July [dʒʊˈlaɪ] *n*	**julho**
August [ˈɔːgəst] *n*	**agosto**
September [sɛpˈtembə] *n*	**setembro**
October [ɒkˈtəʊbə] *n*	**outubro**
November [nəʊˈvembə] *n*	**novembro**
December [dɪˈsembə] *n*	**dezembro**

Dias da semana

Monday [ˈmʌndeɪ] *n* — a **segunda-feira**

➡ Locuções adverbiais como **às segundas, às terças** etc. são indicadas como **on Mondays, on Tuesdays** etc.

Tuesday [ˈtjuːzdeɪ] *n* — a **terça-feira**
➡ Monday **p 387**

Wednesday [ˈwenzdeɪ] *n* — a **quarta-feira**
➡ Monday **p 387**

Thursday [ˈθɜːzdeɪ] *n* — a **quinta-feira**
➡ Monday **p 387**

Friday [ˈfraɪdeɪ] *n* — a **sexta-feira**
➡ Monday **p 387**

Saturday [ˈsætədeɪ] *n* — o **sábado**
➡ Monday **p 387**

Sunday [ˈsʌndeɪ] *n*
➜ Monday p 387

o **domingo**

Períodos do dia

day [deɪ] *n*
- Most people work five **days** a week.

o **dia**
- A maior parte das pessoas trabalha cinco **dias** por semana.

daily [ˈdeɪli] *adj*
- It's a part of my **daily** routine to eat a bowl of porridge every morning.

diário, diariamente
- Faz parte da minha rotina **diária** comer uma tigela de mingau todas as manhãs.

by day [baɪ ˈdeɪ] *adv*
- Ellie works as a waitress **by day**.

durante o dia
- Ellie trabalha como garçonete **durante o dia**.

morning [ˈmɔːnɪŋ] *n*
- Most newspapers come out in the **morning**.
- Yesterday **morning** the weather was cold and cloudy.

a **manhã**
- A maior parte dos jornais sai pela **manhã**.
- Ontem pela **manhã** o tempo estava frio e nublado.

this morning [θɪs ˈmɔːnɪŋ] *adj*
- I got up at 6:30 **this morning**.

essa manhã, hoje de manhã
- Acordei às 6h30 **hoje de manhã**.

in the morning [ɪn ðə ˈmɔːnɪŋ] *adj*
- Harry never drinks coffee in the morning – only after lunch.

pela manhã
- Harry nunca toma café **pela manhã** – só após o almoço.

am [ˌeɪˈem] *adv*
- We have a meeting on Tuesday at 9 **am**.

da manhã
- Temos uma reunião terça às 9 **da manhã**.

➜ As abreviações **am** e **pm** são empregadas para horários antes e depois do meio-dia, sendo **am** (*ante meridiem*) das 0h às 12h e **pm** (*post meridiem*) de 12h às 24h. Das 12h em ponto diz-se **noon**; e das 24h, **midnight**.

noon [nuːn] *n*
- The shootout happened around **noon**.

o **meio-dia**
- O tiroteio aconteceu por volta do **meio-dia**.

at noon [ət ˈnuːn] adv
- In Spain many shops close for lunch **at noon**.

ao meio dia
- Na Espanha, muitas lojas fecham para o almoço ao **meio-dia**.

afternoon [BE: ˈɑːftəˈnuːn, AE: ˌæftərˈnun] n
- Let's meet in the late **afternoon** or early evening.

a tarde
- Vamos nos encontrar no final da **tarde** ou início da noite.

in the afternoon [BE: ɪn ði ˈɑːftəˈnuːn, AE: ɪn ði ˌæftərˈnun] adv
- Would 2 o'clock **in the afternoon** suit you?

à tarde, da tarde
- Duas horas **da tarde** está bom para você?

pm [ˌpiːˈem] adv
- The plane leaves at 3 **pm**.
➔ am p. 388

da tarde, da noite
- O avião sai às 3 **da tarde**.

evening [ˈiːvnɪŋ] n
- Most people watch TV in the **evening**.

a noite
- A maioria das pessoas assiste TV à **noite**.

in the evening [ɪn ði ˈiːvnɪŋ] adv
- I always read **in the evening**.

à noite
- Sempre leio **à noite**.

night [naɪt] n, adj
- The best TV programmes are late at **night**.
- Take the **night** bus. It's safer than the underground.

noite, noturno
- Os melhores programas de TV passam tarde da **noite**.
- Tome o ônibus **noturno**. É mais seguro do que o metrô.

at night [ət ˈnaɪt] adv
- She shouldn't walk alone through the park **at night**.

à noite
- Ela não deveria andar sozinha pelo parque **à noite**.

midnight [ˈmɪdnaɪt] n
- Let's meet at **midnight** in the old cemetery.

a meia-noite
- Vamos nos encontrar à **meia-noite** no velho cemitério.

tonight [təˈnaɪt] adv
- Let's go dancing **tonight**.

hoje à noite
- Vamos dançar **hoje à noite**.

last night [BE: ˌlɑːst ˈnaɪt, AE: ˌlæst ˈnaɪt] adv
- Did you see the talk show at 9 o'clock **last night**?

ontem à noite
- Você assistiu o programa de entrevista às 9 **ontem à noite**?

Horas do dia

o'clock [əˈklɒk] adv
- School starts at 9 **o'clock**.

hora
- A escola começa às 9 **horas**.

hour [ˈaʊə] n
- His presentation took only an **hour**.

a hora
- Sua apresentação levou apenas uma **hora**.

half an hour [BE: hɑːf ən ˈaʊə, AE: hæf ən ˈaʊə] n
- I'll be back in **half an hour**.

a meia hora
- Estarei de volta em **meia hora**.

half-hour [BE: hɑːfˈaʊə, AE: hæfˈaʊər] n
- I expect her back within the next **half-hour**.

a meia hora
- Espero o retorno dela na próxima **meia hora**.

quarter of an hour [ˈkwɔːtər əv ən ˈaʊə] n
- The train leaves in a **quarter of an hour**.

os quinze minutos
- O trem sai em **quinze minutos**.

minute [ˈmɪnɪt] n
- A quarter of an hour has 15 **minutes**.

o minuto
- Um quarto de hora tem 15 **minutos**.

second [ˈsɛkənd] n
- Gary held his breath for 50 **seconds**.

o segundo
- Gary segurou a respiração por 50 **segundos**.

What time ...? [wɒt ˈtaɪm] phrase

A que horas ...?

around the clock [əˈraʊnd ðə klɒk] adv
- The entrance is guarded **around the clock**.

24 horas (por dia)

- A entrada é vigiada **24 horas por dia**.

past [BE: pɑːst, AE: pæst] prep ■ It's five **past** four.	passado ■ São cinco **passados** das quatro.
to [tuː] prep ■ I'll be there at ten **to** six.	para ■ Estarei lá às dez **para** as seis.
ago [əˈgəʊ] adv ■ Her father died 32 years **ago**.	atrás (tempo decorrido) ■ O pai dela morreu 32 anos **atrás**.
at [æt] prep ■ The concert begins **at** eight.	às ■ O show começa **às** oito.
sharp [ʃɑːp] adv ■ I want you to be back at ten o'clock **sharp**.	em ponto ■ Quero que você esteja de volta às dez **em ponto**.

Outros conceitos de tempo

Passado, presente e futuro

time [taɪm] n ■ I'd love to come but I haven't got the **time**.	o tempo ■ Eu adoraria ir, mas não tenho **tempo**.
in [ɪn] prep ■ The Vietnam War ended **in** 1975. ■ Graham will see her again **in** eleven months.	em ■ A Guerra do Vietnã terminou **em** 1975. ■ Graham a verá novamente **em** onze meses.
during [ɪn] prep ■ I never watch TV **during** the day.	durante ■ Nunca assisto à TV **durante** o dia.
date [deɪt] n ■ What's the **date** today? – It's the fourteenth of January.	o dia ■ Que **dia** é hoje? – É 14 de janeiro.
now [naʊ] adv ■ Don't wait – act **now**!	agora ■ Não espere – aja **agora**!
today [təˈdeɪ] adv ■ If you post the letter **today**, it will get there tomorrow.	hoje ■ Se você postar a carta **hoje**, ela chegará amanhã.

yesterday [ˈjəstədeɪ] *adv* ■ I only started **yesterday**.	**ontem** ■ Comecei apenas **ontem**.
the day before yesterday [ðə deɪ bɪˈfɔːˈjəstədeɪ] *adv* ■ I hope the steaks are still okay. I bought them **the day before yesterday**.	**anteontem** ■ Espero que os bifes ainda estejam bons. Eu os comprei **anteontem**.
tomorrow [təˈmɒrəʊ] *adv* ■ You can speak to the boss **tomorrow**. He's not here today.	**amanhã** ■ Você pode falar com o chefe **amanhã**. Hoje ele não está.
the day after tomorrow [BE: ðə deɪ ˈɑːftə təˈmɒrəʊ, AE: ðə deɪ ˈæftər təˈmɑˌroʊ] *adv* ■ I'll probably be finished by **the day after tomorrow**.	**depois de amanhã** ■ Provavelmente terei terminado **depois de amanhã**.
moment [ˈməʊmənt] *n* ■ It will take a **moment**.	o **momento** ■ Vai levar um **momento**.
century [ˈsəntʃʊri] *n* ■ The Industrial Revolution began in the 18th **century**.	o **século** ■ A Revolução Industrial iniciou no **século** XVIII.
past [BE: pɑːst, AE: pæst] *n* ■ The **past** is always part of the present.	o **passado** ■ O **passado** é sempre parte do presente.
present [ˈprɛznt] *n* ■ The **present** can only interpret the past but not understand it.	o **presente** ■ O **presente** pode apenas interpretar o passado, mas não entendê-lo.
at present [ət ˈprɛznt] *adv* ■ There isn't much hope of finding the stolen pictures again **at present**.	**no momento** ■ Não há muita esperança de tornar a encontrar as telas roubadas **no momento**.
future [ˈfjuːtʃə] *n, adj* ■ A fortune teller claims to be able to see into the **future**. ■ Had I been able to predict **future** events, I would have tried to prevent what happened.	o **futuro** ■ Um vidente afirma ser capaz de ver o **futuro**. ■ Se eu fosse capaz de prever acontecimentos **futuros**, teria tentado evitar o que aconteceu.

nowadays ['naʊədeɪz] adv
- We used to have three TV channels to choose from. **Nowadays** we have 500.

hoje em dia
- Antes tínhamos três canais de TV para escolher. **Hoje em dia** temos 500.

then [ðɛn] adv
- I remember the first landing on the moon. I was a little boy **then**.

à época, então
- Lembro-me do primeiro pouso na Lua. Eu era um garotinho **à época**.

Duração e frequência

until [ʌnˈtɪl] prep
- Office workers in Britain usually start at 9 and work **until** 5 o'clock.

até
- Na Grã-Bretanha, funcionários de escritório geralmente começam às 9 e trabalham **até** às 5 horas.

till [tɪl] conj
- I'll take care of the baby **till** you come back.

até
- Eu tomarei conta do bebê **até** você voltar.

by [baɪ] prep
- Please hand in your essays **by** Friday.

até
- Por favor, entreguem suas redações **até** sexta-feira.

for [fɔː] prep
- I lived in America **for** one year.
- Tina's been ill **for** a week.

por, há
- Morei nos Estados Unidos **por** um ano.
- Tina está doente **há** uma semana.

since [sɪns] prep
- It's been a week **since** Tina fell ill.
➡ for p. 393

desde, faz
- **Faz** uma semana que Tina adoeceu.

from [frɒm] prep
- I'm doing the night shift this week. I work **from** 10 pm until 6 in the morning.

desde, (a partir) de
- Esta semana estou fazendo o turno noturno. Trabalho **das** 10 da noite às 6 da manhã.

already [ɔːˈlrədi] *adv*
- James isn't coming, he's **already** seen the film.

já
- James não vem, ele **já** assistiu ao filme.

still [stɪl] *adv*
- It was **still** dark when we left.

ainda
- **Ainda** estava escuro quando saímos.

not yet [ˌnɒt ˈjet] *adv*
- Where's Luke? I have**n't** seen him **yet**.

ainda não
- Onde está Luke? **Ainda não** o vi.

forever [fəˈrəvə] *adv*
- The Rolling Stones will be remembered **forever**.

para sempre
- Os Rolling Stones serão lembrados **para sempre**.

to take [tə ˈteɪk] *v*
▶ *v irr* p. 448 take
- How long will it **take** to drive to Canterbury?

levar

- Quanto tempo **leva** de carro até Canterbury?

to last [BE: tə ˈlɑːst, AE: tə ˈlæst] *v*
- The negotiations with the supplier **lasted** three days.

durar, levar, demandar
- As negociações com o fornecedor **duraram** três dias.

shortly [ˈʃɔrtli] *adv*
- The game will be starting **shortly**.

logo, em breve, daqui a pouco
- O jogo vai começar **daqui a pouco**.

long [lɔŋ] *adj*
- It's a **long** flight from London to Sydney.

longo
- É um voo **longo** de Londres a Sydney.

ever [ˈəvər] *adv*
- Have you **ever** been to New Zealand?

já, alguma vez
- Você **já** esteve na Nova Zelândia?

always [ˈɔlˌweɪz] *adv*
- In tennis one player **always** wins.

sempre
- No tênis, um jogador **sempre** vence.

often [ˈɔfən] *adv*
- I like the theatre but I don't **often** have time to go.

frequentemente
- Gosto de teatro, mas **frequentemente** eu não tenho tempo para ir.

sometimes [sǝmˈtaɪmz] *adv* ■ **Sometimes** he goes by car but usually he takes the bus.	**às vezes, algumas vezes** ■ **Às vezes** ele vai de carro, mas geralmente pega o ônibus.
usually [ˈjuʒǝwǝli] *adv* ■ We **usually** go to bed around ten thirty.	**geralmente, em geral** ■ Vamos dormir **geralmente** por volta das dez e meia.
rarely [ˈrǝrli] *adv* ■ They've moved away, so we **rarely** see them.	**raramente** ■ Eles mudaram de casa, então **raramente** os vejo.
never [ˈnǝvǝr] *adv* ■ I've heard of him but I've **never** seen him.	**nunca, jamais** ■ Ouvi falar dele, mas **nunca** o vi.
while [waɪl] *n* ■ I saw her a little **while** ago.	**(há um, algum, pouco) tempo** ■ Eu a vi há pouco **tempo**.
frequent [ˈfriːkwǝnt] *adj* ■ Gordon always takes his notebook on his **frequent** flights.	**frequente** ■ Gordon sempre leva o notebook em seus voos **frequentes**.
seldom [ˈsǝldǝm] *adv* ■ I'm not a vegetarian, but I very **seldom** eat meat.	**raramente** ■ Não sou vegetariano, mas muito **raramente** como carne.

Antes e depois

before [bɪˈfɔː] *conj, prep* ■ Alex was a teacher **before** she became a writer. ■ Jamie always jogs **before** breakfast.	**antes** ■ Alex era professora **antes** de se tornar escritora. ■ Jamie sempre corre **antes** do café da manhã.
then [ðen] *adv* ■ First the President spoke and **then** his guests.	**então, depois, em seguida** ■ Primeiro o presidente falou e **depois** seus convidados.
after [BE: ˈɑːftǝ, AE: ˈæftǝr] *prep* ■ Granddad likes to take a nap **after** dinner.	**depois, após** ■ Vovô gosta de tirar uma soneca **após** o jantar.

early [ˈɜrli] *adv* — **cedo**
- Sorry for being so **early**. I couldn't wait any longer.
  - Desculpe por vir tão **cedo**. Não consegui esperar mais.
- The plane was due at 12 noon but arrived 20 minutes **early**.
  - O avião deveria aterrissar ao meio-dia, mas chegou 20 minutos mais **cedo**.

late [leɪt] *adv* — **atrasado**
- If I don't catch the train I'll be **late**.
  - Se eu não pegar o trem, vou chegar **atrasado**.

later [ˈleɪtər] *adv* — **mais tarde, depois**
- Bye now, I'll see you **later**.
  - Então tchau, vejo você **depois**.

in time [ɪn ˈtaɪm] *adv* — **a tempo, na hora**
- We arrived just **in time** to catch our train.
  - Chegamos bem **na hora** para pegar nosso trem.

soon [suːn] *adv* — **logo, já**
- Don't be afraid. Your mother will be back again **soon**.
  - Não tenha medo. Sua mãe vai voltar **logo**.

immediately [ɪˈmiːdiətli] *adv* — **imediatamente**
- Send an ambulance **immediately**!
  - Envie uma ambulância **imediatamente**!

at once [ət ˈwʌns] *adv* — **logo, de uma vez**
- Don't wait! Do it **at once**!
  - Não espere! Faça **de uma vez**!

suddenly [ˈsʌdnli] *adv* — **de repente**
- We woke up when **suddenly** the house began to shake.
  - Nós acordamos quando **de repente** a casa começou a tremer.

first [fɜːst] *adv* — **primeiro**
- There's so much work I don't know what to do **first**.
  - Tem tanto trabalho que não sei o que fazer **primeiro**.

last [BE: lɑːst, AE: læst] *adj, adv* — **último, por último**
- The **last** train leaves around midnight.
  - O **último** trem sai por volta da meia-noite.
- Fred arrived **last** as usual.
  - Fred chegou **por último**, como sempre.

yet [jət] *adv* — **já, ainda**
- I'm looking for Sue. Have you seen her **yet**?
  - Estou à procura de Sue. Você **já** a viu?

recently ['riːsntli] *adv* ■ The film came out **recently** but I haven't seen it yet.	**recentemente, há pouco tempo** ■ O filme estreou **recentemente**, mas ainda não o assisti.
lately ['leɪtli] *adv* ■ Karen hasn't watched much TV **lately**.	**ultimamente** ■ Karen não tem assistido muito à TV **ultimamente**.
finally ['faɪnəli] *adv* ■ After several traffic jams we **finally** reached Brighton.	**finalmente, por fim** ■ Após diversos engarrafamentos, **finalmente** chegamos a Brighton.
urgent ['ɜːdʒənt] *adj* ■ Please write this e-mail immediately. It's very **urgent**.	**urgente** ■ Por favor, escreva esse e-mail imediatamente. É muito **urgente**.

Transcurso do tempo

once [wʌns] *adv* ■ London was **once** a Roman town.	**uma vez, outrora, antigamente** ■ **Outrora** Londres foi uma cidade romana.
twice [twaɪs] *adv* ■ Danny goes jogging **twice** a week: on Wednesdays and Sundays.	**duas vezes** ■ Danny pratica corrida **duas vezes** por semana: às quartas e aos domingos.
to start [tə 'stɑːt] *v* ■ Rachel **started** to say something but then stopped.	**começar, iniciar** ■ Rachel **começou** a dizer alguma coisa e então parou.
to begin [tə bɪ'gɪn] *v* ▶ v irr p. 442 begin ■ The American Civil War **began** in 1861 and ended in 1865.	**começar, iniciar** ■ A Guerra Civil Americana **começou** em 1861 e terminou em 1865.
to finish [tə 'fɪnɪʃ] *v* ■ What time does the programme **finish**?	**terminar** ■ A que horas o programa **termina**?

to stop [tə ˈstɒp] v	**parar**
■ Could you **stop** talking? I'm trying to think. ■ We **stopped** to look in the shop windows.	■ Você poderia **parar** de falar? Estou tentando pensar. ■ **Paramos** para olhar as vitrines.
over [ˈəʊvə] adv	**acabado**
■ Let's go home. The party's **over**.	■ Vamos para casa. A festa **acabou**.
end [end] n	**o fim, o final**
■ I stayed until the very **end** of the party.	■ Fiquei até o **final** da festa.
to end [tʊ ˈend] v	**terminar**
■ The atom bomb **ended** World War II in August 1945.	■ A bomba atômica **terminou** a Segunda Guerra Mundial em agosto de 1945.
to continue [tə kənˈtɪnjuː] v	**continuar**
■ Many school-leavers want to **continue** their education at college.	■ Muitos que abandonam a escola querem **continuar** a educação na faculdade.
delay [dɪˈleɪ] n	**o atraso**
■ There were lots of **delays** at the airport due to fog.	■ Houve muitos **atrasos** no aeroporto em razão da neblina.
to delay [tə dɪˈleɪ] v	**atrasar**
■ The arrival of the bus was **delayed** because of engine damage.	■ A chegada do ônibus **atrasou**, porque o motor quebrou.
to postpone [tə pəʊstˈpəʊn] v	**adiar**
■ Their meeting was **postponed** until the following day.	■ A reunião deles foi **adiada** para o dia seguinte.
current [BE: ˈkʌrənt, AE: ˈkɜrənt] adj	**atual**
■ His book on the **current** problems of society has become a best-seller.	■ Seu livro sobre os problemas **atuais** da sociedade tornou-se um best-seller.
to interrupt [tʊ ˌɪntəˈrʌpt] v	**interromper**
■ John **interrupts** his wife every time she says something.	■ John **interrompe** a esposa sempre que ela diz alguma coisa.

Espaço

Conceitos espaciais

place [pleɪs] *n*
- I know this **place**. I've been here before.

lugar
- Conheço este **lugar**. Já estive aqui antes.

---

there [ðeə] *adv*
- I hear **there**'s a concert in Cork. Are you going there?

lá
- Ouvi dizer que está tendo um show em Cork. Você está indo para **lá**?

---

to [tuː] *prep*
- It's about 400 kilometres from here **to** Aberdeen.

a, até
- São mais ou menos 400 quilômetros daqui **até** Aberdeen.

---

away [əˈweɪ] *adv*
- They jumped on their bicycles and rode **away**.

embora
- Eles subiram em suas bicicletas e foram **embora**.

---

somewhere [ˈsʌmweə] *adv*
- Try to find him, he must be **somewhere**.

algum lugar
- Tente encontrá-lo, ele deve estar em **algum lugar**.

---

anywhere [ˈenɪweə] *adv*
- Your glasses could be **anywhere**.

qualquer lugar
- Seus óculos poderiam estar em **qualquer lugar**.

---

nowhere [ˈnəʊweə] *adv*
- The missing person was **nowhere** to be found.

em lugar nenhum
- A pessoa perdida estava **em lugar nenhum**.

---

everywhere [ˈevrɪweə] *adv*
- You can find nice pubs **everywhere** in Britain.

por toda parte
- Na Grã-Bretanha você pode encontrar pubs legais **por toda parte**.

---

front [frʌnt] *n*
- The **front** of the house was damaged by the storm.

a frente, a fachada
- A **frente** da casa foi danificada pelo temporal.

in front of [ɪn ˈfrʌnt əv] prep
em frente a, diante de
- Lots of people were standing **in front of** the cinema.
- Havia uma porção de gente **em frente ao** cinema.

back [bæk] n
os fundos
- The bike was found at the **back** of the building.
- A bicicleta foi encontrada nos **fundos** do edifício.

behind [bɪˈhaɪnd] prep, adv
atrás
- Polly was hiding **behind** a tree.
- Polly estava se escondendo **atrás** de uma árvore.

middle [ˈmɪdl] n
o meio
- Germany is in the **middle** of Europe.
- A Alemanha fica no **meio** da Europa.

side [saɪd] n
lado
- Cars drive on the left **side** of the road in Australia.
- Os carros trafegam pelo **lado** esquerdo da estrada na Austrália.

right [raɪt] adv
à direita
- Turn **right** at the crossroads.
- Vire **à direita** no cruzamento.

left [left] adv
à esquerda
- The library is **left** of the post office.
- A biblioteca fica **à esquerda** do correio.

above [əˈbʌv] prep
acima
- The plane was flying far **above** the clouds.
- O avião estava voando muito **acima** das nuvens.

narrow [ˈnærəʊ] adj
estreito
- The street is too **narrow** for buses and lorries.
- A rua é **estreita** demais para carros e caminhões.

down [daʊn] adv
para baixo, embaixo
- Patrick went **down** to the cellar to look at the heating.
- Patrick foi **embaixo**, no porão, dar uma olhada no aquecedor.

downstairs [ˌdaʊnˈsteəz] adv
andar de baixo
- The bedrooms are upstairs and the living room is **downstairs**.
- Os quartos ficam em cima e a sala de estar, **no andar de baixo**.

Conceitos espaciais

over [ˈəʊvə] *prep* — **por cima**
- The dog jumped **over** the fence and ran away.
- O cachorro pulou **por cima** da cerca e fugiu.

here [hɪə] *adv* — **aqui**
- I've lived **here** all my life.
- Morei **aqui** toda a minha vida.

away [əˈweɪ] *adv* — **embora**
- She got into her car and drove **away**.
- Ela pegou o carro e foi **embora**.

far [fɑː] *adj* — **longe**
- We can walk there. It isn't **far**.
- Podemos ir caminhando até lá. Não é **longe**.

➡ As formas aumentativas **farther, farthest** são empregadas unicamente com sentido espacial. **Further** e **furthest**, ao contrário, são usadas tanto em sentido espacial como em sentido figurado, por exemplo, **two miles further** – duas milhas daqui e **further reasons** – outros motivos.

near [nɪə] *adj* — **próximo, perto**
- Can you tell me where the **nearest** bus stop is?
- Você poderia me dizer onde fica a **próxima** parada de ônibus?

➡ **Nearest** significa o mais próximo, **next**, por sua vez, **o seguinte**, o próximo de uma série ou de uma fila, por exemplo: **Get off at the next bust stop.** – **Desça na próxima parada.**

next to [ˈnekst tə] *prep* — **próximo de, perto de**
- Charlotte's an old friend. She sat **next to** me at school.
- Charlotte é uma velha amiga. Sentava **perto de** mim na escola.

by [baɪ] *prep* — **junto a**
- When I entered the room she was standing **by** the window.
- Quando entrei na sala, ela estava sentada **junto à** janela.

opposite [ˈɒpəzɪt] *prep* — **oposto**
- The teacher usually stands **opposite** the class.
- O professor geralmente fica do lado **oposto** à classe.

round [raʊnd] *prep* — **em volta de, em torno de**
- Monica walked **round** the table and looked at me from all sides.
- Monica andou **em volta da** mesa e me olhou de todos os lados.

below [bɪˈləʊ] *prep* ■ There's a lot of oil **below** the surface of the desert.	**abaixo, debaixo** ■ Tem muito petróleo **debaixo** da superfície do deserto.
under [ˈʌndə] *prep* ■ Most of the iceberg is **under** the surface of the water.	**sob** ■ A maior parte do iceberg está **sob** a superfície da água.
among [əˈmʌŋ] *prep* ■ There are several valuable examples **among** your stamps.	**entre** ■ Há diversos exemplares valiosos **entre** seus selos.
between [bɪˈtwiːn] *prep* ■ There's a direct train service **between** London and Paris.	**entre** ■ Há uma linha de trem direto **entre** Londres e Paris.
up [ʌp] *adv* ■ Caroline went **up** to put the children to bed.	**para cima** ■ Caroline foi **para cima** para pôr as crianças na cama.
upstairs [ˌʌpˈsteəz] *adv* ■ The bathroom is **upstairs**.	**em cima** ■ O banheiro fica no **andar de cima**.
high [haɪ] *adj* ■ Mount Whitney is the **highest** mountain in California.	**alto** ■ O Monte Whitney é a montanha mais **alta** da Califórnia.
low [ləʊ] *adj* ■ The clouds are very **low**. It's going to rain.	**baixo** ■ As nuvens estão muito **baixas**. Vai chover.
direction [dɪˈrekʃn] *n* ■ Chris is walking in the wrong **direction**.	**a direção** ■ Chris está caminhando na **direção** errada.
around [əˈraʊnd] *adv* ■ A merry-go-round goes **around** in a circle.	**em torno, ao redor** ■ Um carrossel gira **em torno** num círculo.
for [fɔː] *prep* ■ The ferry left **for** Harwich this morning.	**para** ■ A balsa saiu **para** Harwich hoje de manhã.

Conceitos espaciais

towards [BE: təˈwɔːdz, AE: təˈwɔrdz] prep
- I got a fright when I saw a big dog running **towards** me.

em direção a
- Fiquei com medo quando vi um grande cachorro vindo **em direção a** mim.

into [ˈɪntuː] prep
- It's getting cold, let's go **into** the house.

para dentro
- Está esfriando, vamos **para dentro** de casa.

out of [aʊt ɒv] prep
- Joe jumped **out of** bed when the alarm clock rang.

(fora) de
- Joe pulou **fora da** cama quando soou o alarme do relógio.

from [frɒm] prep
- Sean comes **from** Ireland.

de
- Sean vem **da** Irlanda.

through [θruː] prep
- Our train is going **through** the Channel Tunnel.

através, por (pelo, pela)
- Nosso trem está passando **pelo** Túnel do Canal.

across [əˈkrɒs] prep
- A boat took us **across** the river.

por, através
- Um barco nos levou **pelo** rio.

inside [ɪnˈsaɪd] prep
- They ran the last five laps **inside** the stadium.

dentro
- Eles percorreram as cinco últimas voltas **dentro** do estádio.

outside [ˌaʊtˈsaɪd] prep
- They live in a township **outside** Cape Town.

fora, de fora, externo
- Eles vivem num município **fora** da Cidade do Cabo.

distance [ˈdɪstəns] n
- The Channel Tunnel allows trains to cover the **distance** between London and Paris in about three hours.

a distância
- O Túnel do Canal permite que trens percorram a **distância** entre Londres e Paris em cerca de três horas.

deep [diːp] adj
- Be careful when you go swimming. The water's very **deep**!

profundo
- Tenha cuidado ao nadar. A água é muito **profunda**!

position [pəˈzɪʃən] n
- San Francisco is known for its beautiful **position** overlooking the Bay.

a posição
- São Francisco é conhecida por sua bela **posição** que dá vista para a Baía.

forward(s) [ˈfɔːwəd(z)] *adv*
- The doors closed automatically and the train started to move slowly **forwards**.

para a frente
- As portas se fecharam automaticamente, e com lentidão o trem começou a se mover **para a frente**.

backward(s) [ˈbækwəd(z)] *adv*
- In a countdown you count **backwards** in seconds to zero.

para trás, de trás para a frente
- Numa contagem regressiva, você conta **de trás para a frente**.

Movimento, velocidade e repouso

to move [tə ˈmuːv] *v*
- Don't open the door while the train's **moving**.

mover
- Não abra a porta enquanto o trem estiver **se movendo**.

to turn [tə ˈtɜːn] *v*
- Molly **turned** around and waved at us.

virar-se
- Molly **virou-se** e acenou para nós.

to get on [tə ˌgɛt ˈɒn] *phrase*
▶ *v irr* p. 444 get
- Brenda **got on** the train just before it departed.

subir
- Brenda **subiu** no trem pouco antes de ele partir.

to get in [tə ˌgɛt ˈɪn] *phrase*
▶ *v irr* p. 444 get
- Why don't you **get in** the car and wait for me? I'll be right back.

entrar
- Por que você não **entra** no carro e espera por mim? Estarei de volta num instante.

to get off [tə ˌgɛt ˈɒf] *phrase*
▶ *v irr* p. 444 get
- **Get off** at Netherfield Park Station. I'll pick you up.

descer, saltar
- **Desça** na Netherfield Park Station. Eu busco você.

to get out [tə ˌgɛt ˈaʊt] *phrase*
▶ *v irr* p. 444 get
- Kathleen **got out** of the taxi and rushed into the hotel lobby to meet her fiancé.

sair
- Kathleen **saiu** do táxi e correu para o saguão do hotel para encontrar seu noivo.

Movimento, velocidade e repouso

to go down [tə ˌgəʊ ˈdaʊn] *phrase*
▶ v irr p. 444 go
- When Diane **went down** the stairs, she saw a burglar in the dining room.

descer
- Quando Diane **desceu** as escadas, viu um ladrão na sala de jantar.

to be in a hurry [*BE:* tə bi ɪn ə ˈhʌri, *AE:* tə bi ɪn ə ˈhɜri] *phrase*
▶ v irr p. 442 be
- Can this wait till tomorrow? I'm **in a hurry**.

estar com pressa
- Isso pode esperar até amanhã? **Estou com pressa**.

quickly [ˈkwɪkli] *adv*
- Young children learn very **quickly**.

rápido, rapidamente
- Crianças pequenas aprendem muito **rápido**.

fast [*BE:* fɑːst, *AE:* fæst] *adj*
- Mandy's a **fast** but careful driver.

veloz
- Mandy é uma motorista **veloz**, porém cuidadosa.

slow [sləʊ] *adj*
- Seeing London by bus is fun but very **slow**.

lento
- Conhecer Londres de ônibus é divertido, mas muito **lento**.

to walk [tə wɔːk] *v*
- We had no car, so we had **to walk**.

caminhar
- Não tínhamos carro, então tivemos de **caminhar**.

to fall [tə fɔːl] *v*
▶ v irr p. 443 fall
- Josie **fell** off her horse and broke her arm.

cair
- Josie **caiu** do cavalo e quebrou o braço.

speed [spiːd] *n*
- The Concorde could reach **speeds** of Mach 2 and higher.

a velocidade
- O Concorde pode alcançar a **velocidade** Mach 2 ou mais.

to overtake [tʊ ˈəʊvə teɪk] *v*
▶ v irr p. 446 overtake
- Don't **overtake** if you can't see the oncoming traffic.

ultrapassar
- Não **ultrapasse** se você não conseguir ver o trânsito no sentido contrário.

to slow down [tə sləʊ daʊn] *phrase* ■ **Slow down!** The speed limit here is 25 mph!	**reduzir a velocidade** ■ **Reduza a velocidade!** O limite de velocidade é de 40 quilômetros por hora!

Ir e vir

to go [tə ˈgəʊ] *v*
▶ v irr p. 444 go
■ I'd like to stay a little longer, but I really have **to go**.

ir

■ Eu gostaria de ficar mais, mas realmente tenho de **ir**.

---

to leave [tə liːv] *v*
▶ v irr p. 445 leave
■ I have **to leave** at 7.30 to catch the bus.

sair

■ Tenho de **sair** às 7h30 para pegar o ônibus.

---

to get [tə ˌget] *v*
▶ v irr p. 444 get
■ Thank God we **got** there in time.

chegar

■ Graças a Deus **chegamos** lá a tempo.

---

to come [tə kʌm] *v*
▶ v irr p. 443 come
■ Jake wants you **to come** to his birthday party.

vir

■ Jake quer que você **venha** à festa de aniversário dele.

---

to return [tə rɪˈtɜːn] *v*
■ Gordon leaves for work at 7.30 in the morning and **returns** around 5 in the afternoon.

voltar, retornar

■ Gordon sai para o trabalho às 7h30 da manhã e **retorna** por volta das 5 da tarde.

---

to walk [tə wɔːk] *v*
■ We had no car, so we had **to walk**.

caminhar

■ Não tínhamos carro, por isso tivemos de **caminhar**.

---

to go for a walk [tə gəʊ fər ə wɔːk] *phrase*
■ One of her habits is **to go for a walk** every morning at 6.30.

ir caminhar, sair para caminhar

■ Um de seus hábitos é **sair para caminhar** todas as manhãs às 6h30.

to arrive [tʊəˈraɪv] v ■ The train **arrives** in London at 10.30.	**chegar** ■ O trem **chega** a Londres às 10h30.
to pass [BE: təpɑːs, AE: təpæs] v ■ Barbara always waves at me when she **passes** my house.	**passar** ■ Barbara sempre acena para mim quando **passa** em frente de minha casa.
to stay [təsteɪ] v ■ We climbed up to the crater of the volcano but **stayed** there for only a few minutes.	**ficar** ■ Escalamos até a cratera de um vulcão, mas **ficamos** lá apenas alguns minutos.
to reach [təriːtʃ] v ■ The train **reached** Victoria Station 20 minutes late.	**chegar** ■ O trem **chegou** à Victoria Station com 20 minutos de atraso.
to appear [tʊəˈpɪə] v ■ Patrick said he'd be here by six but he hasn't **appeared** yet.	**aparecer** ■ Patrick disse que ele estaria aqui às seis, mas ainda não **apareceu**.
to disappear [tə͵dɪsəˈpɪə] v ■ One day she **disappeared** and was never seen again.	**desaparecer** ■ Um dia ela **desapareceu** e nunca mais foi encontrada.

Cores e formas

Cores

colour BE [ˈkʌlə], **color** AE [ˈkʌlər] n	a cor
white [waɪt] adj	branco
black [blæk] adj	preto
yellow [ˈjɛləʊ] adj	amarelo
red [rɛd] adj	vermelho
blue [bluː] adj	azul
orange [ˈɒrɪndʒ] adj	laranja
green [griːn] adj	verde
violet [ˈvaɪəlɪt] adj	violeta
brown [braʊn] adj	marrom
grey BE, **gray** AE [griːn] adj	cinza
pink [pɪŋk] adj	rosa, cor-de-rosa
colourful, BE [ˈkʌləfʊl], **colorful** AE [ˈkʌlərfəl] adj	colorido
dark [dɑːk] adj	escuro
light [laɪt] adj	claro

Formas

shape [ʃeɪp] n	a **forma**
circle [ˈsɜːkl] n	o **círculo**
round [raʊnd] adj	redondo

line [laın] *n*	a **linha**
square [skweə] *n*	o **quadrado**
rectangle [ˈrɛkˌtæŋgl] *n*	o **retângulo**
triangle [ˈtraıæŋgl] *n*	o **triângulo**
cross [krɒs] *n*	a **cruz**
corner [ˈkɔːnə] *n*	o **canto**
angular [ˈæŋgjʊlə] *adj*	**angular**
angle [ˈæŋgl] *n*	o **ângulo**
sphere [sfıə] *n*	a **esfera**
edge [ɛdʒ] *n*	a **ponta**, a **borda**
flat [flæt] *adj*	**chato**
point [pɔınt] *n*	o **ponto**
pointed [ˈpɔıntıd] *adj*	**pontudo, pontiagudo**
arrow [ˈærəʊ] *n*	a **seta**, a **flecha**

Números e unidades de medidas

Números inteiros

0	zero [ˈzɪərəʊ]	zero
1	one [wʌn]	um
2	two [tuː]	dois
3	three [θriː]	três
4	four [fɔː]	quatro
5	five [faɪv]	cinco
6	six [sɪks]	seis
7	seven [ˈsɛvn]	sete
8	eight [eɪt]	oito
9	nine [naɪn]	nove
10	ten [tɛn]	dez
11	eleven [ɪˈlɛvn]	onze
12	twelve [twɛlv]	doze
13	thirteen [ˈθɜːˈtiːn]	treze
14	fourteen [ˈfɔːˈtiːn]	catorze
15	fifteen [ˈfɪfˈtiːn]	quinze
16	sixteen [ˈsɪksˈtiːn]	dezesseis
17	seventeen [ˈsɛvnˈtiːn]	dezessete
18	eighteen [ˌeɪˈtiːn]	dezoito

19	nineteen ['naɪn'tiːn]	dezenove
20	twenty ['twɛnti]	vinte
21	twenty-one ['twɛnti-wʌn]	vinte e um
22	twenty-two ['twɛnti-tuː]	vinte e dois
30	thirty ['θɜːti]	trinta
40	forty ['fɔːti]	quarenta
50	fifty ['fɪfti]	cinquenta
60	sixty ['sɪksti]	sessenta
70	seventy ['sɛvnti]	setenta
80	eighty ['eɪti]	oitenta
90	ninety ['naɪnti]	noventa
100	(one) hundred [(wʌn) 'hʌndrəd]	cem
1.000	(one) thousand [(wʌn) 'θaʊzənd]	mil
1.000.000	one million [wʌn 'mɪljən]	um milhão
1.000.000.000	one billion [wʌn 'bɪljən]	um bilhão

number ['nʌmbə] *n*

- Many people think that the **number** 13 is an unlucky number.
- Simon lives on Dawson Street at **number** 25.
- Although it's a rather small town there are quite a **number** of bookshops.

o **número**

- Muita gente acha que o **número** 13 é o número do azar.
- Simon mora no **número** 25 na Dawson Street.
- Embora seja uma cidade pequena, há um grande **número** de livrarias.

Números inteiros

figure [ˈfɪgə] *n* ■ I don't know the latest **figures**.	o **algarismo**, o **número** ■ Não conheço os últimos **algarismos**.
to count [tə kaʊnt] *v* ■ Sandra can **count** from one to ten in Chinese.	**contar** ■ Sandra sabe **contar** de um a dez em chinês.
digit [ˈdɪdʒɪt] *n* ■ Jonathan's telephone number has nine **digits**.	o **dígito** ■ O número de telefone de Jonathan tem nove **dígitos**.
sum [sʌm] *n* ■ The **sum** of 6 and 4 is 10.	a **soma** ■ A **soma** de 6 e 4 é 10.
difference [ˈdɪfrəns] *n* ■ Tom got 52 per cent of the vote, Jim only 48 – that's a **difference** of 18 votes.	a **diferença** ■ Tom teve 52 por cento dos votos; Jim, apenas 48 – uma **diferença** de 18 votos.
to calculate [tə ˈkælkjʊleɪt] *v* ■ Lisa **calculated** that she would have to save $200 a month.	**calcular** ■ Lisa **calculou** que teria que economizar 200 dólares por mês.
to add [tʊ æd] *v* ■ If you **add** 12 and 15 you get 27.	**somar, adicionar, acrescentar** ■ Se você **somar** 12 e 15, obtém 27.
to subtract [tə subract] *v* ■ If you **subtract** 10 from 100 you get 90.	**subtrair** ■ Se você **subtrair** 10 de 100, obtém 90.
to multiply [tə ˈmʌltɪplaɪ] *v* ■ You get the number of kilometres by **multiplying** the number of miles by 1.6.	**multiplicar** ■ Você obtém o número de quilômetros **multiplicando** o número de milhas por 1,6.
to divide [tə dɪˈvaɪd] *v* ■ You convert kilometres into miles by **dividing** them by 1.6.	**dividir** ■ Convertem-se quilômetros em milhas **dividindo**-os por 1,6.

Números ordinais

1st	**first** [fɜːst]	primeiro
2nd	**second** [ˈsɛkənd]	segundo
3rd	**third** [θɜːd]	terceiro
4th	**fourth** [fɔːθ]	quarto
5th	**fifth** [fɔːθ]	quinto
6th	**sixth** [sɪksθ]	sexto
7th	**seventh** [ˈsɛvnθ]	sétimo
8th	**eighth** [eɪtθ]	oitavo
9th	**ninth** [naɪnθ]	nono
10th	**tenth** [tɛnθ]	décimo
11th	**eleventh** [ɪˈlɛvnθ]	décimo primeiro
12th	**twelfth** [twɛlfθ]	décimo segundo
13th	**thirteenth** [ˈθɜːˈtiːnθ]	décimo terceiro
14th	**fourteenth** [ˈfɔːˈtiːnθ]	décimo quarto
15th	**fifteenth** [ˈfˈɪftiːnθ]	décimo quinto
16th	**sixteenth** [ˈsɪksˈtiːnθ]	décimo sexto
17th	**seventeenth** [ˈsɛvnˈtiːnθ]	décimo sétimo
18th	**eighteenth** [ˌeɪˈtiːnθ]	décimo oitavo
19th	**nineteenth** [ˈnaɪnˈtiːŋθ]	décimo nono

20th	**twentieth** ['twɛntɪəθ]	vigésimo
21th	**twenty-first** ['twɛnti-fɜːst]	vigésimo primeiro
22nd	**twenty-second** ['twɛnti-'sɛkənd]	vigésimo segundo
23rd	**twenty-third** ['twɛnti-θɜːd]	vigésimo terceiro
24th	**twenty-fourth** ['twɛnti-fɔːθ]	vigésimo quarto
30th	**thirtieth** ['θɜːtɪəθ]	trigésimo
40th	**fortieth** ['fɔːtɪəθ]	quadragésimo
50th	**fiftieth** ['fɪftɪəθ]	quinquagésimo
60th	**sixtieth** ['sɪkstɪəθ]	sexagésimo
70th	**seventieth** ['sɛvntɪəθ]	septuagésimo
80th	**eightieth** ['eɪtɪəθ]	octogésimo
90th	**ninetieth** ['naɪntɪəθ]	nonagésimo
100th	**hundredth** ['hʌndrədθ]	centésimo
1.000th	**thousandth** ['θaʊzəntθ]	milésimo
1.000.000th	**millionth** ['mɪljənθ]	milionésimo

Pesos e medidas

metre BE [ˈmiːtə], **meter** AE [ˈmiːtə] n   o **metro**

➡ Medidas de comprimento: 1 metre (metro) = 1,094 yards (jardas) = 3,28 feet (pés); 1 centimetre (centímetro) = 0,39 inches (polegadas); 1 kilometre (quilômetro) = 0,62 miles (milhas); 1 mile (milha) = 1,609 km; 1 nautical mile (milha náutica) = 1,852 km; 1 yard (jarda) = 3 feet (pés) = 91,44 cm; 1 foot (pé) = 12 inches (polegadas) = 30,48 cm; 1 inch = 2,54 cm.

centimetre BE [ˈsentɪˌmiːtə],   o **centímetro**
centimeter AE [ˈsentəˌmiːtər] n
➡ metre p. 415

milimetre BE [milimetre],   o **milímetro**
milimeter AE [milimeter] n
➡ metre p. 415

kilometre BE [ˈkɪləʊˌmiːtə],   o **quilômetro**
kilometer AE [ˈkɪləʊˌmiːtə] n
➡ metre p. 415

mile [maɪl] n   a **milha**
➡ metre p. 415

yard [jɑːd] n   a **jarda**
➡ metre p. 415

foot [fʊt] n. pl **feet**   o **pé**
➡ metre p. 415

inch [ɪntʃ] n   a **polegada**
➡ metre p. 415

litre BE [ˈliːtə], **liter** AE [ˈliːtə] n   o **litro**
➡ metre p. 415

➡ Medidas de conteúdo: 1 litre (litro) = Brit 1,76 pints = 0,22 gallons (galões); 1 litre (litro) = Am 2,11 pints = 0,26 gallons (galões); 1 pint = Brit 0,57 l; Am = 0,47 l; 1 gallon (galões) = Brit 4,54 l; Am = 3,78 l; 1 barrel (barril) = aprox. 30-40 gallons (galões; de petróleo) = 159 l.

pint [paɪnt] n   o **pint**
➡ litre p. 415

Pesos e medidas

gallon [ˈgælən] n ➡ litre p. 415	o **galão**
barrel [ˈbærəl] n ➡ litre p. 415	o **barril**
gram [græm] n	o **grama**

➡ Peso: 1 gram (grama) = 0,035 ounces (onça) ; 1 ounce (onça) = 28,25 g; 1 pound (libra) = 453,59 g; 1 kilo (quilo) = 2,2 pounds (libras); 1 long ton (tonelada longa, ou britânica) = Brit 1016,05 kg; 1 short ton (tonelada curta, ou americana) = Am 907,185 kg.

gramme BE [græm] n ➡ gram p. 416	o **grama**
kilo(gram) [ˈkiːləʊ(græm)] n ➡ gram p. 416	o **quilo(grama)**
ton [tʌn] n ➡ gram p. 416	a **tonelada**
tonne [tʌn] n ➡ gram p. 416	a **tonelada**
pound [paʊnd] n ➡ gram p. 416	a **libra**
ounce [aʊns] n ➡ gram p. 416	a **onça**
degree [dɪˈgriː] n	o **grau**

➡ Temperaturas: Fahrenheit = (9/5 × °C) + 32, ou (1,8 × °C) + 32; Celsius = 5/9 × (°F − 32), ou 0,55 × (°F − 32).

measure [ˈmɛʒə] n ■ Litre and metre are **measures** used in the metric system.	a **medida** ■ Litro e metro são **medidas** usadas no sistema métrico.
to measure [tə ˈmɛʒə] v ■ Temperatures are **measured** in Celsius or Fahrenheit.	**medir** ■ As temperaturas são **medidas** em Celsius ou em Fahrenheit.

weight [weɪt] n ■ Carol went on a diet and lost a lot of **weight**.	**o peso** ■ Carol fez uma dieta e perdeu bastante **peso**.
to weigh [tə weɪ] v ■ Jockeys seldom **weigh** more than 50 kilos.	**pesar** ■ Os jóqueis raramente **pesam** mais do que 50 quilos.
thermometer [θəˈmɒmɪtə] n ■ **Thermometers** are used to measure body temperature.	**o termômetro** ■ Os **termômetros** são usados para medir a temperatura do corpo.

Conceitos de quantidade

all [ɔːl] pron ■ Jane has invited **all** her friends.	**todos** ■ Jane convidou **todos** os seus amigos.
everything [ˈɛvrɪθɪŋ] pron ■ We bought **everything** for a picnic.	**tudo** ■ Compramos **tudo** para um piquenique.
a lot of [ə lɒt ɒv] pron ■ You can make **a lot of** money as a professional football player.	**muito** ■ Você pode ganhar **muito** dinheiro como jogador de futebol profissional.
much [mʌtʃ] pron ■ I don't go out **much** because I haven't got **much** time.	**muito** ■ Não saio **muito**, porque não tenho **muito** tempo.

➡ Os comparativos de **much** e **many** são **more** e **most**.

many [ˈmɛni] pron ■ I haven't got **many** CDs but I've got a lot of books. ➡ **much** p. 417	**muitos** ■ Não tenho **muitos** CDs, mas tenho uma porção de livros.
little [ˈlɪtl] pron ■ Mary had very **little** money in her purse.	**pouco** ■ Mary tinha muito **pouco** dinheiro em sua bolsa.

Conceitos de quantidade

> - Os comparativos de **little** são **less** e **least**.
> - As locuções compostas pela anteposição do artigo indefinido **a** às palavras **little** e **few** indicam quantidades como **um pouco**, **alguns**, **um pouquinho** ou **alguns**.

few [fju:] *pron*
- Many people live to be 80, but **few** live to be 100.
➡ **little** p. 417

pouco
- Muitas pessoas vivem até 80 anos, mas **poucas** vivem até 100.

over [ˈəʊvə] *prep*
- We receive **over** 400 TV channels.

mais de, acima
- Recebemos **mais de** 400 canais de TV.

each [i:tʃ] *pron*
- We have five rooms, **each** with its own bathroom.

cada
- Temos cinco quartos, **cada** um com seu próprio banheiro.

every [ˈɛvri] *pron*
- We go to see Grandma **every** day.

cada, todo
- Vamos ver a vovó **todos** os dias.

somebody [ˈsʌmbədi] *pron*
- There's **somebody** who wants to talk to you.

alguém, uma pessoa
- Tem **alguém** que quer falar com você.

someone [ˈsʌmwʌn] *pron*
- **Someone**'s put salt in my coffee.

alguém
- **Alguém** pôs sal no meu café.

anyone [ˈɛniwʌn] *pron*
- Has **anyone** seen my pocket calculator?

alguém
- **Alguém** viu minha calculadora de bolso?

everybody [ˈɛvrɪbɒdi] *pron*
- In small villages **everybody** knows **everybody** else.

todo mundo
- Em lugarejos pequenos **todo mundo** conhece **todo mundo**.

everyone [ˈɛvrɪwʌn] *pron*
- **Everyone** can have a chocolate bar.

qualquer um, todo mundo
- **Qualquer um** pode ter uma barra de chocolate.

no one [nəʊ wʌn] *pron*
- The reunification of Germany was an event that **no one** has expected.

ninguém
- A reunificação da Alemanha foi um acontecimento que **ninguém** esperava.

Conceitos de quantidade 419

nobody ['nəʊbədi] *pron*
- I called but **nobody** answered the phone.

ninguém
- Eu chamei, mas **ninguém** atendeu ao telefone.

both [bəʊθ] *pron*
- **Both** of his parents are teachers.

ambos
- **Ambos** os pais dele são professores.

enough [ɪˈnʌf] *pron*
- There isnt't **enough** to eat in our fridge. We should go shopping.

suficiente, bastante
- Não há o **suficiente** para comer na geladeira. Temos de fazer compras.

quite [kwaɪt] *pron*
- It takes **quite** a while go get from the airport to the centre.

bastante, muito
- Leva-se **bastante** tempo para ir do aeroporto até o centro.

another [əˈnʌðə] *pron*
- Would you like **another** cup of tea?

outro
- Você gostaria de **outra** xícara de chá?

some [sʌm] *pron*
- We had **some** cheese and biscuits for tea.

algum, um pouco
- Temos **um pouco** de queijo e biscoitos para o chá.

➡ **Any** é usado sobretudo em interrogações e negações. **Some** é usado em sentenças positivas e para acentuar cortesia em perguntas.

something [ˈsʌmθɪŋ] *pron*
- We can eat **something** after the show.

alguma coisa, algo
- Podemos comer **alguma coisa** após a apresentação.

any [ˈɛni] *pron*
- Have you got **any** money?
➡ some p. 419

algum
- Você tem **algum** dinheiro?

anything [ˈɛnɪθɪŋ] *pron*
- Is there **anything** I can do for you?

alguma coisa, algo
- Tem **algo** que eu possa fazer por você?

no [nəʊ] *pron*
- There were not enough doctors, and **no** hospitals.

nenhum
- Não havia médicos suficientes, e **nenhum** hospital.

Conceitos de quantidade

nothing [ˈnʌθɪŋ] *pron* — **nada**
- The safe's empty. There's **nothing** in it.
- O cofre está vazio. Não há **nada** nele.

a bit [ə bɪt] *adv* — **um pouco**
- I'm **a bit** tired and am going to lie down for a while.
- Estou **um pouco** cansado e vou deitar-me por um momento.

about [əˈbaʊt] *adv* — **cerca de, aproximadamente**
- New York City has **about** eight million inhabitants.
- New York City tem **cerca de** oito milhões de habitantes.

piece [piːs] *n* — **o pedaço**
- For dessert you can have ice cream and a **piece** of apple pie.
- Como sobremesa, você pode pegar sorvete e um **pedaço** de torta de maçã.

pair [peə] *n* — **o par**
- The socks you are wearing aren't a **pair**.
- As meias que você está usando não formam um **par**.

➡ Para objetos compostos de duas partes, frequentemente se usa **pair of**, por exemplo, **a pair of scissors** – tesoura, **a pair of trousers** – (um par de) calças.

group [gruːp] *n* — **o grupo**
- Travelling in a **group** can be more fun than travelling alone.
- Viajar em **grupo** pode ser muito mais divertido que viajar sozinho.

none [nʌn] *pron* — **nenhum**
- Louise tried three public phones but **none** of them was working.
- Louise tentou três telefones públicos, mas **nenhum** estava funcionando.

to contain [tə kənˈteɪn] *v* — **conter**
- Skimmed milk **contains** less fat.
- O leite desnatado **contém** menos gordura.

quantity [ˈkwɒntɪti] *n* — **a quantidade**
- Quality is more important than **quantity**.
- Qualidade é mais importante do que **quantidade**.

numerous [ˈnjuːmərəs] *adj* — **numeroso, muitos**
- When I came home after my business trip I found **numerous** folders on my desk.
- Quando voltei de minha viagem de negócios, encontrei **numerosos** arquivos sobre a minha mesa de trabalho.

Conceitos de ordem

kind [kaɪnd] *n*
- There are 50 different **kinds** of kangaroos in Australia.

o **tipo**
- Existem 50 **tipos** diferentes de cangurus na Austrália.

sort [sɔːt] *n*
- In England you can buy many different **sorts** of tea.

o **tipo**
- Na Inglaterra você pode comprar diversos **tipos** de chás

type [taɪp] *n*
- I bought two **types** of coffee. Let's see which one you like best.

o **tipo**
- Comprei dois **tipos** de café. Vamos ver de qual você gosta mais.

quality [ˈkwɒlɪti] *n*
- It costs more but it's also better **quality**.

a **qualidade**
- Ele custa mais, mas também é de melhor **qualidade**.

class [BE: klɑːs, AE: klæs] *n*
- Are you travelling first or second **class**?

a **classe**
- Você está viajando de primeira ou de segunda **classe**?

order [ˈɔːdə] *n*
- The names on this list are in no particular **order**.

a **ordem**
- Os nomes desta lista não estão em nenhuma **ordem** particular.

to arrange [tʊ əˈreɪndʒ] *v*
- The books on this shelf are **arranged** in alphabetical order.

ordenar
- Os livros desta estante estão **ordenados** em ordem alfabética.

level [ˈlɛvl] *n*
- You can park on the top **level** of the building.

o **andar**
- Você pode estacionar no último **andar** do edifício.

brand [brænd] *n*
- What **brand** of chewing gum do you like best?

a **marca**
- De qual **marca** de goma de mascar você gosta mais?

series [ˈsɪəriːz] *n; pl inv*
- One driver's mistake led to a **series** of accidents.

a **série**
- O erro de um motorista provocou uma **série** de acidentes.

Classificação – conceitos gerais

Diferença e divisão

like [laɪk] *prep* — como
- It looks **like** gold but it isn't.
- Parece **como** ouro, mas não é.

as ... as [æz ... æz] *conj* — tão ... quanto
- Robert's **as** intelligent **as** his teacher.
- Robert é **tão** inteligente **quanto** seu professor.

than [ðæn] *prep* — (do) que
- Callum's only 15, but taller **than** his father.
- Callum tem apenas 15 anos, mas é mais alto **do que** seu pai.

together [təˈgɛðə] *adv* — junto
- The family were all **together** again at last.
- A família estava toda **junta** finalmente.

part [pɑːt] *n* — a parte, o componente
- Tyres, brakes and other **parts** of a car must be checked regularly.
- Pneus, freios e outros **componentes** de um carro têm de ser checados regularmente.

rest [rɛst] *n* — o resto, o restante
- I gave the waiter 20 pounds and told him to keep the **rest**.
- Dei ao garçom 20 libras e disse-lhe que ficasse com o **restante**.

regular [ˈrɛgjʊlə] *adj* — regular
- Trains between Dover and London run at **regular** intervals.
- Trens entre Dover e Londres circulam em intervalos **regulares**.

only [ˈəʊnli] *adv* — só, somente, apenas
- There were **only** two of us against five of them.
- Havia **apenas** dois de nós contra cinco deles.

difference [ˈdɪfrəns] *n* — a diferença
- I see no **difference** between the original and the copy.
- Não vejo **diferença** entre o original e a cópia

Diferença e divisão

different [ˈdɪfrənt] *adj* ■ The cars look the same but have **different** engines.	**diferente** ■ Os carros parecem iguais, mas têm motores **diferentes**.
opposite [ˈɒpəzɪt] *n* ■ The **opposite** of "interesting" is "boring".	**o oposto** ■ O **oposto** de "interessante" é "entediante".
normal [ˈnɔːməl] *adj* ■ **Normal** working hours in Britain are from nine to five.	**normal** ■ O horário de trabalho **normal** na Grã-Bretanha é das nove às cinco.
to include [tʊ ɪnˈkluːd] *v* ■ The price of a meal **includes** soup and salad.	**incluir** ■ O preço de uma refeição **inclui** sopa e salada.
to combine [tə ˈkɒmbaɪn] *v* ■ Fog **combined** with air pollution leads to smog.	**combinar** ■ A neblina **combinada** com a poluição do ar provoca fumaça.
either ... or [ˈaɪðə ... ɔː] *conj* ■ Make up your mind! Say **either** yes **or** no.	**ou ... ou** ■ Decida-se! Diga **ou** sim, **ou** não.

➡ As palavras **either** e **neither** podem ser pronunciadas, tanto em *BE* como em *AE*, [ˈɪðə] ou [ˈiːðə] ou [ˈnaɪðə] ou [nɪːðə].

both ... and [bəʊθ ... ænd] *conj* ■ **Both** John F. **and** Robert Kennedy were killed by assassins.	**tanto ... quanto** ■ **Tanto** John **quanto** Robert Kennedy foram mortos por assassinos.
exception [ɪkˈsɛpʃn] *n* ■ A woman at the head of a company is an **exception**.	**a exceção** ■ Uma mulher na liderança de uma empresa é uma **exceção**.
except [ɪkˈsɛpt] *prep* ■ The museum is open daily **except** on Mondays.	**exceto** ■ O museu fica aberto diariamente, **exceto** às segundas-feiras.
equal [ˈiːkwəl] *adj* ■ They are demanding **equal** pay for **equal** work.	**igual, o mesmo** ■ Eles estão pleiteando **o mesmo** salário para **o mesmo** trabalho.
similar [ˈsɪmɪlə] *adj* ■ A grizzly is **similar** to a brown bear.	**semelhante, similar** ■ Um urso-pardo é **semelhante** a um marrom.

average ['ævərɪdʒ] adj
- Brian's just an **average** guy.

mediano, comum
- Brian é apenas um cara **comum**.

detail [BE: 'diːteɪl, AE: dɪ'teɪl] n
- There is a plan, but no **details** yet.

detalhe
- Existe um plano, mas ainda sem **detalhes**.

whole [həʊl] adj
- Many exchange students spend a **whole** year abroad.

inteiro
- Muitos estudantes de intercâmbio passam um ano **inteiro** fora do país.

irregular [ɪˈrɛgjʊlə] adj
- The verb "to dream" can be regular or **irregular**.

irregular
- O verbo "to dream" pode ser regular ou **irregular**.

particular [pəˈtɪkjʊlə] adj
- Is there any **particular** colour you prefer?

particular, específico
- Tem alguma cor **específica** que você prefira?

rare [reə] adj
- The eagle is a **rare** bird in Europe.

raro
- A águia é um pássaro **raro** na Europa.

to limit [tə ˈlɪmɪt] v
- The time allowed for speaking should be **limited** to 15 minutes.

limitar
- O tempo permitido para as falas deveria ser **limitado** a 15 minutos.

especially [ɪsˈpɛʃəli] adv
- Mountain roads are dangerous, **especially** at night.

especialmente
- As estradas das montanhas são perigosas, **especialmente** à noite.

comparison [kəmˈpærɪsn] n
- Jenny's an angel in **comparison** with her brother.

a comparação
- Jenny é um anjo em **comparação** com seu irmão.

to compare [tə kəmˈpeə] v
- You can't **compare** them. They're too different.

comparar
- Você não pode **compará-los**. Eles são diferentes demais.

common [ˈkɒmən] adj
- Sean is quite a **common** name in Ireland.

comum
- "Sean" é um nome muito **comum** na Irlanda.

belonging to [bɪˈlɒŋɪŋ tʊ] *phrase*
- Mr Atkins bought the whole property with all the buildings **belonging to** it.

pertence a
- Sr. Atkins comprou a propriedade inteira, com todos os imóveis que **lhe pertencem**.

Causa e efeito

in order to [ɪn ˈɔːdə tʊ] *conj*
- Dad took the clock apart **in order to** repair it.

a fim de
- Papai desmontou o relógio **a fim de** repará-lo.

because [bɪˈkɒz] *conj*
- You can't get a driving licence **because** you aren't 17 yet.

porque
- Você não pode ter carteira de motorista **porque** ainda não tem 17 anos.

reason [ˈriːzn] *n*
- I understand your **reasons** but I still think you should apologize.

a razão, o motivo
- Entendo suas **razões**, mas ainda acho que você deveria se desculpar.

origin [ˈɒrɪdʒɪn] *n*
- "Cow" is a Germanic word, "beef" is of French **origin**.

a origem
- "Cow" é uma palavra germânica, "beef" é de **origem** francesa.

original [əˈrɪdʒənl] *n*
- This is not the **original** but a copy.

o original
- Este não é o **original**, é uma cópia.

originally [əˈrɪdʒɪnəli] *adv*
- She's **originally** from Nairobi.

originalmente
- Ela é **originalmente** de Nairóbi.

cause [kɔːz] *n*
- Faulty brakes were the **cause** of the accident.

a causa
- Freios com defeito foram a **causa** do acidente.

to cause [tə kɔːz] *v*
- The forest fire was **caused** by lightning.

causar
- O incêndio na floresta foi **causado** por um raio.

result [rɪˈzʌlt] *n* ■ It's very likely that global warming is the **result** of many decades of air pollution.	**o resultado** ■ É muito provável que o aquecimento global seja o **resultado** de muitas décadas de poluição.
effect [ɪˈfɛkt] *n* ■ Gavin took an aspirin but it didn't have any **effect** on his headache.	**o efeito** ■ Gavin tomou uma aspirina, mas ela não fez **efeito** em sua dor de cabeça.
reaction [riˈækʃən] *n* ■ Ben asked his brother a question but he didn't show any **reaction**.	**a reação** ■ Ben fez uma pergunta a seu irmão, mas ele não esboçou nenhuma **reação**.
so [səʊ] *conj* ■ All flights were booked up, **so** I had to go by train.	**então** ■ Todos os voos estavam lotados, **então** tive de ir de trem.
therefore [ˈðeəfɔː] *adv* ■ Blue whales are very rare and **therefore** a protected species.	**portanto** ■ Baleias azuis são muito raras, e **portanto**, uma espécie protegida.

Modo

way [weɪ] *n* ■ Eating less is the best **way** to lose weight.	**o modo, a maneira** ■ Comer menos é a melhor **maneira** de perder peso.
how [haʊ] *conj* ■ Often it doesn't matter what you say but **how** you say it.	**como** ■ Muitas vezes não importa o que você diz, mas **como** o diz.
nearly [ˈnɪəli] *adv* ■ Sue had a serious accident and very **nearly** died.	**quase** ■ Sue teve um grave acidente e **quase** morreu.
almost [ˈɔːlməʊst] *adv* ■ Only a few more days, our holiday is **almost** over.	**quase** ■ Apenas mais alguns dias, nossas férias estão **quase** no fim.

hardly [ˈhɑːdli] *adv* — quase não, bem pouco
- They like their teacher, but have **hardly** learned anything at all.
- Eles gostam do professor, mas **quase não** aprenderam nada.

➡ O advérbio relacionado ao adjetivo **hard** é **hard**, e não **hardly**; por exemplo, **I studied hard for the test.** – Estudei duro para a prova, mas **I hardly studied for the test at all.** – Quase não estudei para a prova.

too [tuː] *adv* — também
- I know the book and I've seen the film **too**.
- Conheço o livro e assisti ao filme **também**.

also [ˈɔːlsəʊ] *adv* — também
- Linda speaks English and French and **also** a little German.
- Linda fala inglês e francês, e **também** um pouco de alemão.

somehow [ˈsʌmhaʊ] *adv* — de algum modo, de algum jeito
- It isn't easy but we'll do it **somehow**.
- Não é fácil, mas vamos fazê-lo **de algum jeito**.

just [dʒʌst] *adv* — só, apenas
- The Beatles weren't **just** a pop group. They became a legend.
- Os Beatles não eram **apenas** uma banda pop. Eles se tornaram uma lenda.

straight [streɪt] *adv* — direto
- I was so tired that after dinner I went **straight** to bed.
- Eu estava tão cansado que, após o jantar, fui **direto** para a cama.

generally [ˈdʒenərəli] *adv* — geralmente, em geral
- British children **generally** start school at the age of five.
- As crianças britânicas **em geral** começam a ir à escola aos cinco anos.

actually [ˈæktʃʊəli] *adv* — na verdade, realmente
- The Queen's official birthday is in June, although her birthday is **actually** in April.
- O aniversário oficial da rainha é em junho, embora seu aniversário seja **na verdade** em abril.

by chance [*BE:* baɪ tʃɑːns, *AE:* baɪ tʃæns n] *phrase* — por acaso
- We didn't have a date, I met her purely **by chance**.
- Não tínhamos marcado um encontro, encontrei-a **por** puro **acaso**.

scarcely [ˈskeəsli] *adv* ■ I don't go out much because I know **scarcely** any people here.	**quase não** ■ Não saio muito, porque **quase não** conheço ninguém aqui.
willingly [ˈwɪlɪŋli] *adv* ■ Billy does a lot of housework, and he does it **willingly**.	**de boa vontade, com disposição** ■ Billy ajuda muito nas tarefas domésticas, e o faz **de boa vontade**.
thoroughly [ˈθʌrəli] *adv* ■ The police searched the scene of the crime **thoroughly** but found nothing.	**minuciosamente, cuidadosamente** ■ A polícia investigou a cena do crime **cuidadosamente**, mas nada encontrou.
completely [kəmˈpliːtli] *adv* ■ A few more days and it will be **completely** finished.	**completamente, inteiramente** ■ Mais alguns dias, e vai estar **inteiramente** terminado.
absolutely [ˈæbsəluːtli] *adv* ■ We were **absolutely** exhausted after the long march.	**absolutamente, completamente** ■ Estávamos **completamente** exaustos após a longa marcha.

Termos estruturais

Artigo

the [ðiː] — **o**
- **The** dog chased **the** cat around **the** house.
- **The** children love playing outdoors.
- **O** cachorro perseguiu **o** gato em volta d**a** casa.
- **As** crianças adoram brincar ao ar livre.

→ A pronúncia do artigo definido **the** é sempre [ðə], a não ser que o termo seguinte comece com uma vogal (em BE) ou queira-se colocar ênfase no artigo; nesses casos pronuncia-se [ðɪ] ou [ðiː]. A pronúncia do artigo indeterminado **a** é sempre [ə], a menos que se queira enfatizá-lo: nesse caso a pronúncia é [əɪ]. Da mesma forma, **an** é quase sempre [ən], a não ser quando é enfatizado; aí pronuncia-se [æn].

a [eɪ] — **um**
- **A** fly is an insect.
- **Uma** mosca é um inseto.
→ **the** p. 429

an [æn] — **um**
- It took David **an** hour to get from here to Leeds.
- David levou **uma** hora daqui até Leeds.
→ **the** p. 429

Pronomes

Pronomes pessoais

I [aɪ] — **eu**
- **I** am not going to wash my car today.
- **Eu** não vou lavar meu carro hoje.

you [juː] — **você**
- Will **you** be at home tonight?
- **Você** vai estar em casa hoje à noite?

> Para se poder distinguir entre **you** (singular) e **you** (plural), na linguagem corrente americana ouve-se com frequência a expressão **you guys**, quando se têm em mente mais pessoas (mesmo quando se trata de mulheres).

he [hi:]
- This is John. **He**'s from Manchester.

ele
- Este é John. **Ele** é de Manchester.

she [ʃi:]
- My wife's Irish. **She** was born in Dublin.

ela
- Minha mulher é irlandesa. **Ela** nasceu em Dublin.

it [ɪt]
- Where's my coat? **It**'s in the bathroom.
- He pulled a gun and pointed **it** at us.

ele, ela, o, a, lhe
- Onde está meu casaco? **Ele** está no banheiro.
- Ele sacou uma arma e **a** apontou para nós.

> Em português, algumas orações não têm sujeito, como aquelas que se referem a fenômenos naturais ou que utilizam o verbo ser no vago sentido de existir. Em inglês, nesses casos, o sujeito dessas orações é **it**. *Exemplos*: **It's raining** (Está chovendo); **It's always the same old story** (É sempre a mesma velha história).

we [wi:]
- **We** work together.

nós
- **Nós** trabalhamos juntos.

you [ju:]
- Could **you** help me do the dishes?
- Did **you** remember to call Mr Wickham?
- **You** can't always get what you want.

➡ **you** p. 429

você
- **Você** poderia me ajudar a lavar os pratos?
- **Você** se lembrou de chamar o Sr. Wickham?
- **Você** não pode ter sempre tudo o que quer.

they [ðeɪ]
- My parents aren't here. **They**'re on holiday.
- **They** say that summers are getting hotter every year.

eles
- Meus pais não estão aqui. **Eles** estão de férias.
- **Eles** dizem que os verões estão ficando mais quentes a cada ano.

me [mi:]

- He followed **me** when I was walking through the park.
- The hostess welcomed **me** and gave **me** a glass of beer.
- Who's the little boy in the picture? – That's **me**!

eu, me, a mim

- Ele **me** seguiu quando eu estava caminhando pelo parque.
- A anfitriã **me** recebeu e **me** deu um copo de cerveja.
- Quem é o garotinho na foto? – Sou **eu**!

you [ju:]

- I sent **you** a text message.
- I saw **you** waiting for the M12 yesterday.
- Is that **you**, Paul?

você, vocês

- Enviei a **você** uma mensagem.
- Vi **você** esperando pelo M12 ontem.
- É **você**, Paul?

him [hɪm]

- I gave **him** a couple of DVDs for you.
- Have you met Jim? – Yes, I know **him**.
- Which is your boyfriend? Is that **him**?

o, a ele, lhe, ele

- Dei-**lhe** alguns DVDs para você.
- Você conhece Jim? – Sim, eu **o** conheço.
- Qual é o seu namorado? É **ele**?

her [hɜ:]

- Anita gave **her** a kiss.
- And you met **her** on the train?
- Is that Katie over there? – No, that's not **her**.

a, a ela, lhe

- Anita deu-**lhe** um beijo.
- E você **a** encontrou no trem?
- É Katie ali? – Não, não é **ela**.

it [ɪt]

- Have you fed the horse? – No, I just gave **it** a carrot.
- Molly loves her new plant. She even talks to **it**.
- Paul took the old book from the shelf and showed **it** to me.
- Where's my new teddy bear? Have you seen **it**?
- How was the opening ceremony? – The organizers had to postpone **it**.

o, a ele, com ele, lhe, a, a ela

- Você alimentou o cavalo? – Não, dei-**lhe** apenas uma cenoura.
- Molly adora a sua nova planta. Até conversa com **ela**.
- Paul pegou o velho livro da prateleira e **o** mostrou para mim.
- Onde está o meu ursinho novo? Você **o** viu?
- Como foi a cerimônia de abertura? – Os organizadores tiveram que **adiá-la**.

us [ʌs]	**nos, a nós**
■ We won the first match, and then they beat **us**.	■ Vencemos o primeiro jogo, e então eles **nos** derrotaram.
■ Both of **us** saw the tiger.	■ **Nós** duas vimos o tigre.
you [juː]	**a você, de você, lhe**
■ Don't you remember? I gave **you** an envelope when I met you in the lobby.	■ Você não se lembra? Dei-**lhe** um envelope quando o encontrei no saguão.
■ Didn't I tell **you** about our new client?	■ Não **lhe** contei sobre nosso novo cliente?
■ Rob's been trying to reach **you** all morning.	■ Rob tem estado atrás de **você** a manhã inteira.
them [ðɛm]	**os, as, a eles, deles, lhes**
■ We offered **them** something to drink.	■ Oferecemos **a eles** algo para beber.
■ Where are the kids? I can't see **them**.	■ Onde estão as crianças? Não **as** vejo.

Pronomes possessivos

my [maɪ]	meu, minha, meus, minhas
your [jɔː]	teu, tua, de você, seu, sua, seus, suas
his [hɪz]	dele, seu, sua, seus, suas

➡ Em inglês, ao se referir a partes do corpo, peças do vestuário etc. quase sempre se usa o respectivo pronome possessivo, enquanto no português geralmente se emprega somente o artigo, por exemplo: **He had his hands in his pockets. – Ele estava com as mãos nos bolsos.**

her [hɜː]	dela, seu, sua, seus, suas
its [ɪts]	dele, dela, seu, sua, seus, suas

➡ O pronome possessivo **its** não é intercambiável com **it's**: Este é a forma contraída de **it is** ou de **it has**.

our [ˈaʊə]	nosso, nossa, nossos, nossas
your [jɔː]	vosso, vossa, de vocês, seu, sua, seus, suas

their [ðeə]	deles, delas, seu, sua, seus, suas
mine [maɪn]	meu, minha, meus, minhas

➡ **My, your, his, her, its, our, your** e **their** são usados como adjetivo; **mine, yours, his, hers, its, yours, ours** e **theirs**, como substantivo.

yours [jɔːz] ➡ mine p. 432	teu, tua, de você, seu, sua, seus, suas
his [hɪz] ➡ mine p. 432	dele, seu, sua, seus, suas
hers [hɜːz] ➡ mine p. 432	dela, seu, sua, seus, suas
ours [ˈaʊəz] ➡ mine p. 432	nosso, nossa, nossos, nossas
yours [jɔːz] ➡ mine p. 432	de vocês, seu, sua, seus, suas
theirs [ðeəz] ➡ mine p. 432	deles, seu, sua, seus, suas

Pronomes reflexivos

myself [maɪˈsɛlf]	me, mim, comigo, eu mesmo
yourself [jɔːˈsɛlf]	te, ti, contigo, você mesmo
himself [hɪmˈsɛlf]	se, consigo, ele mesmo
herself [hɜːˈsɛlf]	se, consigo, ela mesma
itself [ɪtˈsɛlf]	se, consigo, ele mesmo, se, ela mesma
ourselves [ˌaʊəˈsɛlvz]	nos, conosco, nós mesmos
yourselves [jɔːˈsɛlvz]	vos, vocês mesmos
themselves [ðəmˈsɛlvz]	lhes, consigo, eles mesmos
oneself [wʌnˈsɛlf]	se, a si mesmo

each other [iːtʃ ˈʌðə]	uns aos outros, um ao outro
one another [wʌn əˈnʌðə]	um ao outro

Pronomes demonstrativos

this [ðɪs]	este, esse, esta, essa
these [ðiːz] *pl*	estes, esses, estas, essas
that [ðæt]	aquele, aquela
those [ðəʊz] *pl*	aqueles, aquelas

Pronomes interrogativos

who [huː]	quem
who(m) [huː(ɛm)]	a quem
whose [huːz]	de quem
what [wɒt]	o que
where [weə]	onde
when [wɛn]	quando
why [waɪ]	por que
which [wɪtʃ]	(o) qual
how [haʊ]	como

Pronomes relativos

who [huː]	quem

➡ Os pronomes relativos **who**, **whom**, **that** e **whose** são empregados para pessoas, enquanto **that**, **which** e **whose**, para coisas.

who(m) [huː(ɛm)]   a quem
➡ who p. 434

whose [hu:z] ➡ who p. 434	**de quem, cujo**
that [ðæt] ➡ who p. 434	**que**
which [wɪtʃ] ➡ who p. 434	**o qual, a qual**
what [wɒt] ➡ who p. 434	**o que**
whoever [hu:'ɛvə]	**quem quer que**
whatever [wɒt'ɛvə]	**o que quer que**

Preposições

with [wɪð] ■ Do you want your coffee **with** or without sugar?	**com** ■ Você quer seu café **com** ou sem açúcar?
without [wɪ'ðaʊt] ■ You can't breathe **without** air.	**sem** ■ Não se consegue respirar **sem** ar.
as [æz] ■ Brian's a teacher but he works **as** a football coach.	**como** ■ Brian é professor, mas trabalha **como** treinador de futebol.
from ... to [frɒm ... tu:] ■ We flew **from** New York **to** Denver. ■ The game lasted **from** eight **to** ten.	**de ... a** ■ Fomos de avião **de** Nova York **a** Denver. ■ O jogo foi **das** oito **às** dez.
for [fɔ:] ■ I've got a little present **for** you.	**para** ■ Tenho um presentinho **para** você.
about [ə'baʊt] ■ Let's not talk **about** money now. ■ He didn't tell me **about** his financial problems.	**sobre** ■ Não vamos falar **sobre** dinheiro agora. ■ Ele não me contou **sobre** seus problemas financeiros.

Preposições

at [æt]	**em**
■ Robert was standing **at** the bus stop waiting patiently for the bus to arrive.	■ Robert estava parado **no** ponto, esperando pacientemente que o ônibus chegasse.
■ Where's Sarah? She's not **at** school.	■ Onde está Sarah? Ela não está **na** escola.
on [ɒn]	**em**
■ There are beautiful pictures **on** all the walls.	■ Há belos quadros **em** todas as paredes.
of [ɒv]	**de**
■ I love the colour **of** her hair.	■ Adoro a cor **de** seu cabelo.
■ Elizabeth I became Queen of England in 1558.	■ Elizabeth I se tornou rainha **da** Inglaterra em 1558.
by [baɪ]	**por**
■ *Hamlet* was written **by** Shakespeare.	■ *Hamlet* foi escrito **por** Shakespeare.
■ Ian was injured **by** a car.	■ Ian foi ferido **por** um carro.
in [ɪn]	**em**
■ Always keep eggs **in** the refrigerator!	■ Mantenha os ovos sempre **na** geladeira.
within [wɪˈðɪn]	**dentro de**
■ They'll arrive **within** an hour.	■ Eles vão chegar **dentro de** uma hora.
according to [əˈkɔːdɪŋ tʊ]	**de acordo com**
■ **According to** statistics, there are more accidents in the kitchen than on the road.	■ **De acordo com** as estatísticas, há mais acidentes na cozinha do que na estrada.
instead of [ɪnˈstɛd ɒv]	**em vez de**
■ You can use margarine **instead of** butter.	■ Você pode usar margarina **em vez de** manteiga.
in spite of [ɪnspite ɒv]	**apesar de**
■ They went sailing **in spite of** the storm.	■ Eles saíram para velejar, **apesar do** temporal.

Conjunções

and [ænd] — e
- I'm tired **and** hungry.
- Estou cansado **e** com fome.

or [ɔː] — ou
- You can have coffee **or** tea.
- Você pode pegar café **ou** chá.

but [bʌt] — mas
- The restaurant is expensive **but** very good.
- He isn't 50 **but** 60 years old.
- O restaurante é caro, **mas** muito bom.
- Ele não tem 50, **mas** 60 anos.

that [ðæt] — que
- We're happy **that** the children are safe.
- Estamos felizes **que** as crianças estejam em segurança.

if [ɪf] — se, caso
- We're going jogging tomorrow **if** it doesn't rain.
- I don't know **if** Lily's coming or not.
- Vamos correr amanhã **se** não chover.
- Não sei **se** Lily está vindo ou não.

(in order) to [(ɪn 'ɔːdə) tuː] — para, a fim de
- American football players wear helmets **to** protect their heads.
- Jogadores de futebol americano usam capacete **para** proteger a cabeça.

although [ɔːlˈðəʊ] — apesar de, embora
- **Although** my camera is 20 years old, it takes excellent pictures.
- **Apesar de** minha câmera ter 20 anos, ela tira fotos excelentes.

though [ðəʊ] — embora
- **Though** the pay is terrible, I enjoy my job.
- **Embora** o salário seja péssimo, gosto do meu emprego.

however [haʊˈɛvə] — contudo
- Women have equal rights. Most of them, **however**, don't get the same wages as men.
- Mulheres têm direitos iguais. A maioria delas, **contudo**, não recebe os mesmos salários que os homens.

whether [ˈwɛðə] — se
- We don't know yet **whether** we'll be able to come.
- Ainda não sei **se** poderemos ir.

as if [asif] ■ She behaved **as if** nothing had happened.	**como se** ■ Ela se comportou **como se** nada tivesse acontecido.
unless [ənˈlɛs] ■ You'll fail your exam **unless** you study harder.	**a não ser que** ■ Você não vai passar no exame, **a não ser que** estude mais.
wherever [weərˈɛvə] ■ Bob takes his dog with him **wherever** he goes.	**por toda parte, onde quer que** ■ Bob leva o cachorro consigo **onde quer que** vá.
whenever [wɛnˈɛvə] ■ Come again **whenever** you like!	**sempre que, quando quer que** ■ Venha de novo **sempre que** quiser.

Verbos auxiliares e modais

be [bi:] *v* ▶ v irr p. 442 be ■ I want to **be** rich. ■ My car **was** stolen last night.	**ser** ■ Quero **ser** rico. ■ Meu carro **foi** roubado ontem à noite.
have [hæv] *v* ▶ v irr p. 445 have ■ **Have** you read *Eragon*?	**(verbo auxiliar; não se traduz)** ■ Você leu *Eragon*?
do [du:] *v* ■ **Do** you speak English? ▶ v irr p. 443 do	**(verbo auxiliar; não se traduz)** ■ Você fala inglês?

➡ Pode-se empregar do para reforçar ou enfatizar um enunciado, por exemplo, **Do be careful!** – Tenha cuidado! ou **I did see him but...** – De fato eu o vi, mas...

can [kæn] *v* ■ **Can** you drive? ■ In rugby you **can** pick the ball up and run with it.	**poder, conseguir, saber** ■ Você **consegue** dirigir? ■ No rúgbi, você **pode** pegar a bola e correr com ela.

➡ Na condição de verbo auxiliar, o passado de can é could; todos os outros tempos verbais serão formados com to be able to.

cannot ['kænɒt] v (abrev can't)
- Help, I **cannot** swim.
- I'm afraid you **cannot** park here.
➡ can p. 438

não poder, não saber
- Socorro, **não sei** nadar.
- Infelizmente você **não pode** estacionar aqui.

could [kʊd] v
- My daughter **could** swim when she was five.
- We **could** do a lot more to save energy.
➡ can p. 438

poder, saber
- Minha filha **sabia** nadar aos cinco anos.
- **Poderíamos** fazer muito mais para economizar energia.

could not [kəd nɒt] v
- I **could not** do my homework.
- I **could not** do it even if I wanted to.
➡ can p. 438

não poder, não saber
- Eu **não pude** fazer meu dever de casa.
- Eu **não poderia** fazê-lo mesmo que eu quisesse.

may [meɪ] v
- **May** I use your phone? – Yes, you **may**.
- I **may** be fat but I'm still pretty fast.

poder
- **Posso** usar seu telefone? Sim, você **pode**.
- **Posso** estar gordo, mas ainda sou bem rápido.

➡ Ter a permissão de fazer algo é expresso geralmente por **to be allowed for**; may é empregado quase que exclusivamente em exemplos como **May I ...? Yes, you may./No, you may not. – Posso ...? Sim./Não.** Nos demais casos, may geralmente expressa uma possibilidade, por exemplo, **She may not be at home. – Talvez ela não esteja em casa.**

might [maɪt] v
- It **might** rain today, but I don't think it will.

poder
- **Pode** chover hoje, mas não acho que vá.

will [wɪl] v
- Jim **will** explain it to you.
- **Will** you please come this way?

(auxiliar de futuro)
- Jim vai lhe explicar.
- Por favor, você poderia seguir por aqui?

➡ Will é empregado em todas as pessoas para expressar o futuro. Will também pode ser usado em perguntas para expressar cortesia (em vez de would ou could).

to be going to [tə bi ˈgəʊɪŋ tʊ] phrase — ir (futuro)

▶ v irr p. 439 be

- The government **is going to** close two smaller hospitals.
- O governo **vai** fechar dois hospitais menores.

➡ **To be going to** é empregado para expressar ações futuras, deliberadamente planejadas, ou acontecimentos iminentes, que já se possam visualizar, por exemplo, **Look at the clouds. It's going to rain any minute. – Veja as nuvens. Vai chover a qualquer momento.**

would [wʊd] v — (futuro do pretérito)

- I **would** rather stay at home tonight.
- Eu **preferiria** ficar em casa esta noite.

➡ Emprega-se **would** em frases condicionais. Corresponde ao futuro do pretérito em português.

shall [ʃæl] v — dever, ir (auxiliar de futuro)

- What **shall** we do?
- We **shall** not rest until we're free again.
- **Shall** we go out for a drink?

- O que **devemos** fazer?
- Não **vamos** descansar até nos libertarmos novamente.
- **Vamos** sair para beber alguma coisa?

➡ **Shall** é usado mais no inglês britânico. Assim como **should**, indica dever ou obrigação. Em perguntas com os sujeitos **I** e **we**, **shall** indica uma sugestão. Quando utilizado com **I** e **we** em frases afirmativas ou negativas, também indica futuro, assim como **will**.

should [ʃʊd] v — deveria

- You **should** always lock the door when you leave.
- Você **deveria** sempre trancar a porta ao sair.

➡ Em inglês moderno, **should** significa quase sempre **deveria**. Em inglês formal – de modo semelhante a **shall** e **will** –, emprega-se **should** em vez de **would**, por exemplo, **I shouldn't do that if I were you. – Eu não faria isso se fosse você.**

ought to [ɔːt tʊ] v — deveria

- You **ought to** be more careful. You might have an accident.
- Você **deveria** ser mais cuidadoso. Você pode sofrer um acidente.

must [mʌst] v
- You **must** see that film. It's really good.

ter de
- Você **tem de** ver aquele filme. É realmente bom.

→ Cuidado! Must not significa **não dever/não ter a permissão de**, e não algo como **não ter de**. Uma vez que must not só existe no presente, em todos os outros tempos verbais emprega-se not be allowed to, por exemplo, **I wasn't allowed to leave the city. – Não tive permissão para sair da cidade.**

must not [məst nɒt] v
- You **must not** tell mother about it.

não dever
- Você **não deve** contar à mãe sobre isso.

have to [həv tʊ] v
- Jake **had to** leave early to catch his train.
- You didn't **have to** tell my friends.

ter de, dever
- Jake **teve de** sair cedo para pegar o trem.
- Você não **tinha de** contar a meus amigos.

need not BE [niːd nɒt] v (abrev needn't)
- You **need not** come if you don't want to.

não precisa
- Você **não precisa** vir se não quiser.

→ Need not existe apenas no presente; em todos os outros tempos verbais emprega-se not have to, por exemplo, **You didn't have to do it. – Você não precisava fazer isso.**

Anexo

Verbos irregulares

As formas não apresentadas aqui são regulares ou podem ser deduzidas. Usamos as seguintes abreviações: *pr. s.* = *present simple*; *p.s.* = *past simple*; *p.p.* = *past participle*.

be
pr.s.:	I **am**, you **are**, he/she/it **is**, we **are**, you **are**, they **are**	*p.s.:*	I **was**, you **were**, he/she/it **was**, we **were**, you **were**, they **were**
p.p.:	**been**		

bear
p.s.:	**bore**	*p.p.:*	**borne**

beat
p.s.:	**beat**	*p.p.:*	**beaten**

become
p.s.:	**became**	*p.p.:*	**become**

begin
p.s.:	**began**	*p.p.:*	**begun**

bet
p.s.:	**bet**	*p.p.:*	**bet**

bleed
p.s.:	**bled**	*p.p.:*	**bled**

blow
p.s.:	**blew**	*p.p.:*	**blown**

break
p.s.:	**broke**	*p.p.:*	**broken**

breed
p.s.:	**bred**	*p.p.:*	**bred**

bring
p.s.:	**brought**	*p.p.:*	**brought**

broadcast
p.s.:	**broadcast**	*p.p.:*	**broadcast**

build
p.s.: built — *p.p.:* built

burn
p.s.: burn/burned — *p.p.:* burnt/burned

buy
p.s.: bought — *p.p.:* bought

catch
p.s.: caught — *p.p.:* caught

choose
p.s.: chose — *p.p.:* chosen

come
p.s.: came — *p.p.:* come

cost
p.s.: cost — *p.p.:* cost

creep
p.s.: crept — *p.p.:* crept

cut
p.s.: cut — *p.p.:* cut

do
p.s.: did — *p.p.:* done

draw
p.s.: drew — *p.p.:* drawn

dream
p.s.: dreamt/dreamed — *p.p.:* dreamt/dreamed

drink
p.s.: drank — *p.p.:* drunk

drive
p.s.: drove — *p.p.:* driven

eat
p.s.: ate — *p.p.:* eaten

fall
p.s.: fell — *p.p.:* fallen

feed
p.s.: fed	p.p.: fed

feel
p.s.: felt	p.p.: felt

find
p.s.: found	p.p.: found

fit
p.s.: fitted, *AE*: fit	p.p.: fitted, *AE*: fit

flow
p.s.: flew	p.p.: flown

flee
p.s.: fled	p.p.: fled

fly
p.s.: flew	p.p.: flown

forecast
p.s.: forecast	p.p.: forecast

forget
p.s.: forgot	p.p.: forgotten

forgive
p.s.: forgave	p.p.: forgiven

freeze
p.s.: froze	p.p.: frozen

get
p.s.: got	p.p.: got, *AE*: gotten

give
p.s.: gave	p.p.: given

go
p.s.: went	p.p.: gone

grow
p.s.: grew	p.p.: grown

hang
p.s.: hung	p.p.: hung

have
pr.s.: I **have**, you **have**, he/she/it **has**, we **have**, you **have**, they **have**
p.p.: had

p.s.: had

hear
p.s.: heard
p.p.: heard

hide
p.s.: hid
p.p.: hidden/hid

hit
p.s.: hit
p.p.: hit

hold
p.s.: held
p.p.: held

hurt
p.s.: hurt
p.p.: hurt

keep
p.s.: kept
p.p.: kept

know
p.s.: knew
p.p.: known

lay
p.s.: laid
p.p.: laid

lead
p.s.: led
p.p.: led

learn
p.s.: learnt/learned
p.p.: learnt/learned

leave
p.s.: left
p.p.: left

lend
p.s.: lent
p.p.: lent

let
p.s.: let
p.p.: let

lie
p.s.: lay
p.p.: lain

lose
p.s.: lost   *p.p.:* lost

make
p.s.: made   *p.p.:* made

mean
p.s.: meant   *p.p.:* meant

meet
p.s.: met   *p.p.:* met

overtake
p.s.: overtook   *p.p.:* overtaken

pay
p.s.: paid   *p.p.:* paid

prove
p.s.: proved   *p.p.:* proved, *AE:* proven

put
p.s.: put   *p.p.:* put

read
p.s.: read   *p.p.:* read

ride
p.s.: rode   *p.p.:* ridden

ring
p.s.: rang   *p.p.:* rung

rise
p.s.: rose   *p.p.:* risen

run
p.s.: ran   *p.p.:* run

say
p.s.: said   *p.p.:* said

see
p.s.: saw   *p.p.:* seen

sell
p.s.: sold   *p.p.:* sold

send
p.s.: sent —— p.p.: sent

set
p.s.: set —— p.p.: set

sew
p.s.: sewed —— p.p.: sewn/sewed

shake
p.s.: shook —— p.p.: shaken

shine
p.s.: shone —— p.p.: shone

shoot
p.s.: shot —— p.p: shot

show
p.s.: showed —— p.p: shown/showed

shut
p.s.: shut —— p.p.: shut

sight-read
p.s.: sight-read —— p.p.: sight-read

sing
p.s.: sang —— p.p.: sung

sink
p.s.: sank/sunk —— p.p.: sunk

sit
p.s.: sat —— p.p.: sat

sleep
p.s.: slept —— p.p.: slept

speak
p.s.: spoke —— p.p.: spoken

speed
p.s.: sped/speeded —— p.p.: sped/speeded

spell
p.s.: spelt/spelled —— p.p.: spelt/spelled

spend
p.s.: **spent**   *p.p.:* **spent**

spill
p.s.: **spilt/spilled**   *p.p.:* **spilt/spilled**

stand
p.s.: **stood**   *p.p.:* **stood**

steal
p.s.: **stole**   *p.p.:* **stolen**

stink
p.s.: **stank/stunk**   *p.p.:* **stunk**

swear
p.s.: **swore**   *p.p.:* **sworn**

swell
p.s.: **swelled**   *p.p.:* **swollen**

sweep
p.s.: **swept**   *p.p.:* **swept**

swim
p.s.: **swam**   *p.p.:* **swum**

take
p.s.: **took**   *p.p.:* **taken**

teach
p.s.: **taught**   *p.p.:* **taught**

tear
p.s.: **tore**   *p.p.:* **torn**

tell
p.s.: **told**   *p.p.:* **told**

think
p.s.: **thought**   *p.p.:* **thought**

throw
p.s.: **threw**   *p.p.:* **thrown**

understand
p.s.: **understood**   *p.p.:* **understood**

wake
p.s.: **woke** *p.p.:* **woken**

wear
p.s.: **wore** *p.p.:* **worn**

win
p.s.: **won** *p.p.:* **won**

write
p.s.: **wrote** *p.p.:* **written**

Países, línguas e povos

Europe [ˈjʊərəp] *n*	**Europa**
European [ˌjʊərəˈpiːən] *adj, n m/f*	o **europeu**
Norway [ˈnɔːweɪ] *n*	**Noruega**
Norwegian [nɔːˈwiːdʒən] *adj, n, n/f*	o **norueguês**
Sweden [ˈswɪdən] *n*	**Suécia**
Swedish [ˈswiːdɪʃ] *adj, n*	**sueco**
Swede [swiːd] *n m/f*	o **sueco**
Finland [ˈfɪnlənd] *n*	**Finlândia**
Finnish [ˈfɪnɪʃ] *adj, n*	**finlandês**
Finn [fɪn] *n m/f*	o **finlandês**
Denmark [ˈdɛnmɑːk] *n*	**Dinamarca**
Danish [ˈdeɪnɪʃ] *adj, n*	**dinamarquês**
Dane [deɪn] *n m/f*	o **dinamarquês**
Great Britain [ˌgreɪt ˈbrɪtn] *n*	**Grã-Bretanha**
British, Briton [ˈbrɪtɪʃ, ˈbrɪtn] *adj, n m/f; pl* **British**	o **britânico**, o **bretão**
England [ˈɪŋglənd] *n*	**Inglaterra**
English [ˈɪŋglɪʃ] *adj, n, n pl*	**inglês**
Englishman [ˈɪŋglɪʃmən] *n; pl* **Englishmen**	o **inglês**
Englishwoman [ˈɪŋglɪʃˌwʊmən] *n; pl* **Englishwomen**	a **inglesa**
Ireland [ˈaɪələnd] *n*	**Irlanda**
Irish [ˈaɪərɪʃ] *adj, n pl*	**irlandês**
Irishman [ˈaɪərɪʃmən] *n; pl* **Irishmen**	o **irlandês**

Irishwoman [ˈaɪərɪʃˌwʊmən] *n; pl* **Irishwomen**	a **irlandesa**
Northern Ireland [ˈnɔːðən ˈaɪələnd] *n*	**Irlanda do Norte**
Northern Irish [ˈnɔːðən ˈaɪərɪʃ] *adj, n pl*	o **norte-irlandês**
Wales [weɪlz] *n*	**País de Gales**
Welsh [wɛlʃ] *adj, n m/f*	**galês**
Welshman [ˈwɛlʃmən] *n; pl* **Welshmen**	o **galês**
Welshwoman [ˈwɛlʃˈwʊmən] *n; pl* **Welshwomen**	a **galesa**
Gaelic [ˈgeɪlɪk] *n, adj*	o **gaélico**
Celtic [ˈkɛltɪk] *n, adj*	**celta, céltico**
Scotland [ˈskɒtlənd] *n*	**Escócia**
Scottish [ˈskɒtɪʃ] *adj*	**escocês**
Scot [skɒt] *n m/f*	o **escocês**
Netherlands [ˈnɛðələndz] *n pl*	**Países Baixos**
Holland [ˈhɒlənd] *n*	**Holanda**
Dutch [dʌtʃ] *adj, n pl*	**holandês**
Dutchman [ˈdʌtʃmən] *n; pl* **Dutchmen**	o **holandês**
Dutchwoman [ˈdʌtʃˌwʊmən] *n; pl* **Dutchwomen**	a **holandesa**
Belgium [ˈbɛldʒəm] *n*	**Bélgica**
Belgian [ˈbɛldʒən] *adj, n m/f*	o **belga**
Germany [ˈdʒɜːməni] *n*	**Alemanha**
German [ˈdʒɜːmən] *adj, n m/f*	o **alemão**

Austria [ˈɒstrɪə] n	**Áustria**
Austrian [ˈɒstrɪən] adj, n m/f	**austríaco**
Switzerland [ˈswɪtsələnd] n	a **Suíça**
Swiss [swɪs] adj, n m/f	**suíço**
Italy [ˈɪtəli] n	**Itália**
Italian [ɪˈtælɪən] adj, n m/f	**italiano**
France [frɑːns] adj, n pl	**França**
French [frɛntʃ] adj, n pl	**francês**
Frenchman [ˈfrɛntʃmən] n; pl **Frenchmen**	o **francês**
Frenchwoman [ˈfrɛntʃˌwʊmən] n; pl **Frenchwomen**	a **francesa**
Spain [speɪn] n	**Espanha**
Spanish [ˈspænɪʃ] adj, n	**espanhol**
Spaniard [ˈspænjəd] n m/f	o **espanhol**
Portugal [ˈpɔːtʃəgəl] n	**Portugal**
Portuguese [ˌpɔːtjʊˈgiːz] adj, n m/f; pl inv	**português**
Greece [griːs] n	**Grécia**
Greek [griːk] adj, n m/f	**grego**
Russia [ˈrʌʃə] n	**Rússia**
Russian [ˈrʌʃən] adj, n m/f	**russo**
Poland [ˈpəʊlənd] n	**Polônia**
Polish [ˈpɒlɪʃ] adj, n	**polonês**
Pole [pəʊl] n m/f	o **polonês**, a **polonesa**
Czech Republic [tʃɛk rɪˈpʌblɪk] n	**República Tcheca**
Czech [tʃɛk] adj, n m/f	**tcheco**

Países, línguas e povos

America [əˈmɛrɪkə] *n*	**América**
American [əˈmɛrɪkən] *adj, n m/f*	o **americano**
North America [nɔːθ əˈmɛrɪkə] *n*	**América do Norte**
North American [nɔːθ əˈmɛrɪkən] *adj, n m/f*	**norte-americano**
South America [saʊθ əˈmɛrɪkə] *n*	**América do Sul**
South American [saʊθ əˈmɛrɪkən] *adj, n m/f*	o **sul-americano**
Hispanic [hɪˈspænɪk] *n m/f*	o **hispânico**
Latin America [ˈlætɪn əˈmɛrɪkə] *n*	**América Latina**
Latin American [ˈlætɪn əˈmɛrɪkən] *adj, n m/f*	o **latino-americano**
United States [jʊˈnaɪtɪd steɪts] *n*	os **Estados Unidos**
American [əˈmɛrɪkən] *adj, n m/f*	o **americano**
Canada [ˈkænədə] *n*	**Canadá**
Canadian [kəˈneɪdiən] *adj, n m/f*	o **canadense**
Brazil [brəˈzɪl] *n*	**Brasil**
Brazilian [brəˈzɪliən] *adj, n m/f*	o **brasileiro**
Argentina [ˌɑːdʒənˈtiːnə] *n*	**Argentina**
Argentinian [ˌɑːdʒ(ə)nˈtɪniən] *adj, n m/f*	o **argentino**
Asia [ˈeɪʒə] *n*	**Ásia**
Asian [ˈeɪʃ(ə)n] *adj, n m/f*	**asiático**
Arabia [əˈreɪbɪə] *n*	**Arábia**
Arabic [ˈærəbɪk] *adj, n*	**árabe, arábico**
Arab [ˈærəb] *n m/f*	o **árabe**
Turkey [ˈtɜːki] *n*	**Turquia**

Turkish [ˈtɜːkɪʃ] *adj, n*	**turco**
Turk [tɜːk] *n m/f*	o **turco**
Israel [ˈɪzreɪəl] *n*	**Israel**
Israeli [ɪzˈreɪli] *adj, n m/f*	**israelense**
Hebrew [ˈhiːbruː] *adj, n*	**hebreu, hebraico**
China [ˈtʃaɪnə] *n*	**China**
Chinese [ˌtʃaɪˈniːz] *adj, n m/f*	o **chinês**
Japan [dʒəˈpæn] *n*	**Japão**
Japanese [ˌdʒæpəˈniːz] *adj, n m/f*	o **japonês**
India [ˈɪndɪə] *n*	**Índia**
Indian [ˈɪndɪən] *adj, n m/f*	o **indiano**
Australia [ɒˈstreɪliːə] *n*	**Austrália**
Australian [ɒˈstreɪliən] *adj, n m/f*	o **australiano**
New Zealand [njuːˈziːlənd] *n, adj*	**Nova Zelândia**
New Zealander [njuːˈziːləndə] *n m/f*	o **neozelandês**
Africa [ˈæfrɪkə] *n*	**África**
African [ˈæfrɪkən] *adj, n m/f*	o **africano**
South Africa [saʊθ ˈæfrɪkə] *n*	**África do Sul**
South African [saʊθ ˈæfrɪkən] *adj, n m/f*	o **sul-africano**
Egypt [ˈiːdʒɪpt] *n*	**Egito**
Egyptian [ɪˈdʒɪpʃən] *adj, n m/f*	o **egípcio**
Bahamas [bəˈhɑːməz] *n*	**Bahamas**
Barbados [bɑːˈbeɪdɒs] *n*	**Barbados**
Cameroon [kæməˈruːn] *n*	**Camarões**
Cuba [ˈkjuːbə] *n*	**Cuba**

Falkland Islands [ˈfɔːlklənd ˌaɪləndz] n	as **Ilhas Malvinas**, as **Ilhas Falklands**
Ghana [ˈgɑːnə] n	**Gana**
Jamaica [dʒəˈmeɪkə] n	**Jamaica**
Kenya [ˈkɛnjə] n	**Quênia**
Malta [ˈmɔːltə] n	**Malta**
Nigeria [naɪˈdʒɪərɪə] n	**Nigéria**
Puerto Rico [ˈpweətəʊ rɪˈkəʊ] n	**Porto Rico**
Ruanda [BE: rʊˈændə, AE: rʊˈɑːndə] n	**Ruanda**
Samoa [səˈməʊə] n	**Samoa**
Sierra Leone [sɪˈeərə liːˈəʊni] n	**Serra Leoa**
Singapore [BE: ˌsɪŋgəˈpɔː; AE: ˈsɪŋəˌpɔr] n	**Cingapura**
Tanzania [ˌtænzəˈniːə] n	**Tanzânia**
Uganda [juːˈgændə] n	**Uganda**
Zimbabwe [zɪmˈbɑːbw] n	**Zimbábue**

A

A 410
a 429
a bit 420
a lot of 417
A-levels 133
abortion 104
about 420, 435
above 400
abroad 257, 361
absent 122
absolutely 428
academy 135
accent 128
accept 72, 94
accident 109
Accident and
  Emergency
  Department 111
accomodation 259
accompany 45
according to 436
account 316
accuse 380
accused 380
acquaintance 44
acquire 199
acquisition 199
acquit 383
across 403
act 81, 173
action 81
active 195
activity 81, 195
actor 147
actress 147
actually 427
add 214, 412
addicted to
  drugs 105
address 15
addressee 308
adjective 125
adjust 348
administration 377
admiration 56
admire 57
admission 264
adopt 38
adopted child 38

adult 47
adult education 143
advantage 74, 160
adventure 257
adverb 125
advert ad 334
advertise sth. 334
advertisement 334
advice 71
advise 71, 333
affection 41
afford sth. 205
Africa 454
African 454
after 395
afternoon 389
against 74
age 47
agency 333
aggressive 57
ago 391
agree 72
agree to do sth. 90
agreement 72, 159
agricultural 342
agriculture 342
aids 104
aim 160
air 298
air conditioning 248
air force 374
airline 277
airport 277
alarm 111
alarm clock 247
alcohol 221
alcoholic 105
alive 46
all 417
all right 70
All right. 80
all-day school 133
allergy 104
allow 70
almond 217
almost 426
alone 56
alphabet 125
alpine 295
already 393

also 427
alternative 345
although 437
aluminum 354
always 394
am 388
amateur 196
ambassador 148
ambitious 20
ambulance 111
America 453
American 453
among 402
amusing 181
an 429
ancestor 38
ancient 170
and 437
angel 367
angle 409
angry 76
angular 409
animal 289
animation 329
anniversary 175
announcement 279
annoyed 76
annoying 76
another 419
answer 66
answer phone 315
answer the
  phone 318
answering
  machine 315
anticipate 53
antiquity 357
any 419
anyone 418
anything 419
anywhere 399
apologize 68
apology 68
appear 407
appearance 52
appetite 208
applaud 174
applause 174
apple 216
apply 154

apply first aid 112
appoint 160
appointment 150
apprentice 136
apprenticeship 136
apricot 217
Arab 453
Arabia 453
Arabic 453
arcade 270
architect 146
architecture 137
area 269, 291
area code 315
Argentina 453
Argentinian 453
argue 75
argument 75
aristocracy 358
arm 96
armchair 242
armed 375
army 374
around 402
around the clock 390
arrange 159, 421
arrangement 159
arrest 384
arrival 274
arrive 407
arrow 409
art 137, 169
art history 137
article 309
artist 147
artistic 170
as ... as 422
as 435
as if 438
ascent 185
Ash Wednesday 179
ashtray 250
Asia 453
Asian 453
ask 66
assassination 382
assignment 134
assistant 146
assure 69
astronaut 298

Índice remissivo   457

at 391, 436
at home 231
at night 389
at noon 389
at once 396
at present 392
atheist 364
athlete 186
athletic 187
athletics 188
Atlantic Ocean 293
atm machine 339
atmosphere 298
attachment 316
attack 375
attempt 88
attend 122
attention 120
attitude 45
attractive 22
aubergine 217
audience 174
augmented reality 330
August Bank Holiday 179
aunt 35
Australia 454
Australian 454
Austria 452
Austrian 452
author 147
authorize 70
automatic 348
autumn fall 386
available 205
avenue 270
average 424
aware 53
awareness 53
away 399, 401

B

baby 13
back 95, 400
backpack 257
backup copy 328
backwards 404
bacon 218
bacteria 103
bad 121
bad luck 192
bad-looking 22
bag 33, 212
bag carryall 257
baggage 255
baggage room 276
Bahamas 454
bake 210
baked beans 226
baker 146
bakery 206
balcony 238
bald 25
bald head 25
ball 183
ballet 173
ballet dancer 147
ban 70
banana 217
band 169
Band-Aid® 108
bandage 108
bank 294
bank 335
bank account 339
banknote 336
bar 182, 224
Barbados 454
bargain 205
barrel 416
basement 239
basil 219
basilica 263
basket 152, 252
basketball 188
bass 167
bath 241
bathroom 237
bathtub 241
battery 348
battle 374
be ... years old 47
be 281, 438, 442
be absent 122
be afraid 56
be alike 24
be allowed to 70
be ashamed 59
be astonished 58
be beautiful 22
be bored 57
be born 46
be called 14
be engaged 40
be enough 229
be found 270
be friends with 42
be frightened 58
be from 15
be going to 440
be in a hurry 405
be in good order 252
be in love 38
be interested in 117
be late 272
be lucky 195
be musical 169
be of use 83, 346
be on medication 106
be on strike 157
be on the phone 313
be on the pill 109
be one's turn 203
be passing through 257
be pleased 54
be right 72
be sore 103
be surprised 53
be used to 19
be well 97
be worthwhile 339
be wrong 73, 118
beach 293
bean 217
bear 102, 290, 442
beard 26
beat 442
beautiful 22
beauty 22
because 425
become 442
become ill 98
bed 240
bed and breakfast 259
bedroom 237
beef 218
beer 221
before 395
beggar 360
begin 397, 442
beginner 156
behind 400
Belgian 451
Belgium 451
believe 51, 364
bell 244, 264
belly 95
belonging to 425
below 402
belt 33
bend 285
best 120
bet 195, 442
betray 376
better 120
between 402
Bible 366
bicycle 281
big 23
bike 281
bikini 29
bill 229, 336
bills 235
biography 164
biology 137
bird 289
birth 46
birthday 175
biscuit 215
bitter 213
black 408
blackboard 131
blanket 243
blaze 109
bleed 99, 442
blind 102
block 232, 285
blog 318
blood 96
blouse 28
blow 301, 442
blue 408
board 198, 279, 331
boat 278
body 95
bodyhair 97

boil 210
bone 96, 219
bonus 160
book 162, 229, 255
bookshop 207
bookstore 207
boot 30
boot up 322
border 373
boredom 57
boring 57
borrow 94
boss 141
both ... and 423
both 419
bother 76
bottle 210
bottle opener 249
bottom 95
boutique 207
box 248
Boxing Day 179
boy 13
boyfriend 41
bra 30
bracelet 33
brain 95
brake 285
branch : 289
brand 421
brave 18
Brazil 453
Brazilian 453
bread 215
break 87, 101, 442
break down 286
break out 373
break recess 130
breakfast 227
breast 95
breath 101
breathe 101
breed 344, 442
breeding 344
bride 40
bridge 268
brilliant 121
bring 93, 442
bring up 37
British 450

British 450
Briton 450
broadcast 310, 442
broil 212
broom 251
broth 226
brother 35
brother-in-law 37
brothers and
 sisters 35
brown 24, 408
brown bread 216
browser 321
brush 113
brush one's
 teeth 113
buckle up 287
Buddhist 366
build 231, 443
building 231
building site 232
bull 289
bun 215
bureau de
 change 337
burglar 385
burn 110, 302, 443
bury 48
bus 271
bus station 272
bus stop 272
business card 149
business
 management 138
businessman 148
businessmen 148
businesswoman 148
businesswomen 148
busy 140
but 437
butcher 146
butcher's shop 206
butt 95
butter 218
butterfly 290
buttermilk 219
buttocks 95
button 31
buy 199, 443
by 393, 401, 436
by any chance 51

by chance 427
by day 388
Bye! 78, 314

C

cabbage 217
cabin 279
cable 348
café 223
cafeteria 223
cake 215
cake shop 223
calculate 412
calculator 151
calendar 149
calf 289
call 14, 63, 314
call back 314
call for help 111
calm 18
camera 192
camera phone 194
Cameroon 454
campground 260
camping 260
campsite 260
can 212, 438
Can I help you? 80, 200
can opener 249
can't stand 55
Canada 453
Canadian 453
canal 295
cancel 255, 273
candle 246
candy 220
cannot 439
cap 32
capable 144
capital 378
capitalism 371
cappuccino 221
captain 148
car 280
car driver 284
car park 268
caravan 284
care 120

care about 36
career 154
careful 17
carefully 17
careless 17
cargo 280
caries 104
carnival 178
carpet 242
carriage car 276
carrot 216
carry 83
cash 335
cash desk 201
cashpoint 339
castle 264
cat 289
catastrophe 304
catch 116, 183, 443
catch a cold 99
category 262
cathedral 263
Catholic 365
catsup 220
cattle 343
cause 425
cave 296
cd 167
cd player 168
cd-rom 324
ceiling 235
celebrate 175
celebrate an
 anniversary 176
cellar 237
cellphone 313
cellphone
 company 321
cellphone
 contract 321
Celtic 451
cement 354
cemetery 269
censorhip 165
cent 337
centimeter 415
centimetre 415
central 269
centre adult 143
century 392
cereals 216

certain 89
certainty 89
certificate 119, 378
chair 239
chalk 131
chalkboard 131
chance 155
chancellor 368
change 27, 86, 203, 337
change a tyre 286
change trains 272
chapel 264
chapter 164
character 19, 127
charger 194
chat 65, 317
cheap 201
check 229, 384
check card 336
check in 260
check out 260
check-up 108
checked 32
checkout 201
cheek 96
cheerful 18
cheerfulness 54
Cheers! 209
cheese 219
chef 146
chemist 145
chemist's drugstore 207
chemistry 137
cheque card 336
cherry 217
chess 194
chest 95
chestnut 291
chicken 218, 289
chickpea 217
child children 13
childhood 47
chin 96
China 454
Chinese 454
chips French fries 225
chocolate 220
choice 204

choose 200, 443
chop 219
christening 177
Christian 365
Christmas 179
Christmas Day 179
Christmas Eve 179
church 263
church tower 264
cider 222
cigar 221
cigarette 220
cinema 172
circle 408
circus 177
citizen 16, 379
city 266
city center 266
city council 379
city hall 379
civil 361, 374
civil war 358
civilization 356
claim 74
class 129, 362, 421
classes 129
classical 168
classmate 131
classroom 129
clean 247
cleanliness 251
clear 73
clear out 239
clear the table 228
clerk 142
clever 18
click 324
climate 300
climate change 302
climb 189
clinic 107
clipboard 328
close 236
closed 200
cloth 251, 354
clothes 26
clothes shop 207
clothes store 207
cloud 300
cloud computing 322

cloudy 301
club 44
co-worker 140
coal 353
coast 293
coat 27, 197
coat rack 238
cock 290
cod 218
coffee 221
coffee machine 244
coffee maker 244
coin 337
Coke® 221
cold 99, 300
cold cuts 219
collaborator 140
collar 31
colleague 140
collect 196
collection 196
collective agreement 159
college 130
college of further education 133
collide 110
collision 110
colonization 357
colonize 357
colony 358
color 408
colorful 408
colour 408
colourful 408
column 265
comb 113
combat 374
combine 423
come 406, 443
come from 15
Come in! 79
Come on! 81
comedy 173
comfortable 240
comic 164
comma 128
commercial 310
common 424
communal 45

communism 371
community 378
commuter train 274
companion 45
company 333
compare 424
comparison 424
compartment 275
competition 185, 335
competitor 185
complain 76
complain about 77
complaint 202
complete 201
completely 428
complexion 25
composer 147
comprehensive school 133
compress 329
computer 322
computer game 329
computer programmer 147
computer science 137
computer virus 328
concede 75
concentrate 123
concentration 123
concern 74
concert 166
concession 75
conclude 86
conclusion 86
concrete 354
condolence 49
conductor 147, 275
conference 143
confess 383
confirm 256
confirmation 256
conflict 374
congratulate 175
Congratulations! 175
connect 86, 314
connection 44, 275
conquer 356
conscience 365
conscientious 90
consider 53

consideration 123
consist of 353
constitution 382
construction site 232
consulate 369
consume 211
consumer 335
consumer society 335
contact 44
contact lens 33
contagious 103
contain 420
container 280
continent 292
continue 398
contraceptive 108
contract 158
control 384
convenience 234
convention 143
conversation 63
convince 72
convinced 72
cook 146, 210
cooked 210
cooker stove 244
cookie 215
cool 176, 300
cooperation 142
copper 354
copy 149, 325
cord 198
corkscrew 249
corner 409
correct 118, 124
corridor 238
cost 202, 443
cost control 143
costs 205
costume 174
costume jewellery 33
cotton 351
couch 242
cough 99
could 439
could not 439
Could you ...? 79
counsellor 148
counselor 148

count 412
count on 91
country 266, 292, 361, 378
couple 40
courage 18
courgette 217
course 117, 227
court 380
cousin 35
cover 243, 285
covering letter 155
cow 289
cowardly 19
crash 110
cream 113, 218, 219
cream cheese 219
create 170
creature 290
credit 341
credit card 336
creep 443
cremate 48
creme caramel 226
crime 381
criminal 381
crisis crises 372
crisps potachips 220
criticism 73
criticize 73
cross 283, 409
crossroad 267
    intersection 267
crowd 178
crown 356
cruise 279
Cuba 454
cucumber 216
cultural 264
culture 264
cup 245
cupboard 240
cure 102
curiosity 20
curious 20
currency 341
current 295, 398
cursor 324
curtain 242
custom 178

customer 204
customs 258
cut 211, 443
cutlery 249
cutlet 219
cv resume 155
cybercrime 318
Czech 452
Czech Republic 452

D

dad 34
daily 388
daily paper 309
daisy 291
damage 305
dance 174, 181
Dane 450
danger 109
dangerous 110
Danish 450
dark 24, 408
dark-haired 24
dark-skinned 25
data 325
database 328
date 43, 391
daughter 35
daughter-in-law 37
day 388
dead 48
dead body 49
deadly 48
deaf 102
Dear ... 307
death 48
debts 336
decide 89
decision 89
declare 258
decorate 177, 197
decoration 177
decrease 338
deep 166, 403
deep-fry 212
defeat 186
defence 375
defend 375
defense 375

definitely 92
degree 119, 416
delay 272, 398
delete 325
delicious 209
deliver 308, 334
delivery 308
demand 71, 159, 332
democracy 369
democratic 369
demonstrate 370
Denmark 450
denomination 365
dentist 145
depart 254
department 140, 204, 377
department store 206
departure 258
departure 274
deposit 339
describe 124
description 124
desert 294
desk 149
desperate 60
dessert 228
destiny 60
destroy 304
destruction 304
detail 171, 424
detective story 162
develop 194, 350
developing country 372
development 350
device 347
devil 367
devout 365
diabetes 104
dial 314
dial the wrong number 314
dialling code 315
dialogue dialog 173
diarrhea 104
diarrhoea 104
diary 149
diary 164

dice 192
dictation 128
dictionary 369
dictionary 126
die 48
diesel 283
diet 211
difference 412, 422
different 422
difficult 121
difficulty 121
digit 412
digital 325
digital camera 192
digital native 319
diner 276
dining car 276
dining room 237
dinner 228
dinner party 181
diplomat 148
diplomatic 372
direct 174, 275, 278
direction 402
directions 269
director 147, 148
dirt 251
dirty 247
disabled 100
disabled person 100
disadvantage 75, 160
disappear 407
disappointed 58
disappointment 58
disarmament 377
disco 181
discotheque 181
discount 205
discover 346
discovery 346
discriminate 363
discrimination 363
discuss 74
discussion 74
disgust 60
dish 224, 245
dish of the day 230
dish washer 246
dishes 245

dishwasher 246
dismiss 155
dissatisfied 55, 202
dissertation 135
distance 403
distribute 94
disturb 76
diversion 285
diversity 363
divide 412
diving 189
divorce 41
divorced 14
dizziness 104
do 81, 438, 443
do a diploma 134
do business 331
do handicrafts 193
do one's
 doctorate 134
do sb. a favour 90
do sb.'s hair 24
do sport 182
do sth. for a
 living 158
do the dishes 246
do the laundry 247
do the shopping 204
do without 69
do-it-yourself 197
doctor 145
doctor's office 106
doctorate 134
documents 149, 255
dog 289
dollar 337
dolphin 290
dome 265
Don't worry! 80
donkey 290
door 235
double room 261
doubt 59
doughnut 216
down 400
download 317
downstairs 400
downtown area 266
drama 173
draw 170, 443

drawer 242
drawing 171
dream 88, 443
dress 26, 28, 211
dressed 32
drink 208, 221, 443
drive 281, 324, 443
drive home 255
driver 281
driver's license 281
driving licence 281
drop 87, 211
drop by sb. 44
drought 303
drug 105
drug addict 105
drum 167
drums 167
drunk 101
dry 113, 213, 247, 301
dry cleaner's 207
dry-clean 32
duck 290
dull 57
during 391
dust 251
Dutch 451
Dutchman 451
Dutchwoman 451
Dutchwomen 451
duty 90
dvd 324
dvd player 324

E

e-mail 315
e-mail address 316
each 418
each other 433
ear 95
early 396
earn 158
earnings 160
earring 33
earth 297
earthquake 303
east 297
Easter 178

Easter Monday 179
Easter Sunday 178
eastern 297
easy 121
eat 208, 443
ecology 344
economic
 growth 335
economics 137
economy 331
edge 409
edition 309
educate 122, 130
education 122, 130, 138
education center 143
effect 426
effective 350
efficient 326, 350
effort 88
egg 219
egg white 219
egg yolk 219
eggplant 217
Egypt 454
Egyptian 454
eight 410
eighteen 411
eighteenth 413
eighth 413
eightieth 414
eighty 411
either ... or 423
elbow 96
elect 370
election 370
electric 346
electric
 appliance 248
electric guitar 167
electrical 346
electrical
 engineering 137
electrical shop 207
electrical store 207
electrician 146
electricity 346
electronic 348
elegant 26
elementary
 school 132

elephant 290
elevator 236
eleven 410
eleventh 413
embassy 369
emergency exit 112
emergency number 111
Emergency Room er 112
emigrant 362
emigrate 362
emperor 355
emphasize 65
empire 355
employ 153
employed 153
employee 153
employement 153
employer 153
employment agency 156
empress 355
empty 228
encourage 91
encyclopedia 124
end 398
endurance 187
enemy 373
energy 349
engaged busy 315
engagement 40
engine 345
engineer 146
England 450
English 137, 450
Englishman 450
Englishmen 450
Englishwoman 450
Englishwomen 450
enjoy 180
enjoy oneself 180
Enjoy your meal! 209
Enjoy yourself! 180
enough 419
enrol to enroll 136
enter 232, 328
entertaining 18
entertainment 180
entertainment show 310

enthusiasm 57
enthusiastic 57
entrance 235
entrepreneur 148
entry 257
envelope 307
environment 45, 303
environmental pollution 304
environmentally-friendly 304
envy 60
epoch 359
equal 423
equipment 262
error message 325
escalator 206
escape 376
especially 424
espresso 221
essay 128
EU citizen 363
euro 337
Europe 450
European 450
European Union 372
Even better. 80
evening 389
event 177
ever 394
every 418
everybody 418
everyone 418
everything 417
everywhere 399
exact 73, 203
exaggerate 75
exaggeration 75
examination 106, 119
examine 106
example 117
excavation 357
excellent 120, 212
except 423
exception 423
exchange 202
excited 57
exciting 191
exciting 57
exclusively 311

excuse 68, 69, 78
Excuse me 69
executive 141
exercise 117, 187
exercise book 118
exhibition 171
exist 364
existence 364
exit 235
expect 52
expenditure 340
expensive 201
experience 257
experiment 350
expert 156
explain 64
explanation 64
export 332
express 65
express oneself 65
express train 273
expression 25, 65
extension 319
eye 95
eyesight 96

F

fabric 354
face 21
fact 312
faculty 133
fail 119
faint 101
fair 24, 177, 186
fairy tale 163
faith 364
faithful 40
Falkland Islands 455
fall 405, 443
fall asleep 85
fall in love 38
familiar 34
family 34
famous 186
fan 191
far 401
Farewell 79
farm 342
farm holiday 256

farm vacation 256
farmer 146
fascism 358
fashion 26
fashionable 31
fast 183, 405
fasten one's seat belt 287
fat 23, 214, 352
father 34
father-in-law 37
favor 90
favour 90
favourite 55
fax 315
fear 55
feasible 68
feature film 174
feed 344, 444
feel 62, 444
feel dizzy 104
feel homesick 60
feel sorry 59
feeling 53, 62
feet 415
feminine 128
ferry 278
fertile 342
fertilize 343
fertilizer 343
festival 178
few 418
fiction 163
field 188, 342
fifteen 410
fifteenth 413
fifth 413
fiftieth 414
fifty 411
fight 374
figure 22, 412
file 151, 325
file format 327
fill in 378
fill out 378
fill up 84, 283
filling station 283
film movie 172
final 190
finally 397

Índice remissivo

financial 336
find 84, 444
Fine, thank you. 79
finger 96
finish 86, 186, 397
finished 86
Finished! 80
Finland 450
Finn 450
Finnish 450
fir tree 290
fire 155, 302
fire brigade 111
fire department 111
fireplace 239
fireworks 178
firm 331
first 396, 413
first floor 232, 233
first language 126
first name 14
fish 193, 218, 289
fisherman 146
fishermen 146
fishing 344
fishmonger's 207
fist 96
fit 27, 187, 444
fitness 187
fitted carpet 242
five 410
fix 86
flag 373
flash 192
flat 409
flat apartment 231
flat rate 316
flea market 178
flee 376, 444
flexitime 161
flextime 161
flight 277
flight attendant 148
flood 303
flooding 303
floor 232, 236
florist's 207
flour 215
flow 296, 444
flower 289, 343

flu 103
flute 167
fly 277, 444
fog 302
foggy 302
folder 328
folk music 168
food 208
foot 415
football soccer 184
footfeet 96
for 393, 402, 435
for example 74
for fun 182
For heaven's sake! 80
force 71, 384
forecast 304, 444
forehead 95
foreign 361
foreign language 127
foreigner 361
forest 290
forever 366, 394
forget 50, 444
forgive 68, 444
fork 245
form 378
fortieth 414
fortnight 386
forty 411
forwards 404
four 410
fourteen 410
fourteenth 413
fourth 413
fox 290
fragile 353
frame 171
France 452
free 205, 381
free time 193
freedom 381
freelance 141
freeway exit 267
freeze 303, 444
freezer 248
French 452
Frenchman 452
Frenchmen 452

Frenchwoman 452
Frenchwomen 452
frequent 395
fresco 171
fresh 209
freshly-squeezed 213
Friday 387
fridge 244
friend 42
friendly 16, 42
friends 42
friendship 42
fright 58
frighten 58
from ... to 435
from 393, 403
front 234, 399
front page 312
frost 303
frozen 211
fruit 216
fry 212
full 228, 261
full board 261
full stop period 128
full-time 161
fun 180
function 345
funeral 48
funny 18, 182
furnish 241
furnished 239
furnishings 241
furniture 239
further training 141
future 392

G

Gaelic 451
gallery 170
gallon 416
gamble 192
game 185, 192
garage 238
garage petrol station 283
garbage can 248
garden 237

gardener 146
garlic 217
gas 351
gas station 283
gate 236, 277
gateau 215
gathering 43
gender 16
general 148
generally 427
generation 49
generous 19
geography 137
German 451
German studies 137
Germany 451
get 93, 406, 444
get ahead 143
get along with sb. 45
get back 254
get better 98
get divorced 42
get dressed up 115
get ill 98
get in 404
get in touch 44
get married 39
get off 404
get on 404
get out 404
Get out! 81
get pregnant 49
get ready 84
get sunburn 105
get there 254
get to 254
get up 85
get upset 76
get used to 105
Ghana 455
gift-wrap 177
girl 13
girlfriend 41
give 93, 176, 444
give a penalty 190
give sb. a lift 288
give sb. a ride 288
give sb. a ring 314
give sb. his/her bill 202

give up 87
glacier 295
glad 54
glass 245, 352
glasses 33
globalization 335
glove 32
glue 152
go 226, 282, 406, 444
go and check 61
go bad 213
go bald 25
go by train 274
go camping 260
go climbing 185
go down 405
go fishing 193
go for a drink 180
go for a stroll 193
go for a walk 193, 406
go forward 282
go hunting 197
go off 213
go out 43, 180
go shopping 200
go skiing 184
go sledding 184
go sledging 184
go to bed 85
go to sleep 84
go to work 139
go up 338
go well 27
goal 188
goat 289
God 364
gold 351
golf 188
good 16, 120
Good afternoon! 78
Good evening! 78
Good Friday 178
Good luck! 175
Good morning! 78
Good night! 78
good-looking 22
Goodbye! 78
goods 332

gossip 65
govern 368
government 368
grain 290
gram 416
grammar 125
grammar school 132
gramme 416
grandchild 36
grandchildren 36
granddaughter 36
grandfather 35
grandma 35
grandmother 35
grandpa 35
grandparents 35
grandson 36
grant 71
grape 217
grapefruit 218
grapevine 291
grass 289
grated 213
grateful 58
grave 48
gravy 226
great 176
Great Britain 450
Greece 452
Greek 452
green 408
greengrocer's 206
greenhouse effect 304
greeting 176
grey gray 408
grey-haired 24
grief 48
grill 212
grocer's 206
grocery store 206
groom 40
gross 341
ground 292
ground floor 232
group 420
grow 47, 342, 444
grow up 48
grown-up 47
guarantee 92

guard 376
guess 195
guest 44
guest house 259
guide 148
guided tour 263
guilt 380
guilty 381
guitar 167
gun 375
guy 43
gym 183

H

haddock 218
hail 303
hair 21
hair slide barrette 33
hairbrush 113
haircut 24
hairdresser 145
hairdrier 247
hairdryer 247
half an hour 390
half board 261
half-hour 390
half-yearly 386
hall 238, 264
ham 218
hamburger 225
hammer 198
hammer in 198
hand 96
hand in one's notice 154
hand over 94
handball 188
handkerchief 114
handle 86
hang 444
hang sth. up 242
hang up 318
hang up on sb. 319
hanger 242
happy 54
Happy Christmas! 175
Happy Easter! 175
harbor 278

harbour 278
hard 121, 352
hard disk 323
hard of hearing 102
hard-boiled 210
hardly 427
hardware 323
haricot bean 217
harvest 342
hash browns 226
hat 32
hate 39
hatred 38
have 92, 438, 445
have a bath 112
have a cold 99
Have a good trip! 253
have a look 61
Have a nice day! 79
have a phd 134
have a picnic 215
have a seat 240
Have a seat, please. 79
have a shower 112
have breakfast 227
have dinner 228
have fun 180
Have fun! 180
have got 92
have lunch 227
have no cell service 321
have no reception 321
have sex 41
have to 441
hay 343
he 430
head 95, 148
head teacher 131
headache 100
headline 312
headmaster 131
headmistress 131
headscarf 33
headscarves 33
heal 102
health 97
health food 213

health insurance   109
healthy   97
hear   61, 445
hearing   96
heart   96
heart attack   103
hearty   176
heat   241, 300
heating   241
heavy   352
Hebrew   454
helicopter   279
hell   367
Hello!   78
helmet   287
help   90
help oneself to sth.   228
help sb. to do sth.   90
Help!   111
helpful   91
her   431, 432
herbs   220
here   401
Here you are   67
hero   376
hers   433
herself   433
Hi!   78
hide   445
high   166, 402
high school   132
high tide   299
high-rise building   233
highly gifted   124
hike   185
hill   292
hilly   292
him   431
himself   433
Hindu   366
hire   153, 233
his   432, 433
Hispanic   453
historical   356
history   137, 163
hit   445
hitch-hike   288
hobby   193

hockey   189
hockey field
hog   289
hold   83, 445
hold sth. against sb.   76
hole   31
hole punch   152
holiday   253
holiday apartment   261
holiday home   261
holidays   253
Holland   451
holy   366
home   231
home country   373
homepage   320
homework   130
homosexual   41
honest   19
honesty   19
honey   220
honeydew melon   217
honeymoon   40
honor   376
honour   376
hook   198
hop   188
hope   51
Hopefully!   80
hopeless   60
horse   289
hospital   107
host   176
hot   209, 300
hotel   259
hour   390
house   231
house number   15
household   243
housewife   145
housewives   145
how   426, 434
How are you doing?   79
How are you?   79
How much is ...?   201
however   437

hug   39
human   46
human resources department   142
human rights   382
hundredth   414
hunger   208
hungry   208
hurt   99, 445
hurt oneself   100
husband   39
hybrid car   346
hygienic   108

I

I   429
I hope not.   80
I hope so.   79
I'd like ...   200
I'm afraid   59
I'm sorry.   69
ice   302
ice cream   220
ice cream parlor   224
ice cube   222
ice hockey
idea   365
identification   255
identity card   255
ideology   371
idiom   127
if   437
ill   98
illegal   380
illness   98
imagination   52, 164, 365
imagine   52
immediately   396
immigrant   362
immigrate   362
immoral   364
impatient   17
imperialism   358
impolite   17
import   332
importance   73
important   73
impossible   52

impression   52
improve   119
improvement   119
in   391, 436
in case   80
in cash   339
in common   43
in front of   400
in order to   425, 437
in peace   64
in stock   204
in the afternoon   389
in the evening   389
in the morning   388
in time   396
in-laws   37
incapable   144
inch   415
include   423
included   229
income   159, 340
incomprehensible   124
increase   338
incredible   313
independence   371
Independence Day   179
independent   371
index finger   96
India   454
Indian   454
indicate   286
industrial   333
industry   331
infant school   131
infection   103
infectious   103
inflammation   103
influence   367
inform   64, 308
information   308
information desk   274
inhabitant   377
inherit   49
injection   108
innocent   381
insect   290
inside   238, 403
insist on   70

Índice remissivo   465

inspite of 436
install 327
instead of 436
instruct 70
instructions 69, 252
instrument 166
insult 78
insurance 338
insure 338
inteface 329
intelligence 122
intelligent 122
interactive 329
interest 116, 341
interested 117
interesting 117
international 361
international law 372
Internet 315
interpreter 147
interrupt 398
interstate 267
interview 155, 311
into 403
invalid 256
invent 347
invention 347
invest 341
invite 44
Ireland 450
Irish 450
Irishman 450
Irishmen 450
Irishwoman 451
Irishwomen 451
iron 250, 351
irregular 424
Islamic 365
island 294
Israel 454
Israeli 454
issue 309
it 430, 431
Italian 452
Italy 452
its 432
itself 433

J

jacket 27
jam 220
Jamaica 455
Japan 454
Japanese 454
jargon 127
jealous 41
jeweler 207
jeweller 207
jewellery 33
jewelry 33
Jewish 365
jigsaw puzzle 195
job 139
job ad 156
job advert 156
job advertisement 156
job application 154
job centre 156
job vacancy 155
jogging 188
join 44
joke 181, 182
journalist 147
journey 253
journey there 276
judge 148
judgement 383
judiciary 382
juice 221
jump 187
jumper 28
junior high school 132
just 380, 427
justice 380
juvenile 47

K

keep 93, 445
Kenya 455
ketchup 220
kettle 249
key 244, 323
keyboard 323
keystroke combination 328
kidnap 385
kill 382
kilogram 416
kilometer 415
kilometre 415
kind 16, 421
kindergarten 131
king 355
kingdom 355
kiosk 207
kiss 39
kitchen 236
Kleenex® 114
knee 96
knifeknives 245
knock 86
know 116, 445
know all about sth. 156
knowledge 116

L

Labor Day 179
Labour Day 179
lack 360
ladder 197
lager 221
lake 294
lamb 219
lamp 240
land 278, 292
landlady 235
landline 315
landlord 235
landscape 291
language 126
laptop 326
large family 37
lasagne 225
last 394, 396
last name 14
last night 390
late 396
lately 397
later 396
latest 200
Latin 137
Latin America 453
Latin American 453
latte 222
laugh 55
laughter 55, 182
law 137, 379
lawnmower 251
lawyer 145
lay 445
lay off 155
lay-by 288
lazy 18
lead 140, 263, 354, 445
leafleaves 289
lean 214
learn 64, 116, 445
leather 352
leave 82, 87, 93, 254, 362, 406, 445
Leave me alone! 81
lecture 135, 143
lecturer 147
left 400
left-luggage office 276
leg 96, 218
legal 379
legume 217
leisure activity 196
leisure center 196
leisure centre 196
lemon 217
lemonade 221
lend 94, 341, 445
lens 194
lesbian 41
lesson 117, 129
let 82, 233, 445
let sb. know 64
letter 125
letter 306
letterbox 307
level 421
liberate 357
liberate 375
library 163
license plate 286
lid 249
lie 78, 445
lie to sb. 78
life 46
lift 86, 236
light 240, 246, 352, 408
light bulb 250
light-skinned 25

lighter 246
like 24, 38, 45, 200, 317
like doing sth. 55
likely 51
lime 217
limit 424
line 272, 318, 409
line of business 332
link 320, 325
lion 290
lip 95
liquid detergent 252
list 151
listen 62, 165
liter 415
literary 163
literary studies 137
literature 163
litre 415
little 417
little finger 96
live 46, 232, 312
live together 36
living room 236
load 280
loan 341
local 269
local call 319
local train 274
lock 243, 244
locker 276
loft 238
log off 317
log on 317
logical 124
lonely 56
long 30, 394
long-distance call 319
longing 59
look 22, 61
look at 61
look for 84
look like 24
look up 124
loose 30
lorry 284
lose 186, 446
lose one's life 48

lose weight 25
loser 186
loss 340
loud 166
loudspeaker 167
love 38
love each other 38
lovely 265
low 166, 402
low tide 299
low-fat 214
lower 87
luck 54, 192
Lucky you! 80
luggage 255
lunch 227
lungs 97
luxurious 234
luxury 205

M
machine 345
mad 21
magazine 309
mail 306
mail program 320
mailbox 307
mailman 146
mailmen 146
mailwoman 146
mailwomen 146
main subject 135
major subject 135
majority 370
make 82, 210, 446
make a film 174
make a living 158
make a mistake 118
make a U-turn 282
make fun of sb. 181
make sb. laugh 181
make-up 114
male nurse 145
Malta 455
man 13, 46
manage 89
management 140
manager 145
managerial

position 142
mandatory 287
manufacture 333
manufacturer 333
many 417
map 269
marble 353
Mardi Gras 179
margarine 220
marital status 15
mark grade 119
market 206
marketing 334
marmalade 220
marriage 39
married 14
Martin Luther King Day 179
masculine 127
massage 109
masseur 147
masseuse 147
match 185, 250
material 351
maternity leave 159
mathematics 137
matter 82
mattress 243
may 439
May Bank Holiday 179
maybe 51
mayor 379
me 431
meadow 343
meal 209
mean 68, 71, 78, 126, 446
meaning 126
means of public transport 271
means of public transportation 271
measure 85, 416
meat 218
mechanic 146
mechanical 348
mechanical engineering 137
medal 190
medical 106

medical certificate 109
medication 106
medicine 106, 138
Mediterranean Sea 293
meet 43, 446
meeting 43, 150
melody 168
melon 217
member 45
Member of Parliament 369
memorial 265
Memorial Day 179
memorize 123
memory 50, 122
men's clothing 26
mental 97
mentally 97
mention 65
menu 227
merchandise 332
Merry Christmas! 175
mess 252
message 64
metal 351
meter 415
method 350
metre 415
microwave 248
middle 400
Middle Ages 357
middle finger 96
midlife crisis 49
midnight 389
might 439
mile 415
milimeter 415
milimetre 415
milk 218
millionth 414
mind 123
mineral water 221
minister 368
minor subject 135
minority 370
minute 390
mirror 247
misery 360

miss 59, 274
mistake 118
mistrust 91
mix 353
mixture 353
mobile contract 321
mobile phone 313, 321
mobile service provider 321
model 204
modern 170
modern age 359
modernity 359
modest 21
mom 34
moment 392
monarch 355
monarchy 355
Monday 387
money 335
monk 366
monkey 290
month 386
monthly 386
monument 265
mood 20
moon 298
moral 364
morning 388
mosque 263
motel 259
mother 34
mother tongue 126
mother-in-law 37
motor 345
motorbike 280
motorway 267
motorway exit 267
mountain 292
mountains 292
mourning 49
mouse 289, 324
mouth 95
move 60, 234, 404
move up 119
movie theater 172
mp3 player 168
Mr 13
Mrs 13

Ms 13
much 417
muesli 216
muffin 215
mug 245
multi-storey car park 268
multimedia 329
multiply 412
mum 34
mummy 357
municipal authorities 379
murder 382
muscle 97
museum 263
mushroom 291
music 165
musical 168
musically 169
musician 147
Muslim 365
must 441
must not 441
mustard 219
my 432
My goodness! 80
My pleasure! 67
myself 433

N

nail 198
nail polish 115
nail varnish 115
naked 32
name 14
napkin 250
nappy diaper 114
narrator 165
narrow 400
nation 361
national 291, 361
nationalism 358
nationality 16, 361
native language 126
natural science 137
nature 294
naughty 20
navy 374
near 401

nearly 426
neat 25
neck 95
necklace 33
need 83
need not (') 441
needle 198
negative 194, 351
neglect 91
negotiation 371
neighbor 43
neighbour 43
nephew 36
nerve 97
nervous 20
net 341
Netherlands 451
network 321, 328
network cellular 321
neuter 128
never 395
Never mind. 80
new 200
New Year's Day 178
New Year's Eve 179
New Zealand 454
New Zealander 454
newlywed 40
news 308
newspaper 308
next to 401
nibbles 221
Nice to meet you. 79
nickname 16
niece 36
Nigeria 455
night 259, 389
night school 144
nightclub 182
nightdress 29
nine 410
nineteen 411
nineteenth 414
ninetieth 414
ninety 411
ninth 413
no 66, 419
no one 418
nobility 358
nobody 419

noise 62
non-EU citizen 363
non-fiction book 163
non-smoker 101
none 420
nonsense 53
noodles 215
noon 388
normal 423
north 296
North America 453
North American 453
northern 297
Northern Ireland 451
Northern Irish 451
Norway 450
Norwegian 450
nose 95
not 67
not yet 394
note 150, 169
note down 150
notebook 326
notepad 152
nothing 420
notice 52, 154
noun 125
novel 163
now 391
nowadays 393
nowhere 399
nuclear power plant 349
number 411
number plate 286
numerous 420
nun 366
nurse 145, 147
nursery 147
nursery school 131
nut 217

O

o'clock 390
oak 290
obey 70
object 82
objective 312
observe 63

obvious 73
occasion 176
occupy 375
ocean 293
of 436
of age 16
offer 199
office 149, 377
office chair 149
office hours 107
officer 148
official 377
offline 316
offspring 36
often 394
Oh my God! 80
oil 219, 351
ointment 108
Okay! 73
old 47
old-fashioned 31
olive 216
Olympic Games 190
omelette 224
on 436
on entering the country 258
on leaving the country 258
on purpose 89
once 397
one 410
one another 433
one hundred 411
one thousand 411
one-way street 286
one billion 411
one million 411
oneself 433
onion 217
online 316
online banking 318
only 422
open 19, 199, 236
open sandwich 225
open-faced sandwich 225
opera 166
operate 107
operating system 327

operation 107
opinion 71
opponent 186
opportunity 89
opposite 401, 423
opposition 358, 368
optitician's 207
or 437
oral 164
orange 216, 408
orangeade 221
orchestra 169
order 69, 230, 333, 421
organic 344
organize 256
origin 425
original 171, 425
originally 171, 425
ought to 440
ounce 416
our 432
ours 433
ourselves 433
out of 403
outside 238, 403
outskirts 270
outward flight 279
oven 248
over 398, 401, 418
over take 405
overtake 446
overtime 161
owe 336
own 92, 93
owner 234

P

Pacific Ocean 293
pack 255
package 212
package insert 109
packet 212
page 118
pain 60, 98
paint 170, 197
painter 147
painting 169
pair 420

pair of briefs 29
pair of jeans 27
pair of pajamas 29
pair of pants 27
pair of pyjamas 29
pair of scissors 151
pair of shorts 28
pair of tights 30
pair of trousers 27
palace 264
pan 249
pancake 226
panorama 194
pants pocket 31
pantyhouse 30
paper 143, 150, 309
paper clip 152
paradise 366
parcel 307
Pardon? 67
parent 34
parents 34
parents-in-law 36
park 268, 283
parking garage 268
parking lot 268
parking space 268
parliament 368
part 422
part of town 267
part-time 161
participate 43
particular 424
partner 41
party 175, 367
pass 93, 228, 407
passenger 271
passion 20
passionate 20
passport 255
password 321
past 391, 392
pasta 215
paste 325
pasture 343
pasty 225
path 294
patience 17
patient 17, 107
pattern 31

pavement 268
pay 157, 446
pay duty 258
pay for 229
pay in 339
pay raise 158
pay rise 158
pea 216
peace 373
peaceful 373
peach 216
peak 292
peanut 217
pear 216
pedestrian 284
pedestrian precinct 270
pedestrian zone 270
peel 215
peeling 215
pen 150
pence 337
peninsula 296
penny 337
pension 158
people 42, 43, 369
pepper 216, 219
percent 338
performance 172
perfume 114
perhaps 51
permission 70
permit 69
persecute 374
person 15
personal 42
personality 19
persuade 75
pet 290
petrol gas 283
pharmacist 145
phd 134
philosophy 138
phishing 322
phone 313
phone back 314
phone booth 319
phone box 319
phone call 314
photo 191

photocopier 149
photocopy 149
photographer 146
photographic shop 207
photographic store 207
physical 97
physics 137
physioterapist 147
piano 166
pick 343
pick up 87, 279
picnic area 287
picture 169
piece 420
piece of candy 220
piece of furniture 239
piece of paper 150
pig 289
pill 107
pillow 243
pilot 148
pineapple 217
pink 408
pint 415
pipe 221, 348
pity 58
pizza 224
pizzeria 223
place 266, 399
place of residence 15
plain 31, 295
plan 88
plane 277
planet 298
plant 289, 342
plaster 108
plastic 352
plate 245
platform track 275
play 166, 172, 192
player 183
playground 270
playing cards 192
pleasant 18, 54
please 67
Please, help yourself. 79
pleased 54

pleasure 54, 180
plot 173
plural 126
pm 389
pocket knife 193
podcast 318
poem 164
poet 164
point 409
point of view 74
point-blank 74
pointed 409
poison 305
Poland 452
Pole 452
police 111
policeman 145
policemen 145
policewoman 145
policewomen 145
Polish 452
polite 17
political 367
political asylum 362
political science 138
politician 148
politics 367
poor 360
pop in 44
pop music 168
Pope 366
popular 168
population 360
pork 218
port 278
porter 146
portion 230
portrait 194
Portugal 452
Portuguese 452
position 403
possible 51
post 139, 306, 317
post office 306
postage 307
postbox 307
postcard 307
postcode 306
poster 171
postman 146

postmen 146
postpone 398
postwoman 146
postwomen 146
pot 245
potato 216
pound 337, 416
pour out 230
poverty 360
powder 353
power 346, 367
power outlet 250
power station 349
powerful 346
powerful 367
practical 144
practical experience 136
practical knowledge 145
practice 117, 187
practise 117
practise a profession 139
prawn 218
pray 364
precise 347
prefer 72
pregnancy 49
preparation 88
prepare 88
preschool teacher 147
prescribe 107
prescription 107
present 122, 151, 175, 392
presentation 151
presentation software 327
president 368
press 83, 311
pressure 348
pretty 22
prevent 70, 107
price 201
pride 21
priest 366
primary school 131
prime minister 368
prince 356

princess 356
principal 131
printer 323
print out 324
prison 384
private 359
private property 233
private school 133
prize 190
probably 51
probationary period 160
problem 121
processor 326
produce 334
product 333
production 333
profession 139
professional 141, 154
professional career 154
professional experience 154
professor 145
profit 340
program 310, 323
programme 310
prohibit 70
promise 67
promotion 160
pronounce 127
pronunciation 127
proof 383
property 92, 233
protagonist 165
protest 77
Protestant 365
proud 21
prove 383, 446
proverb 127
provider 321
province 378
psychiatric 97
psychology 138
pub 223
puberty 49
public 359
public limited company corporation 331

public official 148
public phone 319
public school 133
publication 311
publish 311
publisher 165
Puerto Rico 455
pull 83
pullover 28
pump 347, 348
punish 383
punishment 381
pupil student 129
purpose 89
purse 32
pursue a career 141
push 83
put 83, 446
put off 142
put on 26
put on make-up 115
put on weight 25
put sb. through 319
put to sea 278
puzzle 195

Q

QR code 330
qualify 141
quality 421
quantity 420
quark 219
quarter 266
quarter of an hour 390
queen 355
query 202
question 66
queue 203
queue line 203
quickly 405
quiet 64, 166
quite 419
quotation 165
quote 165

R

rabbit 290
race 183
racism 363
racket 189
radio 310
radioactive 349
rage 75
rail 275
railroad 273
railroad station 273
railway 273
railway station 273
rain 301
rain jacket 27
raise 87
rape 385
rare 424
rarely 395
raw 210
raw material 353
razor 114
reach 407
reaction 426
read 162, 446
read music 169
read receipt 321
reader 162
ready 86
real 312
reality 312
realize 52, 68, 116
reason 21, 123, 425
reasonable 21
reasonably priced 201
receipt 203
receive 94, 176
recently 397
reception 260
recipe 214
recognize 52
recommend 71
recommendation 71
record 191, 324
recorder 167
recover 84, 98
rectangle 409
recycle 305
red 408
red wine 221
red-haired 24

reduce 205, 338
reduction 262
referee 190
reflect 123
refugee 376
refund one's money 203
refusal 77
refuse 77
region 291
regional 291
register 122
registration 121
regret 59
regular 422
reign 356, 368
reject 77
related 37
relationship 41
relative 37
relax 88
religion 363
religious 363
remain silent 64
remark 65
remember 50
remove 84, 94
renewable energies 349
rent 233
repair 332
repeat 118
reply 66
report 311
reporter 147
representative 148
republic 369
request 69
rescue 110
rescue service 111
research 350
reservation 229
reserve 229
residence permit 362
residential building 233
resistance 358, 375
respect 91
respected 91
responsibility 142
responsible 140

rest 158, 422
rest and recreation 256
restart 323
restaurant 223
restful 256
result 350, 426
retina display 326
retire 158
retirement 158
return 94, 254, 406
return flight 279
return journey 276
return ticket 275
reverse 282
revolution 357
rhythm 168
rice 215
rich 360
ride 184, 446
ride a bike 281
ridiculous 21
right 118, 400
right up in the attic 238
ring 32, 313, 318, 446
ring finger 96
ring the bell 244
ripe 213
rise 299, 338, 446
risk 195
risky 195
river 294
road 267
road sign 282
roadsign 286
roaming charges 322
roast 210, 225
rob 385
robbery 385
rock 294
role 174
roll 215
Romance studies 137
roof 233
room 235
rooster 290
rope 198
rosé 221

rose 290
rough 17, 353
round 401, 408
round-trip ticket 275
route 281
router 326
row house 234
Ruanda 455
rubber 354
rubber eraser 152
rubbish bin 248
rucksack 257
ruin 265
rule 194
ruler 152, 356
run 140, 183, 446
run for 370
run the
 household 243
rural 269
rush hour 272
Russia 452
Russian 452

S

sack 155, 252
sad 56
sadness 56
safe 372
safety 372
sailing 189
sailor 148
salad 216
salami 218
salary 157
sale 199
sales
 department 143
salmon 218
salt 219
salty 209
Samoa 455
sand 296
sandal 30
sandwich 225
satellite 298
satisfied 55, 202
Saturday 387
sauce 226

saucer 245
sauerkraut 216
sausage 218
save 110, 325, 336
savings 336
saw 198
say 63, 446
say thank you 67
saying 127
scale 349
scales 250
scan 327
scarcely 428
scarf 33
scary 61
scene 173
scenery 291
schedule 130, 277
scholarship 135
school 129, 132
scientific 349
scientist 146
scone 216
score a goal 189
Scot 451
Scotland 451
Scottish 451
screen 174, 323
screw 197
screwdriver 197
sculptor 147
sculpture 171
sea 293
seafood 219
search engine 317
seaside 293
season 214, 262, 386
season ticket 272
seat 275, 379
seat belt 287
second 390, 413
second-hand 200
secondary
 school 132
secret 77
secretary 145
see 61, 173, 446
See you later! 78
See you soon! 79

See you! 78
seem 51
seizure 104
seldom 395
self-employed 141
self-service
 restaurant 223
selfie 317
sell 199, 446
semester 135
seminar 136
send 306, 447
sender 308
senior citizen 49
sense 53, 62
sense of humour 20
sense of smell 96
sense of taste 96
sense of touch 96
sensitive 20
sentence 125, 283
separate 40, 84, 230
separated 14
separation 40
sequoia 291
series 421
serious 17
serve 200, 230
server 320
service 230, 275, 334
service area 288
set 299, 447
set meal 227
set the table 228
settle down 234
seven 410
seventeen 410
seventeenth 413
seventh 413
seventieth 414
seventy 411
sew 447
sex 41
shade 303
shake 102, 447
shake hands 46
shall 440
shame 59
shampoo 112

shape 408
share 340
shareholder 340
shark 290
sharp 391
shave 114
she 430
sheep 289
sheet 150, 243
shelf/shelves 242
shift 161
shine 299, 447
ship 278
shirt 28
shitstorm 318
shock 101
shoe 29
shoe shop 207
shoe store 207
shoot 373, 447
shop 206
shop assistant 145
shop window 206
shopkeeper 148
shopping bag 204
shopping cart 206
shopping centre 207
shopping
 expedition 204
shopping list 204
shopping mall 207
shopping trolley 206
short 23, 30
short story 162
shortly 394
shot 108
should 440
shoulder 95
shout 77
show 151, 170, 181, 447
shower 237
shower gel 113
Shrove Tuesday 179
shut 236, 447
shut down 322
shy 21
siblings 36
sick 100
sickness 100

side 400
side dish 226
sideboard 240
sidewalk 268
Sierra Leone 455
sight 262
sight-read 169, 447
sightseeing 262
sightseeing tour 262
sign 378
signal 285
signature 378
silence 64
silk 354
silver 352
silverware 249
similar 423
simple 121
sin 366
since 393
sincerely 19
sing 166, 447
Singapore 455
singer 147
single 14
single parent 42
single room 261
singles 14
singular 126
sink 278, 447
sister 35
sister-in-law 37
sit 239, 447
situation 86
six 410
six months 386
sixteen 410
sixteenth 413
sixth 413
sixtieth 414
sixty 411
size 29
ski 184
skilful 144
skill 123, 144, 156
skilled worker 146
skin 97
skirt 28
sky 298
skype 316

skyscraper 234
slave 356
sleep 84, 447
sleeping bag 260
sleeping car 276
sleeve 31
slice 211
slim 23
slope 294
slow 183, 405
slow down 406
slowly 183
small 23
smell 62
smile 54
smile 55
smoke 101
smoker 101
smooth 353
snack 225
snack bar 223
snake 290
snow 302
so 426
soap 113
social 359
social network 317
social science 138
social worker 147
socialism 371
socialize 45
society 359
sock 29
socket 250
sofa 242
soft 352
soft drink 222
software 323
soil 292
solar 349
sold out 201
soldier 148, 373
soliloquy 173
solution 118
solve 118
some 419
Some hope! 81
somebody 418
somehow 427
someone 418

something 419
sometimes 394
somewhere 399
son 34
son-in-law 37
song 165
soon 396
Sorry! 69
Sorry? 67
sort 421
soul 367
sound 62, 168
soup 224
sour 209
source 295
south 296
South Africa 454
South African 454
South America 453
South American 453
southern 297
souvenir shop 207
souvenir store 207
soy 220
space 298
Spain 452
Spaniard 452
Spanish 137, 452
spare 360
sparkling water 221
sparkling wine 222
speak 63, 447
special edition 312
special offer 205
speciality 224
specialize in 144
speech 63
speed 405, 447
speeding 287
spell 125
spell 447
spelling 128
spend 202, 448
spend the night 259
spend time on 196
sphere 409
spice 219
spicy 209
spill 215, 448
spinach 217

spirit 364
spoon 246
sport 182
sports shop 207
sports store 207
spotted 32
spouse 39
spreadsheet 327
spring 295, 386
Spring Bank
  Holiday 179
square 267, 409
stadium 187
staff 139
stage 172
stain 251
stairs 236
stamp 152, 307
stand 448
stand in for 142
stand in line 203
stapler 152
star 174, 298
start 186, 397
starter 229
state 361, 377
state school 132
statement 382
station 273, 312
stationer's 207
stationery store 207
status 362
stay 232, 256, 407
steak 218
steal 381, 448
steel 354
steep 295
stem 291
stereo 167
stew 225
stick 33
still 394
stingy 19
stink 62, 448
stock 340
stock exchange 340
stockholder 340
stomach 97
stone 353
Stone Age 357

stop 282, 398
stopover 279
storage space 326
store 206, 212
storeowner 148
storm 301
stormy 301
story 162, 172
straight 427
strange 59
straw 343
strawberry 217
stream 295
streaming 322
street 15, 267
streetcar 271
strength 98
stress 104
strike 157
striped 32
strong 23, 98
student 130
studies 130
studio 170
study 116
stuff 82
stupid 18
stupidity 18
style 171
subject 130, 192, 356
subject area 144
subordinate 142
subract 412
subscribe to 309
subscription 309
suburb 266
suburban train 271
subway 271
success 191
successful 191
suddenly 396
suffer 99
sugar 220
suggest 72
suggestion 71
suit 28
suit sb. 27
suitable 144
suitcase 255

sum 412
summer 386
sun 298
sun cream 115
sun oneself 196
sunbathe 196
Sunday 388
Sunday paper 309
sunflower 291
sunglasses 33
sunrise 299
sunscreen 115
sunset 299
sunshade 196
superior 141
supermarket 206
supper 227
supply 334
support 90
suppose 51
suppress 369
surf 320
surfing 189
surgery 106
surgery hours 107
surname 14
surprise 55
surprised 55
surprising 58
surroundings 270
survive 110
suspect 383
swallow 211
swear 382, 448
sweat 100
sweater 28
Swede 450
Sweden 450
Swedish 450
sweep 251, 448
sweet 209, 220
sweetcorn 216
sweets 220
swell 102, 448
swim 184, 448
swimming pool 184
swimming trunks 29
swimsuit 29
swindle 385
Swiss 452

switch 348
Switzerland 452
synagogue 263
system 347
system requirements 327
systematic 347

T
T-shirt 28
table 151, 240
table cloth 249
take 93, 394, 448
take a bath 112
take a rest 85
take a short cut 285
take advantage of 45
take an interest in 117
take away 226
take drugs 105
take off 26, 277
take off one's clothes 26
take pictures 191
take place 177
take sth. back 202
take up a profession 141
takeaway takeout 224
taken aback 77
talent 124
talk 63, 65, 143
tall 23
tame 344
Tanzania 455
tap faucet 241
taste 209, 212
tax 339
taxi 280
tea 221
teach 129, 448
teacher 145
team 140, 187
tear 60, 448
tear up 87
teaspoon 246
technical 347
technician 146

technique 347
technology 347
teeth 95
telephone 313
telephone number 15
television 310
tell 63, 448
temperature 99, 300
temping agency 157
temple 265
ten 410
tender 41
tennis 189
tent 260
tenth 413
term 135
terminal 277
terminus 273
terrace 237
terraced house 234
terrible 56
terrorism 375
test 119
text 163, 320
text message 320
than 422
thank 67
Thank you! 67
Thanksgiving 179
that 434, 435, 437
That doesn't matter. 80
that is to say 74
That's done. 80
That's enough, thank you. 80
That's it. 80
the 429
the day after tomorrow 392
the day before yesterday 392
the east of 297
the north of 296
the south of 296
the west of 297
theater 172
theatre 172
theft 381
their 432
 mine 432

Índice remissivo

theirs 433
them 432
themselves 433
then 393, 395
theology 138
theoretical 350
theory 349
there 399
therefore 426
thermometer 417
these 434
thesis 134
they 430
thick 352
thin 23, 352
thing 82
think 50, 123, 448
think of 50
think sb. is 52
third 413
thirst 208
thirsty 208
thirteen 410
thirteenth 413
thirtieth 414
thirty 411
this 434
this morning 388
thoroughly 428
those 434
though 437
thought 50
thoughtless 53
thousandth 414
thread 199
threaten 384
three 410
throat 95
through 403
throw 183, 448
throw away 87, 305
thumb 96
thunderstorm 302
Thursday 387
ticket 172, 272, 287
ticket machine 273
ticket office 274
tide 299
tidiness 252
tidy 247, 252

tidy up 237
tie 33
tie up 198
tiger 290
tight 29
till 201, 393
Till tomorrow! 79
time 391
timetable 130, 274
tin 212
tin opener 249
tip 229
tire 284
tired 85
tiring 89
tissue 114
title 163
to 391, 399
to do sb. a favor 90
toast 215
toaster 248
tobacco 221
tobacco store 207
tobacconist's 207
today 391
toe 96
tofu 220
together 422
toilet 237
toilet paper 114
  bathroom
  tissue 114
tolerate 72
toll charge 288
tollgate 288
tomato 216
tomorrow 392
ton 416
tongue 95
tonight 389
tonne 416
too 427
tool 193
tooth 95
tooth decay 104
toothbrush 113
toothpaste 113
topic 134, 165
topical 312
topicality 311

torture 376
touch 60, 62
tour 263
tourism 254
tourist 254
tourist information
  office 269
touristy 254
towards 403
towel 247
tower 264
town 266
town hall 379
track and field 188
trade 334
trade union labor
  union 157
trader 148
tradesman 146
tradesmen 146
tradition 178
traditional 178
traffic 280
traffic jam 285
traffic lights 282
tragedy 173
trailer 284
train 182, 273
train to be sb. 136
trainee 136
traineeship 136
trainer sneaker 30
training 187
tram 271
transfer 336
translate 126
translation 126
transport 280
transportation 280
travel 253
travel agency 253
travelling 257
tray 249
treat 85, 106
treat oneself to 205
treatment 106
tree 289
tremble 102
trial 380
triangle 409

trimester 135
trip 253, 262
troop 376
trouble 75, 121
trouser pocket 31
truck 284
true 311
trust 91
truth 311
try 88
try hard 88
try on 27
tuck sb. in 243
Tuesday 387
tulip 291
tuna 218
Turk 454
turkey 219
Turkey 453
Turkish 454
turn 83, 285, 404
turn around 282
turn off 241
turn on 241
turnover 332
tv 310
twelfth 413
twelve 410
twentieth 414
twenty 411
twenty-first 414
twenty-fourth 414
twenty-one 411
twenty-second 414
twenty-third 414
twenty-two 411
twice 397
twin 37
twitter 317
two 410
type 151, 421
tyre 284

U

Uganda 455
ugly 22
umbrella 32
unbearable 102
uncertain 89

uncle 35
unconscious 101
under 402
under age 16
underground 271
understand 116
understand 448
understandable 124
understanding 123
unemployed 153
unemployment 153
unfaithful 40
unfriendly 17
unhappy 54
uniform 376
unimportant 73
union 371
unite 371
United Nations 372
United States 453
universe 298
university 130
unjust 380
unless 438
unpleasant 18, 54
unsuccessful 191
unsuitable 144
untidy 25
until 393
unzip 325
up 402
upset 76
upstairs 402
urban 269
urgent 397
us 432
USB port 324
use 82, 83, 283
useful 345
useless 345
user friendliness 326
username 316
usually 82, 395

V

vacation 253
vacation apartment 261
vacation home 261
vacuum cleaner 251
valid 256
valley 294
value 339
van 284
vase 250
veal 218
vegan 213
vegetable 216, 343
vegetarian 213, 214
vehicle 284
verb 125
verdict 383
vest undershirt 30
vet 146
victim 380
victory 185
video projector 151
view 265
village 266
vinegar 219
violence 384
violent 384
violet 408
violin 167
virtual 330
virus 103
visa 258
visit 44, 262
visual 330
vitamin 214
vocabulary 127
voice 166
voice recognition 329
volcano 296
volleyball 188
volPen 322
volume 164
vote 370
vote for 370

W

wage 157
wait for 272
waiter 145
waiting room 109
waitress 145
wake 85, 449
wake up 85
Wales 451
walk 405, 406
wall 235
wallet 33
wallpaper 197
walnut 217
want 68
war 373
wardrobe 240
warm 300
warm up 211
warmth 300
warn 304
warning 304
wash 112, 246
washing machine 246
washing powder 252
washing-up 246, 252
waste 305
waste basket 152
wastepaper 152
watch out for 91
watch tv 310
water 293
water 342
watermelon 218
wave 293
way 426
we 430
weak 98
wealth 360
wealthy 360
weapon 375
wear 27, 449
wearable 326
weather 299
weather report 303
webpage 320
website 320
wedding 39
wedding anniversary 177
Wednesday 387
weed 344
week 386
weekend 386
weekly 309, 386
weigh 417
weight 417
Welcome! 79
well 73, 120, 265
well-known 191
Welsh 451
Welshman 451
Welshmen 451
Welshwoman 451
Welshwomen 451
west 297
western 297
wet 301
whale 290
what 434, 435
What a pity! 80
What do you know! 80
What time ...? 390
What's the matter? 80
whatever 435
wheel 286
wheelchair 108
when 434
whenever 438
where 434
wherever 438
whether 437
which 434
which 435
while 395
whisper 65
whistle-blower 313
white 408
white bread 216
white wine 221
Whitsun 179
who 434
Who am I speaking to? 314
whoever 435
whole 424
wholefoods 214
wholegrain 214
whom 434
whose 434
why 434
Wi-fi 316
wide 30
widow 15
widowed 15

widower 14
wife 39
wild 344
will 49, 68, 439
willingly 428
win 186, 449
wind 301
window 236
windy 301
wine 221
wine list 230
wing 218
winner 185
winter 386
winter sports 184
wish 68
with 435
within 436
without 435
without doubt 56
witness 380
wolf/wolves 290
woman 13
women's clothing 26
wonder 52
wonderful 176, 265
wood 290, 351

wool 351
word 125
word
  processing 327
work 139, 170, 345
work permit 161
work placement
  internship 136
worker 142
working day 386
working hours 160
works council 159
workshop 332
world 297
world
  championship 190
world cup 190
World War i 357
World War ii 358
worried 56
worry 56
would 440
Would you ...,
  please? 67
Would you like
  to ...? 79
wound 100

wrath 76
wrist 96
wristwatch 32
write 150, 162, 449
write a thesis 134
write down 120
writer 147
written 164
wrong 118

X
X-ray 108

Y
yard 415
year 386
yearly 386
yellow 408
yes 66
Yes, please. 79
yesterday 392
yet 396
yoghurt 219
you 429, 430, 431, 432

You bet! 81
You're welcome! 67
young 47
your 432
yours 433
Yours sincerely 307
yourself 433
yourselves 433
youth 47
youth hostel 259

Z
zero 410
Zimbabwe 455
zip 329
zip code 306
zip zipper 31
zoom 194
zucchini 217

A

a ela 431
a partir de 393
a 399, 431
à direita 400
à época 393
à esquerda 400
a fim de 437
a não ser que 438
à noite 389
à parte 230
a si mesmo 433
à tarde 389
abacaxi 217
abaixo 402
abajur 240
abalado 76
abastada 360
aberto 19, 199
abobrinha 217
aborrecer 76
aborto 104
abraçar 39, 83
abraço 39
abridor de latas 249
abridor de garrafas 249
abril 387
abrir 236
abrir mão 69, 87
absolutamente 428
absolver 383
acabado 398
academia 135, 183
acampamento 260
acampar 260
ação 81, 340
aceitar 72, 94
acender 246
achar 50, 123
achar de 50
acidentado 292
acidente 109, 110
acima 400, 418
acionista 340
aço 354
acomodação 259
acomodação com café da manhã 259
acompanhamento 226
acompanhar 44, 45
aconselhar 71, 333
acontecer 177
acordar 85, 159
acordo 72, 159
acordo coletivo 159
acostumar-se a 105
açougue 206
açougueiro 146
acreditar 51, 364
acrescentar 214, 412
açúcar 220
acusado 380
acusar 380
adequado 144
Adeus! 79
adiar 142, 398
adicionar 412
adivinhar 195
adjetivo 125
administração 138, 377
admiração 56
admirar 57
admitir 75
adoecer 98
adotar 38
adquirir 199
adulto 47
advérbio 125
advertir 304
advogado 145
aeroporto 277
afeição 41
afirmar 74
afivelar 287
afixar 86
aflição 60
afresco 171
África 454
África do Sul 454
africano 454
afundar 278
agência 333, 377
agência de emprego temporário 157
agência de empregos 156
agência de viagens 253
agência dos correios 306
agenda 149
agir 81
agitar-se 102
agora 391
agosto 387
agradável 18, 54, 265
agradecer 67
agressivo 57
agrícola 342
agricultura 342
água 293
água com gás 221
água mineral 221
aguar 342
agudo 166
agulha 198
Ah, meu Deus! 80
AIDS 104
ainda 394, 396
ainda não 394
ajudar 90
ajudar alguém a fazer alguma coisa 90
ajustar 348
alarme 111
albergue 259
álcool 221
alcoólatra 105
alegre 18
alegria 54
Alemanha 451
alemão 451
alergia 104
alfabeto 125
alfândega 258
algarismo 412
algo 419
algodão 351
alguém 418
algum 419
algum lugar 399
alguma coisa 419
alguma vez 394
algumas vezes 394
alho 217
alimentação 211
alimentar 344
alimento saudável 213
alma 367
almoçar 227
almoço 227
alojamento com café da manhã 259
alpino 295
altamente talentoso 124
alternativo 345
alto 23, 166, 402
alto-falante 167
alugar 233
aluguel 233
alumínio 354
aluno 129
alunos 130
alvejar 373
alvorada 299
amador 196
amanhã 392
amar 38
amar-se 38
amarelo 408
amargo 213
amarrar 198
ambicioso 20
ambientalmente sustentável 304
ambiente 45
ambos 419
ambulância 111
ameaçar 384
amedrontar 58
amêndoa 217
amendoim 217
América 453
América do Norte 453
América do Sul 453
América Latina 453
americano 453
amiga 42
amigável 42
amigo 42
amigos 42
amistoso 16
amizade 42
amor 38
ancestral 38
andar 232, 421
andar de baixo 400

andar de bicicleta 281
andar de trenó 184
anel 32
anexo 316
anfitrião 176
angular 409
ângulo 409
animação 180, 329
animal de estimação 290
animal 289
aniversário 175
aniversário de casamento 177
anjo 367
ano 386
anotar 150
anteontem 392
antes 395
antigamente 397
antigo 170
Antiguidade 357
anual 386
anunciar 334
anúncio 334
anúncio de emprego 156
ao deixar o país 258
ao entrar no país 258
ao meio-dia 389
ao redor 402
ao vivo 312
apaixonado 20
apaixonar-se 38
apanhar 87, 343
aparador 240
aparecer 44, 407
aparelho de som 167
aparência 22, 52
apartamento 231
apartamento de férias 261
apartamento de temporada 261
apelido 16
apenas 422, 427
aperitivo 229
apertado 29
apertar a mão 46
apertar 83
apertar o cinto 287

apesar de 436
apetite 208
apimentado 209
aplaudir 174
aplauso 174
aplicar o zoom 194
apoiar 90
apoio 90
após 395
aposentadoria 158
aposentar-se 158
apostar 192, 195
aprender 64, 116
aprendiz 136
aprendizado 136
apresentação 151, 172
apresentar 151
aproveitar 180
aproveitar-se 45
aproximadamente 420
aquecer 211, 241
aquecido 300
aquecimento 241
aquela 434
aquelas 434
aquele 434
aqueles 434
aqui 401
Aqui está. 67
aquisição 199
ar 298
ar-condicionado 248
árabe 453
Arábia 453
arábico 453
arbitrar 190
árbitro 190
arder 302
área 269, 291
área de concentração 144
área de repouso 288
área de serviço 288
área de transferência 328
área para piquenique 287
areia 296
Argentina 453

argentino 453
arinca 218
aristocracia 358
arma 375
armado 375
armário 240, 276
armazém 206
armazenar 212
arquiteto 146
arquitetura 137
arquivo 151, 325
arranha-céu 233, 234
arredores 270
arriscado 195
arroz 215
arrumado 247
arrumar 237, 239
arrumar a mesa 228
arte 137, 169
artigo 143, 309
artista 147
artístico 170
árvore 289
as 432
às 391
às vezes 394
asa 218
asco 60
Ásia 453
asiático 453
asilo 362
áspero 353
aspirador de pó 251
assado 225
assaltante 385
assaltar 385
assalto 385
assar 210
assassinar 382
assassinato 382
asseado 25, 252
assegurar 338
asseio 252
assento 275, 379
Assim esperamos! 80
Assim espero! 80
assinar 309, 378
assinatura 309, 378

assistente 146
assistente social 147
assistir 173
assistir à tv 310
assoprar 301
assunto 82, 134, 165, 192
assustador 61
assustar 58
astro 174
astronauta 298
ataque 104, 375
ataque do coração 103
Até logo! 314
até 393, 399
Até amanhã! 79
Até breve! 79
Até mais! 78
ateliê 170
atenção 53, 120
atender 71
atender ao telefone 318
aterrissar 278
atestado médico 109
ateu 364
atirar 373
atitude 45
atividade de lazer 196
atividade 81, 195
ativo 195
Atlântico 293
atleta 186
atlético 187
atletismo 188
atmosfera 298
ato 173
ator 147
atraente 22
atrás 391, 400
atrasado 396
atrasar 398
atrasar-se 272
atraso 272, 398
através 403
atravessar 283
atriz 147
atual 312, 398

atualidade 311
atum 218
audição 96
aula 129
aumentar 87, 338
aumento de salário 158
ausente 122
Austrália 454
australiano 454
Áustria 452
austríaco 452
automático 348
autônomo 141
autor 147
autoridades municipais 379
autorização de trabalho 161
autorizar 70
avalanche 318
avançar 282
avarento 19
avenida 270
aventura 257
avião 277
avisar 304
avisar alguém 64
aviso 150, 279
aviso prévio 154
avó 35
avô 35
avós 35
azar 192
azedo 209
azul 408

B

bacalhau 218
backup 328
bacon 218
bactéria 103
bagagem 255
bagunça 252
Bahamas 454
bailarino 147
baile 181
bairro 266
baixar 87
baixo 23, 167, 402
balança 250
baldear 272
balé 173
baleia 290
balsa 278
banana 217
banco 335
banco de dados 328
banco on-line 318
Band-Aid® 108
banda 169
bandeira 373
bandeja 249
banheira 241
banheiro 237
bar 182, 224
baralho 192
barato 201
barba 26
Barbados 454
barbeador 114
barbear 114
barriga 95
barril 416
barulho 62
basílica 263
basquete 188
bastante 419
batalha 374
batata 216
batata chips 220
batata rosti 226
batatas fritas 225
bater 86, 110
bateria 167, 348
batismo 177
bêbado 101
bebê 13
beber 208
bebida 221
beijar 39
beijo 39
beleza 22
belga 451
Bélgica 451
belo 22
bem 73, 120
bem cuidado 25
bem-sucedido 191
Bem-vindo! 79
Bem, obrigado. 79
bengala 33
bens 92, 332
berçário 131
berinjela 217
bezerro 289
Bíblia 366
biblioteca 163
bicicleta 281
bife 218
bijuteria 33
bilhete 150, 272
bilhete sazonal 272
bilheteria 274
bilheteria automática 273
biografia 164
biologia 137
biquíni 29
biscoito 215
bloco de notas 152
blogue 318
bloquear 285
blusa 28
blusão 28
boa forma 22
Boa noite! 78
Boa sorte! 175
Boa tarde! 78
boate 181
boca 95
bochecha 96
bode 289
boi 289
bola 183
boletim meteorológico 303
bolo 215
bolsa 33
bolsa de estudos 135
bolsa de valores 340
bolsa de viagem 257
bolso da calça 31
bom 16
Bom apetite! 209
Bom dia! 78
bomba 347
bombear 348
bombeiros 111
bombom 220
bonde 271
bonito 22
bônus 160
borboleta 290
borda 409
borracha 152, 354
bosque 290
bota 30
botão 31
bote 278
boutique 207
bracelete 33
braço 96
branco 408
Brasil 453
brasileiro 453
bravo 76
bretão 450
brigada de incêndio 111
brilhante 121
brilhar 299
brincar 182, 192
brinco 33
britânico 450
bronzeador 115
bronzear-se 105
bruto 353, 341
budista 366
bula 109
bule 245
burro 290
buscar 91, 279

C

cabeça 95
cabeleireiro 145
cabelo 21
cabide 242
cabine 279
cabine telefônica 319
cabo 348
cabra 289
caçar 197
cachecol 33
cachimbo 221
cachorro 289

Índice remissivo

cada 418
cadáver 49
cadeia 384
cadeira 239
cadeira de escritório 149
cadeira de rodas 108
café espresso 221
café 221, 223
café com leite 222
café da manhã 227
cafeteira 223, 244
cair 110, 338, 405
cair no sono 85
caixa de correio 307
caixa 201, 248
caixa eletrônico 339
calçada 268
calçadão 270
calção de banho 29
calças 27
calculadora 151
calcular 412
caldo 226
calendário 149
calibrar 348
calmo 18
calor 300
caloroso 176
calvo 25
cama 240
câmara municipal 379
camarão 218
Camarões 454
câmera 192
câmera digital 192
caminhada 185
caminhão 284
caminhar 193, 405, 406
caminho 281, 294
camisa 28
camiseta 28, 30
camisola 29
campainha 244
campeonato mundial 190
camping 260
campo 188, 266, 292, 342

Canadá 453
canadense 453
canal 295
canapé 225
canção 165
cancelar 255, 273
câncer 103
candidatar-se 154
caneta 150
canivete 193
cano 348
cansado 85
cansativo 89
cantar 166
canteiro de obras 232
cantina 223
canto 409
cantor 147
capa de chuva 27
capacete 287
capacitar-se 141
capaz 144
capela 264
capim 344
capital 378
capitalismo 371
capitão 148
capítulo 164
captar 116
capuccino 221
cara 43
caractere 127
caráter 19
cardápio 227
cardápio fixo 227
careca 25
carga 280
cárie 104
carimbo 152
carinhoso 41
Carnaval 178
carne 218
carne suína 218
carneiro 219
Caro ... 307
caro 201
carpete 242
carregador 194
carregar 83, 280
carreira 154

carreira profissional 154
carreta 284
carrinho de compras 206
carro 280
carro híbrido 346
carta 306
carta de apresentação 155
carta de vinhos 230
cartão de crédito 336
cartão de débito 336
cartão de visitas 149
cartão-postal 307
carteira 33, 146
carteira de identidade 255
carteira de motorista 281
carteiro 146
carvalho 290
carvão 353
casa 231, 243
casa de câmbio 337
casa de férias 261
casa de veraneio 261
casa geminada 234
casa noturna 182
casaco 27
casado 14
casal 40
casamento 39
casar-se 39
casca 215
caso 437
castanha 291
castanheiro 291
castanho 24
castelo 264
catástrofe 304
catedral 263
categoria 262
católico 365
catorze 410
causa 425
causar 425
cavalgar 184
cavalo 289
caverna 296
CD 167

CD player 168
CD-rom 324
cebola 217
cedo 396
cédula 336
cego 102
ceia 227
celebrar 175
célebre 186
celta 451
céltico 451
celular 313
celular com câmera 194
cem 411
cemitério 269
cena 173
cenoura 216
censura 165
centavo 337
centésimo 414
centímetro 415
central 269
central de informações 274
central elétrica 349
centro da cidade 266
centro de educação para adultos 143
centro de empregos 156
centro de informações turísticas 269
centro de lazer 196
CEP 306
cerca de 420
cereais 216
cereal 290
cérebro 95
cereja 217
cerrar 236
certeza 89
certificado 119, 378
certo 89, 118
cerveja 221
cerveja lager 221
cesto 252
cesto de lixo 152
céu 298
chá 221

chaleira 249
chamada de longa distância 319
chamada local 319
chamar 14, 63
chamar socorro 111
chamar-se 14
chance 155
chanceler 368
chão 236
chapeleira 238
chapéu 32
chateado 76
chatear 76
chato 57, 76, 409
chave 244
chave de fenda 197
checar 61, 384
check-up 108
chefe 141, 146
chegada 254, 274
chegar 406, 407
chegar a 254
chegar lá 254
cheirar 62
cheiro 62
China 454
chinês 454
chocolate 220
choque 101
chorar 60
chover 301
chucrute 216
chumbo 354
chuva 301
chuveiro 237
cibercrime 318
cidadão 16, 379
cidadão da ue 363
cidadão não europeu 363
cidade 266
cidra 222
ciências da computação 137
ciências naturais 137
ciências políticas 138
ciências sociais 138
ciente 53
científico 349
cientista 146

cigarro 220, 221
cimento 354
cinco 410
cinema 172
Cingapura 455
cinquenta 411
cinto 33
cinto de segurança 287
cinza 408
cinzeiro 250
circo 177
circuito turístico 262
círculo 408
cirurgia 106
citação 165
ciúme 41
civil 361, 374
civilização 356
clara de ovo 219
claro 73, 408
classe 129, 362, 421
clássico 168
clicar 324
cliente 204
clima 300
clínica 107
clipe 152
clube 44
coalhada 219
coberta 243
cobertor 243
cobra 290
cobre 354
cobrir 243, 285, 311
cobrir alguém 243
coca-cola 221
código QR 330
código de área 315
código postal 306
coelho 290
cogumelo 291
coisa 82
coisas 82
coisas sem sentido 53
cola 152
colaborador 140
colar 33
colchão 243

coleção 196
colecionar 196
colega de classe 131
colega 140
colégio 132
colheita 342
colher 246, 342
colher de chá 246
colidir 110
colina 292
colisão 110
colônia 358
colonização 357
colonizar 357
colorido 408
coluna 265
com 24, 435
com baixo teor de gordura 214
com certeza 92
com disposição 428
com ele 431
com fome 208
Com quem estou falando? 314
com sede 208
com todas as letras 74
com vento 301
combate 374
combinação de teclas 328
combinar 27, 159, 423
começar 397
começo 186
comédia 173
comemorar um aniversário 176
comentário 65
comer 208
comercial 310
comerciante 148
comércio 334
cometer erro 118
comida 208
comida saudável 213
comigo 433
comissário de bordo 148
como 426, 434, 435

Como disse? Desculpe? 67
Como, por favor? Perdão? 67
como se 438
Como vai? 79
comodidade 234
cômodo 235
compactar 329
companheiro 45
companhia aérea 277
comparação 424
comparar 424
compartimento 275
competente 144
competição 185
competidor 185
completamente 428
completo 201
componente 422
compor-se de 353
compositor 147
compota 220
comprar 199
compreender 116
compreensão 123
compreensível 124
comprimido 107
comprimir 329
compromisso 150
computação em nuvem 322
computador 322
comum 45, 424
comunidade 378
comunismo 371
conceder 71
concentração 123
concentrar-se 123
concerto 166
concessão 75
concluído 86
concluir 86
conclusão 86
concordar 72
concordar em fazer alguma coisa 90
concorrência 335
concorrer 370
concreto 354
condado 378

condição 362
condimentado 209
condolências 49
condutor 275
conduzir 140, 263
conectar 325, 86
conexão 44, 275
confeitaria 223
conferência 143
confessar 383
confiança 91
confiar 91
confirmação 256
confirmação de leitura 321
confirmar 256
conflito 374
confortável 240
congelado 211
congelador 248
congelar 303
conhecido 44, 191
conhecimento 116, 123
conhecimento prático 145
conosco 433
conquistar 356
consciência 53, 365
conscencioso 90
consciente 53
conseguimos 80
conseguir 89, 438
conselho de empresa 159
conselho 71
consertar 332
consideração 123
considerar 53
consigo 433
consistir em 353
Constituição 382
constituir-se de 353
construir 231
consulado 369
consulta 150
consultar 61
consultor 148
consultório médico 106
consumidor 335

consumir 211, 283
conta 229
conta bancária 339
conta de usuário 316
contagioso 103
contar 65, 412
contar com 91
contato 44
contêiner 280
conter 420
contigo 433
continente 292
continuar 398
conto 162
conto de fada 163
contra 74
contraceptivo 108
contratação 153
contratar 153
contrato 158, 159
contrato de telefone móvel 321
controlar 384
controle de custos 143
contudo 437
convenção 143
convencer 72, 75
convencido 72
conveniência 234
conversa 63
conversar 65, 317
convidar 44
cooperação 142
copa do mundo 190
cópia de segurança 328
copiar 149, 325
copo 245
cor 25, 408
cor-de-rosa 408
coração 96
coragem 18
corajoso 18
corda 198
cordialmente 307
coroa 356
corpo 95
corpo docente 133
corredeira 295
corredor 238

correio 306
correnteza 295
correr 183, 188, 296
correr o risco 195
correto 118
corrida 183
corrigir 124
cortador de grama 251
cortar 211
cortar o cabelo 24
corte de cabelo 24
cortina 242
costa 293
costas 95
costeleta 219
costume 178
cotovelo 96
couro 352
covarde 19
coxa 218
cozido 210
cozinha 236
cozinhar 210
cozinheiro 146
creche 131
crédito 341
cremar 48
creme 113, 218, 219
creme dental 113
crepúsculo 299
crescer 47, 48, 342
crescido 47
crescimento econômico 335
criação 344
criança 13
criar 37, 170, 344
criatura 290
crime 381
criminoso 381
crise 372
crise de meia-idade 49
cristão 365
crítica 73
criticar 73
cru 210
cruz 409
cruzamento 267
cruzar 283

cruzeiro 279
Cuba 454
cubo de gelo 222
cueca 29
cuidado 120
cuidadosamente 17, 428
cuidadoso 17
cuidar da casa 243
cujo 434
culpa 380
culpado 381
cultivar 342
cultura 264
cultural 264
cume 292
cumprimento 176
cunhada 37
cunhado 37
cúpula 265
curar 102
curativo 108
curiosidade 20
curioso 20
currículo 155
cursar 122
curso 117
curso noturno 144
cursor 324
curtir 317
curto 30
curva 285
custar 202
custos 205
cv 155

D

da manhã 388
da noite 389
da tarde 389
dado 192
dados 325
damasco 217
dança 174
dançar 181
danificar 305
daqui a pouco 394
dar 93, 176
dar "like" 317

dar aula 129
dar carona 288
dar conta de algo 205
dar de comer 344
dar marcha à ré 282
dar ré 282
dar-se 177, 205
dar sinal 285
dar um susto 58
dar uma olhada em 61
datilografar 151
de 403, 436
de ... a 435
de acordo com 436
de algum jeito 427
de algum modo 427
de boa aparência 22
de boa vontade 428
de bolinhas 32
De nada! Não há de quê! 67
de propósito 89
de quem 434
de repente 396
de segunda mão 200
de trás para a frente 404
de uma cor só 31
de uma vez 396
de vento 301
de você 432
de vocês 432
debaixo 402
debate 74
decepção 58
decidir 89
décimo 413
décimo nono 413
décimo oitavo 413
décimo primeiro 413
décimo quarto 413
décimo quinto 413
décimo segundo 413
décimo sétimo 413
décimo sexto 413
décimo terceiro 413
decisão 89
declarar 258
decolar 277

decoração 177
decorar 177, 197
decrescer 338
dedão do pé 96
dedo 96
dedo anular 96
dedo indicador 96
dedo médio 96
dedo mínimo 96
defender 375
defesa 375
deficiente 100
deixar 82, 93, 254, 362
deixar cair 87
Deixe-me em paz! 81
dela 432
delator 313
dele 432
deles 432
deletar 325
delicioso 209
demais 121
demanda 159, 332
demandar 71, 159, 394
demão 197
demitir 155
democracia 369
democrático 369
denominação 365
dente 95
dentista 145
dentro 238, 403
dentro de 436
departamento 140, 204, 377
departamento de vendas 143
depoimento 382
depois 395, 396
depois de amanhã 392
depositar 339
deputado 148
derrota 186
desagradável 54
desaguar 296
desaparecer 407
desapontado 58
desapontamento 58

desarmamento 377
desarrumado 25
descansar 85
descascar 215
descer 404, 405
descoberta 346
descobrir 346
descompactar 325
desconcertado 77
desconfiança 91
desconfortável 18
desconto 205, 262
descortês 17
descrever 124
descuidado 17
desculpa 68
desculpar 69
desculpar-se 68
desculpas 78
Desculpe-me. 69
Desculpe! 69
desde 393
desejar 68
desejo 59, 68
desempregado 153
desemprego 153
desenhar 170
desenho 171
desenvolver 350
desenvolvimento 350
deserto 294
desesperado 60
desesperador 60
desesperançada 60
desistir 87
desligar 241, 318, 322
desligar na cara de alguém 319
desmaiar 101
desordem 252
despedir 155
despejar 230
desperdício 305
despertador 247
despertar 85
despesa 340
despesas 235

despir 26
despir-se 26
destinatário 308
destino 60
destruição 304
destruir 304
desvantagem 75, 160
desvio 285
detalhe 171, 424
detenção 384
deter 384
detergente 252
Deus 364
devagar 183
dever 90, 336, 440, 441
dever de casa 130
deveria 440
devolver 94
devolver algo 202
devoto 365
dez 410
dezembro 387
dezenove 411
dezesseis 410
dezessete 410
dezoito 410
dia 388, 391
Dia da "Caixa de Natal" 179
Dia da Independência 179
Dia de Ação de Graças 179
Dia de Ano-Novo 178
Dia de Martin Luther King 179
Dia de Natal 179
dia da semana 386
Dia do Trabalho 179
dia útil 386
diabetes 104
diabo 367
diálogo 173
diante de 400
diariamente 388
diário 164, 309, 388
diarreia 104
dicionário 126
diesel 283
dieta 211

diferença 412, 422
diferente 422
difícil 121
dificuldade 121
digital 325
digitar 314
digitar o número errado 314
dígito 412
Dinamarca 450
dinamarquês 450
dinheiro 335
dinheiro trocado 203
diplomar-se 134
diplomata 148
diplomático 372
direção 402
direções 269
direito 137, 379
direito internacional 372
direitos humanos 382
direto 275, 278, 427
diretor 147, 148
diretor de escola 131
diretoria 331
dirigente 148
dirigir 140, 174, 281
disciplina 135
disciplina principal 135
disciplina secundária 135
disco rígido 323
discoteca 181
discriminação 363
discriminar 363
discurso 63
discussão 74, 75
discutir 74, 75
disponível 205
dispositivo 347
disputa 183
dissertação 135
distância 403
distribuir 94
ditado 127, 128
ditadura 369
diversão 180
diversidade 363
divertido 18, 180, 181

divertir-se 180
dívidas 336
dividir 412
Divirta-se! 180
divorciado 14
divorciar-se 42
divórcio 41
dizer 63
do governo 377
do leste 297
do norte 297
do oeste 297
do sul 297
doce 209
docente 147
doces 220
documentação 151
documentos 149, 255
doença 98
doente 98
doer 99
dois 410
dólar 337
domicílio 243
domingo 388
Domingo de Páscoa 178
domo 265
dona de casa 145
dor 48, 60, 98
dor de cabeça 100
dormir 84
doutorado 134
doze 410
drama 173
drinque 221
drive 324
droga 105
drogar-se 105
drogaria 207
duas vezes 397
durante 391
durante o dia 388
durar 394
duro 210, 352
dúvida 59
duvidar 59
DVD 324
DVD player 324

E
e 437
É isso. 80
É suficiente, obrigado. 80
e-mail 315
ecologia 344
economia 137, 331
economias 336
economizar 336
edição 309
edição especial 312
edifício 231
edifício alto 233
edifício residencial 233
edifício-garagem 268
editor 165
edredom 243
educação 122, 130, 138
educado 17
educador infantil 147
educar 122
efeito 426
efeito estufa 304
efetivo 350
eficiente 326, 350
egípcio 454
Egito 454
ela 430
ela mesma 433
ele 430, 431
ele mesmo 433
elefante 290
elegante 23, 26
eleger 370
eleição 370
eles mesmos 433
eles 430, 432
eletricidade 346
eletricista 146
elétrico 346
eletrodoméstico 248
eletrônico 348
elevador 236
elevar 338
em 391, 436
em breve 394
em casa 231

em cima 402
em comum 43
em dinheiro 339
em direção a 403
em espécie 339
em estoque 204
em forma 187
em frente a 400
em geral 395, 427
em lugar nenhum 399
em paz 64
em período integral 161
em ponto 391
em seguida 395
em torno 402
em torno de 401
em vez de 436
em volta de 401
embaixada 369
embaixador 148
embaixo 400
embarcar 279
embora 399, 401, 437
embriagado 101
embrulhar para presente 177
emigrante 362
emigrar 362
emocionar 60
empolgado 57
empolgante 191
empreendedor 148
empregado 142, 153
empregar 83, 153
emprego 139, 153, 154
empresa 331, 333
emprestar 94, 341
empurrar 83
encantado 54
encantador 265
encerrar 322
enchente 303
encher o tanque 283
encher 230
enciclopédia 124
encomenda 307
encontrar 43, 84
encontro 43

encorajar 91
encosta 294
endereço 15
endereço de
 e-mail 316
energia 349
energias renováveis
 349
enevoado 302
enfatizar 65
enfeitar 177
enfermeira 145
enfermeiro 145
enfermidade 98
engarrafamento 285
engenharia elétrica
 137
engenharia mecânica
 137
engenheiro 146
engolir 211
engraçado 18, 182
engravidar 49
enigma 195
enjoo 100
enlatado 212
enredo 173
ensaio 128
ensinar 129
ensopado 225
então 393, 395, 426
entender 116
entender-se com alguém 45
enterrar 48
entrada 229, 235, 257, 264
entrar 232, 404
entrar em contato 44, 314
entre 402
Entre! 79
entrega 308
entregar 94, 308, 334
entregar o aviso prévio 154
entretenimento 180
entrevista 155, 311
entusiasmado 57
entusiasmo 57
envelope 307

envenenar 305
enviar 306
enviar um e-mail 315
envio 308
enviuvada 15
enxugar 113
época 359
equipamento 262
equipe 139, 140
era 359
era moderna 359
erguer 86
errado 118
erro 118
erva 289
erva daninha 344
ervas 220
ervilha 216
escada rolante 206
escada 197, 236
escala 279, 349
escalar 185, 189
escanear 327
escapar 376
escavação 357
escocês 451
Escócia 451
escola 129, 132
escola de ensino integrado 133
escola de período integral 133
escola particular 133
escola primária 132
escola pública 132
escola secundária 132
escola técnica 133
escolher 200
escova de cabelo 113
escova de dentes 113
escovar 113
escovar os dentes 113
escravo 356
escrever 120, 150, 162
escrever uma tese 134
escrito 164
escritor 147

escritório 149, 377
escultor 147
escultura 171
escuro 24, 408
esfera 409
esforçar-se 88
esforço 88
esgotado 201
esmalte de unha 115
espaço 298
espaço de armazenamento 326
Espanha 452
espanhol 137, 452
esparadrapo 108
especialidade 224
especialista 156
especializar-se em 144
especialmente 424
específica 424
espelho 247
esperança 51
esperar 51, 52
esperar por 272
Espero que não. 80
Espero que sim. 79
espinafre 217
espírito 364
esporte 182
esportes de inverno 184
esposa 39
espremer 83
espumante 222
esquecer-se 50
esqui 184
essa manhã 388
estabelecer-se 234
estação 262, 273, 312, 386
estação ferroviária 273
estação final 273
estação rodoviária 272
estacionamento 268
estacionar 283
estada 256
estádio 187
estado civil 15

Estado 361, 377
Estados Unidos 453
estagiário 136
estágio 136
estante 242
estar 281
estar acostumado a 19
estar ao telefone 313
estar apaixonado 38
estar assustado 58
estar ausente 122
estar bem 97
estar certo 72
estar com pressa 405
estar de passagem 257
estar dolorido 103
estar em greve 157
estar em ordem 252
estar entediado 57
estar errado 73, 118
estar irritado 103
estar no banho 112
estar resfriado 99
estar satisfeito 54
estar sob medicação 106
estar surpreso 53
estatal 377
estatuto 362
estiagem 303
estilo 171
estômago 97
estrada de ferro 273
estrada 267
estragar 213
estrangeiro 361
estranho 59
estreito 400
estrela 298
estresse 104
estudante 129
estudar 116
estúdio 170
estudos 130
estudos literários 137
estupidez 18
estúpido 18
estuprar 385

Índice remissivo

eu 429
Eu gostaria... 200
eu mesmo 433
Eu sinto muito 69
euro 337
Europa 450
europeu 450
evento 177
evitar 107
exagerar 75
exagero 75
exame 106, 119
exame nacional do ensino médio 133
examinar 106, 387
exato 73, 203
exceção 423
excelente 120, 176, 212
excesso de velocidade 287
exceto 423
excluir 325
exclusivamente 311
executivo 141
exemplo 117
exercer uma profissão 139
exercício 117, 187
exército 374
exigência 159
exigir 71
existência 364
existir 364
experiência prática 136
experiência profissional 154
experimentar 257
experimento 350
explicação 64
explicar 64
exportar 332
exposição 171
expressão 25, 65
expressão idiomática 127
expressar 65
expressar-se 65
extensão 319
externo 403

extorquir 385

F

fabricante 333
fabricar 333
faca 245
Faça uma boa viagem! 253
faça você mesmo 197
face 96
fachada 234, 399
fácil 121
fácil utilização 326
factível 68
faculdade 130
fala 63
falar 63
falar pelo Skype 316
falar por voIP 322
falta 360
faltar 122
família 34
família grande 37
familiar 34
faminto 208
famoso 186
farinha 215
farmacêutico 145
farmácia 207
farol 282
fascismo 358
fatia 211
fato 312
faturamento 340
favor 90
favorito 55
fax 315
faz 393
fazenda 342
fazendeiro 146
fazer 81, 82, 210, 285
fazer a colheita 342
fazer algo para viver 158
fazer alguém rir 181
fazer as malas 255
fazer compras 200, 204
fazer doutorado 134

fazer download 317
fazer log-off 317
fazer manifestação 370
fazer negócios 331
fazer o cabelo 24
fazer o check-in 260
fazer o check-out 260
fazer retorno 282
fazer sexo com 41
fazer trabalhos manuais 193
fazer troça de alguém 181
fazer um favor a alguém 90
fazer um filme 174
fazer um gol 189
fazer um piquenique 215
fazer uma escalada 185
fé 364
febre 99
fechado 200
fechadura 243
fechar 198, 236
feder 62
feijão 217
feijão-branco 217
feijões cozidos 226
feio 22
feira 177
feira de antiguidades 178
felicitar 175
feliz 54
Feliz Natal! 175
Feliz Páscoa! 175
feminino 128
feno 343
feriado 253
feriado bancário da primavera 179
feriado bancário de agosto 179
feriado bancário de maio 179
férias 253
férias na fazenda 256

ferimento 100
ferir 99
ferir-se 100
ferramenta 193
ferramenta de busca 317
ferro 250, 351
ferrovia 273
fértil 342
fertilizante 343
fertilizar 343
ferver 210
festa 175
festejar 175
festival 178
fevereiro 387
ficar 93, 232, 281, 407
ficar abalado 76
ficar bem em alguém 27
ficar calvo 25
ficar careca 25
ficar doente 98
ficar em silêncio 64
ficar espantado 58
ficar na fila 203
ficar perturbado 76
ficar prontos 84
ficar sabendo 64
ficar sem sinal 321
ficar tonto 104
ficar transtornado 76
ficção 163
fiel 40
fila 203
filé 218
filha 35
filho 13, 34
filho adotivo 38
filme 172
filosofia 138
filtro solar 115
fim 186, 398
fim da linha 273
fim de 425
fim de semana 386
final 190, 398
finalidade 89
finalmente 397
financeiro 336

finlandês 450
Finlândia 450
fino 352
fio 198
física 137
físico 97
fisioterapeuta 147
flash 192
flauta 167
flauta-doce 167
flecha 409
flor 289
florescer 343
floresta 290
floricultura 207
fluir 296
fofoca 65
fogão 244
fogos de artifício 178
folha 150, 289
folhado 225
fome 208
fonte 295
fora 238, 403
fora de moda 31
fora do país 257, 361
força 98, 384
força aérea 374
forçar 71
forma 22, 187, 408
formar-se 130
formato de arquivo 327
formulário 378
fornecer 334
forno 248
forte 23, 98
fósforo 250
foto 191
fotocópia 149
fotocopiadora 149
fotografia 191
fotógrafo 146
fraco 98
frágil 353
fralda 114
França 452
francês 452
francesa 452
frango 218, 289

frase 125
fraudar 385
frear 285
freelance 141
freio 285
freira 366
frente 399
frequentar 122
frequente 395
frequentemente 394
fresco 209, 300
frigideira 249
frio 300
frios 219
fritar 212
fronteira 373
fruta 216
frutos do mar 219
fugir 376
fumar 101
função 345
funcionar 345
funcionário 153
funcionário público 148
fundos 400
funeral 48
furo 31
futebol 184
futuro 392

G

gabinete 377
gado 343
gaélico 451
galão 416
galeria 170
galeria de lojas 270
galês 451
galesa 451
galho 289
galinha 218, 289
galo 290
Gana 455
gancho 198
ganhar a vida 158
ganhar peso 25
ganhos 160, 340

garagem 238
garantia 92
garantir 69, 92
garçom 145
garçonete 145
garfo 245
gargalhar 55
garganta 95
garota 13
garoto 13
garrafa 210
gás 351
gasolina 283
gastar 202, 360
gasto 340
gato 289
gaveta 242
geada 303
geladeira 244
geleia 220
geleira 295
gelo 302
gema 219
gêmeo 37
general 148
gênero 16
generoso 19
genitor 34
genro 37
gentil 16
geografia 137
geração 49
geralmente 82, 395, 427
gerência 140
gerente 145
germanística 137
girar 83
girassol 291
gíria 127
giz 131
globalização 335
gol 188
gola 31
golfe 188
golfinho 290
gordo 23, 352
gordura 214
gorjeta 229
gostar 38, 45, 200

gostar de fazer alguma coisa 55
gosto 212
gota 211
governante 356
governar 368
governo 368
Grã-Bretanha 450
graduação 119
graduar-se 134
grama 289, 416
gramática 125
grampeador 152
grande 23, 30
granizo 303
grão-de-bico 217
gratinado 213
grátis 205
grato 58
grau 119, 416
gravar 324
gravata 33
grave 166
gravidez 49
Grécia 452
grego 452
grelhar 212
greve 157
gripe 103
gritar 77
grito 77
grosso 352
grupo 420
guarda-chuva 32
guarda-roupa 240
guarda-sol 196
guarda-volumes 276
guardanapo 250
guardar 212
guerra civil 358
guerra 373
guia turístico 148
guiar 281
guichê 201
guisado 225
guitarra 167
guitarra elétrica 167

H

há pouco tempo 397

Índice remissivo

habilidade 123, 144, 156
habilidoso 144
habitante 377
hadoque 218
hambúrguer 225
handebol 188
hardware 323
haste 291
hebraico 454
hebreu 454
helicóptero 279
herdar 49
herói 376
higiênico 108
hindu 366
hispânico 453
história 137, 162, 163, 172
história da arte 137
história de detetive 162
história em quadrinhos 164
histórico 356
hobby 193
hoje 391
hoje à noite 389
hoje de manhã 388
hoje em dia 393
Holanda 451
holandês 451
holandesa 451
homem 13, 46
homem de negócios 146, 148
homepage 320
homossexual 41
honestidade 19
honesto 19
honra 376
hóquei 189
hóquei no gelo 189
hora 150, 390, 396
hora do rush 272
hora extra 161
horário 130, 277
horário de atendimento 107
horário de trabalho 160
horário flexível 161

horrível 56
hóspede 44
hospital 107
hostel 259
hostil 17
hotel 259
humano 46
humor 20

I

ida às compras 204
idade 47
Idade da Pedra 357
Idade Média 357
ideia 365
identificação 255
ideologia 371
idioma 126
idoso 47, 49
igreja 263
igual 423
iguaria 224
ilegal 380
ilha 294
Ilhas Falklands 455
Ilhas Malvinas 455
imaginação 52, 164, 365
imaginar 52, 53
imediatamente 396
imigração 258
imigrante 362
imigrar 362
imoral 364
imóvel 233
impaciente 17
impedir 70
imperador 355
imperatriz 355
imperialismo 358
império 355
importância 73
importante 73
importar 332
impossível 52
imposto 339
imprensa 311
impressão 52
impressionante 57

impressora 323
imprimir 324
inadequado 144
incapaz 144
incêndio 109, 302
incentivar 91
incerto 89
inchar 102
incluído 229
incluir 423
incomodado 76
incomodar 76
incômodo 76
incompreensível 124
inconsciente 101
incrível 313
independência 371
independente 371
Índia 454
indiano 454
indicar 286
indústria 331
industrial 333
infância 47
infecção 103
infeccioso 103
infeliz 54
inferno 367
infiel 40
inflamação 103
influenciar 367
informação 308
informar 64, 308
Inglaterra 450
inglês 137, 450
inglesa 450
íngreme 295
ingresso 172, 264
iniciante 156
iniciar 322, 397
início 186
inimigo 373
injeção 108
injusto 380
inocente 381
insatisfeito 55, 202
inscrever-se 122, 136, 317
inscrição 121, 154
inserir 325, 328

inseto 290
insistir em 70
instalar 327
instruções 69
instruir 70
instrumento 166
insultar 78
insuportável 102
integral 214
inteiramente 428
inteiro 31, 424
inteligência 122
inteligente 18, 122
interativo 329
interessado 117
interessante 117
interesse 116
interestadual 267
interface 329
internacional 361
internet 315
intérprete 147
interromper 398
interruptor 348
intervalo 130
inundação 303
inútil 345
inválido 256
invejar 60
invenção 347
inventar 347
inverno 386
investir 341
iogurte 219
ir 282, 406, 440
ir adiante 143
ir ao trabalho 139
ir beber alguma coisa 180
ir caminhar 406
ir de trem 274
ir dormir 84
ir esquiar 184
ir para 254
ir para a cama 85
ir para a frente 282
ir para casa 255
ir pescar 193
ir verificar 61
ira 76

Irlanda 450
Irlanda do Norte 451
irlandês 450
irlandesa 451
irmã 35
irmão 35
irmãos 36
irmãos e irmãs 35
irrefletido 53
irregular 424
irritado 76
irritante 76
irromper 373
islâmico 365
isqueiro 246
Israel 454
israelense 454
isto é 74
Itália 452
italiano 452

J
já 393, 394, 396
Jamaica 455
jamais 395
janeiro 387
janela 236
jantar 181, 227, 228
Japão 454
japonês 454
jaqueta 27
jarda 415
jardim 237
jardim de infância 131
jardineiro 146
jargão 127
jeans 27
joalheiro 207
joelho 96
jogador 183
jogar 192
jogar fora 87, 305
jogo 185, 192
jogo de computador 329
Jogos Olímpicos 190
joia 33
jornal 308, 309

jornal de domingo 309
jornal diário 309
jornalista 147
jovem 47
judeu 365
judiciário 382
juiz 148
juízo 383
julgamento 380
julho 387
junho 387
juntar 87
juntar-se 44
junto 422
junto a 401
jurar 382
juros 341
justiça 380
justificativa 68
justo 186, 380
juvenil 47
juventude 47

K
ketchup 220

L
lã 351
lá 399
lábio 95
lado 400
ladrão 385
lago 294
lágrima 60
lamentar 59
lâmpada 250
lançar 183
lanche 225
lanchonete 223
laptop 326
lar 243, 373
laranja 216, 408
laranjada 221
lareira 239
largada 186
largo 30
lasanha 225
lata de lixo 248

lata 212
latim 137
latino-americano 453
lava-louças 246
lavagem da louça 246
lavanderia 207
lavar 246, 247
lavar a louça 246
lavar a seco 32
lavar os pratos 246
lavar roupa 247
lavar-se 112
lazer e descontração 256
leão 290
lebre 290
legal 176, 379
legumes 216, 217
lei 379
leite 218
leitelho 219
leitor 162
lembrar-se 50
lenço 114
lenço de cabeça 33
lenço de papel 114
lençol 243
lenha 199
lentamente 183
lente 194
lentes de contato 33
lento 166, 183, 405
ler 162
ler à primeira vista 169
ler música 169
ler notação musical 169
lésbica 41
leste 297
leste de 297
letra 125
levantar 85, 87
levantar-se 299
levar 83, 93, 394
levar alguém a mal 76
leve 352
lhe 431, 432
lhes 432
liberdade 381

libertar 357, 375
libra 337, 416
lição 117
licença-maternidade 159
lidar 86
liderar 140
ligação telefônica 314
ligação 314
ligar 241, 314
ligar no Skype 316
ligar para alguém 314
ligeiro 183
lima 217
limão 217
limitar 424
limonada 221
limpar 247
limpeza 251
limpo 247
lindo 22
língua estrangeira 127
língua materna 126
língua 95, 126
linha 272, 318, 409
link 320
líquido 341
liso 353
lista 151
lista de compras 204
listrada 32
literário 163
literatura 163
litoral 293
litro 415
livraria 207
livre 381
livro 162
livro de atividades 118
livro de não ficção 163
lixeira 152, 248
lobo 290
local 269
locar 233
lógico 124
logo 396, 394, 396
loja 206
loja de departamentos 206
loja de eletroeletrônicos 207

Índice remissivo

loja de equipamentos fotográficos 207
loja de material esportivo 207
loja de roupas 207
loja de sapatos 207
loja de suvenires 207
lojista 148
longa-metragem 174
longe 401
longo 30, 394
lotado 261
louça 245
louco 21, 24
lousa 131
lua 298
lua de mel 40
lucro 340
lugar 266, 275, 379, 399
lutar 374
luto 49
luva 32
luxo 205
luxuosa 234
luz 240

M

maçã 216
macaco 290
macarrão 215
machucar 99
machucar-se 100
macio 352
madeira 351
maduro 213
mãe 34
mãe solteira 42
magro 23, 214
maiô 29
maio 387
maior de idade 16
maioria 370
mais 120
mais bem 120
mais de 418
mais novo 200
mais tarde 396
mala 255, 257
malcriado 20

maldoso 78
maleta 33
malsucedido 191
Malta 455
mamãe 34
mancha 251
manchete 312
mandar 69
mandar sms 320
maneira 426
manga 31
manhã 388
manjericão 219
manso 344
manteiga 218
manual de instruções 252
manusear 86
mão 96
mapa 269
maquiagem 114
maquiar-se 115
máquina 345
máquina de bilhetes 273
máquina de lavar 246
mar 293
maravilhoso 176, 265
marca 421
marcar um pênalti 190
março 387
maré 299
maré alta 299
maré baixa 299
margarina 220, 291
margem 294
marido 39
marinha 374
marinheiro 148
marketing 334
mármore 353
marrom 408
martelar 198
martelo 198
mas 437
masculino 127
massa 215
massa folhada 225
massagem 109
massagista 147

matar 382
matemática 137
matéria 130
matéria-prima 353
material 262, 351
matrícula 121
mecânico 146, 348
medalha 190
mediano 424
medicação 106
medicina 138
médico 106, 145
medida 85, 416
medir 416
Mediterrâneo 293
medo 55
meia 29
meia-calça 30
meia hora 390
meia-noite 389
meia pensão 261
meio 400
meio ambiente 303
meio ano 386
meio-dia 388
meio período 161
mel 220
melancia 218
melão 217
melhor 120
Melhor assim. 80
melhorar 98, 119
melodia 168
membro 45
membro do Parlamento 369
memória 50, 122
memorial 265
Memorial Day 179
memorizar 123
mencionar 65
mendigo 360
menina 13
menino 13
menor de idade 16
mensagem 64
mensagem de texto 320, 325
mensal 386
mental 97

mentalmente 97
mentir sobre 78
mentira 78
mercadinho 206
mercado 206
mercado de pulgas 178
mercadoria 332
mercadorias 332
mercearia 206
mergulho 189
meridional 297
mês 386
mesa 240
mesa de trabalho 149
mesmo 423
mesquinho 78
mesquita 263
metal 351
método 350
metrô 271, 415
meu 432
meus 432
micro-ondas 248
mídia impressa 311
mil 411
milésimo 414
milha 415
milho 216
milímetro 415
milionésimo 414
mim 433
Minha nossa! 80
minha 432
minhas 432
ministro 368
minoria 370
minuciosamente 428
minuto 390
miséria 360
mistura 353
misturar 353
mobília 239
mobiliado 239
mobiliar 241
mobiliário 239
mochila 257
moda 26
modelo 204
modernidade 359

moderno 170
modesto 21
modo 426
moeda 337, 341
moldura 171
mole 352
molhado 301
molho 226
molho de carne 226
momento 392
monarca 355
monarquia 355
monge 366
montanhas 292
montar 172, 184
monte 292
monumento 265
moral 364
morango 217
morar 232
morrer 48
mortal 48
morte 48
morto 48
mostarda 219
mostrar 151, 170
mostrar interesse por 117
motel 259
motivo 425
moto 280
motocicleta 280
motor 345
motorista 281, 284
mouse 324
móveis 241
móvel 239
mover 404
mp3 player 168
muçulmano 365
mudança climática 302
mudar 86
mudar-se 234
muesli 216
muffin 215
muito 417, 419
muitos 417, 420
mulher 13
mulher de negócios 148

multa 287
multidão 178
multimídia 329
multiplicar 412
múmia 357
mundo 297
muro 235
músculo 97
museu 263
música 165
música folclórica 168
música pop 168
musical 168
musicalmente 169
musicista 147
músico 147

N

na água furtada 238
na moda 31
na verdade 427
nação 361
nacional 291, 361
nacionalidade 16, 361
nacionalismo 358
Nações Unidas (ONU) 372
nada 420
nadar 184
nádegas 95
namorada 41
namorado 41
não 66, 67
não amistoso 17
não dever 441
não fumante 101
Não importa. 80
Não me diga! Não acredito! 80
não poder 439
não poder suportar 55
não precisa 441
não saber 439
Não se preocupe. 80
nariz 95
narrador 165
nascente 295

nascer 46, 299
nascer do sol 299
nascimento 46
Natal 179
nativo digital 319
natureza 294
náusea 100
navegador 321
navegar 320
navio 278
neblina 302
nebuloso 302
negativo 194, 351
negligenciar 91
negociação 371
nenhum 419, 420
neozelandês 454
nervo 97
nervoso 20
neta 36
neto 36
neutro 128
nevar 302
neve 302
Nigéria 455
ninguém 418, 419
no exterior 361
no momento 392
no sótão 238
nobreza 358
noite de Ano-Novo 179
noite 259, 389
noiva 40
noivado 40
noivo 40
nojo 60
nome 14
nome de usuário 316
nomear 160
nonagésimo 414
nono 413
nora 37
normal 423
norte 296
norte de 296
norte-americano 453
norte-irlandês 451
Noruega 450
norueguês 450

nós 430, 432
nós mesmos 433
nos 433
nossa 432
nossas 432
nosso 432
nossos 432
nota 119, 169, 336
nota 150
notar 52
notebook 326
notícia 308, 311
noticiar 311
noticiário 308
notícias 308
noturno 389
Nova Zelândia 454
nove 410
novembro 387
noventa 411
novo 200
noz 217
nu 32
nublado 301
número 309, 411, 412
número da casa 15
número de emergência 111
número de telefone 15
numeroso 420
nunca 395
nuvem 300

O

o 431
obedecer 70
objetivo 160, 312
objeto 82
Obrigado! 67
obrigar 71
obrigatório 287
observação 65
observar 63
óbvio 73
ocasião 176
oceano 293
ocidental 297
octogésimo 414

óculos 33
óculos de sol 33
ocupado 140, 315
ocupar 375
odiar 39
ódio 38
oeste 297
oferecer 199
oferta 199, 205
off-line 316
oficial 148, 377
oficina 332
Oi! 78
oitavo 413
oitenta 411
oito 410
Olá! 78
óleo 219
olhar 61
olho 95
oliva 216
ombro 95
omelete 224
on-line 316
onça 416
onda 293
onde 434
onde quer que 438
ondulado 292
ônibus 271
ontem 392
ontem à noite 390
onze 410
opção 204
ópera 166
operação 107
operar 107
opinião 71
oponente 186
oportunidade 89, 155
oposição 358, 368
oposto 401, 423
óptica 207
o que quer que 435
oral 164, 364
ordem 69, 252, 421
ordenar 69, 421
orelha 95
orgânico 214, 344
organização 252

organizado 252
organizar 256
orgulho 21
oriental 297
origem 425
original 171, 425
originalmente 171, 425
orquestra 169
ortografia 128
os 432
osso 96, 219
ótimo 176
ou 437
ou ... ou 423
ouro 351
outono 386
outro 419
outrora 397
outubro 387
ouvir 61, 62, 165
ovelha 289
ovo 219

P

paciência 17
paciente 17, 107
Pacífico 293
pacífico 373
pacote 212, 307
padaria 206
padeiro 146
padrão 31
padre 366
pagamento 157
pagar imposto 258
pagar por 229
página 118, 320
pai 34
pai solteiro 42
pais 34
país 361
País de Gales 451
país em desenvolvimento 372
paisagem 291
Países Baixos 451
paixão 20
palácio 264

palavra 125
palco 172
palestra 135, 143, 151
palha 343
panela 245
pano 247, 251
panorama 194
panqueca 226
pão 215
pão branco 216
pão doce 215
pão preto 216
pãozinho 215
papa 366
papai 34
papel 150, 174
papel de parede 197
papel higiênico 114
papelaria 207
par 420
para 391, 402, 435, 437
para a frente 404
para baixo 400
para cima 402
para dentro 403
para levar 226
para sempre 366, 394
para trás 404
Para uma eventualidade. 80
para viagem 224, 226
parabenizar 175
Parabéns! 175
parafuso 197
paraíso 366
parar 282, 398
parceiro 41
parecer 22, 51
parecer-se 24
parede 235
parente 37
parlamento 368
parque 268
parquinho 270
parte 422
parte da cidade 267
participar 43

particular 359, 424
partida 185, 258, 274
partido 367
partir 254, 278
Páscoa 178
passado 391, 392
passageiro 271
passagem de ida e volta 275
passaporte 255
passar 44, 93, 119, 228, 407
passar a ferro 250
passar a noite 259
passar maquiagem 115
passar por 257
passar tempo em 196
pássaro 289
passe de ônibus ou de metrô 272
passeio turístico 262
pasta 32, 328
pasta de dentes 113
pastagem 343
pasto 343
pato 290
pausa 158
paz 373
pé 96, 415
peça 172
peça de mobília 239
peça de mobiliário 239
pecado 366
pechincha 205
pedaço 420
pedaço de papel 150
pedágio 288
pedestre 284
pedido 69, 333
pedir 66, 159, 230
pedir ajuda 111
pedra 294, 353
pegar 87, 93, 183
pegar carona 288
pegar no sono 85
pegar sol 196
pegar um resfriado 99
peito 95

peixaria 207
peixe 218, 289
pela manhã 388
pele 25, 97
pele clara 25
pele escura 25
Pelo amor de Deus! 80
pelos 97
pena 58
pence 337
pendurar 242
penny 337
península 296
pensamento 50
pensão 158, 259
pensão completa 261
pensar 50
pensar em 53
pensar que alguém é 52
pensar sobre 123
pente 113
pentear 113
Pentecostes 179
pepino 216
pequeno 23
pera 216
perambular 193
perceber 52, 116
perda 340
perdedor 186
perder 186, 274
perder a vida 48
perder peso 25
perdoar 68, 69
Perdoe-me. 69
perfume 114
perfurador 152
pergunta 66
perguntar 66
perguntar-se 52
periferia 270
perigo 109
perigoso 110
período probatório 160
período 135
permissão 69, 70
permitir 70

permitir-se 205
perna 96
pernoitar 259
perseguir 374
personalidade 19
persuadir 75
pertence a 425
perto 401
perto de 401
perturbado 76
peru 219
pesado 352
pêsames 49
pesar 417
pesca 344
pescador 146
pescar 193
pescoço 95
peso 417
pesquisa 350
pêssego 216
péssimo 56
pessoa 15
pessoa deficiente 100
pessoa jurídica de capital aberto 331
pessoas 42, 43
petisco 221, 225
petróleo 351
phd 134
phishing 322
piada 181
piano 166
pico 292
pijama 29
piloto 148
pimenta 216, 219
pinheiro 290
pint 415
pintar 170
pintor 147
pintura 169
pires 245
piscina 184
pizza 224
pizzaria 223
placa de carro 286
placa de trânsito 282
planejar 88
planeta 298

planeta Terra 297
planície 295
planilha 327
plano 88
plano de saúde 109
planta 289
plantar 342
plástico 352
plataforma 275
playground 270
plural 126
pneu 284
pó 353
pobre 360
pobreza 360
poço 265
podcast 318
Pode apostar! 81
poder 367, 438, 439
poderoso 346, 367
poeira 251
poema 164
poeta 164
polegada 415
polegar 96
polícia 111
policial 145
polido 17
política 367
político 148, 367
polonês 452
polonesa 452
poltrona 242
poluição ambiental 304
pomada 108
ponta 409
ponte 268
pontiagudo 409
ponto 128, 409
ponto de ônibus 272
ponto de vista 74
ponto final 128
ponto turístico 262
pontudo 409
população 360
popular 168
pôr a mesa 228
por cento 338
por cima 401

por diversão 182
por exemplo 74
Por favor, sirva-se. 79
por toda parte 399, 438
por último 396
por 393, 403, 436
pôr 83
por acaso 51, 427
pôr do sol 299
por favor 67, 79
Por favor, sente-se. 79
por fim 397
pôr-se 299
porão 237, 239
porção 230
porco 289
porque 425, 434
porta 235
porta USB 324
porta-moedas 32
portanto 426
portão 236, 277
porteiro 146
Porto Rico 455
porto 278
Portugal 452
português 452
posição de comando 142
posição 403
possível 51
Posso ajudá-lo? 80, 200
possuir 92, 93
postagem 307
postar 306, 317
postar no Twitter 317
pôster 171
posto 139
posto de gasolina 283
pote 245
potência 346
pouco 417, 418
povo 369
praça de pedágio 288
praça 267
prado 343
praia 293
prata 352
prataria 249

prática 117
praticar 117
praticar esporte 182
prático 144
prato 227, 224, 245
prato do dia 230
prazer 54, 180
Prazer em conhecê-lo. 79
precisar 83
preciso 347
preço 201
preço razoável 201
prédio 231
preencher 84, 378
prefeito 379
prefeitura 379
preferir 72
prego 198
preguiçoso 18
prejudicar 305
prêmio 190
prendedor de cabelo 33
prender 86, 384
preocupado 56
preocupar 74
preocupar-se 56
preocupar-se com 36
preparação 88
preparar 88, 211
prescrever 107
prescrição 107
presente 122, 175, 392
presidente 368
pressão 348
pressionar 83
prestar os primeiros socorros 112
presunto 218
pretexto 68
preto 408
preto no branco 74
prevenir 304
prever 53, 304
previsão 304
Prezado ..., 307
primavera 386
Primeira Guerra Mundial 357

primeira língua 126
primeira página 312
primeiro 396, 413
primeiro andar 232
primeiro dia depois do Natal 179
primeiro nome 14
primeiro-ministro 368
primo 35
princesa 356
príncipe 356
prisão 384
privado 359
problema 75, 121
problema de audição 102
processador 326
processador de texto 327
procurar 84, 91, 124
produção 333
produto 333
produtos 332
produzir 334
professor 145
profissão 139
profissional 141, 154
profundo 166, 403
programa 310, 323
programa de apresentações 327
programa de e-mail 320
programa de entretenimento 310
programação 130
programador 147
programar 323
progredir 143
proibição 70
proibir 70
projetor de vídeo 151
prole 36
promessa 67
prometer 67
promoção 160
pronto 86
Pronto-Socorro 111
Pronto! 80
pronúncia 127
pronunciar 127

propósito 88
propriedade 92, 233
propriedade particular 233
proprietária 235
proprietário 234, 235
próprio 92
próspera 360
protagonista 165
proteger 376
protestante 365
protestar 77, 370
prova 119
provar 27, 383
provável 51
provavelmente 51
provedor de serviços móveis 321
provedor 321
provérbio 127
província 378
próximo 401
próximo de 401
psicologia 138
psiquiátrico 97
pub 223
puberdade 49
publicação 311
publicar 311
público 174, 359
pudim de caramelo 226
pular 188
pulmões 97
pulôver 28
pulso 96
punho 96
punição 381
punir 383
puxar 83

Q

quadrado 409
quadragésimo 414
quadriculada 32
quadro 169
quadro-negro 131
Qual é o problema? 80
qual 434, 435

qualidade 421
qualquer lugar 399
qualquer um 418
quando 434
quando quer que 438
quantidade 420
Quanto custa ...? 201
quarenta 411
quarta-feira 387
Quarta-feira de Cinzas 179
quarteirão 232
quarto 235, 237, 413
quarto de casal 261
quarto duplo 261
quarto individual 261
quase não 427, 428
quase 426
quatro 410
que 422, 434, 435, 437
Que horas ...? 390
Que pena! 80
quebra-cabeças 195
quebrar 87, 101, 285, 286
queijo 96, 219
queijo cremoso 219
queimar 110, 302
quem 434
quem quer que 435
Quênia 455
quente 300
quentinha 224
querer 68
querer dizer 71
questão 66, 82
questionar 202
quieto 64
quilo 416
quilômetro 415
química 137
químico 145
quinquagésimo 414
quinta-feira 387
quinto 413
quinze minutos 390
quinze 410
quinzenal 386
quiosque 207

R

raça 344
racismo 363
radiar 299
rádio 310
radioativo 349
radiografar 108
rainha 355
raiva 75
ramo 332
rapidamente 405
rápido 183, 405
raposa 290
rapto 385
raquete 189
raramente 395
raro 424
rasgar 87
rato 289
razão 21, 123, 425
razoável 21
reação 426
real 312
realidade 312
realidade aumentada 330
realizar 68
realmente 427
recear 59
receber 93, 94, 158, 176
receita médica 107
receita 214
recém-casados 40
recém-espremido 213
recentemente 397
recepção 260
recesso 130
recibo de compra 203
reciclagem 141
reciclar 305
reclamação 202
reclamar 74, 76
reclamar de 77
recomendação 71
recomendar 71
reconhecer 52
reconhecimento de voz 329
recorde 191

recreio 130
recuperar 84, 98
recuperar-se 98
recursos humanos 142
recusa 77
recusar 77
rede social 317, 328
rede de telefone móvel 321
redondo 408
reduzir 205, 338
reduzir a velocidade 406
reembolsar alguém 203
refeição 209
refeições incluídas 261
refeitório 223
referir 71
refletir 123
refrigerante 222
refugiado 376
regalar-se 205
regar 342
regente 147
região 291
regime 211
regional 291
regra 194
régua 152
regular 422
rei 355
reinar 356, 368
reiniciar 323
reino 355
reivindicar 74
rejeitar 77
relação 41
relaxar 88
religião 363
religioso 363
relógio de pulso 32
relva 289
remédio 106
remetente 308
remover 84, 94
renda 340
rendimento 159
repetir 118

repolho 217
repórter 147
repousante 256
repousar 85
reprovar 119
República Tcheca 452
república 369
requeijão 219
requisitos de sistema 327
reserva 229, 255
resfriado 99
resgatar 110
residência 15
resistência física 187
resistência 358, 375
resolução 118
resolver 118
respeitado 91
respeitar 91
respeito 91
respiração 101
respirar 101
responder 66
responsabilidade 142
responsável 140
resposta 66
restante 422
restaurante self-service 223
restaurante 223
resto 422
resultado 350, 426
retângulo 409
retornar 254, 406
retornar a ligação 314
retorno 254
retrato 194
reunião 43, 150
Réveillon 179
revelar 194
revigorante 256
revista 309
revolução 357
rezar 364
rica 360
rico 360
ridículo 21
rio 294
riqueza 360

rir 55
rir de alguém 181
risadas 182
riso 55
ríspido 17
ritmo 168
rocha 294
roda 286
rodar um filme 174
rodovia 267
romance 163
romanística 137
rosa 290, 408
rosquinha 216
rosto 21
rota 281
roteador 326
roubar 381, 385
roupa 354
roupas 26
roupas femininas 26
roupas masculinas 26
rua 15, 267
rua de mão única 286
Ruanda 455
ruído 62
ruim 78, 121
ruína 265
ruivo 24
rural 269
Rússia 452
russo 452

S

sábado 387
sabão 113
sabão em pó 252
saber 116, 439
saber tudo sobre algo 156
sabonete 113
sabonete líquido 113
saca-rolhas 249
saco 252
saco de dormir 260
sacola 212
sacola de compras 204

Índice remissivo

sagrado 366
saguão 238
Saia! Vá embora! 81
saída 235
saída da rodovia 267
saída de emergência 112
sair 43, 87, 180, 254, 317, 362, 404, 406
sair para caminhar 406
sal 219
sala 238, 264
sala de aula 129
sala de emergência 112
sala de espera 109
sala de estar 236
sala de jantar 237
salada 216
salame 218
salão 238, 264
salário 157, 159
salgado 209
salmão 218
salsicha 218
saltar 187, 404
salvar 110, 325
Samoa 455
sandália 30
sanduíche 225
sangrar 99
sangue 96
santo 366
sapataria 207
sapato 29
sarar 102
satélite 298
satisfeito 54, 55, 202, 228
saudação 176
saudade 59
saudável 97
saúde 97, 209
scone 216
se 433, 437
seca 303
secador de cabelos 247
seção 204
secar 113, 247

seco 213, 301
secretária eletrônica 315
secretário 145
século 392
seda 354
sede 208
sedento 208
segredo 77
seguir carreira 141
Segunda Guerra Mundial 358
Segunda-Feira de Páscoa 179
segunda-feira 387
segundo 390, 413
segurança 372
segurar 83
seguro 338, 372
seios 95
seis 410
selfie 317
selo 307
selvagem 344
sem 435
sem dúvida 56
sem importância 73
semáforo 282
semana 386
semanal 386
semanário 309
semelhante 423
semestre 135, 386
seminário 136
sempre que 438
sempre 394
senha 321
senhor 13
senhora 13
sensação 53
sensível 20
senso de humor 20
sentar 239
sentar-se 240
sentença 383
sentenciar 383
sentido 53, 62, 126
sentido do olfato 96
sentido do paladar 96
sentido do toque 96
sentimentos 62

sentir falta 59
sentir pena 59
sentir saudade de casa 60
sentir vergonha 59
sentir-se 62
sentir-se tonto 104
separação 40
separado 14, 230
separar 84
separar-se 40
septuagésimo 414
sepultar 48
sequestro 385
sequoia 291
ser 281
ser a vez de alguém 203
ser amigo 42
ser aprovado 119
ser de 15
ser encontrado 270
ser humano 46
ser lindo 22
ser musical 169
ser o suficiente 229
ser parecido 24
ser permitido 70
ser útil 83, 346
série 421
sério 17
serra 198
Serra Leoa 455
serviço 230, 275, 334
serviço de resgate 111
servidor 320
servir 27, 200, 230, 346
servir-se 228
sessenta 411
seta 409
sete 410
setembro 387
setenta 411
setentrional 297
sétimo 413
setor de bagagens extraviadas 276
seu 432

seus 432
sexagésimo 414
sexo 15, 41
sexta-feira 387
Sexta-Feira Santa 178
sexto 413
shopping center 207
shorts 28
show 166, 181
significar 71, 126
silêncio 64
sim 66, 79
similar 423
simples 121
sinagoga 263
sinal de trânsito 282, 286
sinceramente 19
sindicato 157
singular 126
sino 264
sistema 347
sistema operacional 327
sistemático 347
site 320
situação 86, 362
só 56, 422, 427
soar 168
sob 402
soberano 356
sobre 435
sobremesa 228
sobrenome 14
sobreviver 110
sobrinha 36
sobrinho 36
social 359
socialismo 371
socializar 45
sociedade 359
sociedade anônima 331
sociedade de consumo 335
Socorro! 111
sofá 242
sofrer 99
software 323
sogra 37
sogro 37

sogros 36, 37
soja 220
sol 298
solar 349
soldado 148, 373
soletrar 125
solicitação 69
solicitar 159
solilóquio 173
solo 292
solteiro 14
solução 118
som 168
soma 412
sombra 303
somente 422
sonhar 88
sonho 88
sopa 224
soprar 301
soro de manteiga 219
sorrir 55
sorriso 54
sorte 54, 192
sorvete 220
sorveteria 224
sótão 238
sotaque 128
sozinha 56
Sr. 13
Sra. 13
streaming 322
sua 432
suar 100
suas 432
suave 353
subida 185
subir 338, 404
submeter 356
subordinado 142
subsolo 239
substantivo 125
substituir 142
subtrair 412
subúrbio 266
sucesso 191
suco 221
Suécia 450
sueco 450
suficiente 419

sugerir 71, 72
sugestão 71
Suíça 452
suíço 452
sujeira 251
sujeitar 356
sujo 247
sul 296
sul-africano 454
sul-americano 453
sul de 296
sunga 29
suor 100
superior 141
supermercado 206
supor 51
suportar 102
suprimir 369
suprir 334
surdo 102
surfe 189
surpreendente 58
surpreender-se 53
surpreendido 77
surpresa 55
surpreso 55
suspeito 383
suspender 86
sussurrou 65
susto 58
sutiã 30

T
tabacaria 207
tabaco 221
tabela 151
tabela de horários 274
tábua 198
tailleur 28
talento 124
talheres 249
talo 291
talvez 51
tamanho 29
também 427
tambor 167
tampa 249
tanto ... quanto 423
Tanzânia 455

tão ... quanto 422
tapete 242
tarde 389
tarifa única 316
taxas de roaming 322
táxi 280
Tchau! 78
tcheco 452
te 433
teatro 172
tecido 251, 354
tecla 323
teclado 323
teclar 314
técnica 347
técnico 146, 347
tecnologia 347
tédio 57
tedioso 57
tela 174, 323
tela de retina 326
telefonar 313, 314
telefonar para alguém 314
telefone 313
telefone fixo 315
telefone público 319
televisão 310
telhado 233
tema 134, 192
temperado 209
temperar 214
temperatura 300
tempero 219
tempestade 301
tempestuoso 301
templo 265
tempo 391, 395, 396
tempo (ref. clima) 299
tempo livre 193
temporal 302
tenda 260
Tenha um bom dia! 79
tênis 30, 189
tentar 88
teologia 138
teoria 349
teórico 350

ter 92
ter ... anos de idade 47
ter a intenção de 68
ter condições para algo 205
ter de 441
ter gosto 209
ter interesse em 117
ter medo 56, 58
ter razão 72
ter sabor 209
ter sorte 195
ter uma profissão 141
ter um decréscimo 338
ter um phd 134
terça-feira 387
Terça-feira de Carnaval 179
terceiro 413
terminado 86
terminal 277
terminar 86, 397, 398
término 186
termômetro 417
terno 28, 41
terra 292, 297
terraço 237
terremoto 303
térreo 232, 233
terrorismo 375
tese 134
tesoura 151
testa 95
testamento 49
testar 119
teste 119
testemunha 380
teto 235
teu 432
texto 163
tez 25
ti 433
tia 35
tigre 290
time 187
tímido 21
tinta 197

tio 35
tipo 421
tíquete 272
tirar 26
tirar a mesa 228
tirar a roupa 26
tirar diploma 134
tirar fotos 191
tirar vantagem 45
título 163
toalha 247
toalha de mesa 249
toca 32
tocar 60, 62, 166, 318
tocar a campainha 244
todo 418
todo mundo 418
todos 417
tofu 220
tolerar 72
tomada 250
tomar 93
tomar banho 112
tomar banho de sol 196
tomar café da manhã 227
tomar emprestado 94
tomar nota 120, 150
tomar pílula 109
tomar um atalho 285
Tomara! 81
tomate 216
tonelada 416
tontura 104
tópico 165
toranja 218
torcedor 191
torneira 241
torrada 215
torradeira 248
torre 264
torre da igreja 264
torta 215
tortura 376
tosse 99
tossir 99
trabalhador 142

trabalhador especializado 146
trabalhar 139, 345
trabalho 134, 139, 170
tradição 178
tradicional 178
tradução 126
traduzir 126
tráfego 280
tragédia 173
trailer 284
trair 376
traje 174
trancar 244
transferência 336
transferir 319
trânsito 280
transmitir 310
transportar 280
transporte 280
transporte público 271
transtornado 76
traseiro 95
tratamento 106
tratar 85, 106
travesseiro 243
trazer 93
trazer a conta de alguém 202
treinamento 187
treinar 182
treinar para ser algo 136
treino 187
trem 273
trem expresso 273
trem local 274
trem suburbano 271, 274
tremer 102
tremor de terra 303
três 410
treze 410
triângulo 409
tribunal 380
trigésimo 414
trilha 294
trilho 275
trimestre 135
trinta 411

triste 54, 56
tristeza 56
trocar 202, 337
trocar de trem 272
trocar um pneu 286
trocar-se 27
troco 203
tropa 376
tropeçar 215
tua 432
tubarão 290
tudo 417
Tudo bem. 80
tudo certo 70
tuitar 317
tulipa 291
túmulo 48
turco 454
turismo 254
turista 254
turístico 254
turno 161
Turquia 453
TV 310

U

Uganda 455
ultimamente 397
último 200, 396
último nome 14
ultrapassar 405
um 410, 429
um ao outro 433
um bilhão 411
um milhão 411
um pouco 419, 420
uma pessoa 418
uma vez 397
unguento 108
união 371
União Europeia 372
unificar 371
unir 371
uniforme 376
universidade 130
universo 298
uns aos outros 433
urbano 269
urgente 397

urso 290
usado 200
usar 27, 83
usar o cinto de segurança 287
usina nuclear 349
uso 82
útil 91, 345
uva 217

V

vaca 289
vacina 108
vaga 379
vaga de emprego 155
vaga de estacionamento 268
vagão 276
vagão-dormitório 276
vagão-restaurante 276
vale 294
valer a pena 339
válido 256
valor 339
Vamos! 81
van 284
vantagem 74, 160
varanda 238
varrer 251
vaso 250
vassoura 251
vazio 228
vegano 213
vegetal 343
vegetariano 213, 214
veículo 284
vela 189, 246
velho 47
velocidade 405
veloz 405
vencedor 185
vencer 186
venda 199
vendedor 145
vender 199
vento 301
ventoso 301
ventre 95
ver 61, 173

verão 386
verbo 125
verdade 311
verdadeiro 311, 312
verde 408
verdureiro 206
veredicto 383
vergonha 59
vermelho 408
véspera de Ano-Novo 179
véspera de Natal 179
vestido 28, 32
vestir 26, 27
vestir-se 26, 115
veterinário 146
viagem 253, 262
viagem de ida 276
viagem de volta 276
viajar 253
viajar de avião 277
viciado em drogas 105
vida 46
videira 291
vidro 352
vigésimo 414
vigésimo primeiro 414
vigésimo quarto 414
vigésimo segundo 414
vigésimo terceiro 414
vinagre 219

vinha 291
vinho 221
vinho branco 221
vinho rosé 221
vinho tinto 221
vinte 411
vinte e dois 411
vinte e um 411
violão 167
violência 384
violentar 385
violento 384
violeta 408
violino 167
vir 406
vir de 15
virar 282, 285
virar-se 404
vírgula 128
virtual 330
vírus 103
vírus de computador 328
visão 96
visita 263
visita guiada 263
visitar 44, 262
vista 265
visto 258
visto de residência 362
visual 22, 330
vitamina 214

vitela 218
vítima 380
vitória 185
vitrine 206
viúva 15
viúvo 14
vivenciar 257
viver 46, 232
viver juntos 36
vivo 46
vizinho 43
voar 277
vocabulário 127
você 429, 430, 432
Você gostaria de ...? 79
você mesmo 433
Você poderia ...? 67, 79
Você tem sorte! 80
vocês 431
vocês mesmos 433
vôlei 188
volta 254
voltar 254, 406
volume 164
volume de negócios 332
vontade 68
voo 277
voo de ida 279
voo de volta 279
vos 433

vossa 432
vosso 432
votação 370
votar 370
votar em 370
voto 370
vovó 35
vovô 35
voz 166
vulcão 296

W

wearable 326
wi-fi 316

X

xadrez 32, 194
xale 33
xampu 112
xícara 245

Z

zarpar 278
zero 410
Zimbábue 455
zíper 31

1ª edição maio de 2019 | **Fonte** Helvetica Neue
Papel Offset 75 g/m² | **Impressão e acabamento** Corprint